그리스도교 묵상기도

하나님 임재 체험

James Finley 지음 | 권명수, 김현주, 윤종권 옮김

Σ 시그마프레스

하나님 임재 체험 그리스도교 묵상기도

발행일 | 2016년 1월 5일 1쇄 발행

저자 | James Finley
역자 | 권명수, 김현주, 윤종권
발행인 | 강학경
발행처 | (주)시그마프레스
디자인 | 오선형
편집 | 문수진

등록번호 | 제10-2642호
주소 | 서울특별시 영등포구 양평로 22길 21 선유도코오롱디지털타워 A401~403호
전자우편 | sigma@spress.co.kr
홈페이지 | http://www.sigmapress.co.kr
전화 | (02)323-4845, (02)2062-5184~8
팩스 | (02)323-4197

ISBN | 978-89-6866-527-1

CHRISTIAN MEDITATION : Experiencing the Presence of God

* 책값은 뒤표지에 있습니다.
* 이 도서의 국립중앙도서관 출판예정도서목록(CIP)은 서지정보유통지원시스템 홈페이지(http://seoji.nl.go.kr)와 국가자료공동목록시스템(http://www.nl.go.kr/kolisnet)에서 이용하실 수 있습니다. (CIP제어번호 : CIP2015035794)

위대하고 영속적인 전통이 이제 신선함, 자유, 그리고 모든 진정한 탐구자들을 초대하는 보편성으로 제시되었다. 제임스 핀리는 위대한 스승이다!

—리처드 로어
『내 안에 접힌 날개』(2006), 『고난의 신비 욥』(2008) 저자

인간에게는 자신의 한계를 초월하려는 영원한 갈망이 있다. 기독교 영성은 하나님과의 연합을 통해 인간은 자신을 초월할 수 있음을 보여왔다. 이 책은 하나님과의 연합을 위해 영성가들이 실천했던 침묵, 묵상, 그리고 깊은 기도에 대하여 안내한다. 수도원의 수사 출신인 저자는 전반부에서 전통적인 영성 수련의 원리들을 설명하고 후반부에서는 누구나 일상에서 그러한 삶을 살 수 있는 비결을 제시한다. 오늘도 하나님과의 연합이라는 지복(至福)의 삶을 염원하는 모든 이에게 강력히 추천한다.

—김수천, 협성대학교 영성신학 교수
『침묵기도의 삶: 하나님의 임재를 경험하는 내적 고요의 길』(2013) 저자

끊임없는 소음 속에서 스마트폰을 손에 들고 사는 현대인에게 저자는 고독과 침묵 속에서 각자의 마음 안에 '지금, 여기'에 살아계신 하느님을 만날 수 있음을 소개하고 있다. '너희는 멈추고 하느님 나를 알라'(시편 40:6)는 말씀처럼, 저자는 토마스 머튼과 함께 트라피스트 수도원에서 머물던 1962년 어느 날 하느님의 현존을 강렬히 체험하게 된다. 저자는 호흡하고, 걷고, 찬양하고, 먹고, 잠들고, 일어나는 일상의 삶을 하느님으로 충만한 관상의 삶으로 변형해 갈 수 있음을 강조한다. 이렇게 하느님과의 일치된 삶은 세상을 자비의 눈으로 바라보게 되고 사랑을 실천하게 되는데 이는 하느님을 만난 강렬한 사랑이 우리로 하여금 그 사랑을 이웃과 나누도록 다그치시기 때문이다(고린도 후서 5:14). 이 책을 통해서 독자들은 늘 우리 안에 살아계시는 임마누엘 하느님을 일상 안에서 만나 뵙고 그분으로 말미암아 기쁨이 넘치는 그리스도인의 삶을 살게 되리라 기대한다.

–최 다윗 수녀
서울 포교 성 베네딕도 수녀회

차 례

성서 인용은 미국 표준 새번역(the New American Standard Version)과 예루살렘 바이블(the Jerusalem Bible)에서 인용한 것이다. 한글 번역은 개역개정을 위주로 하고, 더 나은 의미가 있으면 새번역을 쓰기도 한다.

들어가며

3~4세기 사막 교부 시대 이래로 그리스도인들은 일상 속에서 하나님의 임재를 체험하고 그에 응답하는 하나의 방식으로서 묵상(meditation)을 실천해 왔다.[1] 마이스터 엑카르트, 아빌라의 성 데레사, 십자가의 성 요한, 그 외 다른 수많은 신비가들과 같은 전설적인 인물들은 우리가 삶 속에서 하나님의 임재를 체험하는 데 묵상이 어떤 도움을 줄 수 있는지와 관련해 충실하고 고무적인 통찰이 담긴 저술들을 전해 주었다. 이 책은 내면으로 이끌린 사람들이 그리스도교 신앙의 이런 풍부한 신비적 유산을 바탕으로 묵상을 수련하면서 직접 활용할 사용자 지침서로서의 역할을 할 것이다.

이 책의 첫 일곱 장은 그리스도교 묵상 전통의 근본을 탐색한다. 이 장들은 역사적이거나 신학적인 개관을 제공하기 위해 한발 뒤로 물러나려는 게 아니다. 오히려 묵상을 하나님께 체험적으로 접근하는 행로로 이해하

---

1) 역자 주 : 저자가 묵상한다(to meditate)는 말을 쓰고 있으나 이것은 관상한다(to contemplate)는 말을 의미한다. 저자가 묵상과 관상을 이 책 전체에서 서로 혼용하고 있음을 유념해야 할 것이다. 역자는 기도의 9단계를 3단계로 재정리하였으며, 기도 신학 논의의 활성화를 위해서 묵상과 관상의 개념과 용어 정리가 필요하다고 오래전부터 주장해 왔다. 자세한 논의는 권명수, 「관상기도 : 깊은 사귐의 기도」, 『영성 · 목회 · 21세기』 교회와 사회연구원 총서 3, 정원범 엮음, (서울 : 한들출판사, 2006), 347-357 참조.

는 그리스도교 전통을 좀 더 면밀하게 탐구하고자 함이다. 이 책의 나머지 장들은 Sorin Books 출판사에서 2000년 출판된 나의 책 『관상적 마음』(*The Contemplative Heart*)의 한 장에서 저술된 자료를 수정, 보완하였다. 이 장들에서 고요히 앉기, 천천히 깊고 자연스럽게 호흡하기, 그 외 또 다른 형태들의 묵상이 자기 변형의 길(self-transforming path)을 구현하는 방식들을 탐구한다. 이 자기 변형의 길을 따라가며 우리는 하나님과 인간이 영원한 하나임(oneness)을 깨닫게 된다.

이 책에서는 하나님에 대해 언급할 때 여성 대명사와 남성 대명사 모두를 사용한다. 유대-그리스도교 전통에서 하나님은 무한하신 분, 곧 그 자체로 남성과 여성의 범주들을 포함하여 유한한 모든 범주들을 넘어선 무한하신 분으로 이해된다. 동시에 하나님은 존재하는 모든 것의 창조주이시다. 하나님은 그 자체로 무한한 원천, 만물의 근저(ground), 여성적인 것과 남성적인 것을 성취(fulfillment)하시는 분이시다. 그러나 유대-그리스도교 전통이 출현하여 계속 진보하는 동안 토대가 되어 왔던 가부장적 문화의 특수성 때문에 유대-그리스도교 성서와 신학과 영성 분야의 고전들이 하나님을 언급할 때 거의 배타적으로 남성 대명사를 사용하려는 경향이 있었다. 나는 하나님을 언급할 때 현대 그리스도교 저술들에서 엿보이는 현대적 감수성에 맞추어 포용적인 언어를 사용해 왔다. 이런 용법이 관상적 영성의 책에 더 적합해 보인다. 관상적 영성의 책은 모든 유한한 범주들과 차이를 받아들이면서 초월하는 하나님과의 하나임에 대한 은총이 깃든 자각을 불러일으키고자 한다.

제1장

거룩한 목적지

이 장에서 다루는 내용은 그리스도교 묵상을 이해하고 실천하는 데 안내자 역할을 할 것이다. 더 넓게 이야기하자면 좀 더 깨어 있고, 좀 더 자비로우며, 좀 더 그리스도와 같은 사람이 되는 일을 배우기 위한 토대인 묵상에 내적으로 이끌리고 있는 사람들을 돕고자 한다.

나는 가능한 한 많은 사람들에게 도움을 주고자 진지한 초보자와 숙련된 묵상가 모두를 염두에 두고 이 책을 썼다. 진지한 초보자에게는 그리스도교 묵상을 어떻게 실천할 것인지에 관한 지침을 제시하면서, 그리스도교 묵상이 무엇인지를 이해하는 기본적인 것들을 소개할 것이다. 초보자들의 특정한 필요에 관심을 둔다는 것이 우리의 탐구가 때때로 도전적이지 않을 것이라는 의미는 아니다. 대개는 도전적이다. 왜냐하면 묵상 그 자체는 생각이 포착할 수 있는 것 또는 언어가 적절하게 전달할 수 있는 것을 넘어선 하나님과의 하나임에 대한 비언어적 자각으로 우리를 이끄는 방식이기 때문이다. 사실 우리는 때때로 찾아오는 당혹스러움을 기꺼이 경험하려는 의지를 가져야만 묵상을 탐구할 수 있다. 더욱이 우리는 묵상이 발견하도록 초대하는 파악 불가능한 심층들을 파악하려는 우리의 헛된 노력을 철저하게 무력화시키려는 이러한 당혹스러움에 기꺼이 친숙해져야만 한다.

이 장에서 하나님과 하나임을 깨닫게 되는 더 정밀하고 명민한 수준들을 탐구하는 일은 좀 더 숙련된 묵상가를 염두에 둔 것이다. 그렇다고 이러한 것들이 이제 막 영적 여정을 시작한 사람들에 대한 관심과 동떨어진 고상한 문제들을 다룬다는 의미는 아니다. 왜냐하면 여러분이 의심 없이 이제까지 발견해 왔던 것처럼, 묵상이라는 자기 변형의 길을 따라 더 멀리 여행하면 할수록 결코 끝나지 않는 출발점에 깊이 빠져 있는 자신을 더욱 더 분명하게 깨닫게 될 것이기 때문이다. 묵상 수련에서 진일보했다는 것은 역설적으로, 우리가 추구하는 하나님과의 하나임은 비록 그것을 깨닫지 못했다 할지라도 우리의 영적 여정의 변변찮은 시발점들 속에 이미 온전히 현존해 있었다는 사실을 발견한다는 것을 의미한다. 묵상 수련에서 좀 더 진전했다는 것은 거룩한 성취(divine fulfillment)로 가는 길을 걷는 우리의 매 걸음마다 하나님께서 온전히 현존해 계심을 깨달아가는 과정 중에 있음을 의미한다. 또한 자신의 영적 여정의 거룩한 목적지를 향해 천천히 깨달아가는 사람이 된다는 것을 의미한다. 이 거룩한 목적지는 우리의 호흡, 뛰는 심장, 있는 그대로 단순하게 존재하는 우리 자신의 존재에 내재된 신성함에서 스스로를 드러낸다. T. S. 엘리엇의 시, 「4개의 사중주(Four Quartets)」에 등장하는 한 시구를 인용하여 쉽게 말하자면, 묵상에서 더 진일보했다는 것은 "우리의 모든 탐험의 끝은 우리가 출발했던 곳에 도달하게 되며 처음으로 이곳을 알게 될 것이다"라는[1] 사실을 깨닫는

1) T. S. Eliot, *Four Quartets* (San Diego, New York, and London: Harcourt Brace Jovanovich, 1971), 59.

것을 의미한다.

나는 할 수 있는 한 진실하게 그리스도교 관상 전통의 본질적 영(essential spirit)에 헌신하고 있다. 이러한 본질적 영은 그리스도 안에서 계시된 하나님과 우리가 영원한 하나임을 깨닫게 해달라고 우리 안에서 탄식하시는 하나님의 영(Spirit of God)이다(로마서 8:26). 수 세기를 지나 우리 시대에 이르기까지 그리스도교 신비가들, 수도원에서 생활하는 수사들과 수녀들, 은둔자들, 그리고 세계 곳곳의 수많은 구도자들은 우리 안에 계신 하나님의 영에 속한 변형시키는 능력에 자신을 내어맡겼다. 우리가 영적 여정에 대해 안내받고 영감을 얻기 위해 돌아볼 것은 바로 이러한 그리스도교 신앙의 수도원과 신비적 전통이다.

그러나 이렇게 특별히 그리스도인에게 초점을 맞춘다고 해서 그리스도인들이 요가, 선, 그리고 다른 신앙 전통들에게서 아무런 도움을 받을 수 없다고 암시하는 것은 아니다. 사실 여기에서 행하는 고찰은 때때로 영적 지혜에 관한 그리스도교 자료와 비그리스도교 자료 사이에 존재하는 놀랄 만한 유사성에 주목하게 될 것이다. 그러나 그렇게 하면, 특별히 묵상을 삶 그 자체에서 우리와 함께하시는 하나님과의 하나임을 경험하는 한 방식으로서 이해하는 그리스도교 방식들을 탐구하려는 이 책의 의도를 벗어나는 것처럼 보일 수 있으나 그렇지 않다.

비그리스도교 전통의 묵상적 지혜를 존중하는 더 넓은 맥락 속에서 특별히 그리스도교의 언어에로 관심을 제한코자 하는 입장은 내가 그리스도교 관상 수사인 토마스 머튼(Thomas Merton)에게서 배웠던 것이다. 머튼은 생의 말년에 불교와 그리스도교의 대화에 헌신했다. 이런 헌신의 일환으로 그는 불교도들과 불교 전통을 직접 만나고자 아시아로 갔다. 1968년 12월 10일, 그는 아시아 여행 중에 작고했다. 죽기 직전 머튼은 켄터키에 위치한 겟세마니 수도원이라는 자신이 속한 수도원 공동체에 편지를 썼다. 그가 전했던 내용들 중 하나는 자신이 아시아로 가고 나서야 비로소 그곳에 전혀 갈 필요가 없었다는 사실을 알게 되었다는 점이다. 그가 찾고자 하는 모든 것이 이미 자기가 살던 수도원에 현존해 있었고, 자신이 물려받은 유산, 자신이 속한 그리스도교 전통에 이미 현존해 있었다는 것이다. 그러므로 우리는 여기에서 비그리스도교 묵상 전통들에 대한 민감성을 유지하고 존중하면서 고대와 현대 그리스도교 신앙의 묵상 전통의 맥락에서 실천되고 이해된 묵상에 초점을 맞추려고 한다.

나는 켄터키 주에 있는 트라피스트 은둔 수도원인 겟세마니 수도원의 수사로 5년 반 동안 생활했다. 내가 겟세마니 수도원에서 경험하고 이해한 그리스도교 관상 영성에 대해 여러분과 나누려고 한다. 여러분이 의아하게 생각할 만한 것은 나는 수도원의 수사로 생활하는 동안 묵상하는 법을 배우지 못했다는 사실이다. 사실 어떤 특별한 묵상 방식을 실천하도록 강조되지 않았다. 이 점은 '수도규칙'에 부합된다. 베네딕도 수도규칙은 어떤 특수한 형태의 묵상에 대한 지침을 내리지 않는다. 이것은 묵상을 무시한다는 의미가 아니다. 그와 반대로 성 베네딕도는 수도원 성가대에서 시편을 노래하는 일, 육체 노동, 수사와 수녀가 행하는 모든 일 자체가 묵상이 되는 그런 삶의 방식을 제시하는 '규칙'을 기록했다. 말하자면 모든 일이 하나님과 하나임에 대한 좀 더 내면적이고 묵상적인 자각으로 들어가는 하나의 방식이 된다. 이렇게 구석구석 배어 있는 묵상 생활의 분위기 속에서 수사나 수녀 한 사람 한 사람이 그것이 무엇이든 자신이 내면적으로 실천하기 용이한 묵상 방식을 자유롭게 찾도록 했다.

이와 같은 정신 속에서 내가 희망하는 바는 그 자체가 하나의 묵상이 되는 묵상적인 방식으로 고찰한 내용들을 저술하고, 독자인 여러분이 그렇게 읽어 주는 일이다. 달리 말하면 이때의 묵상은 하나님과 하나임에 대한 보다 더 내면적이고 묵상적인 자각으로 들어가는 하나의 방식이다.

여기서 다루는 내용들이 하나의 묵상이 되게 하는 한 가지 방법은 나와 독자인 여러분이 거의 한 번도 만난 적이 없다는 단순한 사실을 성찰하는 일이다. 내가 여기 앉아서 이 글을 쓰고 있을 때 독자인 여러분은 물론 나를 볼 수 없다. 그러나 글을 쓸 때 나는 여러분과 분리되어 있다는 느낌을 줄이고 여러분과 연결되어 있다는 느낌을 증가시키는 데 도움을 주는 여러분의 어떤 면모를 알고 있다. 나는 여러분이 그리스도교 묵상과 관련된 이 책을 읽고자 하는 동기를 부여받았다는 점을 알고 있다. 나는 여러분이 이 책을 읽는 확실한 이유를 모른다. 그러나 나는 여러분이 일상의 삶에서 하나님의 현존에 응답하기 위해 여러분의 자각을 더 깊어지게 하는 방식의 하나로 묵상 수련을 배우려는 희망을 가지고 이 책을 읽고 있다는 점을 알고 있다. 이와 관련해서 "나 역시 마찬가지다"라고 말할 수 있다. 내가 다룬 내용들을 여러분과 나누려는 의도는 여러분이 묵상 수련을 통해 삶 속에서 하나님의 임재를 체험하고 그에 응답하는 방식을 발견하게 하려는 데 있다.

이렇게 가슴으로 공유된 의도를 성찰하면서, 나는 다음과 같은 역설적인 사실에 직면하게 된다. 어떤 수준에서 보면 사실 나는 이 방에 홀로 있다. 나는 내 주위를 둘러보고 있고 여러분은 어디에도 보이지 않는다. 그러나 더 내밀한 수준에서 보자면, 내가 글을 쓰고 있을 때 여러분은 여기 나와 함께 있다. 물론 이 모든 일은 여러분에게도 적용된다. 여러분은 자신의 주위를 둘러보고 있고 나는 어디에도 보이지 않는다. 여러분이 신실하게 쓰인 이 글을 진지하게 읽고 있는 한, 여러분의 독서는 좀 더 묵상적인 자각 양태를 조용히 일깨워 주는 수단이 된다. 우리는 가슴으로 공유된 의도를 지닌 채 이러한 묵상적 자각 양태 속에 홀로면서 또한 함께 존재한다.

이러한 공유된 묵상적 자각의 순환이 확장되어 가면서 우리는 어떤 내적 감각을 통해 이 글을 읽고 있는 모든 사람과 우리가 하나라는 사실을 깨닫기 시작할 수 있다. 묵상적 자각의 순환이 훨씬 더 확장될 때 우리는 우리가 가슴으로 체험한 하나님과의 더 깊은 합일에 대한 열망을 이미 가슴으로 체험해 왔던 수많은 남성과 여성, 산 사람과 죽은 사람의 임재를 인식할 수 있다. 또한 이를 넘어서 우리의 가슴을 일깨우시는 분, 곧 '우리가 그 안에서 살고, 기동하고, 존재하는' 하나님 안에서 우리 모두 홀로면서 또한 함께 존재하고 있음을 지각할 수 있다(사도행전 17:28).

우리가 실제로 확장되는 이러한 묵상적 자각의 순환 속에서 감복을 받으면서 우리 삶의 거룩한 목적지가 가시화되기 시작한다. 하나님 안에서 다 함께 여기 있음을 자각하고 있는 중에 우리는 이미 묵상을 시작한 것이다. 왜냐하면 묵상이란 의식의 표층적이고 단순 사실적 수준에서부터 우리 삶의 영적 차원에 대한 좀 더 내밀하고 묵상적인 자각으로 이동하는 변형적 과정이기 때문이다.

나는 좀 더 표층적이고 단순한 사실적 수준의 의식을 자아 의식(ego consciousness)이라 부르고자 한다. 자아 의식이라는 용어는 일반적 의식을 의미하며, 곧 시공간의 제약을 받는 자기 성찰적인 신체적 자기를 지칭한다. 내가 자아 의식이란 말로 의미하는 바는 '나는 원한다, 나는 생각한다, 나는 욕망한다, 나는 느낀다, 나는 기억한다, 나는 좋아한다, 나는 싫어한다' 등과 같은 말에 드러나는 의식을 지칭한다. 자아 의식은 일상 의식이다. 우리는 이 의식으로 아침에 잠자리에서 일어나고, 하루를 생활하며, 잠자리에 든다.

우리의 자아 의식은 하나님께서 주신 귀중한 선물이다. 하나님은 우리가 건강한 자아를 갖길 원하신다. 자아 의식이 건강하지 않으면 우리도 괴로움을 겪고 주변 사람들도 괴로움을 겪기 때문이다. 상당히 많은 치유가 자아 의식의 침해와 손상을 치유하는 일과 관련되어 있다. 묵상 수련은 이런 치유 과정에서 강력하고 결정적인 역할을 수행할 잠재력을 지니고 있다. 묵상을 통해 우리는 덜 불안해하고, 덜 우울해하며, 덜 중독적이 될 수 있다. 간단하게 말하면 인간으로서 우리가 고통을 경험하는 모든 방식, 우리의 고통으로 타인의 고통을 유발하는 모든 방식에 덜 지배받기를 배울 수 있다.

그러나 중요한 점은 우리가 어떻게서든 완벽하게 건강한 자아를 형성했다 할지라도 스스로를 자아에 불과한 존재로 경험하면서 발생하는 고통은 여전히 남아 있을 것이란 사실이다.[2] 왜냐하면 자아 의식 그 자체는 우리의 마음을 채울 만큼 충분히 넓지 않기 때문이다. 자아 의식은 우리 모두를 본향으로 인도해 줄 만큼 충분히 관대하지도 자비롭지도 않다. 하나님은 오직 당신만이 하실 수 있는 방식으로 우리의 마음(heart)을 창조하신다. 성서의 표현을 따르자면 "하나님은 사랑이시다"(요한 1서 4:8). 그러므로 우리가 말할 수 있는 것은 무한한 사랑이 우리의 마음을 창조한다는 것이다. 오직 무한한 사랑과의 무한한 합일(union)만이 할 수 있는 그런 방식으로 말이다.

자아 의식의 닫힌 지평으로 둘러싸인 삶은 너무 허약하고 일차원적이어서 무한한 존재와 무한한 합일이 실현되는 주체적 토대가 될 수 없다. 묵상을 매일 헌신적으로 수련하는 일은 좀 더 내면적이고 묵상적인 의식 상태로 들어가기를 배우는 역설적 과정을 구현한다. 이때 보다 내면적이고 묵상적인 상태는 자아와 이 자아가 달성할 수 있는 모든 것을 초월한다. 자아 의식에서 묵상적 자각 상태로 이동하는 과정에서 우리는 우리가 하나님과 영원한 하나임을 깨닫게 된다. 이 하나임이 우리 자신의 참된 실재이자 우리 주변의 모든 사람과 사물의 참된 실재이다.

---

2) 역자 주 : 저자는 자아(ego)와 자기(self)를 개념적으로 구분한다. 곧 심층 심리학에서는 자아를 의식의 영역으로, 자기를 무의식의 심층 영역과 의식을 포괄하는 용어로 대비하여 기술하고 있다.

나는 이와 같은 좀 더 내면적 의식을 **묵상적 의식**이라고 부른다. 어떤 때는 **의식**이라는 단어 대신에 **자각**(awareness) 또는 **체험**(experience)이란 단어를 사용한다. 때로는 그리스도교의 전통적 용어인 **관상**, **관상 기도**, 그리고 특별한 경우에는 **신비 체험**이라는 용어를 사용하기도 한다. 그러나 어떤 용어를 사용하든 그것은 항상 이러한 내면적이고 풍요로우며 신비로운 자각의 심연을 지칭한다. 이런 자각의 심연은 자아 의식의 영역과 하나님 이하의 모든 영역을 포괄한다. 자각의 심연이 이것들을 완전히 초월할 때조차도 말이다.

그 자체가 일종의 묵상이 되는 방식으로 묵상에 대한 이런 성찰 등을 내가 저술하고 여러분이 읽는다는 것은 우리가 이내 탐험의 항로 위에 있다는 것을 깨닫는 하나의 방법인 것이다. 우리는 자아 의식에서 출발하되, 우리가 추구하는 하나님과의 합일과는 멀리 떨어져 있다고 상상하면서 출발한다. 결국 자아 의식은 하나님을 찾아야만 하는 분리된 자기 존재에 대한 주관적 인식이다. 이때 하나님은 우리의 자기와는 다른 존재로 인식된다. 그러나 자아 의식이 묵상적 자각으로 대체되고 변화될 때 우리는 우리 존재의 내면 깊숙한 곳에 이미 완벽하게 현존하는 하나님의 놀라운 근접성(nearness)을 인식하기 시작한다.

여러분이 홀로 차를 타고 먼 지역으로 기나긴 여행을 떠나고 있다고 상상해보라. 여러분은 지도상으로 바로 옆에 있는 어떤 주나 작은 도시를 찾고 있지만 찾을 수 없다. 오랜 운전으로 기력이 빠지고 목적지를 찾을 수 없어 실망한 여러분은 길가에 차를 댄다. 작은 주유소에 들러 거기 있는 이 지방 사람들 중 한 사람에게 묻는다. “그곳까지 얼마나 떨어져 있는지 가르쳐 줄 수 있나요?” 그가 여러분을 보고 웃으며 대답한다. “당신이 있는 이곳이 거기예요.” 여러분은 믿을 수 없다. 기쁘기도 하고 당혹스럽기도 한 당신은 말한다. “내가 있는 곳이라고요?” 그는 눈에 띄게 놀라워하는 당신을 보며 재미있어 하면서 분명하게 말한다. "예, 그렇다니까요." 하나님께로 가는 길이 마치 이 이야기와 같다. 하나님은 이미 여기 계시며 우리 안과 밖을 둘러싸고 계시다. 우리 존재의 원천이자 바탕이시며 성취시다. 그러나 우리는 자아 의식의 한계에 갇혀 있기 때문에 거룩한 신비를 체험하기 어렵다. 신성한 신비는 우리 깊은 곳에서 우리가 실제로 누구인지를 말해 주고, 우리가 하나님의 형상과 닮은 꼴을 따라 창조된 인격으로 부름 받은 존재임을 말해 주는 참된 실재이다. 자아 의식의 한계에 갇혀 있으면, 우리는 실재 그 자체인 거룩한 실재를 직접적으로 깨닫지 못한다. 이 점이 우리가 묵상하는 이유다. 우리는 우리가 추구하는 이미 현존하시는 하나님과 하나임의 본성을 각성하기 위해 묵상하는 것이다.

여러분은 위대한 신비가들에게서나 엿볼 수 있을 것 같은 하나님과의 하나임에 대한 습관적이고 묵상적인 자각의 수준에 이르기 전까지는 가야 할 길이 멀다고 느낄 것이다. 그러나 이 책을 읽도록 동기를 부여해 준 여러분 마음은 여러분이 어찌할 수 없는 변형의 여정이 이미 진행되고 있다는 사실을 증언해 준다. 바닷가에 가서 신과 양말을 벗고 발목 깊이까지 들어간다고 상상해 보라. 딱 발목 깊이까지만 들어가 있는 것이 진실이지만, 여러분이 바닷속에 있는 것 또한 진실이다. 허리를 굽혀 손가락 끝으로 바닷물을 찍어 혀에 대면 짠맛을 느끼게 된다. 얼굴에 스치는 바람도 느낀다. 여러분은 바닷물과 하늘이 만나는 수평선을 바라본다. 해안선을 내려다본다. 발목 주위로 바닷물을 느낀다. 그렇다. 여러분은 지금 바닷속에 있다. 더 깊이 들어가려면 여러분은 단순하게 앞으로 가야 하고, 그러면 이내 곧 충분히 깊은 곳까지 갈 수 있다. 영적 행로를 깨닫는 일도 이와 같다. 우리는 하나님을 향한 여정이 주는 첫 감동에 겸손하게 마음을 열어두기만 하면 된다. 우리의 여정은 하나님의 선하신 때를 따라 이내 곧 충분히 깊어질 것이다.

실제로는 그보다 더 신비스럽다. 이제 막 연인 관계를 시작하긴 했지만, 서로를 많이 사랑하는 남녀가 있다고 상상해 보라. 수년의 세월이 흐르는 동안 그들의 사랑은 셀 수 없이 오르락내리락 하던 중에도 점점 더 깊어져 간다.

그럼에도 불구하고 사실 사랑 그 자체가 더 깊어진 것은 아니다. 왜냐하면 영원 전부터 사랑은 심연과 같았기 때문이다. 내면에서 사랑이 꿈틀대기 시작한 그 첫 순간부터 그들은 이미 머리 위까지 물에 잠겨 있었다. 사랑이 더 깊어진 것이 아니라 오히려 심연과 같은 사랑의 본성에 대한 그들의 자각과 반응이 더 깊어진 것이다. 이것이 바로 하나님의 현존이 항상 영적으로 우리와 함께하는 방식이다. 영적 여정에 진전이 있다고 해서 우리가 하나님의 더 깊은 현존으로 이동한 것은 아니다. 왜냐하면 하나님의 현존은 이미 무한히 깊기 때문이다. 오히려 전진하면서 우리는 삶 속에서 심연과 같은 하나님의 임재를 훨씬 더 깊게 자각하게 된다.

종교적 신앙의 한 활동으로서 묵상을 수련하는 일은 무한히 지속적인 깨달음에 우리 자신의 마음을 여는 일이다. 이것은 우리의 참된 존재와 우리를 둘러싼 모든 사물의 참된 존재가 하나님의 관대하심 가운데 있다는 것을 의미한다. 왜냐하면 하나님은 지금 이 순간에 우리를 창조하고 계시고 사랑으로 우리를 존재하게 하시기 때문이다. 현재의 순간 우리의 참된 현존은 마치 지금 이 순간 현시되는 하나님의 현존과 같다. 우리는 묵상하는 순간만이 아니라 우리 삶의 모든 순간에 이러한 합일의 신비에 깨어 있기 위해 묵상한다.

이것이 바로 그리스도께서 사셨던 방식이다. 그분은 무릎에 기어오르는 어린아이를 보고 있든 치유를 원하는 나병환자를 보고 있든, 매춘부를 보고 있든 당신의 어머니를 보고 있든, 결혼식장의 기쁨을 보고 있든 사랑하는 배우자를 여의고 슬피 우는 연인의 슬픔을 보고 있든, 당신의 제자를 보고 있든 당신의 사형집행인을 보고 있든, 누구를 보고 있든 간에 그들에게서 하나님을 보셨다. 우리는 그리스도의 눈으로 우리를 둘러싼 모든 것에서 거룩한 신비를 보는 법을 배우기 위해 묵상한다.

이렇게 묵상의 길을 안내받은 내 개인적 체험은 겟세마니 수도원에 머물며 보낸 수년 동안의 시간에서 비롯되었다. 나를 수도원으로 이끌었던 일련의 사건들은 내 유년 시절에 시작되었다. 그 시절 아버지와 어머니 그리고 나와 다섯 명의 동생들은 아버지의 알코올 중독 그리고 종종 그로 인한 폭력과 아수라장으로 변한 삶으로 인해 고통을 겪었다.

성장기 동안 아버지는 기성 종교에는 무관심한 듯 보였다. 예외가 있다면 천주교에 대한 아버지의 혐오였다. 어머니는 독실한 천주교 신자였다. 어머니는 당시 우리 삶에서 너무도 큰 부분을 차지하고 있었다. 그녀는 육체적 · 성적 · 감성적 학대를 견뎌낼 힘을 얻고자 신앙에 의지했다. 그녀는 여섯 자녀에게도 이같은 신앙을 가르쳤다. 어머니는 주일에 우리를 데리고 미사에 참여하셨고, 우리에게 기도하는 법을 가르쳐 주셨다. 그녀는 힘을 주시는 하나님께로 방향을 전환하도록 자녀들을 격려하셨다. 나는 어머니가 하나님에 관하여 이야기하셨던 모든 내용을 마음에 담아 두었다. 나는 어머니를 추호도 의심하지 않았다. 왜냐하면 그녀가 하나님에 관해 이야기했던 모든 것이 진실임을 깨달았기 때문이다.

나는 내 안에 계시며 또한 나를 초월해 계신 하나님, 그래서 폭력과 그 폭력이 나에게 가했던 모든 것을 초월해 계신 하나님에게서 피난처를 찾았다. 하나님께서 격렬한 분노가 일어나는 순간을 막으셨던 것은 아니다. 그보다는 오히려 격노의 순간이 나에게 계속 일어날 때조차도 하나님의 날개 그늘 아래 숨어 들키지 않는 방법을 내가 발견했다고 말할 수 있다.

10대 초반 나는 혼자 버스를 타고 오하이오 주 애크런 시 도심가에 위치한 성 버나드 교회에 가곤 했다. 나는 미사를 드린 후에 교회 뒤편에 홀로 앉아 천사들로 뒤덮인 아치형 천장을 올려다보곤 했다. 또 예수님과 성모님 그리고 성인들의 그림으로 장식된 스테인드글라스 창을 보곤 했다. 내 신앙에 관련된 성스러운 상징과 예전들은 내 안에 있고 나를 초월하여 존재하는 이 거룩한 장소를 나에게 구체화해 주었다. 어쨌든 나는 신앙을 통해 하나님 안에 숨어 있었고, 그 안에서는 폭력이 나를 파괴할 수 없었다.

제단 위에 걸려 있는 큰 십자가를 보면서 회상할 때도 있었다. 나는 십자가에 달려 돌아가신 예수님의 형상을 보고 그리스도께서 고통과 폭력에 무관하신 분이 아니라는 사실을 인지하면서 위안을 받았다. 그곳에 앉아서 날 바라보시는 그리스도의 시선을 응시하면서 나는 깨달았다. 하나님께서는 나에게 일어나고 있었던 고통스러운 일에서 나를 지켜 주지 않으셨던 것처럼, 예수 그분에게서 일어났던 고통스러운 일에서도 그분을 지켜 주지 않으셨다는 사실을 말이다. 그러나 그렇다 하더라도 이런 깨달음의 한복판에는 무한한 안전이 보장되어 있다는 느낌, 무한한 평화의 느낌, 다시 말하자면 피난처와 같은 느낌, 지속적으로 보호받고 있다는 느낌이 있었다.

천주교에서 운영하는 고등학교 9학년 재학 시절에 종교 과목 담당 교사가 수도원에 관한 수업을 진행하였다. 나는 즉시 수도원을 내 안에 있으면서 또한 나를 초월하여 있는 피난처와 동일시했다. 당시 나는 이 피난처에서 사는 법을 배우고 있었다. 내가 발견하고 놀랐던 사실은 이 피난처가 주는 느낌에 푹 젖어들어 그 안에 숨겨진 하나님의 현존에 나 자신을 내맡길 수 있는 곳이 실제로 존재한다는 사실이었다.

종교 담당 교사는 나에게 토마스 머튼에 대해서도 이야기해 주었다. 머튼은 젊은 시절 은둔 수도원의 수사로서 하나님을 찾는 데 헌신하기 위해 전도유망한 경력을 뒤로 하고 문학계를 떠났다. 머튼의 저작들을 읽기 시작하면서 나는 그가 하나님 안의 내적 피난처에 관한 모든 것을 알았다는 사실을 깨닫게 되었다. 인생 전체의 계획이 내 안에서 곧장 그 모습을 드러내기 시작했다. 고등학교 4년 과정을 마치고, 나는 수도원으로 들어갈 참이었다. 나는 수사가 되어 머튼의 발 밑에 앉아, 내 안에 있으면서 또한 나를 초월해 있는 하나님의 피난처로 나를 더 깊게 이끄는 그의 안내를 받을 참이었다.

1961년 7월 고등학교를 졸업한 지 일주일 후쯤 나는 용기를 내어 수사가 되고자 수도원에 들어가도 되는지를 아버지에게 여쭈었다. 아버지는 그때 집 앞 울타리를 정돈하고 계셨다. 내가 기억하기로 아버지는 그 말에 격노하셨고, 울타리 손질 도구로 나에게 상처를 입히셨다. 나는 수사가 되고 싶다고 열정적으로 이야기했다. 그때 아버지는 내게 수사가 무엇하는 사람이냐고 물으셨다. 나는 수도원에 관해 내가 알고 있는 것을 최선을 다해 설명했다. 아버지는 허락하지 않으셨다.

나는 다음 날 어둑어둑한 이른 아침 일찍 일어났다. 그리고 형제자매가 잠들어 있는 방으로 갔다. 그 시간이 그들을 볼 수 있는 마지막 시간이라고 생각했다. 수사가 되려고 집을 떠난다고 쓴 메모지를 내 베개 위에 올려두었다. 나는 도심가를 걸어서 성 버나드 교회로 갔다. 그리고 6시 미사를 드렸다. 나는 아버지가 그 순간 교회로 들이닥치지 않을까 두려워하면서 어깨 너머로 뒤를 계속 돌아다보았다. 미사 후에 나는 거리를 가로질러 고속버스 터미널로 이동해 켄터키 주 루이빌 시로 가는 버스를 탔다. 그리고 수도원까지 갔다. 수도원 문 앞에 도착했을 때 나는 마치 천국의 문으로 들어가는 길을 발견한 듯이 느껴졌다.

수도원에서 생활했던 5년 반 동안 나는 지속적으로 심오한 영향을 받았다. 수도원 성가대의 이른 아침 시편 찬송, 수도원의 예전, 성서 연구, 소박한 채식, 일터에서의 육체 노동, 동물 사육, 이 모든 것이 묵상적 삶의 속도라는 유형에 잘 들어맞았다.

나는 수도사 양성 과정을 밟았다. 거기에서 토마스 머튼을 비롯한 다른 선임 수사들이 성서 관련 수업과 교회의 신비주의적 수도원 전통들을 가르쳐 주었다. 이런 수업들과 개인적인 영적 독서를 통해 나는 그리스도교의 관상 전통을 접하게 되었다. 나는 3~4세기의 사막 교부들, 6세기의 성 베네딕도와 성 스콜라스티카, 13세기 아시시의 성 프란시스와 성 글라라, 14세기의 마이스터 에크하르트, 15세기 노르위치의 줄리안, 16세기 십자가의 성 요한과 아빌라의 성 데레사, 19세기 리지외의 성 데레사, 20세기 샤를 드 푸코와 콜카타의 마더 데레사 수녀에 대해 배웠다. 짧게 말하면 나는 성서와 그리스도교 신비주의 전통의 고전 문헌들이 지닌 깊이와 풍요로움을 소개받았다. 이런 배움들 중 일부는 토마스 머튼에게 주의를 기울이고 그와 함께 생활하면서부터 온 것인데, 그는 나에게 고대와 현대 그리스도교 신앙의 신비주의적 유산의 살아 있는 화신으로 보였다.

이 모든 것들 중에서 나에게 가장 좋았던 점은 내가 배우고 있었던 이러한 고대 관상 전통의 지속적인 흐름 한복판에 내가 살고 있었다는 점이다. 나는 이 자리에 있기 위해 여드름 난 10대 신비가가 되었고, 수도원에서 생활하고 있었다. 수도사 복장을 하고 있었고, 현악기를 연주하며 성가를 불렀다. 침묵 속에서 생활하였고, 내가 실현한 것 이상으로 더 깨지고 상실했으며, 관상적 삶에 대해 할 수 있는 한 진심을 다하였다. 나는 침묵의 행로를 따르고 있었고, 그 행로를 따라 나 자신과 나를 둘러싼 모든 사람과 사물에 대한 가장 내밀한 체험을 전적으로 변형시켰던 하나님과의 하나임에 대한 감각이 깨어나고 있었다. 사실 나에게 가장 큰 영향을 미쳤던 것은 지속적인 침묵이었다. 그렇다고 내가 전혀 말을 하지 않은 것은 아니었다. 나는 시편을 매일 노래했다. 정규 수사가 되기 위한 준비 과정의 수련 수사였던 나는 영성 지도의 일환으로 한 주 걸러 한 번 토마스 머튼과 이야기를 나누었다. 업무 중에는 필요하다면 제한된 범위 내에서 약간의 말이 허락되었다. 그러나 5년 반 동안 대부분의 시간을 침묵 속에서 살았다. 나는 침묵 속에 나 자신을 맡겼고 침묵 속에서 하나님을 발견했다. 나는 이 점을 무한히 감사하고 있다.

이 모든 게 전부 유익했다고 말하는 것은 아니다. 왜냐하면 확실히 그런 것은 아니기 때문이다. 나는 느끼고 수용하기 힘든 고통스러운 기억들에 대한 심리적 방어기제로 종교심을 이용하고 있었다. 여러 가지 면에서 나는 나 자신의 심적 외상에 대한 도피처로서 수도원에 간 것이었다. 나는 비극적이긴 하지만 나 자신의 진실한 경험에 속하는 측면들과 거리를 두려 하고 있었다.

내 자신을 심리치료하는 과정을 거치고 나서야, 그리고 심적 외상 생존자를 대상으로 일하는 임상심리학자가 된 지 여러 해가 지나고 나서야, 나는 종교적 탐구에 담긴 퇴행적 특성을 알아차릴 수 있었다. 나는 영성을 심리적 방어기제로 사용하는 데서 풍요로운 자원으로 사용하는 데로 전향시키기까지는 여러 해가 소요되었다. 곧, 어린 시절에 있었던 고통스러운 기억들을 명확하면서도 은총 가운데서 알아차리고 수용하기까지는 몇 년이 걸렸다.

영성을 일상생활에서 도피하기보다는[3] 직면하는 방식으로 전환하는 것을 배우는 일은 평생의 과정을 필요로 한다. 이런 배움이 내게도 여전히 진행 중이다. 나는 부분적으로나마 독자인 여러분의 여정에 도움이 되길 희망하면서 또한 나 자신에게 도움이 되길 희망하면서 이 책을 쓰고 있다. 그러나 근본적으로 염두에 두어야 할 것이 있다. 곧 하나님은 구부러진 선을

3) 역자 주 : 이를 존 웰우드는 영적 우회(spiritual bypass)라고 부른다. 곧 자신의 문제를 영적인 것, 예를 들면 하나님께 기도하거나 교회의 일이란 구실로 회피하거나 대치하는 것으로 이를 직접적으로 대면하지 않는 것을 의미한다. John Welwood, 『깨달음의 심리학』, 김명권, 주혜명 옮김, (서울 : 학지사, 2008), 37 이하 참조.

곧게 펴서 쓰신다는 것이다. 하나님의 은총은 여정의 초기에는 예견할 수 없는 목적을 달성하고자 바로 이 더듬거리는 초기의 여정을 활용하신다. 여하튼 내 생애 처음으로 하나님을 깨닫고 수도원에 오게 된 일을 이제까지 간략하게 이야기한 바대로, 이것은 폭풍우 몰아치는 내 인생의 초기에 일어난 일이다. 나는 지금 여러분과 나누고 있는 이 묵상의 행로를 수도원에서 발견하였다.

내가 수도원을 떠났던 이유는 복잡하다. 간략하게 이야기해서는 그 이유를 확실하게 밝히지 못한다. 수도원 문을 통과해 은둔 생활에 들어갔을 때 솔직히 나는 어린 시절 나에게 일어났던 고통스러운 일들에는 더 이상 신경 쓰지 않아도 되는 안전한 곳에 들어갔다고 느꼈었다. 내 몸이 곧 트로이 목마였다는 사실을 발견하고 나는 너무 당황스러웠다. 나는 의식하지 못한 채 이 트로이 목마를 통해 내가 그렇게 피하려 했던 공포를 수도원으로 끌고 왔던 것이다.

나는 학대받던 과거의 장면을 경험하기 시작했다. 뿐만 아니라 근육 경련과 기억이 희미해진 분열적 사건도 경험하기 시작했다. 나는 우울해졌다. 아버지의 격노와 남성적 지배의 파괴적인 힘이 피난처로 침투하는 길을 찾은 것 같았다. 이 피난처는 나에게 더 이상 안전한 곳이 아니었다. 여러 가지 복잡한 이유들 때문에 나는 내가 겪고 있었던 것에 대해 어느 누구에게도 이야기하지 않았다. 나의 침묵은 내가 학대받던 과거로의 갑작스러운 장면 전환과 그 밖의 심적 외상 관련 증상들을 이해하고 효과적으로 처리하지 못하도록 계속해서 나를 더욱 고립시켜 갔다. 내가 이해했던 것은 수도원을 떠나 세상 속으로 돌아갈 필요가 있으며, 그래서 아버지와 내가 대면하지 않으려고 그렇게 노력했던 모든 것을 대면할 필요가 있다는 사실이었다.

이 책의 주제는 나의 기나긴 내적 치유 과정도 아니고, 나의 치유 과정에서 작용한 하나님 신앙과 묵상의 역할도 아니다. 오히려 이 책의 주제는 내가 수도원을 떠나 세상으로 되돌아온 이후에도 수도원에서 소개받았던 관상적 삶의 방식을 전과 변함없이 계속 살아가기를 갈망했다는 점이다. 그 시절 가장 중요한 물음은 이것이었다 — "눈코 뜰 새 없이 바쁘고 복잡한 세상 한복판 지금 여기에서 나는 어떻게 묵상적 삶의 방식을 계속 살아갈 것인가?"

분명한 것은 이 세상에서 매일의 삶이 요구하는 것과 그 속도가 나의 모든 행위가 묵상이 되게 하는 일에 더 이상 아무런 도움이 되지 않는다는 사실이었다. 그러나 내가 깨달았던 것은 매일매일 묵상하기를 배움으로써 매일매일의 삶 속에서 하나님의 임재에 대한 훨씬 더 습관적인 묵상적 자각과 반응으로 들어가는 것을 배울 수 있었다는 점이다. 더 구체적인 그리스도교적 용어로 말하자면 나는 날마다 하는 묵상이 내 안에 내주하신 성령의 인도하심을 따르는 하나의 방식이었음을 깨달을 수 있었다. 묵상이라는 침묵과 청빈을 통해 나는 정신(mind)과 마음(heart)의 복된 변형을 경험할 수 있었으면 했다. 이 변형을 통해 나의 영원한 생명이 될 그리스도의 생명을 깨달을 수 있기를 바랐다.

그러므로 나는 이미 수도원에서 탐구하기 시작했던 매일 행하는 묵상 수련을 다시 시작했다. 나는 세상 한복판에서 깊이 있는 관상적 삶의 방식으로 사는 법을 배우는 기초가 되는 자리로서 묵상을 매일 수련하는 일에 최선을 다했다. 나는 토마스 머튼의 저서와 관상적 그리스도교의 고전들을 다시 읽기 시작했다. 내가 할 수 있는 한 최선을 다해 내면화하고 그 안내를 받으려 했던 것은 그런 저서들에 포함된 영적 행로의 정신과 비전들이다. 이러한 영적 여정은 그동안 계속되어 왔다. 이 책에서 나는 나의 지속적인 영적 여정에서 지금까지 배워 왔던 것들을 독자와 나누고 있다.

1960년대 이후로 묵상(meditation)이란 용어는 그리스도교에서 본래 역사적으로 **관상**(contemplation) 또는 **관상 기도**(contemplative prayer)로 언급되어 왔던 것을 지칭하면서 그리스도인들 사이에서 점점 대중화되고 있다.[4] 앞으로 고찰하면서 우리는 **묵상**이라는 용어를 더 전통적인 용어인 **관상**, **관상 기도**와 반복적으로 바꿔 사용하면서 이러한 현대적 유행을 따를 것이다. 이렇게 하면서 발생하는 불필요한 혼동을 피하기 위해서 몇 개의 전통 용어들에 대해 간략하게 살펴보는 것이 도움이 될 것 같다.

그리스도교의 전통적인 문헌들은 영적 독서에서부터 추론적(discursive) 묵상과 기도를 거쳐 관상에 이르는 은총이 깃든 의식의 진화를 말하고 있다. 우리는 다음 장에서 훨씬 더 상세하게 이런 전통적인 네 발달을 살펴볼 것이다. 그러나 지금 잠깐 이 네 용어를 간략하게 정의해보자면 다음과 같다.

영적 독서(spiritual reading), 곧 전통적으로 **거룩한 독서**(lectio divina)라 불러 왔던 이것은 하나님을 탐구하는 우리를 고무시키고 안내하는 성서와 그 밖의 영적 저술들을 기도하는 마음으로 독서하는 일로 구성되어 있다. 영적 독서에서 독서 그 자체는 신앙 행위, 곧 우리 자신을 하나님과 일치시키는 기도 형태이다. 영적 독서는 자연스럽게 **추론적 묵상**으로 이어진다. **묵상**이라는 용어는 전통적인 그리스도교 문헌에서 추론적 묵상을 지칭하는 데 사용된다. 추론적 묵상을 통해 독서했던 것에 관해 기도하는 마음으로 성찰한다. 추론적 묵상에 참여할 때 기도하는 마음으로 하나님에게 속하는 것들에 대해 생각하고 영적 여정에서 우리를 고무하고 안내하는 이

---

4) 역자 주 : meditation을 역자는 묵상이라고 번역하고 있으나, 다른 이는 명상이라고 번역하기도 한다. contemplation은 많은 사람들이 관상이라고 번역해 와서 역자도 이를 따르고 있으나 어떤 이들은 묵상(默想), 향심기도(centering prayer), 침묵 기도(silent prayer)로 부르기도 한다. 독자는 이 점을 혼동하지 않기를 바라며, 기도와 영성에 매우 중요한 용어인 meditation과 contemplation이 많은 연구와 논의를 통해 정리되는 날이 빨리 오기를 기도한다.

미지들로 상상을 한다. 독서와 추론적 묵상은 하나님을 향한 우리의 갈망을 일깨우고, **기도** 가운데 그것을 표현한다. 기도할 때 우리는 느낌, 욕망, 하나님과 하나 되고자 하는 가장 깊은 갈망을 표현한다.

영적 독서, 추론적 묵상, 기도는 **관상**을 위해 우리의 마음을 준비시킨다. 관상은 하나님과 하나임을 깨닫게 된 상태(a state of realized oneness with God)이다. 관상에 참여할 때 우리는 우리 안에 거하시는 하나님 안에 머물러 쉰다. 우리는 우리 안의 안식처인 하나님 안에서 편히 쉰다.

관상에서 인간의 역할은 본질적으로 수용적인 것이다. 관상에 참여할 때 우리가 거룩한 자각이라는 선물을 수용한다는 점에서 그렇다. 본질적으로 수용적인 측면을 지닌다는 점에서 관상은 때때로 **신비적 체험**(mystical experience) 또는 **신비적 기도**(mystical prayer)라 부른다. 그리스도교 고전 문헌들에서 사용되는 **신비적**(mystical)이라는 말은 비전을 품는다거나 하나님의 음성을 듣는 일 또는 그와 유사한 그 밖의 다른 어떤 비범한 사건들을 체험하는 일을 지칭하는 것이 아니다. 비록 이런 종류의 체험들이 발생할 수 있고 발생한다고 해서 그것들이 필연적으로 하나님에게서 기원하는 것은 아니다. 설사 그렇다 하더라도 우리가 그것들에 집착한다면 그 체험들은 방해물이 될 수 있다. 그리스도교 신비가들은 **관상과 하나님과의 신비적 합일**(mystical union with God)이라는 용어를 비전과 그 밖의 다른 유사한 체험들을 언급하기 위해 사용하지 않고, 삶을 변형시키는 하나님과 하나임에 대한 깨달음(life-transforming realization of oneness with God)을 다루기 위해 사용한다. 하나님과 하나임에 대한 이런 신비적 깨달음을 통해 인간은 하나님이라 할 수 없는 것들에서 안전을 구하고 정체성을 찾으려는 성향들로부터 해방된다. 특별히 그리스도교 용어로 말하면 우리는 그리스도의 마음에 들어간다. 그리스도께서는 당신 자신과 당신을 둘러싼 모든 사람과 사물의 참된 실재이신 하나님과 하나임을 깨달으셨다.

관상은 그 본성상 본질적으로 수동적이거나 신비적이지만, 우리가 기꺼이 하나님과의 관상적 하나임 속에서 전적으로 변형되고자 하는 의지에 우리 자신을 개방하기로 자유롭게 선택해야 한다는 점에서 능동적인 것이기도 하다. 관상은 하나님과 하나임에 대한 압도적인 깨달음으로 흘러넘치게 된다. 관상은 온화하고 조용하게 가장 내밀한 순간들을 조명하기 시작하게 된다. 그러나 그렇게 되면 우리에게는 우리가 각성하게 된 관상 체험에 '예'나 '아니요'로 답하는 일이 남게 된다. 이런 의미에서 관상은 자유에 속하는 행위이다. 이 자유의 행위를 통해 우리는 우리를 향한 하나님의 영원한 긍정(yes)에 긍정(yes)을 표현한다. 하나님은 당신의 형상과 닮은꼴로 우리를 창조하심으로써, 다시 말하면 하나님의 무한한 활동성과의 은총 어린 동일시를 깨닫기까지 하나님의 생명을 나누도록 부름 받은 인격체들로 우리를 창조하심으로써 우리에게 영원한 긍정을 표현하신다.

관상 또는 관상 기도는 하나님과 하나임에 대한 이러한 능동적 수용의 역동성 안에서 발전한다. 하나님과 하나임에 이르기에는 우리가 무능하기 때문에 하나님께서는 우리 삶의 참 실재와 성취로서 당신 자신을 우리에게 내어 주신다. 그리스도교 전통은 관상 또는 관상 기도가 지닌 능동적 측면에 관련하여 하나님께 대한 수용적 개방의 상태에 자유롭게 우리 자신을 개방하고 능동적으로 그 상태를 유지하기 위한 방법 또는 안내 지침을 제시한다. 우리가 여기서 탐구하는 그리스도교 전통 자료에서 말하는 이런 방법들은 자아 의식에 속하는 생각, 기억, 그 밖의 다른 요소들에 대한 우리의 습관적인 의존에게서 우리 자신을 분리하는 방법들이다. 특별히 자아 의식은 하나님과의 하나임을 깨달은 명민하고 전적으로 영적인 관상 상태를 가로막는 경향이 있다.

1960년대 이후로 요가와 선, 그 밖에 다른 형태들의 불교 묵상에 대한 인기가 높아졌다. 비판적으로 볼 점은 이러한 비그리스도교 전통에서 묵상이라는 용어를 사용할 때 그것은 생각과 이미지를 사용하는 추론적 묵상을 가리키는 것이 아니라는 사실이다. 이 전통들은 **묵상**이라는 용어를 그리스도교 관상의 능동적 측면과 수동적 측면 모두를 병행하는 방식으로 사용한다. 곧 요가 또는 선 묵상을 실천할 때 사람들은 생각, 기억, 그 밖의 자아를 기초로 하는 경험 형태에 대한 습관적 의존과의 동일시를 능동적으로 놓아 버리기를 추구한다. 이것은 실재 전체에 온전히 스며들어 있는 거룩한 신비와의 하나임에 대한 직접적 체험에 자신을 개방하기 위해서다. 요가와 선의 체계, 이와 관련하여 카발라(Kabbalah)라는 유대교 신비주의 전통과 수피(Sufis)라는 이슬람 신비 전통의 체계, 이 모든 것은 그리스도교 신비 전통에 반향을 불러일으킨다. 이것들은 다양한 영성 수련들(practices)을 공유한다. 우리가 이 영성 수련들에 전심을 다해 헌신하고 참여할 때 그것들은 우리에게 거룩과의 하나임에 대한 심오하고 삶을 변형시키는 깨달음을 불러일으키거나 그 깨달음으로 우리를 초대할 수 있다.

여기에서 간략하게 요약했던 용어 구분에 대한 기본적인 이해가 있다면, 오늘날 몇몇 그리스도교 공동체에서 엿보이는 **묵상**이라는 용어를 **관상**이라는 용어와 서로 바꿔 쓰는 경향을 이해할 수 있다. 이러한 구분을 염두에 둔다면 우리는 **묵상**이라는 용어를 독해할 수 있고, 사용 맥락에 따라 그것을 이해할 수 있다. **묵상**이라는 용어가 그리스도교의 고전 자료에 등장할 때 그것은 거의 대부분 추론적 묵상, 곧 생각과 이미지를 사용하는 기도의 분위기에서 행하는 성찰의 형태를 의미한다. 이 용어가 비그리스도교 문헌이나 이 책을 포함하여 몇몇 현대 그리스도교 저술에 등장할 때, 그것은 거의 대부분 그리스도 전통 문헌이 관상이나 관상 기도를 뜻한다. 후자의 의미에 맞게 사용한다면 그리스도교 묵상은 하나님과의 하나임에 대한 은총 어린 깨달음에 우리 자신을 초대하고 개방하는 행위와 이러한 능동적인 추구 가운데 수용되는 신비적 성취 모두를 포함한다.

나는 이제 막 묵상에 대해 탐구하기 시작한 독자 여러분이 이 장의 속도와 논조에 어느 정도 편안했기를 바란다. 이런 속도와 논조로 나는 그리스도교 묵상을 이해하고 실천하는 데 필요한 기초들을 해명하려는 시도를 계속할 것이기 때문이다. 나는 독자 여러분이 특별히 이해하기 어렵다는 이유로 낙담하지 않도록 격려하고 있다. 독자의 묵상 수련이 성숙하고 깊어질 때 아직 명확하지 않은 것들이 명확하게 될 것이라고 확신하라. 18세기 그리스도인 예술가, 시인이자 신비가인 윌리엄 블레이크는 다음과 같이 썼다. "지각(perception)의 문이 청결해졌다면, 모든 것이 있는 그대로 무한히 우리에게 드러날 것이다."[5] 이 글이 선언하는 진리가 우리가 아직 경험하지 못했던 것 저편에 있고, 여전히 이해되기 힘든 바로 그 순간에도 우리는 처음부터 이 글이 지닌 시적 아름다움을 인식하고 그 진가를 알아볼 수 있을 것이다. 그러나 묵상 수련에 충실하게 참여하는 가운데 우리의 지각이 청결해질 때 우리는 묵상적 눈을 통해 우리가 보는 모든 것들의 무한성을 보기 시작한다. 또한 갑자기 블레이크의 말이 내밀한 감각을 통해 또렷해진다. 이런 내밀한 감각을 통해 우리는 블레이크가 우리가 체험했던 것을 언어로 옮기고 있다는 사실을 깨닫는다. 영적 여정의 전체 행로가 이와 같다. 그러므로 여러분 자신에게 오래 참으라. 왜냐하면 여러분은 매일의 삶이 지닌 신성함에 대한 묵상적 자각에 순응하는 일을 배우는 일생의 과정 동안 자기 자신에 대한 인내를 통해 지속적으로 변형될 것이기 때문이다.

나는 또한 묵상에 더욱 노련해지고 숙련된 독자 여러분에게도 이 첫 장이 도움이 된다는 점을 알았으면 한다. 왜냐하면 이 장에서 시작된 속도와 논조가 하나님과의 합일의 깨달음에 속한 더 명민하고 정밀한 측면들

---

5) David V. Erdman, ed., *The Complete Poetry and Prose of William Blake* (New York : Anchor Books, Random House, 1982), 39.

을 제시하는 맥락으로 계속 작용할 것이기 때문이다. 여러분이 자신의 경험을 통해 인식할 때 실제 삶에서 이런 경험적 인식이 보통 작동하는 방식을 이렇게 말할 수 있다. 진실로 심오한 것은 진실로 단순한 것을 통해 발견된다. 사람들의 갈채를 받는 재즈 음악가인 존 콜트레인(John Coltrane)은 음악 활동을 하는 내내 스케일[6] 연습을 하는 것으로 알려져 있다. 갈채받는 음악가인데도 이렇게 연습하는 이유를 묻자, 그는 성인(saint)이 되기 위해서라고 대답했다. 이 책에서 우리는 사실상 성인이 되기 위해서 스케일 연습을 할 것이다. 이런 맥락에서 우리가 성인이 된다는 것은 하나님의 관대하심에 놀라움을 금치 못하는 사람이 된다는 것을 의미한다. 하나님의 관대하심은 삶 그 자체 속에서 가장 단순하고 즉각적인 모든 것을 통해 쉼 없이 흘러넘친다. 이것은 하나님의 관대하심이 우리를 통해 타인들에게로 흘러넘치게 한다는 것을 의미한다.

내가 침묵 묵상 피정을 지도하게 되면 집단 묵상 집회에 참여하고자 80～100명 정도의 많은 사람들이 한 방에 모인다. 묵상 집회가 시작될 때 모든 사람이 삶의 여정보다 더 긴 하나님을 향한 여정에서 자신이 서 있는 바로 그 자리에서 묵상을 시작한다. 그러나 공동의 침묵이 집단에 자리 잡기 시작할 때 이 침묵의 자리에서 모든 사람이 하나의 공동의 신비 속으로 모여들게 된다. 우리 모두는 이 하나의 공동의 신비 속에서 다함께 하나님을 향한 여정 중에 있다. 지금 여기에서도 이와 같은 일이 일어나고 있다. 묵상에 대한 글을 쓰고 있는 나와 이 글을 읽고 있는 여러분들 각각은 영적 여정의 이런 특별한 순간을 맞이한 바로 이 자리에 함께 있다. 그러나 우리는 모두 항상 현존하는 우리 삶의 거룩한 목적지에 대한 훨씬 더 깊은 깨달음을 향해 다 함께 여행하고 있다. 여러분이 이 여정에서 어디 있든

---

6) 역자 주 : 도레미파솔라시도 음정을 확인하는 것

나는 여러분이 이 글을 통해 묵상이라는 침묵의 단순성 속에서 하나님께 순복하는 일과 관련해서 격려와 안내를 받기 바란다. 나는 여러분이 이 책에서 진정으로 깨어 있고, 자비로우며, 그리스도를 닮은 사람이 되는 법을 배워 가는 영적 여정에서 묵상이 어떻게 그 기초가 되는 자리일 수 있는지에 대한 통찰을 얻기 바란다.

제2장

묵상 배우기

여러분이 진심으로 묵상을 실천하기 원한다는 바로 이 사실은 여러분이 가장 특별한 방식으로 축복을 받고 있음을 의미한다. 여러분은 묵상적 자각의 강물로 인도되고 있다. 수도원에서 생활하고 있는 수련생, 수사와 수녀, 세속에서 생활하고 있는 수많은 독실한 신자들이 이러한 묵상적 자각의 강물 속에서 하나님과 하나임에 대한 깊고 영속적인 체험을 발견해 왔다. 이렇게 비슷한 형태의 모든 영들(spirits)과 함께하기 위해서는 그들이 들어갔던 묵상 체험의 흐름 속으로 담대하게 발걸음을 옮겨야 한다. 이 묵상 체험의 흐름 속에서 그들의 삶이 변형되었다. 여러분은 하나님께 여러분 자신을 내어 맡겨야 한다. 하나님은 이 강물의 기원이시고, 이 강물의 끊임없고 강한 흐름이시며, 이 강물이 이끄는 영원한 성취의 바다이시다.

수도원에 들어갔을 때 나는 어떤 특정한 묵상법을 교육받지는 않았다. 묵상을 가능한 가장 넓은 의미로 이해한다면, 곧 묵상을 우리가 하나님과 하나임을 깨닫는 더 내밀한 묵상 상태로 들어가는 모든 방식을 포함하는 의미로 이해한다면 이 같은 사실이 그리 놀랄 만한 일은 아니다. 이같이 넓은 의미에서 보자면, 수도원 생활 자체가 묵상을 배우는 한 방법이다. 매일 행하는 침묵의 시간과 수도원 성가대에서의 시편 찬송, 육체 노동, 성서와 영성 연구, 이 모든 것이 하나님과의 묵상적 하나 됨이라는 습관적 상태로 살기를 배우는 단일한 자기 변형 과정의 모습들이다.

이러한 일정을 따른다면 수사들 개개인은 수도원 생활의 일환인 묵상 수련이 내재화되어 하나님께로 향한 유일하고 내밀한 여정으로 이어지는 모든 방식에 열려질 것이다.

토마스 머튼과의 일대일 영성 지도를 받으러 갔을 때마다 우리는 종종 나의 기도와 묵상 수련에 관해 이야기하곤 했다. 나는 벽에 부딪혔다고 느낀 자리에 관해서, 내가 이해하지 못했던 것들에 관해서 질문하곤 했다. 그는 내가 매우 유용하고 분명하다고 느낄 만한 방식으로 대답해 주곤 했다. 그러나 그는 나에게 어떻게 묵상해야 하는지에 관해서 전혀 이야기하지 않았다.

핵심은 우리가 무엇인가를 가리키면서 그것이 어떤 특별한 묵상 방식이라고 말하려 할 때 그와 같이 형식적으로나 공식적으로 지칭할 만한 그리스도교 묵상법 같은 것은 없다는 사실이다. 우리가 나중에 그리스도교 신비가들의 저술들을 살펴볼 때 알게 되겠지만, 신비가들이 묵상을 위해 제시하는 방법은 저마다 다르다. 그러나 이런 다양한 방법을 주의 깊게 고찰해보면 그것들이 현저하게 유사하다는 사실을 알게 된다. 왜냐하면 각각의 방법은 더 내밀하고 묵상적인 자각 상태를 일깨우는 능력을 선천적으로 부여받은 행위와 태도들을 이해하고 그것에 참여하는 그리스도교의 방식을 특별히 구현하기 때문에 그렇다.

내가 이 장에서 소개할 묵상 지침들에 대해서도 이와 같은 사실은 유효하다. 이 묵상 지침들은 더 내밀한 묵상적 자각 상태를 일깨우는 능력을 선천적으로 부여받은 행위와 태도들로 구성되어 있다. 바로 이 점이 왜 여기에서 제시된 기본 묵상 지침들이 세계의 위대한 종교들의 모든 신비주의적 전통들에서 이런저런 형태로 발견될 수 있는지에 대한 이유이다. 더 구체적으로 표현하자면, 내가 여기에서 나누고자 하는 묵상 지침들은 특별히 그리스도교 전통과 밀접한 연관이 있다. 이 지침들은 그리스도교 전통의 관상적 그리스도교 신앙에 대한 고전 문헌들에서 여러 형태로 발견된다. 훨씬 더 구체적으로 말하면, 내가 여기에서 제안하는 묵상 지침들은 저자 자신의 경험에서 나오는 독특한 것들이다. 이것들은 보편적이면서도 특수한 그리스도교 방식들을 구현한다. 이 방식들을 통해 나는 내 삶에 임하신 하나님의 임재에 대한 더 내밀한 묵상적 체험 방식들로 안내받게 되었다. 나는 이 지침들이 묵상을 시작하는 방법으로 유용하다는 점을 여러분이 알았으면 좋겠다. 수련에 임할 때 여러분은 하나님의 은총으로 자신에게 가장 자연스럽고 효과적인 묵상 방법에 안정되게 자리 잡을 것이다. 묵상 수련의 진전을 통해 성장하기를 배울 때 여러분의 묵상은 하나님을 향한 예견할 수 없는 여정을 지속적으로 구현해 줄 것이다.

몸과 관련해서 내가 제안하는 묵상 수련 지침들은 고요히 앉기, 허리를 곧게 펴고 앉기, 눈을 감기나 시선을 바닥을 향해 내려 보기, 천천히 자연스럽게 호흡하기, 손을 무릎 위에 자연스러운 자세로 또는 의미 있는 자세로 놓기다. 마음과 관련된 묵상 지침은 그 어떤 것에도 집착하지 않고 그 어떤 것도 거부하지 않으면서 현재에 머물러 마음을 열고 깨어 있는다. 태도와 관련된 묵상 지침은 모든 것에 집착하기도 하고 거부하기도 하는 자기 자신을 향해 무비판적 긍휼(compassion)을 유지하기 그리고 무기력한 타인들과 자기 자신을 향해 무비판적 긍휼을 유지하기다.

첫 번째 묵상 지침은 고요히 앉기다. 고요히 앉을 때 자연스럽게 긴장을 푸는 자세를 취하라. 잠깐 시간을 내어 거기에 그저 그렇게 단순하게 앉아 있음을 느끼라. 그런 다음 전심을 다해 고요히 앉아 있으라. 당신 몸의 고요함이 하나님과의 영원한 하나임을 깨닫고자 하는 여러분 마음의 열망을 구현하게 하라. "주여, 내가 여기 있나이다"(사무엘 상 3:4)처럼 하나님을 향해 열린 자세로 단순하게 현재에 머물러 있으라. 여러분 몸의 고요함이 앉아 있는 자신과 관련된 모든 것 안에 또한 여러분 안에 현존하시는 하나님께 대한 어린아이와 같은 신앙을 구현하게 하라.

두 번째로 제안된 묵상 지침은 허리를 곧게 펴고 앉으라. 허리를 곧게 펴고 앉는 일은 긴장을 푼 채로 깨어 있는 상태를 촉진한다. 우리는 잠든 상태를 긴장 이완과 연결하고 정신이 바짝 깨어 있는 상태를 긴장되어 있음과 연결하는 데 익숙하다. 그러나 묵상은 깊게 깨어 있으면서 동시에 깊게 긴장을 푸는 일을 배우는 방법이다. 하나님과의 하나임을 깨달은 더 내밀하고 묵상적인 상태로 초대받고 실제로 그 안으로 들어가는 일은 이렇게 깊게 긴장을 풀면서 동시에 깊게 깨어 있는 자세에서 이루어진다.

세 번째로 제안된 묵상 지침은 눈을 감거나 시선을 바닥을 향해 내려 보라. 묵상할 때 눈을 감는 것이 가장 자연스러운 일이라고 생각할 것이다. 만약 눈을 감는 일이 잠이 들게 하거나 과도한 이미지들을 불러일으킨다면, 눈을 약간 뜨고 바닥을 향해 45도 각도로 시선을 둔 채로 묵상하는 것이 가장 자연스럽고 유용하다는 점을 알게 될 것이다. 묵상의 이런 가시적 차원은 더 내밀하고 묵상적 자각 상태로 들어가는 하나의 방식인 고요하게 허리를 곧게 펴고 앉는 것과 통합된다. 눈을 감거나 시선을 떨어뜨리는 일은 "주여, 제가 볼 수 있게 하소서"라는 자세를 구현한다. 이런 자세를 통해 우리는 묵상적 눈으로 여러분 홀로 지금 이 순간 우리를 영원히 사랑하시는 하나님의 신비를 보고자 한다.

고요히 허리를 곧게 펴고 앉아 눈을 감거나 바닥을 향해 시선을 내려 보는 채로, 자연스럽게 긴장을 푸는 방식으로 천천히 숨을 들이쉬고 내쉬라. 호흡이 안정되게 하라. 생명을 유지시키는 호흡 하나하나에 주의를 기울여라. 여러분의 호흡이 하나님을 향한 어린아이와 같은 마음 열기를 구현하게 하라. 하나님께서는 여러분의 바로 그 호흡 속에서 또한 그 호흡으로서 온전하고 완전하게 당신 자신을 내어주신다.

고요히 허리를 곧게 펴고 앉아 눈을 감거나 바닥을 향해 시선을 내린 채로, 천천히 자연스럽게 호흡하면서 여러분의 손을 무릎 위에 편안한 자세로나 의미 있는 자세로 얹어 놓아라. 의미 있는 자세란, 예를 들면 손을 무릎 위에 올린 채 손바닥을 펴서 위로 향하게 하는 것은 하나님을 향해 수용적으로 열고 있는 내면의 자세를 표현하는 의미를 나타내려는 것이다. 여러분은 기도 중 손을 맞잡은 채 고요히 허리를 곧게 펴고 앉아 있는 자기 자신을 발견할 수도 있다. 여러분은 단순하게 무릎 위에서 한 손을 부드럽게 다른 손에 기대어 놓는 습관이 있을 수도 있다.

만약 여러분이 매일매일 그저 단순하게 침묵하면서 고요하게 자신의 호흡에 주의를 기울이며, 눈을 감거나 시선을 바닥을 향한 채로 앉아 있기만 해도 이는 스스로에게 엄청난 호의를 베푸는 일이다. 여러분은 이미 안식처 되시는 하나님, 곧 여러분 몸의 존재 속에 깊게 숨어 계신 하나님을 향해 긴 여정을 시작하고 있다고 할 수 있다.

그러나 묵상 중에는 우리가 정신이라고 여기는 것을 가지고 무엇을 해야 하는지에 관한 의문점이 남아 있다. 다시 말하면 우리가 묵상 중에 경험하는 생각, 감정, 감각으로 무엇을 해야 하는지에 관한 의문점이 남아 있다. 정신과 관련된 묵상 지침은 그 어떤 것에도 집착하지 않고 그 어떤 것도 거부하지 않으면서 현재에 머물러 마음을 열고 깨어 있으려고 하는 것이다. 생각이 일어날 때마다 그저 단순하게 현재에 머물러 마음을 열고 일어난 그 생각에 대해 깨어 있으라. 생각이 지속될 때에는 그저 단순하게 현재에 머물러 마음을 열고 지속되는 그 생각에 대해 깨어 있으라. 생각이 지나갈 때에는 그저 단순하게 현재에 머물러 마음을 열고 지나가는 그 생각에 대해 깨어 있으라.

생각에 관련된 묵상 지침이 내포하고 있는 직관적 논리를 이해하도록 하자. 잠깐 멈추고 스스로를 발견하는 순간에 대한 더 내밀한 묵상적 자각을 향해 자연발생적으로 깨어나게 되는 일상적 삶의 순간들을 회상하라. 예를 들면 해넘이, 또는 뛰노는 어린아이, 또는 눈을 뗄 수 없는 예술 작품의 아름다움에 여러분이 자연발생적으로 몰두했던 그런 순간들을 회상하라. 이런 순간들을 통해 여러분은 깊게 깨어난다. 그러나 이때 여러분은 생각하고 있는 것이 아니다! 만약 여러분이 생각하고 있다면, 여러분의 생각은 이 순간의 생생한 본질이 되지 못한다. 석양 또는 친구의 얼굴을 응시하는 가운데 여러분은 어느 순간 자신의 마음에 스쳐갈지 모르는 모든 생각들을 초월하는 내밀한 묵상적 태도로 깊게 깨어날 때가 있다. 이런 순간들에 여러분은 생각을 질적으로 초월하는 묵상적 자각 속에 자연발생적으로 빠져들기 시작한다. 묵상 중에 우리는 이런 묵상적이고 사고를 하지 않는 자각 상태에 빠져드는 일을 자유롭게 선택한다. 또한 우리는 우리의 정신을 통해 흘러넘칠 수 있는 생각들에 집착하지도 않고 그것들을 거부하지도 않음으로써 그렇게 한다. 묵상의 목표는 우리의 생각들을 사유하는 일도 아니고 어떤 생각을 품으려고 노력하는 일도 아니다. 오히려 목표는 고요히 허리를 곧게 펴고 앉아 일어나고 지속되고 지나가는 각각의 생각을 묵상 속에서 알아차리는 일이다.

어떤 생각이 일어나고, 지속되고, 지나갈 때 각각의 생각을 깊게 응시하는 자세는 모든 생각에 적용된다. 비록 이런 생각이 만족스럽든 만족스럽지 못하든, 피상적인 것이든, 심오한 것이든 말이다. 이런 자세는 또한 하나님에 관한 모든 생각에도 적용된다. 그리스도교 고전인 『무지의 구름』(*The Cloud of Unknowing*)을 썼던 익명의 작가가 우리에게 상기시키는 바는 묵상할 때 우리는 하나님에 관한 생각을 추구하지 않는다는 것이다. 오히려 우리는 묵상할 때 하나님에 관한 우리의 가장 심오한 생각을 무한히 초월하여 '있는 모습 그대로(in his naked existence)'의[1] 하나님을 알고자 한다.

현재에 머물러 마음을 열고, 깨어 있는 자세는 마찬가지로 묵상 중에 일어나는 몸의 모든 감각에 대해서도 유지되어야 한다. 이런 몸의 감각들에는 어깨 사이의 약한 통증이 포함될 수 있다. 그다음으로 방 안의 시원함이나 따뜻함을 알아차리는 일로 넘어가거나 무릎 위에 살짝 올려놓은 손의 무게를 알아차리는 일로 넘어가도 좋다. 우리는 앉아서 현재에 머물러 마음을 열고, 몸의 감각이 일어나고 지속되고 지나갈 때마다 몸의 개별 감각에 깨어 있어야 한다.

역시 마찬가지로 우리는 현재에 머물러 마음을 열고 우리 주변에서 지각되는 모든 감각, 예를 들면 차 지나가는 소리, 냉장고의 모터가 켜지거나 꺼질 때 나는 소리, 갑자기 구름을 뚫고 나온 햇빛으로 가득 채워지는 방의 분위기에 깨어 있어야 한다. 이렇게 지나가는 모든 현상에 대해, 우리는 현재에 머물러 마음을 열고 그것들이 일어나고 지속되고 지나갈 때마다 그것들 하나하나에 깨어 있어야 한다.

현재에 머물러 마음을 열고 깨어 있는 자세는 또한 묵상 중에 우리를 통해 흐르는 감정에 대해서도 유지되어야 한다. 이런 자세는 슬픔, 평화로움, 화, 성적인 감정, 혼란스러운 느낌, 여타의 수많은 감정 등 그것이 무엇이 됐든 모든 감정에 적용된다. 감정 전체와 관련된 묵상 지침은 이렇다. 현재에 머물러 마음을 열고 감정이 일어나고 지속되고 지나갈 때마다

---

1) William Johnston, trans., *The Cloud of Unknowing* (New York: Image Doubleday, 1973), 54. 이 책은『무지의 구름』이란 제목으로 여러 출판사를 통해 번역되었다.

각각의 감정에 깨어 있으라.

감정에 대해 품는 이런 자세는 또한 묵상 중에 일어날 수도 있는 하나님의 현존에 관한 모든 영적 위안과 감정에도 해당된다. 16세기 스페인의 신비가 십자가의 성 요한이 우리에게 상기시키는 바는 하나님의 현존에 관한 감정이 환상적이고 위안이 된다 하더라도 그것들 자체가 하나님이 아니라는 것이다. 그가 상기시켜 주는 바는 모든 위안과 영적 은사들은 유한하며, 무한하신 하나님에 비해 그 자체가 무한히 열등하다는 것이다. 우리는 우리에게 찾아올 수도 있는 어떤 위안도 거부해서는 안 된다. 그러나 우리가 경험할 수도 있는 위안이나 여타의 영적 은사들이 무엇이 됐든지 그것들에 집착해서도 안 된다. 하나님께서는 우리의 마음을 오직 하나님으로만 만족할 수 있는 그런 방식으로 만드셨기 때문이다. 무한한 사랑이 우리의 마음을 오직 무한한 사랑과의 무한한 합일로만 만족할 수 있는 그런 방식으로 만드셨다고 이야기할 수도 있다. 하나님의 임재에 관한 모든 위안은 유한하며, 하나님에 비해 무한히 열등하기 때문에 우리는 어떤 위안이든 그것에 집착해서는 안 된다. 묵상할 때 우리는 이런 위안을 경험할 만큼 충분히 복되다. 오히려 우리는 그저 단순히 현재에 머물러 마음을 열고 모든 위안과 영적 체험들이 일어나고 지속되고 지나가는 때마다 그것들에 깨어 있어야 한다. 그런데 만약 우리의 묵상에 하나님의 임재에 관한 어떤 감각이 결여되어 있다면, 이럴 경우 아마 묵상을 지속하기 어려울 것이다. 그러나 우리는 영적 위안의 부재란 단지 홀로 우리의 마음을 채우시는 하나님과의 무한한 합일에 비해 무한히 열등한 것의 부재일 뿐이라는 사실을 스스로에게 상기시켜야 한다. 위안과 무미건조함을 직면하면서도 이런 평정심을 유지하고 있을 때 우리는 현재에 머물러 마음을 열고 전적으로 현존하시지만, 위안과 무미건조함 모두를 초월하시는 하나님께 깨어 있을 수 있다.

장 피에르 드 코사드(Jean-Pierre de Caussade)가 저술한 그리스도교 고전인 『신의 섭리에 내어 맡김』(*Abandonment to Divine Providence*)이란 책 제목은 묵상 중에 일어날 수 있는 하나님과의 하나임에 대한 깊은 자각을 말로 표현하는 하나의 방식을 제공한다.[2] 그리스도교 저술가들이 신의 섭리에 자신을 내어 맡긴다고 말할 때 이것은 보통 우리 삶의 행로를 통해 우리를 인도하시며 역사하시는 하나님 섭리의 손길이라는 큰 그림을 신뢰한다는 맥락에서 말하는 것이다. 그러나 그리스도교 신비가들은 관상과 묵상을 안내할 때 신의 섭리에 자신을 내어 맡기는 일이 의미하는 바에 대한 더 섬세한 이해를 명확하게 밝히고 있다. 묵상 수련이 지나가는 매 순간의 구체적인 즉시적 경험에 숨겨진 깊은 곳에서 활동하시는 하나님에 대해 훨씬 더 섬세하고 예리하게 깨닫도록 신의 섭리에 자신을 내어 맡기는 일을 재조정해 주기 때문이다.

복음서들은 예수께서 당신 자신에게 전개되는 삶의 큰 그림에 담긴 아버지 하나님의 뜻에 스스로를 어떻게 내어 맡기셨는지를 말해 준다. 그러나 예수께서는 당신이 들의 꽃이나 공중의 새나 무릎에 기어오르는 어린아이를 보셨던 방식으로 우리에게 계시된 하나님의 섭리의 현존에 대해 더 섬세하게 조율된 자각을 증언하셨다. 묵상 중에 우리는 창 밖에서 뛰노는 어린아이들의 소리와 같은 단순하고 구체적인 것들에 담긴 섭리의 흐름에 우리 자신을 내어 맡김으로써 그리스도를 모방한다. 우리는 고요히 허리를 곧게 펴고 앉아 현재에 머물러 마음을 열고 이제 막 벽시계가 내는 차임벨 소리에 담긴 섭리의 흐름에 깨어 있는다. 우리는 해넘이로 어두워진 우리가 앉아 있던 방에 깃든 전적으로 신뢰할 만한 섭리의 흐름에 우리 자신을 내어 맡긴다. 우리는 우리의 호흡에 깃든 섭리의 흐름에 지금 막

2) Jean-Pierre de Caussade, *Abandonment to Divine Providence* (New York: Image Doubleday, 1975).

우리 정신을 지나가는 생각에 우리 자신을 내어 맡긴 채로 앉아 있는다. 우리는 지금 있는 그대로의 순간에 속하는 이전에는 결코 없었으며, 앞으로도 결코 다시 없을 즉시적 경험(immediacy)을 통해 흐르는 신성(divinity)에 우리 자신을 내어 맡긴 채 앉아 있는다.

현재에 머물러 마음을 열고 어떤 것에도 집착하지 않고 어떤 것도 거부하지 않으면서, 현재에 깨어 있으려는 이런 단순한 의도에 자신을 내어 맡긴 채로 앉아 있게 되면, 여러분은 우리 인간이 현재의 순간에 단순하게 현존함으로써 이렇게 단순한 일을 행하는 데 많이 서툴다는 것을 확실하게 경험할 가능성이 높다. 묵상을 시작하는 일은 우리의 쉼 없는 정신이 얼마나 쉼 없이 존재하려 하는지를 기꺼이 정확히 인식하고 받아들이려는 의지를 수반한다. 그렇다면 겸손히 수용하는 자세로 단순하게 현재에 머물러 마음을 열고 종잡을 수 없이 바쁘게 정신이 집착하고 거부하는 일에 우리가 여전히 반복해서 빠져들고 있음을 깨달으며, 매 순간에 깨어 있는 묵상적 자세를 회복해야 한다.

나는 여기서 묵상적 자각을 안정시키는 데 도움이 될 만한 두 가지 방법을 말한다. 첫째 방법은 지금 이 순간의 주의 집중에 닻을 내리는 자리로서 자신의 호흡에 대한 자각을 이용하는 방법이다. 여러분이 또다시 잠, 몽상, 이런저런 감각, 생각, 감정에 집착하고 있음을 깨달을 때마다 단순하게 현재의 순간에 대한 묵상적 자각에 당신 자신을 안착시키는 방법으로 당신의 호흡에 대한 자각을 반복하라.

침묵 가운데 내면에서 한 단어나 한 구절을 반복하는 일은 현재 순간의 주의 집중을 유지하는 또 하나의 전통적인 방법이다. 여러분은 하나님, 자비, 또는 예수님과 같은 한 단어를 선택할 수 있다. 그렇지 않으면 성서나 당신에게 특별히 의미 있는 기도문이나 찬송 가사에서 취한 한 구절을 사용해도 좋다. 또다시 현재에 머물러 마음을 열고 깨어 있는 상태에서 벗어나고 있음을 깨달을 때마다 여러분이 정한 단어나 구절을 단순하게 침묵 가운데 내면에서 말함으로써 묵상 수련의 지속적인 주의 집중을 회복하라.

내가 특별히 유용하다는 사실을 알게 되었던 수련 방법은 호흡 자각과 "나는 주님을 사랑합니다"라는 구절을 결합하는 방법이다. 여러분이 이런 저런 생각에 빠져들고 있음을 깨달을 때마다 숨을 내쉬며 조용하게 "나는 주님을 사랑합니다"라고 말하라. 이때 숨을 내쉬는 행위는 하나님을 사랑하는 행위로서 여러분의 전 존재를 담은 표현이 되게 해야 한다. 그런 다음 숨을 들이쉴 때는 하나님께서 "나는 너를 사랑한다"라고 말씀하시며 주시는 생명을 조용히 받아들이고 이에 자신을 맡겨라.

호흡 자각의 도움을 받고 한 단어나 한 구절을 사용하며, 가장 신실한 노력에도 불구하고 여러분은 우리 인간이 현재의 순간에 단순하게 현존하는 일로서 이렇게 단순하고 기초적인 것을 행하는 일에 얼마나 서투른지를 경험할 수도 있다. 사실 묵상은 우리의 빈곤함을 적나라하게 드러내는 하나의 방식이다. 우리는 현재에 머물러 마음을 열고 깨어 있으려는 신실한 의도를 품고, 바로 이 의도의 단순성이 우리 정신과 마음이 지닌 제멋대로의 복잡성을 드러내 준다는 사실을 발견하는 일에만 착수한다. 바로 이 점이 묵상의 주요한 태도가 자신을 무비판적으로 긍휼(compassion)히 여겨야 하는 이유이다. 특별히 여러분이 모든 것에 집착하기도 하고 모든 것을 거부하기도 하는 것을 발견할 경우에 말이다.

그리스도에 대한 우리의 신앙은 하나님께서 무한히 긍휼하신 분이심을 표현한다. 곧, 하나님은 우리 자신과 우리를 둘러싼 모든 이들에게서 상실되고 부서진 것들 전부의 소중함을 우리가 인식하게 하고 그것과 일체가 되어 가게 하는 사랑이심을 계시하신다. 우리의 묵상은 그리스도와 같은 긍휼을 촉진하고 구현한다. 그리스도와 같은 긍휼로 우리는 우리의 정신과 마음이 한 마리의 잃어버린 양임을 깨닫고, 이런 양을 사랑스럽게 불러모아서 현재 순간에 주의를 집중케 하는 양 무리에로 되돌려 놓아야만 한다.

우리가 그리스도와 같은 긍휼의 눈으로 자기 자신을 보는 일을 배워 가는 것처럼, 우리는 그리스도와 같은 긍휼의 눈으로 다른 사람들을 보는 일 또한 배운다. 약하지만 소중한 존재인 자기 자신을 향해 자비로워짐을 배우게 되면서, 우리는 약하지만 소중한 존재인 다른 사람들에게도 자비로워짐을 배운다. 이런 방식으로 묵상이 어떻게 우리의 가슴을 자기 자신과 다른 사람들에게 훨씬 더 민감하게 반응하게 하는지를 알아가기 시작한다. 그리스도교 신비가들의 삶과 가르침 전반에 걸쳐 등장하는 반복구 중 하나는 이것이다 — 오직 사랑과 사랑 가운데 주어진 모든 것만이 진실이다. 사랑은 사랑 그 자체이신 하나님을 향한 여정의 수단이면서 동시에 목적지이다. 또한 사랑이 사랑스럽게 행동하도록 재촉하기 때문에 우리 역시 스스로의 고통에 대한 비폭력적이고 그리스도적인 반응과 문 밖에 나서거나 텔레비전의 저녁 뉴스를 보면서 접하게 되는 사람들의 고통에 대한 우리의 반응 사이에 있는 아주 급진적으로 친밀한 연관성에 대한 인식이 시작될 수 있다.

매번 묵상을 끝낼 때마다 여러분은 기도하는 두 손을 모아 감사 표시로 절을 해도 좋다. 묵상은 하던 대로 했을 뿐이다. 묵상은 충분하다는 말로 표현할 수 있는 것 이상이었다. 여러분은 그에 대한 감사의 표시로 하나님께 절할 수 있다. 그런 다음 하나님께 하루 내내 묵상적 자각이라는 실을 끊지 않는 법을 배우게 해 달라고 요청해도 좋다. 묵상을 끝내고 자리에서 일어난 다음에는 여러분의 하루를 살고, 다음 날을 하나님의 은총으로 인식하면서, 여러분은 또다시 묵상하기 위해 자리에 앉을 것이다. 여러분이 매일매일의 삶에서 묵상을 통해 여러분 삶 전체의 토대가 되는 자리를 발견할 때마다 매일의 삶이 구현하는 거룩한 신비에 마음을 열어라.

묵상하는 시간 시간이 여러분과 하나님이 말로 형언할 수 없는 것들을 서로 나누면서 함께 앉아 있는 화덕(hearth)이 되게 하자. 묵상이 더 내밀한 묵상적 자각 상태로 들어가는 입구를 제공한다는 것이 얼마나 진실된 이야기인지 스스로 밝혀보라. 묵상적 자각에 빠져들라. 하나님 앞에 여러분 자신을 적나라하게 드러내는 이런 자각 속에서 사는 것을 배우라. 하나님은 있는 그대로 단순하게 존재하는 것이라는 순전한 즉시적 경험을 통해 영원히 당신에게 적나라하게 계시된다.

서두르지 말라. 여러분이 아무리 밀어붙인다 해도 현재 이 순간, 정확히 있는 그대로, 자기 자신이 처한 곳 이상의 자리로 여러분 자신을 밀어올릴 수 없다는 것을 알라. 그럴 필요도 없다. 왜냐하면 하나님과 여러분의 영원한 합일이 숨겨진 자리는 바로 지금 이 순간 있는 그대로 존재하는 여러분의 측량할 수 없는 심연이기 때문이다. 기억하라. 묵상은 현재 이 순간 자기 자신의 심연으로 내려가기 위해서 천천히 움직이는 하나의 방식이다. 현재 순간 하나님은 여러분에게 하나님과의 영원한 하나임에 대한 깊은 체험을 주시려고 기다리고 계신다. 그러나 이런 더딘 하강을 하나님과의 예측할 수 없는 만남으로 이끄는 내적 여정을 계속 지연하는 일과 혼동하지 말라. 여러분이 전심을 다해 신실하고 단순한 어린아이 같은 신앙의 영으로 스스로를 하나님께 단순하게 개방함으로써 하나님을 찾으려는 노력을 새롭게 하는 날이 바로 오늘이 되게 하기를 지체하지 말라.

묵상하는 습관을 발전시킬 때 하나님을 향해 조용한 묵상적 개방의 상태로 더욱더 직접적으로 들어가기를 배우는 기술이 더 증진될 것이다. 여러분은 점차로 새롭게 깨어난 마음의 내적 조망과 더욱 친숙해 가는 스스로를 경험하게 될 것이다. 새롭게 깨어난 여러분의 마음이 반복적으로 묵상적 자각 속에 머물러 쉴 때 여러분의 마음은 점진적으로 하나님의 숨겨진 심연에서 그 무게중심을 발견하게 된다.

매일매일 묵상함으로써 묵상 중에 촉진되고 지속되는 묵상적 자각이 일상 속에서 예기치 않은 방식으로 훨씬 더 빈번하게 번쩍이며 빛을 발하게 된다. 예를 들면 여러분은 싱크대에서 설거지를 하면서 서 있을 수 있다. 주방 창문 밖을 바라보며, 창문 밖의 나뭇가지에 달린 잎사귀를 가볍게 흔드는 부드러운 산들바람 속에서 여러분의 마음은 하나님을 재빠르게 인식하게 된다. 여러분은 내적으로 하나님을 향해 미소 짓는다. 여러분은 이와 같은 작은 놀라운 일들에도 더 이상 놀라지 않게 됨에 감사하게 된다.

사랑하는 사람들은 사랑을 표현한 작은 신호만으로 서로 놀라워하며 기뻐한다. 이들은 스스로를 사랑의 관계 속에 있는 가장 행복한 존재로 여긴다. 사랑의 관계 속에서는 이런 놀라운 일들에 놀라지 않는다. 연인들은 사랑이 바로 이와 같은 것이라고 인식한다. 곧, 항상 예상치 못한 사랑의 표현으로 서로를 놀라게 하면서 기뻐하는 일 말이다. “하나님은 사랑이시다”(요한 1서 4:8). 그러므로 하나님은 사랑을 통해 실제로 존재하는 모든 것의 실재인 무한한 사랑을 여러분에게 반복해서 일깨워주는 방식을 사용하신다. 묵상이 구현하는 영적 행로에서 원숙하고 성숙해질 때, 여러분은 끊임없이 그 무엇으로도 결코 멈출 수 없는 하나님이 주시는 기쁨에 더 이상 놀라지 않으면서 스스로를 축복받은 존재요 가장 행복한 존재로 여기게 될 것이다. 여러분의 마음은 다음과 같은 자신의 모습을 언뜻 보게 되며 하나님과 친숙해진다. 곧 당면한 일 앞에서 내면적으로 한발 물러나는 모습에서, 길거리에서 지나치는 낯선 사람을 잠깐 바라보면서, 또는 구름 낀 날 갑자기 햇빛이 방 안을 가득 채우는 상황을 경험하는 자신을 보면서 하나님과 친숙해진다.

여러분을 영원히 놀라게 하는 방식에 더 이상 놀라지 않음을 배워 가면서, 여러분은 변함없는 신뢰감 속에 하나님께 머물러 쉬는 법을 배울 것이다. 이렇게 신뢰에 머무르기를 배우면서, 여러분은 하나님을 보는 법을 배운다. 곧 여러분 자신과 다른 사람들 그리고 여러분을 둘러싼 모든 것에 담긴 하나님께서 주신 하나님의 본성을 보는 법을 배우면서 말이다. 하나님과 하나임에 대한 이런 묵상적 자각에 머무는 일을 배워 가면서, 여러분은 하나님의 거룩한 관대하심을 다른 사람들에게 전달하라는 압력을 받을 것이다. 하나님의 관대하심은 여러분에게 가장 은혜스럽게 전달되어 왔고, 지금도 지속되고 있다고 말이다.

우리가 매일 하는 묵상에 헌신하기 시작할 경우에 자주 등장하는 몇 가지 실천적 고려사항이 있다. 그 하나는 매일 하는 묵상이나 또는 거의 매일 행하는 묵상의 유용성이다. 만약 여러분의 일정이 허락되고 그렇게 하려고 한다면, 하루에 두 번 묵상하는 것이 훨씬 더 좋다. 이런 제안을 하는 이유는 이렇게 하는 묵상 수련이 오랜 시간에 걸쳐 성장하고 발전하는 습관이 되기 때문이다. 더 내밀한 묵상적 자각 상태로 이동하면서 종종 발생하는 미묘한 변형들에 익숙해지는 데는 잠깐의 시간이면 된다. 게다가 매일 행하는 묵상 습관이 더 확고하게 구축되면 될수록 묵상적 자각이 매일매일의 삶에서 습관적으로 자각되기 쉽다. 습관적으로 묵상적 자각이 성장하고 깊어지면서, 여러분이 무엇인가를 행하고 있는 그 순간 현존하시는 하나님 안에 머물러 쉬는 능력도 성장할 것이다.

사람들이 묵상을 시작하면서 종종 등장하는 또 다른 실천적 문제는 매번 묵상할 때마다 그 시간을 어느 정도 지속해야 하는지에 관한 것이다. 묵상을 수련해 가면서 여러분은 자연스럽게 묵상할 때마다 일정한 시간을 유지하려는 경향을 포함해서 어떤 특정한 묵상 패턴에 빠져들 것이다. 그러나 많은 사람들에게 가장 적합하게 여겨지는 시간은 20~30분 사이이다. 우리의 바쁜 일정과 연관시켜보자면, 이 정도는 충분히 실천할 수 있을 만큼 짧은 시간이다. 동시에 다른 한편으론 그 시간이면 우리가 묵상적 상태에 들어갈 만큼 충분히 길다. 만약 20~30분도 특별히 처음 묵상하는 여러분에게 긴 시간처럼 느껴진다면, 여러분이 할 만하다고 느끼는 만큼 시간을 줄여라. 묵상을 수련하면서 스스로에게 보조를 맞추려는 자비로움은 우리에게 영원히 당신 자신을 내어 주시는 하나님께 유일한 방식으로 우리 자신을 내어 주는 것을 배우는 데 있어서 중요한 요소이다.

묵상 시간의 길이에 관한 실천적 세부사항을 처리하려고 할 때 묵상하면서 시계를 보지 않아도 되는 방법으로는 타이머를 사용하는 것이 최선이다. 물론 여러분의 경우에는 특정한 시간에 묵상을 멈출 필요가 없을 수도 있다. 그런 경우 여러분은 묵상하며 단순하게 앉아서 끝날 때가 가까웠다는 묵상에 대한 감각을 신뢰할 수 있다.

여러분은 또한 묵상 수련을 하기 위해 어디로 가야 할지 결정해야 할 것이다. 물론 어디서나 묵상할 수 있다. 사실 목표는 하루 내내 묵상적 자각을 습관화해서 꽤 자연스럽게 스스로를 찾을 수 있는 자리라면 어디서든지 묵상할 기회를 마련하는 일이다. 그러나 묵상 수련 초기나 묵상의 여정 내내 많은 사람들이 매일 하는 묵상을 위한 터전이 되는 장소를 정하는 것이 유용하다는 사실을 깨닫는다. 시간이 지나면 정신과 마음이 그곳에 가는 데 익숙해질 만큼 성장한다. 때가 되면 묵상하는 장소를 향한 발걸음 자체가 하나님께 대한 수용적 개방이라는 묵상적 상태를 향해 우리의 가슴을 열어 준다.

묵상하기 위해 여러분이 선택하는 장소는 여러분 집 안의 장소 — 거실의 한 구석, 침실이나 그 외의 다른 방 — 가 되기 가장 쉽다. 집 안의 장소가 매일 하는 묵상 수련에 헌신하기에 적합한 장소로 보인다. 여러분은 그곳에 일종의 제단 같은 것을 만들 수 있다. 제단 위에 그리스도교 신앙 전통을 표현하는 다양한 상징물과 여러분에게 개인적으로 의미를 갖는 물건들을 올려놓아도 좋다. 여러분이 개신교 그리스도교 신앙인이라면 묵상 장소에 두기로 선택한 상징물 중에는 나무로 된 민무늬 십자가, 그리스도가 그려진 그림, 성서와 특별히 자신에게 의미 있는 신앙 서적들이 포함될 수 있다. 만약 여러분이 감리교, 천주교나 동방 교회 전통에 속해 있다면, 여러분이 선택한 상징물에는 십자가에 못 박힌 예수 상이나 그리스도, 성모 마리아, 그리고 자신이 개인적으로 자주 기도하는 성인을 표현한 그림이나 아이콘이 포함될 수 있다. 개인적인 성향을 따르면서도 묵상 장소에 양초, 몇 개의 향, 또는 실내 화분이나 집 밖에서 가져온 몇 개의 작은 돌들을 포함시켜도 좋다. 묵상 장소에 성서와 함께 한 권이나 그 이상의 영적 서적들과 신문을 포함시켜도 좋다. 핵심은 묵상 수련 장소에는 신실함과 신앙을 표현해 주고 그와 관련된 어떤 조용한 질서를 수반하는 경향이 있게 하는 것이다. 그 장소는 묵상을 위해 따로 마련해 둔 곳으로 바라보기만 해도 그곳에서 어떤 중요한 일이 발생한다는 사실을 여러분에게 암시할 것이다.

묵상할 때마다 어떻게 시작할 것인지에 관한 실천적 물음도 있다. 단순하게 앉아 잠깐 마음을 안정시키고 묵상을 시작해도 좋다. 곧 그리스도 형상, 십자가나 몇몇 거룩한 형상 앞에 서서 시작해도 좋다. 두 손을 모아 기도하며, 하나님께 대한 자각을 새롭게 하는 데 잠깐 시간을 낼 수도 있다. 여러분의 묵상은 바로 이 하나님의 임재 안에서 이루어진다. 하나님을 숭배하는 행위로 절을 해도 좋다. 그런 다음 초를 밝히거나 향을 피워도 좋다. 그리고 성서 몇 구절을 읽으면서 천천히 시간을 할애해도 된다. 창조주이시자 보호자이시며, 하나님을 향한 마음의 열망을 성취해 주실 하나님께 여러분 자신을 개방하는 하나의 방식인 묵상을 잘 안내해 주시길 하나님께 요청하면서 단순하고 신실하며, 전심을 다한 기도로 시작해도 좋다.

본질적인 의미에서 보자면 묵상 장소를 꾸미기 위해 여러분이 선택한 거룩한 형상들과 여러분이 사용하는 기도문들이 그리 중요한 것은 아니다. 하나님을 향한 자기 변형의 여정은 제단에 영적 장식품들을 배열하는 일, 그림과 그 비슷한 것에 절하는 일과 같은 사소한 것을 초월하는 근본적인 경이로움이기 때문에 그렇다. 묵상에 관한 모든 문제는 자기를 불태우는 열정(fire)의 문제다. 우리를 바다로 이끄는 것은 은총의 강물이다. 묵상은 우리의 참 존재가 현시하는 거룩한 빛에 대해 전적으로 투명해지는 방식이다. 묵상은 단순하게 있는 그대로 온전하고 완벽한 우리에게 당신 자신을 내어주시면서, 당신에게로 깨어나게 하시는 하나님께 우리 자신을 내어 맡기는 방식이다. 그러므로 여러분이 테이블 위에 십자가를 놓을 것인지, 그림에 절을 할 것인지, 초를 밝힐 것인지 여부는 핵심이 될 수 없다.

그러나 사랑하는 사람들이 외관상 어리석게 보이는 것들을 말하고 행하는 것은 서로 자신의 사랑의 깊이를 표현하고 구현하기 위해서가 아닌가? 부모가 방바닥에 앉아 우스꽝스러운 행동을 하는 것은 자녀의 웃음소리에 한껏 취해서가 아닌가? 부모가 그들 마음에 사랑하는 자녀의 신비함을 몇 번이고 맛보려고 반복해서 이런 행동을 행하는 것 아닌가? 그러므로 초를 밝히거나 그리스도의 형상 앞에서 조용히 절을 하는 것과 같은 단순한 행동은 우리 자신을 하나님과 하나임에 대한 훨씬 더 깊은 깨달음에 내어 맡기는 신비를 구현할 수 있다. 이런 의미에서 그리스도와 같은 신실함으로 단순하게 절하는 일은 그 목표에 딱 들어맞는다. 나무로 만든 장식 없는 십자가를 단순하게 응시하는 일은 실제 존재하는 모든 것의 실재이신 하나님과의 하나임을 깨닫는 일의 본질적 핵심을 구현한다.

다음과 같은 점이 바로 묵상을 통해 하나님을 찾는 일에 대한 헌신이 우리에게 도움이 되는 바 – 또는 나로서는 우리에게 베푸는 바라고 말하고 싶다 – 이다. 이런 헌신은 우리 존재의 심연에 내재하는 새로운 무게 중심을 개발한다. 우리가 우리 안에 내재하는 이런 새로운 무게 중심에 신실하게 마음을 열 때 가장 단순한 행위들이 말로 설명할 수 없는 것들을 구현한다. 절하는 일과 같은 이런 단순한 행위는 우리가 달성하거나 도달할 수 없는 신비를 구현해 줄 수 있다. 마음을 챙겨 묵상의 방식으로 단순하게 초를 밝히는 일은 우리 삶의 신성함에 대해 눈멀게 만드는 어둠 속 깊은 곳에 한 줄기 빛을 던져줄 수 있다.

내 외할머니에게는 다섯 명의 자녀가 있었다. 가장 어린 아들 제임스는 아홉 살의 나이로 그녀의 품에 안겨 죽었다. 내 이름은 그의 이름을 따라 지어졌다. 외할머니는 제임스가 죽은 이후 얼마 동안 그의 죽음이 불러온 상실과 고통 때문에 낙담한 나머지 기도를 하지도, 교회에 가지도 못하셨다. 교회에 다시 가기 시작했을 때 할머니는 작은 의례를 행할 요량으로 나가시기 시작하셨다. 그녀는 홀로 교회까지 걸어가 초를 밝히고, 텅 빈 교회당에 앉아 기도하곤 하셨다. 그러곤 집으로 걸어오셨다. 나는 그녀가 얼마나 자주 또는 몇 개월이나 몇 년 동안 그리하셨는지는 잘 모른다. 이것은 확실히 실천적 또는 논리적 언어로 설명되거나 이해될 수 있는 종류의 것이 아닌 다소 기묘한 일이다. 그러나 더 깊고 내밀한 차원에서 보자면, 그녀의 단순한 신앙 행위가 완전하게 이해된다. 걸어서 교회당에 가는 행위, 초를 밝히는 행위, 조용히 앉아 있는 행위는 치유의 여정 가운데서 그녀의 상처난 마음을 구체적으로 표현해 주었다.

우리의 묵상이 현실이 되게 하고, 열매 맺게 하며, 진실하게 만드는 것은 이러한 깊고 단순한 신앙이다. 여기서 핵심은 비탄과 슬픔이 아니다. 핵심은 마음 깊이 깨달은 하나님과의 하나임(oneness with God)의 깊이다. 이것은 때때로 비탄과 기쁨의 순간에, 그리고 그 사이 어딘가에 해당하는 모든 인간 경험 속에서 모호하게 우리에게 발견된다. 여러분에게는 여러분의 이야기가 있다. 나에게는 나의 이야기가 있다. 그러나 우리들의 이야기 전체를 관통하는 길이 있다. 이 길에서 우리는 각기 때때로 슬픔과 기쁨의 한복판에서 스스로를 지지하기에는 무기력한 우리들을 하나님께서 지지하시는 신비한 방식들을 깨닫게 된다. 우리가 덜도 더도 아닌 우리 마음만을, 곧 상처를 입었으나 이해하거나 설명할 엄두도 낼 수 없는 방식들로 온전해진 우리 마음만을 묵상으로 가져올 때 묵상은 생생하게 된다. 우리가 묵상 중에 다름 아닌 하나님만을, 곧 우리가 살고 있는 삶 속에 온전하고 완벽하게 당신 자신을 내어 주시는 하나님만을 발견하기 시작하는 것은 덜도 더도 아닌 이제까지의 우리의 삶만을 묵상으로 가져오려는 이런 태도를 통해서이다.

하나의 음악 작품은 연주가가 연주하기 전까진 음악이 되지 않는다. 마찬가지로 이 책에서 제시되고 있는 것과 같은 묵상 지침은 여러분이 묵상을 시작하기 전까지는 종이 위에 인쇄된 글자들로만 남아 있다. 나는 이제 여러분에게 묵상을 시작하도록 스스로를 고무시키는 데 이 묵상 지침을 사용하길 권한다. 다시 말하면 아직까지 그렇게 하지 않았다면 의식적으로 하나님과의 더 내면적 관계로 들어가려는 결단을 내려라. 그런 다음 매일 하는 묵상과 몇몇 형태의 기도를 기초로 이런 결단에 충실하라.

연인이 문 저편에서 말한다. “문 열고 들어오세요. 그러면 우리가 얼마나 하나가 되었는지를 그대로 경험할 수 있어요.” 여러분은 어떻게 문을 열어야 하는지에 관한 책을 한 권 더 읽으면서 문 바깥에 서 있다. 여러분은 문을 통해 걸어 들어가는 일이 무엇과 비슷할지에 대한 생각을 한 번 더 일기에 기록한다. 그동안 내내 여러분 마음의 갈망들은 미완성인 채로 남아 있다. 그러므로 여러분 마음의 문을 하나님께로 열어젖히는 날이 바로 오늘이 되게 하라. 하나님의 마음은 영원 전부터 우리를 향해 열려 있다. 이것이 바로 그리스도교 신앙의 좋은 소식(복음)이다. 하나님께서는 잠기지 않은 문 그리고 심지어는 약간 열린 문을 남겨 두셨다. 하나님께서는 여러분이 문을 열고 걸어 들어와 생명의 충만함 그 자체이신 하나님과의 하나임을 체험하길 기다리고 계신다. 우리가 그리스도교 신앙의 살아있는 본질 속에서 우리 자신을 발견하는 일은 문을 통해 하나님께로 가는 이런 시적 이미지 한복판에서다. 우리 자신을 발견하는 일 역시 이런 시적 이미지 한복판 여기에서다. 곧 그리스도께서 오셔서 선포하셨던 하나님과의 영원한 하나임을 내밀하게 깨닫는 한 방식인 그리스도교 묵상의 살아 있는 본질의 한복판에서다.

매일 하는 묵상에 대한 헌신이 구현하는 자기 변형의 여정에 속하는 경이롭고 신비한 본성을 깨닫게 되면서, 여러분은 그 길을 따라 놓여 있는 모든 발견들에 더 손쉽게 자기 자신을 개방하고 반응하게 될 것이다. 이러한 발견들에는 기쁘고 놀라운 소식, 환희의 순간, 깊은 위로가 포함된다. 자기 변형의 여정은 또한 고된 투쟁, 어려움, 곤경을 수반할 것이다. 이것은 다름 아닌 바로 여러분의 생명이 달린 일이다. 바로 여러분 삶의 원천이자 토대이며 성취이신 하나님과의 축복된 하나임(oneness)를 깨닫기 위해서는 다름 아닌 여러분이 가장 소중히 여기는 환상에 대해 죽어야 한다.

만약 여러분이 이미 묵상을 통해 하나님께 여러분 자신을 개방하는 내면의 여정을 시작했다면, 여러분은 이제 막 묵상을 시작한 사람들을 향한 격려의 말들이 여러분에게도 역시 해당된다는 사실을 알 것이다. 나는 이것들이 나에게도 해당된다는 사실을 알고 있다. 하나님께로 가는 문을 통과한 지 오래됐던 내 안에 이 격려의 말들이 존재한다. 바로 이 문장을 쓰는 행위를 통해 하나님께로 가는 문을 통과하고 있는 내 안에 이 격려의 말들이 존재한다. 또한 문 밖에서 그저 어슬렁거리며, 당혹스러워하면서 들어가기를 꺼리고 두려워하는 내 안에 이것들이 존재한다. 내 안의 이렇게 꺼리고 아직 깨어나지 못한 부분을 위해 항상 작은 응원 메시지, 작은 격려와 지지를 사용할 수 있다.

나는 여러분이 자기 자신의 생애에 줄곧 지속되는 이러한 동일한 회심 과정을 여러분만의 유형으로 지니고 있다고 생각한다. 하나님께로 열린 문을 통과한 지 오래된 여러분에게 이 격려의 말들이 존재한다. 바로 이 문장을 읽는 가운데 끊임없이 문을 통과하는 여러분에게 그것이 존재한다. 또한 두려움과 당혹스러움 때문에 하나님께로 열린 문을 지나가길 주저하는 여러분에게도 그 말이 존재한다. 하나님께로 열린 문을 통과하기 위해서는 여러분 안의 이런 당혹스러워하고 두려움에 머뭇거릴 때 묵상 초기에 받았던 모든 격려가 필요하다.

용기를 북돋아 주어라. 지지해 주는 사람을 만나라. 여러분이 우주 창조 이전부터 이미 잘 진행되어 왔던 여정을 계속해서 다시 지속적으로 시작하려는 노력을 재개하려면 말이다. 여러분의 가슴이 여러분에게 진실로 이야기하는 것에 귀를 기울여라. 신비가들이 전한 가장 대담하고 지대한 영향을 미치고 있는 말들이 여러분에게 해당된다는 사실을 숙고하기를 두려워하지 말라. 여러분 안에 활동하시는 하나님을 향한 갈망은 여러분을 향한 하나님의 무한하신 갈망에 비하면 희미하고 멀게 느껴지는 메아리일 뿐이다. 여러분 안에서 활동하시는 하나님을 향한 갈망에 주의를 기울이는 일은 이러한 갈망의 살아 있는 원천이시자 성취하시는 하나님께 귀를 기울이는 일이다. 하나님을 향한 이런 갈망을 신뢰하고 그것에 친구가 되는 법을 배우라. 이런 갈망이 희미하고 미묘하고 숨겨져 있다 하더라도 말이다. 여러 시대를 거쳐 그리스도교 신비가들이 명시한 고대와 현대의 길에 여러분을 인도하면서, 하나님께 대한 메아리인 이런 갈망에 자신을 내어맡기기를 배우라.

활용 가능한 이러한 묵상 지침에서 여러분이 발견한 것을 가슴에 담아두어라. 다른 누군가에게는 의미 있을 듯한 것이나 여러분 자신에게는 바르게 보이지 않거나 유용하지 않은 듯한 것은 어깨 너머로 보듯 그냥 지나치라. 하나님께서 묵상에서 오는 침묵의 단순성으로 여러분을 인도하실 수 있도록 기꺼이 받아들이려는 마음에 충실하고 단순하게 마음을 열라. 왜냐하면 이 침묵의 단순성을 통해 여러분은 이해하거나 상상할 수 없고 그럴 필요조차 없는 방식들로 변형될 것이기 때문이다.

제3장

묵상 체험

더 내밀한 묵상적 자각 상태를 체험하기 위해 오랜 시간 묵상할 필요는 없다. 조용히 호흡에 주의를 기울이며, 단순하게 고요히 앉아 있는 일에 무엇인가가 존재한다. 이런 행위는 덜 동요되어 있고, 생각이 덜 요동치는 묵상적 자각 양태를 불러일으키는 데 도움이 된다. 더 내밀한 묵상적 자각 상태로의 이런 전환을 통해 하나님을 향한 신실한 갈망이 구현될 때 하나님과 하나임을 깨닫는 새로운 능력이 출현하기 시작한다. 묵상적 자각 속에 머물러 있는 일은 하나님께 대한 저항을 최소화한다. 거룩한 것에 대한 저항이 감소될 때 여러분은 하나님을 따르기를 배우게 된다. 하나님만이 홀로 여러분의 심연으로 안내하는 어둡고 빛나는 길을 아시며, 또한 그분만이 그 길이시다.

이 문제를 구체적으로 그리스도교의 용어로 설명하면 묵상 체험은 우리 안에 계신 하나님의 영에 대한 저항을 최소화한다. 하나님의 영은 말할 수 없는 탄식으로, 그리스도께서 계시하시고 선포하신 하나님과의 그 영원한 하나임으로 우리가 깨어나기를 간절히 바라신다. 소리 없이 지속되는 하나님의 끈질긴 구애에 대한 우리의 저항이 감소될 때, 스스로를 그리스도와는 다른 존재로 경험하는 우리의 경험이 그리스도와의 하나임에 대한 묵상적 깨달음 속으로 용해된다. 점진적으로 또는 갑자기 우리는 축복과 자유가 있는 그 깨달음의 지점에 도달한다. 우리는 그곳에서 사도 바울과 같이 "내게 사는 것이 그리스도니"(빌립보서 1:21)라고 고백할 수 있다. 내가 산다는 것은 곧 내가 그리스도께서 구현하시고 선포하신 하나님과의 하나임으로 존재한다는 것을 의미한다.

그렇다면 질문의 핵심을 알아차리면서 우리는 묻는다. 묵상 수련이 불러일으키고 유지하는 묵상 체험의 본질은 무엇인가? 또한 묵상과 매일 행하는 묵상에 대한 헌신이 구현해 주는 관상적 삶의 방식과 관련된 노력을 강화하기 위해서 묵상 체험에 대한 우리의 이해를 어떻게 활용할 수 있는가?

이 질문에 대한 답을 시작하는 하나의 방식으로서 나는 여러분이 매일매일의 삶 한복판에 묵상 체험이 예기치 않게 나타나는 순간들에 대해 곰곰이 생각해 보기를 청한다. 여러분이 환상적인 어떤 사건이 일어난 날에 대한 관심에 계속 사로잡혀 있는 순간들 중 하나를 염두에 두라는 것이다. 여러분이 갑자기 그 순간 알아차리게 된 것이 무엇이든 그것에 대한 자각은 자각의 미묘한 확장과 마음속의 미묘한 활기를 불러일으킨다.

갑자기 이것에 대한 여러분의 자각은 이것을 초월하는 그것을 향해 여러분이 깨어나게 한다. '이것'이라는 용어를 사용하여 나는 그것이 무엇이든 깨어남이 발생하는 순간에 여러분이 자각할 수 있는 그것을 뜻하고자 한다. 여러분의 눈을 사로잡는 것은 이 친구의 기대하지 않은 친절한 행위일 수 있다. 또는 아마 여러분에게 물을 달라며 바짓가랑이를 잡아당기는, 여러분의 어린 자녀이거나 손자일 수 있는, 이 어린아이의 고개 든 얼굴을 내려다볼 때 예기치 못한 자각의 확장이 일어날 수 있다. 또는 깨어남의 순간은 구름 한 점 없는 맑은 하늘을 빙빙 돌고 있는 이 한 마리 새를 여러분이 올려다보면서 발생할 수 있다. 또는 곧 다가올 폭풍을 예고하면서 이제 막 더 강해지고 있는 이 바람이 그것을 촉발하는 사건일 수 있다.

실제로 특별한 것은 없다. 여러분의 친구는 수많은 친절한 일들을 행한다. 여러분의 어린 자녀나 손자는 종종 물을 달라 한다. 여러분은 종종 구름 없는 하늘에 큰 원을 그리며 돌고 있는 새를 올려다보곤 했다. 여러분은 폭풍이 일기 전 바람이 얼마나 더 강해지는지를 이미 알고 있었고, 그 바람이 여러분 얼굴에 부딪칠 때 어떤 느낌인지, 그것이 나무를 얼마나 흔드는지를 이미 알고 있다. 이런 일상적인 것들에 대한 매일매일의 습관적인 경험 속에 어떤 특별한 것이 진행되고 있는 것은 아니다. 단지 내가 말하고 있는 이런 순간들 속에서 이런 일상적인 것들에 대한 매일의 습관적인 경험이 순간적으로 그 모든 것들을 초월하는 내밀한 자각을 만들어낸다. 친구의 친절한 행동 또는 어린아이의 순진한 얼굴에 대한 여러분의 습관적인 경험 방식이 어떤 경이로운 방법을 통해 방대하고 이해할 수 없는 무엇인가에 대한 내밀하고 묵상적인 체험으로 이어져 대체된다.

우리가 지금 탐구하고 있는 자연발생적인 묵상적 자각의 순간들은 때론 엄청난 심리적 강렬함으로 우리에게 일어날 수 있다. 인본주의 심리학자 에이브러햄 매슬로(Abraham Maslow)는 이러한 기념비적인 깨어남의 순간들을 **절정(peak) 체험**이라 불렀다. 나는 나와 함께 수년 동안 침묵 묵상 피정에 참여해 왔던 사람들과 일대일 대화를 통해서, 또한 나 자신의 삶을 통해서 확인된 바로는 그저 단 한 번의 이런 체험이 자신의 전 삶을 변화시킬 수 있다는 사실이 얼마나 진실한 것인지를 안다. 때때로 훨씬 젊은 나이에도 이런 영적 깨어남을 선물로 받을 수 있다. 우리는 이런 영적 깨어남을 이해하고 이에 충실함을 배우는 데 우리의 남은 생애 동안 노력해야 한다.

그러나 현재 나는 일차적으로 일상의 삶의 과정에서 발생하는 훨씬 더 빈번하지만 미묘하며, 종종 가까스로 알아차리게 되는 묵상적 깨어남의 순간들을 말하고 있다. 이러한 순간들이 우리에게 일깨워 주는 것은 무엇인가? 말하기 쉽지 않다. 이런 순간들 속에서 힐끗 보게 되는 것은 직관적으로 우리가 그와 관련하여 말할 수 있는 어떤 것을 초월하는 것으로 인식되기 때문이다. 자각이라는 순간적인 섬광이 순간적으로 우리의 말문을 막아버린다. 우리는 그것에 대해 어떻게 생각해야 할지 모른다. 우리는 그저 잠깐 동안에 단순하게 살아 있음이라는 순수한 기적을 향해 깨어날 뿐이다.

자연발생적 체험의 순간들을 계속 숙고해 보라. 그러면 그다음에 무슨 일이 일어나는지 알아차릴 것이다. 깨달음의 순간이 나타나자마자 그것은 찾아왔을 때만큼이나 신비스럽게 지나가 버린다. 그렇게 되면 우리는 사물에 대한 습관적인 경험 방식으로 되돌아간다. 수많은 사람들에게 다음과 같은 일이 일어나기 쉽다. 이 일은 우리에게도 수없이 자주 일어났던 것이다. 곧 우리는 일상의 삶 한복판에서 하나님의 현존에 대한 자발적인 묵상 체험의 순간들을 은총으로 받는다. 그저 어떤 깨어남도 주어지지 않은 듯 사는 일상생활의 한가운데서 말이다.

다행히도 우리는 어느 시점에서 내면의 변화를 경험했다. 깨어남의 순간들은 찾아올 때만큼이나 신비스럽게 계속해서 지나가 버렸다. 이 순간들이 지나간 후 우리는 사물에 대한 습관적 경험 방식으로 되돌아왔다. 그러나 반드시 그런 것은 아니다. 왜냐하면 깨어남의 순간들의 오고 감이 갈망을 품은 우리의 가슴을 스치고 지나가기 시작했기 때문이다. 깨어남의 순간들이 오고 가는 일이 우리를 내면의 길, 곧 이런 갈망을 추구하는 사람으로 만들어 준다. 이런 갈망 속에서 우리는 어떤 거룩한 불만족, 거룩한 동요, 일종의 향수병에 시달리는 자신을 발견한다. 우리는 의식적으로

나 무의식적으로 끊임없이 질문을 던진다. 어찌하여 나는 깨어 있는 시간 대부분을 내가 영위하고 있는 삶의 내적 풍요를 감싸고 있는 바깥 표면에 붙잡힌 채 허비하고 있는가? 나는 어떻게 그렇게 찰나적으로 보이는 초월적 깊이를 매일의 삶 속에서 더 지속적으로 자각하면서 살아가기를 배울 수 있는가?

우리는 아마 안내해 주는 사람도 없이 시도해 보거나 실패함으로써 우리의 깨어난 가슴의 성취되지 않은 갈망들에 응답하는 자신만의 방식을 발견하게 될 것이다. 실제로 우리는 자신만의 개인적 묵상 방식을 발견한다. 이런 맥락에서 나는 묵상이라는 말을 현재의 순간에 대한 더 내밀한 묵상적 자각을 일깨우고 유지하는 한 방식으로서 우리의 온 마음을 다해 습관적으로 들어가는 모든 행위란 의미로 사용한다. 우리를 끌리게 하는 묵상 수련은 빵 굽는 일, 상미 가꾸는 일, 또는 정처 없이 긴 보폭으로 느리게 걷는 산책일 수 있다. 또는 그림을 그리는 일이나 시를 읽거나 쓰는 일 또는 어떤 장르의 음악을 듣는 일에 내적으로 끌리는 자신을 발견할 수도 있다. 묵상 수련은 중독적으로 의지하거나 도피하지 않고 진실로 홀로 있는 일일 수 있다. 또는 우리 삶에서 가장 실제적이고 생기 넘치는 것을 각성하게 만드는 사람과 함께 있는 일일 수 있다. 혹은 천천히 시편을 읽거나 일을 마치고 집으로 돌아오는 길에 멈춰서 공동묘지를 천천히 가로질러 걷거나, 텅 빈 조용한 교회당 뒤편에 앉아 있는 자신을 발견할 수도 있다. 설명할 수는 없지만 이런 단순한 행위들에 자신을 내어맡길 때 우리는 더 깊은 곳으로 이끌리게 된다. 다시 한 번 더 우리가 영위하고 있는 삶의 깊이에 대한 묵상적 자각 속에 발을 붙이고 안정되게 자리를 잡게 된다.

우리는 자연발생적인 묵상적 깨어남의 순간들을 우리가 발생시킬 수 없다는 점을 깨닫는다. 그럼에도 불구하고 우리는 부지불식간에 모든 묵상 방법들의 기저를 이루는 원칙을 발견한다. 이 원칙이란 삶 그 자체 속에서 우리와 하나이신 하나님과의 하나임에 대한 묵상적 감각을 일깨워 주는 은총의 사건을 향해 가능한 한 우리 자신을 개방하고 수용하기를 자유롭게 선택하는 것이다.

이것이 바로 앞 장에서 소개한 묵상 지침의 기저를 이루는 원칙이다. 우리는 앉아서 몸의 고요함에 주의를 기울인다. 서서히 또는 갑자기 이 몸의 고요함의 순간에 대한 자각이 또다시 이런 고요함을 초월하기를 일깨워 줄 때까지 말이다. 우리는 앉아서 조용히 호흡에 주의를 기울이며 수용적인 상태가 된다. 하나님의 은총으로 이 호흡에 대한 자각이 전적으로 이 호흡을 초월하는 하나님의 임재를 우리에게 일깨워 줄 때까지 말이다. 우리는 침묵의 순간에 주의를 기울이며 머물러 앉아 있는다. 하나님의 은총에 의해, 이 고요함의 순간에 대한 자각이 하나님의 영원하신 침묵을 우리에게 일깨워 줄 때까지 말이다. 서서히 또는 갑자기 우리의 깨어난 가슴에 남아 있던 성화되지 못한 열망들이 거룩하게 정화됨을 발견한다. 우리는 믿음 가운데 이런 거룩한 정화에 조용히 머무는 일을 배운다.

인격을 변형시키는 묵상의 능력은 종종 처음에는 인지하기 쉽지 않다. 묵상은 시간이 지나면서 천천히 자라는 습관이다. 그러나 우리가 묵상 습관을 기를수록, 습관적인 묵상적 자각이 천천히 점점 더 일상의 삶을 경험하는 방식이 된다. 이런 식으로 매일 행하는 묵상은 찰나적으로 보여지는 심연에 대한 점점 더 일상적이고 지속적 자각 속에서 사는 일을 배우는 하나의 방식이 된다. 그러므로 매일 묵상에 충실하면서 우리는 이미 알고 있고, 사실은 본래 우리 자신이며, 또 그렇게 되도록 부름 받은 묵상적 사람이 되는 법을 배울 수 있다. 다른 말로 하면, 우리는 방에 들어서는 순간 즉각적으로, 방으로 걸어 들어가는 일 자체를 초월하며, 무엇이 됐든 그 순간에 발생할 수 있는 것을 초월하는 신비를 향해 깨어난 사람이 되는 법을 배울 수 있다.

이것은 내가 지금 성찰하고 있는 단순하고 겸손한 순간들에 대한 그런 엄청난 결과라고 과장하고 있는 것처럼 보일 수 있다. 그러나 나에게는 그 반대가 진실인 것처럼 보인다. 나에게는 이것이 과장하기 불가능한 것에 대해 말하려고 노력하고 있는 것처럼 보인다. 우리의 언어가 아무리 광범위해진다 할지라도, 그 비유적 표현이 아무리 확장된다 하더라도 우리의 언어는 언어로 표현할 수 있는 모든 것을 초월하는 것 앞에서는 그 의미가 희미해진다.

고개를 들고 있는 아이의 얼굴을 내려다보는 순간, 그 작은 얼굴에서 찰나적으로 보이는 것을 잡아서 전달해 줄 만한 언어를 어떻게 찾을 수 있는가? 정말이지 어떻게 우리에게 딱 맞는 방식으로 그것에 대해 말할 수 있는가? 그렇게 할 수 없다. 말로 표현하려 할 때 마음은 평정이 흐트러진다. 어찌된 일인지 관찰해 보면 묵상 수련이 방법과 기술이라는 도구로 적질하게 이해될 수 있는 것을 훨씬 넘어선다는 사실을 이해하는 데 도움이 된다. 묵상하며 고요히 앉아 있을 때 우리는 온 마음을 다해 고요히 앉아 있는다. 이렇게 할 때 우리의 눈은 거룩한 빛을 향해 열린다. 우리는 이 거룩한 빛 속에서 삶을 영위하고 있다.

묵상하며 침묵으로 고요히, 할 수 있는 한 아이처럼 앉아 있을 때 우리는 우리가 자각하게 된 신비에 빠져들게 됨을 깨닫는다. 바로 이 점이 내가 다음에 고찰하고자 하는 바이다. 나는 자연발생적인 묵상 체험의 순간들에 대해 고찰하다가 중단했던 지점으로 되돌아가 이야기를 다시 시작하고자 한다. 이런 자연발생적인 묵상 체험의 순간들에서 우리가 자각하게 된 신비와 우리가 하나 됨을 깨닫는 방식들을 더 잘 이해하기 위해서다.

자연발생적 묵상 체험의 순간들을 고찰하면서, 우리는 이 자연발생적인 묵상 체험의 순간들이 무엇이 됐든 그 순간 우리가 의식한 것을 초월하는 것을 깨닫는 순간들이라는 점을 살펴보았다. 사람, 사물, 사건이 이전에는 인지되지 못한 신비를 향해 갑자기 열리는 문으로 경험된다. 그러나 세심하게 살펴보라. 그러면 현 시점에서 멈추는 것은 묵상 체험의 순간들에 속한 매우 황홀한 측면들 중에서 아직 탐구되지 못한 것들을 저버리는 일이란 사실을 여러분은 알게 될 것이다. 자연발생적 묵상 체험의 순간 속에서, 이것에 대한 우리의 자각은 스스로를 이것 안에서 또한 이것으로서(in and as this) 현시하면서도, 이것을 초월하는 것을 우리에게 일깨워 준다.

이것이 어떻게 된 일인지를 이해하려면 한 여인이 사랑하는 사람을 바라볼 때의 자연발생적인 묵상적 자각의 순간을 생각해 보라. 그녀는 사랑하는 사람의 손을 잡고 있다. 그러는 동안 그 사랑하는 사람에 대한 구체적인 즉시적 경험을 초월하는 사랑을 자각하게 된다. 이것을 다른 말로 하면 그녀가 자각하게 된 사랑은 사랑하는 이의 머리카락이 가지런한지 그렇지 않은지, 심지어 그가 대머리인지 아닌지를 초월한다는 것을 의미한다. 그녀가 체험한 사랑은 사랑하는 그가 옷 색깔에 맞추어 양말을 신고 있는지 아닌지를 초월한다. 그와 연관되어 있는 모든 세세한 것들은 그의 현존이 그녀에게 일깨워 준 사랑에 의해 초월된다. 그러나 그녀가 자각하게 된 사랑은 그를 이원론적 존재로서 경험한 것이 아니라, 이 순간 존재하는 그를 경험한 것이란 사실을 보고 이해하라. 그녀는 이 순간 인간이 도달할 수 있는 것 이상이자 그것을 넘어서는 천상적인 사랑의 영역을 자각한 것이 아니다. 오히려 그녀는 단순하게 있는 그대로 존재하는 사랑하는 그 남자 안에서 또한 그 남자로서 스스로를 현시하는 사랑의 신비를 자각한다. 그녀가 자각하게 된 사랑은, 그녀가 단순하게 있는 그대로 존재하는 그에게 안정되게 자리를 잡듯이, 그녀가 함께 단순하게 있는 그대로 존재하는 둘 모두에게 안정되게 자리를 잡듯이 그에게로 더 가까이 이끌리는 가운데 발견된다.

이 점이 바로 이 남녀가 성적 합일의 순간을 '구애(making love)'라고 부르는 것이 진실을 이야기하는 것처럼 들리는 이유이다. 그들의 '애정 어린 행위(loving making)'는 사랑을 바로 자신들의 성관계(lovemaking) 안에서 또한 성관계로서 현존하게 한다. 이런 식으로 보자면 그들의 구애는 묵상 수련이다. 다시 말하면 그들의 구애는 그들을 하나 되게 하는 사랑에 대한 더 내밀한 묵상적 자각에 대해 할 수 있는 한 최선을 다해 스스로를 개방하고 그 자각에 취약하게 만드는 하나의 방식이다.

이런 '~ 안에서 또한 ~로서'(in-and-as)라는 측면은 돌과 별 그리고 불에 타는 나뭇잎 냄새에도 관련이 있다. 얇게 썰고 있는 빵 조각, 싱크대에서 씻고 있는 과일들, 또는 쓰레받기로 쓸어 모으는 먼지와 관계된 것도 사실이다. 예고 없이 갑자기 우리는 이런 단순한 사물들 한복판에서 우리 자신을 발견할 수 있다. 우리가 보는 모든 것 안에서 또한 그 모든 것으로서 스스로를 현시하면서 동시에 그 모든 것을 초월하는 것을 아주 잠깐 동안 각성하면서 말이다.

스스로 찾아서 그렇게 경험되지 않는지를 보라. 곧 친구가 예상치 못한 선물을 주는 순간 깨달은 것이 친구의 애정 어린 행동과는 다르게 이원론적으로 존재하는 것으로 경험되지 않는지 말이다. 이와 비슷하게 고개를 들고 바라보는 어린아이의 얼굴을 내려다보면서 당신이 깨닫게 된 신비는 이 어린아이와 이원론적으로 다르게 존재하지 않는다. 새의 날아오름이나 바람 소리로 깨닫게 된 신비는 새의 날아오름 그 자체와 다르지 않고, 또는 비가 폭풍우와 함께 쏟아붓기 시작할 때 창문을 닫으면서 여러분이 지금 쫓아내는 바람 그 자체와도 다르지 않다. 각각의 사례에서 본 그대로 여러분이 각성하게 된 신비는 단지 있는 모습 그대로 존재하는 사물에 대한 구체적인 즉시적 경험 안에서 또한 그 즉시적 경험으로서 그 자신을 여러분에게 일깨워 준다.

우리는 지금 그리스도의 실상을 파악하고 있다. 왜냐하면 그리스도께서는 당신이 인식했던 모든 사람과 모든 사물의 신적 본성을 인식하는 일에 당신과 함께 하도록 당신 주변의 사람들을 항상 부르고 계시기 때문이다. 우리는 지금 신비가들의 실상을 파악하고 있다. 성 프란시스가 태양을 자신의 형제로, 달을 자신의 자매로 일컬었던 것도 이렇게 생명 그 자체에서 묵상적으로 깨닫게 된 하나님과의 하나임에서 비롯된 것이다.

십자가의 성 요한이 말하는 변형의 과정, 곧 우리의 영적 여정의 초기에 피조물들의 아름다움이 하나님에 대한 탐구로부터 우리의 정신을 빼앗는 과정이 바로 이런 ~ 안에서 또한 ~로서의 자각이다. 우리는 사람, 환경이나 사물을 사랑하는 일이 모든 피조물을 무한히 초월하여 계신 하나님을 사랑하는 일에 지나치게 방해가 되지 않도록 주의해야 한다는 사실을 깨닫는다. 그러면 영적 여정에서 성숙할수록 우리는 십자가의 성 요한이 경험했던 대로 사랑하는 그분이 서둘러 이 길을 지나가 버렸다는 사실을 알아차리고자 주변 세계를 둘러본다. 곧 묵상적 각성의 순간들에 우리는 직관적으로 우리 자신 안에서, 우리를 둘러싼 다른 사람들과 모든 것 안에서 거룩한 것의 흔적을 인식한다. 묵상 여정이 무르익고 훨씬 더 성숙할수록 우리는 산 속에서 밖을 바라보면서 “나의 사랑하는 그이는 산이다”라고 침묵 가운데 소리치고 있는 스스로를 발견하고선 깜짝 놀라게 된다. 우리는 산 속에서 홀로 하루를 보내면서, 동시에 이 산 안에 또한 이 산으로서 온전히 임재하시는 하나님 안에서 하루를 보내고 있다는 사실을 느낄 수 있음을 발견한다.

우리가 사물의 한복판에서 지각하게 된 하나님과의 타자성에서 설 자리를 잃게 될 때 자신의 실상을 잘 파악하게 되는 것은 묵상 체험의 이런 ~ 안에서 또한 ~로서라는 측면과 관련해서이다. 어떻게 그렇게 되는지를 알아보려면 저무는 해를 바라보는 순간으로 되돌아가 볼 필요가 있다. 석양의 아름다움에 빠져든다고 여러분이 태양으로 변하는 것은 아니다. 태양이 여러분으로 변하는 것도 아니다. 여러분과 태양은 각기 상대가 되는 것이 아니다. 그러나 묵상 중에 깨달은 순간에 여러분은 태양과 다르지 않다. 저무는 해의 아름다움에 빠져들면서, 여러분은 석양의 아름다움이 끝나고 우리 자신의 아름다움이 시작되는 자리를 발견할 수 없다. 여러분은 그렇게 하고픈 의향도 없다. 오직 그 순간은 여러분과 일몰의 아름다움이 단순하고 형언할 수 없이 하나로 경험되는 그런 상태이다.

천주교 작가 로마노 구아르디니(Romano Guardini)는 하나님과 우리의 관계에 관하여 동일하게 주장한다.[1] 논리학의 기본 원리로 논의를 시작하면서, 구아르디니는 A는 동시에 B일 수 없고 동일한 관점에서 A는 곧 A임을 진술한다. 내가 이 어휘들을 쓰는 데 사용하는 펜은, 동시에 또한 동일한 관점에서 이 어휘들이 쓰이고 있는 종이일 수 없다. 그리스도교 전통에서도 마찬가지로 피조물에 계시된 진리를 높이는 데 이런 논리가 강조된다. 피조물에 계시된 진리에서는 무한하신 창조주와 하나님의 유한한 피조물로서의 우리 자신 사이에 질적 차이가 존재한다. 이런 입장에서 하나님은 하나님 사랑의 유한한 피조물들인 우리 자신의 초월적 원천으로 인식된다. 이런 입장에서 우리는 찬양한다. "모든 축복이 흘러넘치는 하나님을 찬양하라. 산과 산 아래에 있는 모든 피조물들은 하나님을 찬양하라" 그러나 우리는 비록 우리가 하나님은 아니라 할지라도 하나님과 다르지 않다는 사실도 깨닫게 된다. 구아르디니가 제안하는 이 역설적 진리는 모든 종교 체험의 핵심에 자리 잡고 있다. 인간의 자연발생적 체험의 순간들의 핵심에 존재하는 것도 바로 이런 역설적 진리이다. 사실 묵상 체험은 신앙의 경험적 친밀성이다. 우리가 믿는 신앙은 우리를 무한히 초월해 계시는 하나님이 무한히 우리와 함께 계시다고 선언한다. 성 어거스틴이 "우리 자신보다도 우리에게 더 가까이 계시다"라고 찬양했듯이 말이다. 자연발생적 체험의 순간들에서 우리는 우리 손의 손바닥을 알 듯 친밀하

---

1) Romano Guardini, *The World and the Person* (Chicago: Henry Regnery Company, 1939), 31.

고 형언할 수 없게 나보다 나에게 더 가까운 하나님의 임재를 순간적으로 깨닫는다.

나는 이 책에서 하나님과 피조물 사이의 질적 차이를 보존하기 위해 우리 자신과 우리를 둘러싼 모든 것 안에(in) 현존하시는 하나님을 논의하고 있다. 내가 언급하는 하나님은 모든 종교 체험, 부분적으로는 묵상 체험과 밀접한 관련이 있는 하나님과 하나임에 대한 깨달음을 증언하기 위해 우리 자신으로(as) 또한 우리를 둘러싼 모든 것으로 임재하시는 분이다. 비슷한 방식으로 이런 성찰 과정에서 나는 창조주로서의 하나님에 대한 유대-그리스도교의 계시를 증언하기 위해 하나님께서 주신 인간 생명의 본성을 다루고 있다. 나는 마이스터 엑카르트와 그 밖의 그리스도교 신비가들이 선포한 진리, 곧 하나님은 우리 자신의 가장 깊은 실재를 당신 못지않게 만들어 주실 만큼 관대함을 베푸시는 분이시며, 그 어떤 것도 제지하지 않으신다는 진리를 증언하기 위해서 하나님께서 인간에게 주신 생명의 신적 본성을 언급하고 있다.

묵상 체험의 ~ 안에서 또한 ~로서(in and as)라는 측면에 대한 자각은 묵상 수련의 본성을 이해하는 데 도움을 줄 수 있다. 묵상 수련을 통해 우리는 삶 그 자체에 이미 임재해 계시는 하나님을 발견하는 훨씬 더 깊은 수준들에 우리 자신을 개방하는 일을 추구한다. 앉아서 묵상하는 중에 우리는 있는 그대로의 사물의 한복판에서 지각하게 된 하나님의 이타성(otherness)에 우리가 얼마나 발을 헛디디고 있었는지를 다행히도 발견한 것에 감사하기 시작할 수 있다. 앉아서 묵상하는 중에 자신의 호흡에 주의를 기울인다. 그로 인해 우리의 호흡 안에서 또한 호흡으로서 당신 자신을 우리에게 온전하고 완벽하게 내어 주시는 하나님을 친밀하게 깨달을 수도 있다. 앉아서 묵상하는 중에 우리 마음을 통해 흐르는 생각들에 집착하지도 않고 그것들을 거부하지도 않은 채로 있는다. 그로 인해 우리는 생각이 주는 선물 안에서 또한 그 선물로서 당신 자신을 우리에게 온전하고 완벽하게 내어 주시는 분을 깨달을 수도 있다. 앉아서 우리 안에서 일어나고 지속되다가 지나가는 감정들을 깊게 응시한다. 그로 인해 우리의 슬픔과 행복 그리고 우리가 경험하는 모든 감정들이 주는 선물 안에서 또한 그 선물로서 당신 자신을 온전하고 완벽하게 내어 주시는 하나님을 깨달을 수도 있다. 우리가 영위하고 있는 이런 삶의 거룩함을 각성하게 되면 우리는 감사의 기도로 묵상 수련을 마무리할 수 있다. 우리는 십자가 또는 예수 상에 절할 수 있다. 예수는 우리 안의 영의 능력을 통해 하나님의 전부와 실제 우리 자신이자 마땅히 되어야 할 우리 자신의 전부와 절대적 하나임을 우리에게 계시해 주신다. 그러면 우리는 점심 식사를 하러 갈 때에도 하나님께서 단순히 점심 식사와 같은 일상적 체험 속에서 또한 그런 체험으로서 당신 자신을 온전하고 완벽하게 내어 주신다는 사실을 인식하면서 점심 식사를 하러 갈 수 있다.

우리는 이제 자연발생적 묵상 체험의 순간들이 자아 의식의 모든 측면에 구애받지 않고 얼마나 즉각적으로 도약하는지에 초점을 맞춤으로써 자연발생적 묵상 체험의 순간을 성찰하는 데 마지막으로 중요한 단계 하나를 더 추가한다. 이는 자연발생적 체험의 순간에 우리는 지성, 기억, 의지에 구애받지 않고 도약한다는 것을 의미한다. 우리는 감정과 몸의 감각에 구애받지 않고 도약한다. 자연발생적 묵상 체험의 순간에, “나는 생각한다, 나는 기억한다, 나는 원한다, 나는 느낀다, 나는 이런저런 몸의 감각을 경험한다”라고 말하는 내면의 내가 순식간에 초월된다. 어떻게 된 일인지를 이해하고 헤아리는 법을 배움으로써 우리는 묵상 수련이 지닌 자기 변형의 능력을 더 잘 이해하고 헤아릴 수 있다. 왜냐하면 묵상 중에 우리는 자아와 자아가 이룰 수 있는 모든 것을 초월하시는 하나님과 하나임을 체험하는 더 내밀한 묵상적 방식들을 계발하려고 노력하기 때문이다.

우리는 자연발생적 체험의 순간들이 어떻게 생각에 구애받지 않고 도약하는지에 관해 숙고하면서 논의를 시작한다. 어떻게 된 일인지를 살펴보기 위해 나는 여러분이 석양의 아름다움에 빠져드는 순간으로 다시 돌아가 보기를 권한다. 여러분이 그곳에 서 있을 때 온갖 생각들이 머릿속을 지나갈 것이다. 이러한 생각들 중 몇몇은 특정한 석양에 관한 것이거나 일반적인 해넘이에 관한 것일 것이다. 그러나 그 순간의 생생한 모습을 기억하는 묵상적 자각은 이런 생각들 중 어느 것에도 좌우되지 않고 어느 것으로도 환원되지 않는다. 사실 석양을 응시할 때 여러분은 이런 해넘이에 관한 가장 탁월한 생각조차도 이 순간, 이런 석양을 친밀하게 체험한 것에는 한참 못 미친다는 것을 감지할 수 있다. 여러분이 감지하기로는 석양에 관한 생각에 골몰하는 것이 이와 같이 궁극적으로 생각으로 표현할 수 없는 아름다운 석양에 대한 깨달음을 손상시킨다는 것이다.

모든 양태의 생각에서 자유롭게 여러분은 이 순간 모든 의문과 대답, 모든 문제와 해결책, 동의되거나 동의되지 않는 모든 것들로부터 순간적으로 자유롭다. 빠르게 지나가는 잠깐 동안에는 입증해야 할 것도 없고, 입증될 수 있는 것으로 경험되는 것도 없다. 해결할 것도 없고, 해결할 필요가 있거나 해결될 수 있다고 경험하고 있는 것에 관련된 것조차도 없다. 눈 깜짝할 사이에 여러분은 순간적으로 생각할 수 없는 깊이의 사물에 대한 자각 속에 그저 있는 그대로 침잠하게 된다.

묵상 체험의 이러한 측면에 대한 성찰은 우리가 묵상 수련을 생각에 습관적으로 좌우되지 않기를 배우는 방법으로 이해하도록 돕는다. 여기에서 작용하는 전략은 묵상할 때 우리 마음에 일어나는 생각들에 집착하지도 않고 그것들을 거부하지도 않는 내적 자세에 조용히 안착하는 일이다. 묵상할 때 우리는 어떤 생각도 하지 않으려고 노력하는 것이 아니다. 우리 마음에 떠오르는 생각들을 생각하는 것도 아니다. 오히려 단순하게 앉아서 일어나고 지속되고 지나가는 각각의 생각에 대해 묵상 가운데 알아차리고 있다. 이러한 내적 자세를 취함으로써 우리는 자유롭게 생각의 폭정에서 해방되는 은총에 대한 저항을 최소화하기를 선택한다. 이렇게 묵상하게 되면 우리는 생각이 파악하거나 포괄할 수 있는 것을 완전히 초월하는 방식으로 하나님의 신비의 인식에 스스로를 개방한다.

이것은 우리가 묵상하면서 생각을 거부한다는 것을 의미하지 않는다. 오히려 그것은 생각하려는 습관적 성향을 삼가는 것을 의미한다. 묵상하면서 우리는 묵상의 눈으로 우리 안에서 일어나고 지속되고 지나가는 생각들의 흐름을 단순하게 응시한다. 그렇게 할 때 우리는 하나님께서 부여하신 생각의 거룩한 본성 안에서 또한 그 거룩한 본성으로서 온전하고 완벽하게 당신 자신을 현시하시는 하나님을 각성하게 된다. 묵상 수련이 끝나고 일상으로 돌아갈 때 우리는 하나님, 우리 자신, 타인들, 또는 그 밖의 다른 이들에 관한 생각들을 기초로 형성된 이데올로기적 삶에서 해방된다. 동시에 우리는 명확하고 단순하게 열린 마음으로 생각하는 은사에 대해 감사하며 사는 새로운 삶을 배운다.

자연발생적 체험의 순간들에 실제로 일어나는 것에 관해 계속 숙고해 가다 보면, 여러분은 그것이 생각에 구애받지 않고 일어날 때 동시적으로 의지에도 구애받지 않고 일어난다는 사실을 확인하게 될 것이다. 여러분은 자연발생적 묵상 체험의 순간이 반복적으로 이행되는 일이 얼마나 불가능한 일인지를 관찰함으로써 이것이 어떻게 된 일인지를 확인할 수 있다. 여러분이 오늘 저녁 노을로 받은 깊은 체험으로 은혜를 받았다는 이유만으로 내일의 석양 역시 여러분을 친밀하게 깨달아진 숭고함의 또 다른 순간으로 안내해 주리란 보장이 없다. 여러분은 교회에 가서 영성 수련에 참여하여 앉아 기도하는 중에 하나님과의 하나임을 깨닫는 순간에 압도될 수 있다. 여러분은 며칠 후 동일한 장소에 돌아와 경이와 은총이 반복적으로 성취될 것을 대비하여 마음을 다잡지만, 묵상적 깨달음에 대한 어떤 감각도 없이 빈손으로 떠나게 될 뿐이다. 우리는 이런 방식을 통해서 자연발생적 묵상적 자각의 순간들이 우리의 의지에 구애받지 않고 일어난다는 사실을 깨닫게 된다. 이러한 순간들에 우리는, 우리 의지의 폭력 때문에 우리가 원할 때마다 묵상적 자각의 순간들을 생기게 하거나 발생시키는 일에는 무기력하다는 사실을 깊게 자각한다.

우리는 또한 이러한 묵상적 각성의 순간들이 어떻게 우리 자신의 의지에 구애받지 않고 일어나는지를 인식할 수 있다. 이러한 묵상적 각성의 순간들은 어떤 식으로든 이것을 의식적으로 일어나게 하려는 의지 없이도 불시에 완벽하게 우리를 사로잡는다. 아마도 여러분은 잡다한 것들에 완전히 마음을 빼앗긴 채 석양을 따라 산책할 수도 있다. 잠시 멈춰 서서 저무는 해의 아름다움을 경험하는 일은 여러분 관심에서 가장 멀리 떨어진 일이다. 그때에 예고 없이 저무는 해를 힐끗 한 번 보는 일이 생각지도 못하고 선택하지도 않은 각성의 순간을 불러일으킨다. 사랑에 빠진 사람, 시인, 예술가, 묵상하는 사람, 그리고 영적으로 깨어 있는 모든 사람들이 알고 있듯이 삶이 이와 같다는 사실이야말로 참으로 좋은 일이다. 깨어 있으려고 노력하지 않고서도 때때로 우리는 깨어나게 된다. 낚싯바늘에 미끼를 끼워서 물속에 던지지 않고서도 큰 물고기가 점프해서 곧장 배 위로 뛰어오른다.

자연발생적 묵상 체험의 순간들은 우리의 의지에 구애받지 않고 일어난다. 새로워진 각성의 순간이 일어나기를 바라고 희망하는 가운데 그것들이 우리에게 주어지는 경우들에서조차 그렇다. 어쩌면 여러분은 저무는 해의 아름다움과의 만남을 이제껏 조심스럽게 생각해 왔고, 이 만남이 미리 마련되어 있었을지 모른다. 어쩌면 여러분은 저무는 해의 아름다움과의 묵상적 연합의 순간을 향해 가능한 한 마음을 열고 수용적 자세를 취하고자 하는 의도를 품고 의도적으로 이 장소에 왔을 수 있다. 그러나 여러분에게 주어진 이 각성은 여기에서조차 의지에 구애받지 않고 일어난다. 은총 어린 자각의 순간이 일어나기 시작할 때 그 내적 풍요와 깊이는 순수하게 여러분의 노력으로 그것을 불러일으켰다고 해명하거나 설명할 수 있는 어떤 것을 초월하기 때문이다.

사랑하는 사람들은 종종 친밀함의 순간을 계획한다. 그들은 어리석은 사람들이 아니기 때문이다. 그들은 뜻밖의 행운처럼 나타나는 새로워진 하나 됨의 개별적 순간을 단순히 수동적으로 기다리는 일이 얼마나 어리석은 것인지를 경험을 통해 배워 왔다. 그러므로 그들은 자기들에게 유리하도록 부정한 방법을 쓴다. 그들은 자신들의 사랑을 새롭게 각성하는 데 도움되는 순간들을 준비하는 일에 엄청난 노력을 기울인다. 그러나 앞서 묵상하며 새로워진 하나 됨의 순간에 불이 붙을 때 그것은 노력으로 이루어졌다고 설명될 수 있는 어떤 것을 질적으로 초월하는 빛으로 타오른다. 그들이 재각성된 친밀함의 순간들을 어떻게 지켜보는지를 주목해 보라. 친밀함은 그 흐름을 유지하기 위해 주의가 분산되고 산만해지는 일을 인지하고 제거하지 않는다면 소진될 수 있다. 이 시점에서 그들의 의지는 적극적이다. 곧 자신의 의지로 일어나게 하거나 달성할 수 있는 것을 넘어서는 사랑의 체험에 마음을 열고 수용적인 태도를 유지하기 위해 의지를 자유롭게 발휘하는 이런 역설적인 의미로 보자면 말이다. 또한 이 체험의 순간이 지나가면서 그들은 서로의 눈을 바라보며 삶을 살 만한 가치가 있는 것으로 만들어 주는 것을 인식했던 그 순간에 그들은 서로에게서 경험할 특권이 주어졌던 것에 충실하려고 할 것이다. 여기에서조차 그들은 서로를 향한 매일의 충성 안에서 무엇인가 일어나게 하거나 달성하려는 그들의 의지를 넘어선 것에 영광을 돌리는 데 자유롭게 의지를 발휘하고 있다. 시인과 예술가, 그리고 모든 자기 변형의 현장에도 이런 방식이 작동한다.

이러한 의지는 항상 자유로운 결단 가까이에 존재한다. 이 결단은 그 의지가 달성할 수 있는 것을 초월하는 것에 영광을 돌리고 이를 유지하려는 것을 의미한다.

자연발생적 자각의 순간들이 어떻게 의지를 초월하는가를 이해하는 일은 우리가 묵상 수련을 이해하는 데 도움을 줄 것이다. 우리는 순전히 우리 의지의 강제하는 힘으로 하나님의 현존에 대한 묵상적 자각의 순간들을 일어나게 할 수 없다. 왜냐하면 우리가 무능력하다는 사실이 인간으로서 우리의 상황이기 때문이다. 인간의 노력만으로는 우리 영혼의 갈증을 해소시키는 하나님과의 합일을 일어나게 할 수 없다. 그러나 우리가 할 수 있는 일은 가능한 한 스스로를 은총의 쇄도에 취약하게 하고, 이 은총에 수용적인 자세를 취하도록 의지를 자유롭게 사용하는 일이다. 그러므로 우리는 앉아 묵상하면서 가슴을 각성시키시는 하나님께 마음을 열고 수용적인 상태로 존재할 수 있다. 우리는 더 습관적이고 묵상적인 하나님의 임재 체험을 추구하는 사람들로서, 묵상적 각성의 순간들을 운에 맡기면서 단순히 하던 일을 계속하는 것이 아니다. 우리는 우리에게 유리하도록 부정한 방법을 쓰고 있다. 우리는 해가 저무는 동안 뚜렷하게 보고자 한다. 우리는 매우 바쁜 하루가 시작되기 전 아침, 등짐을 진 채 커피 한 잔을 들고 조용히 홀로 있는 그 순간을 꼭 놓치지 않으려고 주의한다. 우리는 그저 한순간 동안이지만 재빠르게 속도를 늦출 수 있다. 하루 동안 일어나는 그러한 소소한 일들이 우리가 정의하거나 묘사할 수 없는 그 어떤 것으로 예기치 않게 번쩍 빛을 발하는 것처럼 말이다. 또한 우리는 묵상을 수련한다. 매일매일 우리는 고요히 곧은 자세로 앉기 위해 시간을 마련한다. 이런 자세는 뭔가 이루고자 하는 의지의 힘을 초월하는 하나님 체험에 대해 수용적이고 열린 자세, 곧 "주님, 제가 여기 있습니다"라고 고백하는 자세이다. 또한 이러한 순간들에 하나님과의 하나임을 깨닫고자 하는 열망에 불이 붙는다. 이 불은 우리의 노력으로 불러일으켰다고 설명될 수 있는 것을 초월하는 빛으로 타오른다.

우리는 처음에 묵상하면서 우리가 비범한 하나님의 임재 체험의 가능성을 높이기 위해 일종의 부정한 방법을 쓰고 있다고 상상할 수 있다. 이러한 태도는 종종 실망으로 이어진다. 사랑하는 사람들이 끊임없는 사랑의 황홀경 속에서 살고 있는 것이 아니라는 사실을 곰곰이 생각해 보는 것이 도움이 된다. 연인들의 황홀한 합일의 순간들은 서로 함께하는 자신들의 모든 일상적인 순간들의 참된 본성에 눈뜨게 한다. 예술가들은 창조성이 끊임없이 밀려오는 삶을 살고 있지 않다. 이보다는 비범한 창조적 에너지가 그들에게 나타나는 순간들에는 인내의 수고와 노력으로 점철된 일상적인 순간들에 그들의 시야가 열리게 된다고 할 수 있다. 예술에 대한 신실함이 모든 일상적인 순간들에 요구되는 수고와 노력으로 점철된 순간들에 필요하다. 마찬가지로 묵상할 때 우리는 하나님께 대한 비범한 체험들을 지향하려 하지 않는다. 오히려 하나님의 임재에 대한 비범한 체험의 순간들이 평범한 일상의 삶에 대한 평범한 체험이 지닌 한없이 거룩한 본성에 눈을 뜨게 한다고 할 수 있다. 이런 식으로 묵상 수련은 하나님께 대한 은밀한 신뢰 속에서 평범한 일상의 삶에 대한 평범한 체험 안에서 그리고 그 체험으로서 우리 자신을 여기에 현존시키고 온전하고 완벽하게 안정시키려는 우리의 갈망을 구현한다.

영적 황량함과 영적 곤궁에 처해 있는 동안에도 우리는 묵상 체험이 얼마나 우리의 의지를 초월하는지를 알아차릴 수 있다. 하나님께 대한 우리의 갈망이 성취되지 못한 채로 고통스럽게 남아 있을 때조차도 우리는 몇 가지 매우 미묘한 방식으로 우리의 무기력함 속에 감추어진 깊숙한 곳에서 흘러넘치는 하나님의 임재에 관한 어떤 것을 인식할 수 있기 때문이다. 하나님의 임재를 체험하고픈 우리의 갈망이 성취되지 않은 채로 남아 있을 때조차도 우리가 파악하거나 설명할 수 없는 방식들로 은밀하게 성취되고 있다. 하나님께로 나아가는 묵상의 길에 속한 가장 깊고 가장 심오한 몇몇 측면들은 이러한 '어둔 밤' 체험 한복판에서 발생한다. 우리가 구하는 은총은 이 어둔 밤 체험을 통해 은총을 얻지 못하는 우리의 지속적인 무기력함의 바로 그 심연 속에서 주어진다.

묵상 체험은 개념화시키는 마음과 의지에 구애받지 않고 일어날 뿐 아니라 동시에 기억에 구애받지 않고서도 일어난다. 기억은 자아 의식 안에서 우리를 안내한다. 우리는 과거의 경험들을 기억해냄으로써 우리의 갈 길을 항해하게 된다. 과거의 경험들은 현재 경험하고 있는 것을 해석하기 위한 기초로 작용한다. 만약 어떤 사람이 사과 하나를 손에 들고서 이것이 무엇이냐고 묻는다면, 우리는 기억의 힘으로 그것을 사과라고 말한다. 만약 또 다른 사람이 배 하나를 손에 들고서 이것이 무엇이냐고 묻는다면, 우리는 기억의 도움으로 배라고 대답한다. 기억이라는 기능이 없다면 우리는 생존할 수 없을 것이다. 알츠하이머 병이나 그 외 몇 가지 형태의 치매에 걸린 사람이 가족 중에 있거나 그런 사람과 연인이 되어 보면 기억은 정말 말할 수 없이 소중하고 기억상실이란 아주 비극적인 것이란 사실을 직접적으로 경험하게 된다.

그러나 만약 우리가 항상 우리 자신을 기억하며 우리에게 기억되고 있는 자아와 스스로를 전적으로 동일시하고 있다면, 우리는 현재 순간의 순결한 새로움으로 존재하는 우리 자신에게서 추방당한 채로 남아 있기 쉽다. 현재 순간의 순결한 새로움이 바로 우리의 자연발생적 체험의 순간들을 매우 자유롭게 만든다. 우리는 눈 깜짝할 사이에 기억의 횡포에서 해방된다. 우리는 과거의 모습이 계속 이어지는 관성에 지나지 않는다고 줄곧 상상해 왔던 환상에서 해방된다. 우리는 이전에는 결코 이런 방식으로 존재하지 않았고, 앞으로도 결코 이런 방식으로 존재하지 않을 현재 순간,

우리 삶이 전개되고 있는 현재 순간에 석양을 응시한다. 하나님은 불타는 가시떨기 나무에서 모세에게 당신 자신을 "나는 과거에 존재했던 모습 그대로의 나다. 나와 동행하라"는 계시로 말씀하신 것이 아니다. 하나님은 오히려 당신 자신을 "나는 나다. 나와 함께 있으라"고 계시하신다. 묵상 체험에서 우리는 현재 순간에 속한 영원한 새로움을 직접적으로 맛본다. 또한 현재 순간의 새로움에서 우리는 하나님의 영원하신 새로움에 관한 어떤 것을 맛본다. 그러나 우리는 하나님이 우리 삶이 전개되는 현재 순간에 영속적으로 펼쳐지는 새로움이 무한하신 분이라는 것을 어렴풋하게 잠깐 보는 것이다.

우리의 기억이 자연발생적 묵상 체험의 순간들에도 활발하게 작용한다는 것은 사실이다. 우리가 저무는 해 앞에서 고요히 경외심을 느끼고 있을 때 어떤 사람도 우리가 무엇을 보고 있는지 말해 줄 필요가 없다. 석양에 대한 과거의 체험들 덕분으로 석양이 무엇인지를 기억하고 있기 때문이다. 우리의 석양 체험은 명백히 이전의 일몰을 기억하는 덕에 석양이 무엇인지를 인식하는 그런 단순한 사안이 아니다. 석양 체험과 같은 순간에 우리가 기억하고 있고 기억되고 있는 자아는 배경으로 전락한다. 현재 순간의 새로움에 빠져들 때 과거에 우리에게 일어났던 그 어떤 것도, 과거에 우리가 행했던 그 어떤 것도 현재 우리가 누구인지를 명명할 능력을 지니고 있지 않다는 사실을 깨닫는다. 석양 체험과 같은 순간에 우리는 현재 순간의 순결한 새로움과 우리 자신이 하나임을 깨닫는다. 현재 순간은 항상 바로 지금 나타나고 있고, 과거에 존재하곤 했던 모든 것에서 항상 자유롭고 신선하다.

자연발생적 체험의 순간들이 기억을 초월하는 방식을 이해하는 일은 묵상 수련 중에 일어나는 전략을 이해하는 데 도움을 준다. 묵상 중에 일어나는 각각의 생각은 기억나는 생각이다. 우리는 그 생각에 집착하지도 않고 그 생각을 거부하지도 않는다. 앉아서 묵상할 때 우리 마음에 일어나는 모든 이미지들에 대해서도 역시 마찬가지 태도를 취한다. 각각의 이미지는 기억나는 이미지이고 우리는 그것에 집착하지도 않고 그것을 거부하지도 않는다. 앉아서 묵상할 때 우리는 우리에게 기억나는 생각들과 이미지들에 집착하거나 거부하지 않는다. 또한 우리에게 기억나고 우리가 기억하는 자아와 스스로를 동일시하려는 경향을 버리기를 배운다. 이런 식으로 앉아서 마침내 우리는 과거의 횡포에서 자유로워지기를 배운다. 또한 과거에 존재하곤 했던 모든 것이 잠잠해지는 곳에 영원한 아이가 등장한다. 이 아이는 언제나 현존하고 빛나며 결코 사라지지 않는 새로움을 지니고 있다.

자연발생의 묵상적 자각의 순간들은 또한 우리가 감정과 몸의 감각들에 구애받지 않고 일어나는 순간들이다. 저무는 해를 응시하던 순간을 성찰하면서 우리는 즉시 우리 앞에 놓인 현란한 색조들이 주는 감각적 풍요로움에 푹 잠기게 되는 이 순간을 전혀 거부하지 않음을 알 수 있다.

이 순간의 풍요로움에 덧붙어 우리 안에서 솟아오를 수 있는 감정들이 순간적으로 결여되는 것도 아니다. 이 순간은 우리 몸을 통해 흘러넘치는 모든 것에 취약해지는 순간이다. 방어되지 않은 몸의 개방성의 정도가 크면 클수록 밀어닥치는 묵상 체험이 더욱 확장되고 풍요로워진다. 만약 우리가 이런 순간 직전에 정지되거나 수축되어 있었다면, 깨달음이 이 긴장을 느슨하게 풀어준다. 우리 몸은 바로 현재 행하고 있는 것 그대로를 인지한다. 이 점은 이런 은총 어린 확장의 순간에 우리를 통해 일어나고 지나가는 모든 것에 우리가 얼마나 본능적으로 이완되는지로 입증된다.

이러한 몸의 이완과 흐름에 따름(surrender)은 본원적이고 심오한 형태의 신앙에 속한다. 이것은 하나님께 대한 신뢰의 행위이자, 신뢰할 수 있고 안전한 거처가 되시는 하나님의 세계에 대한 신뢰의 행위이다. 우리는 일어날 수 있고 실제로 일어나는 모든 두려운 일들에도 불구하고 긴장을 풀 수 있다. 우리는 우리를 압도하는 위험천만한 힘이 아니라 우리와 동행하며 우리를 자유롭게 하길 원하는 사랑에 우리 마음의 문을 개방할 수 있다.

또한 주의해서 보면 고통스럽고 혼란스러운 감정들과 몸의 감각들을 거부하려는 성향이 간단한 것이 아님을 확인하게 될 것이다. 이런 감정들과 몸의 감각들이 자연스러운 묵상 체험의 순간에로의 몰입을 방해할 수 있다. 우리가 경험할 수 있는 위안이나 유쾌한 감정들과 몸의 감각들에 집착하려는 어떤 시도도 역시 똑같이 해롭다.

묵상 체험의 순간을 자신만의 방식으로 '소유하기' 위해서 그 순간에 속한 위안이 되는 측면들을 붙잡으려는 시도는 단지 그 순간의 몰입을 방해할 뿐이다. 그 순간에 일어나는 위안에 집착하려는 시도를 통해서 우리는 유쾌하고 위안이 되는 체험들을 단순히 축복으로 받아들이기보다는 위안을 소유하고 싶어 하는 위축된 자아 영역으로 후퇴한다. 고된 하루의 말미에 스스로를 위로하고자 묵상 체험의 순간의 감각적 기쁨을 사용하려는 시도는 위안감을 붙잡으려는 일을 기꺼이 중지하고자 하는 의지 속에서 오히려 위로를 받고 있다는 신비로운 감각을 소멸시킨다. 그러므로 묵상 체험의 순간이 제공해 주는 감정들과 몸의 감각들에 집착하지 않으면서 동시에 이것들을 거부하지 않는 정도까지만 자연발생적 묵상 체험의 순간들이 방해받지 않고 자유롭게 흘러나온다.

진실로 자연발생적 묵상 체험에 나타나는 무방비 상태의 개방성에서 솟아날 수도 있는 바로 이 감정들과 몸의 감각들이 무엇인지 미리 인식할 방법은 존재하지 않는다. 간혹 그 순간의 감정적 측면만이 겨우 인식될 뿐이다. 그 순간은 고요하고 명료한 자각으로 구성되어 있다. 때때로 그 순간은 깊이 있는 기쁜 감정을 일으킨다. 이런 심오한 기쁨은 우리에게 삶이 얼마나 기쁨으로 가득 찰 수 있는지를 느끼면서 스스로를 완벽하게 기쁨에 내어 맡길 것을 촉구한다. 때때로 각성의 순간들은 우리에게 치유되지 못한 상처 받은 마음과의 예기치 못한 만남을 안겨줄 수 있다. 각성의 순간에 느낄 수도 있는 기쁨은 우리가 실로 얼마나 좀처럼 기쁨을 느끼지 못하는지를 깨닫게 하면서 우리에게 깊은 슬픔의 감정을 유발할 수도 있다. 각성의 순간이 불러일으킬 수도 있는 상냥한 감정들도 마찬가지로 우리 삶에 얼마나 상냥함이 없는지에 대한 감각이 일어나게 할 수 있다. 자연발생적 자각의 순간에 마음을 여는 일, 진정으로 마음을 여는 일은 실제 있는 그대로의 우리 자신에게 마음을 여는 일이요, 실제 있는 그대로의 우리 자신을 받아들이는 일이다.

자연발생적 체험의 순간들에 속한 몸과 감정의 차원들을 이해하는 일은 감정들과 몸의 감각들과 관련하여 묵상 중에 작용하는 전략을 이해하는 데 도움이 될 수 있다. 우리는 앉아 묵상하면서 이 순간이 불러일으키는 몸의 감각들, 예를 들면 벽시계의 똑딱거림, 창문 밖 나무에서 이제 막 '까악' 하며 울어대는 까마귀, 공기 중의 차가움이나 따뜻함, 이런 감각들의 흐름을 거부하지도 않고 집착하지도 않은 채로 조용히 소리 없이 앉아 있는다. 우리는 이러한 몸의 모든 감각에 마음을 열어 둔 채로 앉아 있는다. 이때 우리는 몸이 바로 지금 우리를 사랑하고 있는 이 사랑을 형상화하는 방식을 각성할 수도 있다. 그러므로 우리는 앉아서 시계의 째깍거림, 까마귀의 끊임없이 우는 소리, 커튼을 흔드는 미풍, 하루가 끝날 무렵 방 안이 천천히 일정한 속도로 어두워지는 방식에 대한 자각을 통해 하나님에 관한 어떤 것을 인식한다. 보고, 듣고, 냄새 맡고, 맛보고, 만지는 체험이 일시 정지되는 것은 아니다. 우리는 오히려 보는 체험에 담긴 심오한 짜임새를 통해, 또한 우리가 보는 모든 것을 통해 보는 행위 그 자체의 창조적 원천이신 하나님에 관한 어떤 것을 감지한다. 우리는 듣는 체험에 담긴 본질적 구조를 통해 또한 우리가 듣는 모든 것을 통해 듣는 행위 그 자체의 창조적 원천이신 하나님에 관한 어떤 것을 감지한다. 이와 같은 일은 몸의 오감 모두에 해당된다. 또한 감각을 통해 경험하는 우리를 둘러싼 세계의 모든 측면들 각각에도 해당된다.

마찬가지로 묵상하면서 우리를 통해 일어나는 모든 감정들에도 적용된다. 유쾌한 감정들에 집착하지 않으면서 동시에 고통스러운 감정들을 거부하지 않은 채 우리는 모든 감정과 관련해서 개방하고 자유롭게 머물러 있는다. 이런 방식으로 우리는 우리 자신을 가능한 한 취약한 상태와 수용적인 상태로 만든다. 우리의 육체란 존재가 우리의 감정들을 발설하는 이 사랑을 형상화하는 방식을 더 새롭고 깊게 체험하기 위해서 말이다. 묵상 수련이 깊어질수록 우리는 우리 감정들이 지닌 심오한 짜임새와 그 감정들을 일으킨 사람과 사건, 그리고 환경들 속에 임재하시는 하나님, 곧 우리 감정들 그 자체의 창조적 원천이신 하나님에 관한 어떤 것을 인식하기를 배운다.

이렇게 성찰의 과정을 거치면서 우리는 이런 사안들을 우선 하나의 각도에서 다른 각도로 보면서 재차 반복해서 다루게 될 것이다. 사실 이 책은 묵상 체험이 일상적 삶의 모든 측면과 관련된 그리스도교 신앙의 살아있는 특성을 있는 그대로 드러내는 방식들에 대해 연속해서 묵상적으로 훑어보는 것에 지나지 않는다. 그러나 이 장에서 요약 형태로 간결하게 공유해 왔던 내용들을 정리하는 방식으로 여러분이 다음과 같이 생각해 보기를 권면한다.

묵상 체험은 어떤 것을 생각하지 않는다. 오히려 생각의 본질을 깊게 응시한다. 묵상 체험은 무언가를 의도하려고 하지 않는다. 대신 의지로 무엇인가 하려는 것과 모든 열망의 본질을 깊게 응시한다. 묵상적 자각은 어떤 것도 믿지 않는다. 오히려 그보다는 신념의 본질을 깊게 응시한다. 묵상적 자각은 어떤 것도 기억하려 하지 않는다. 기억의 본질을 깊게 응시한다. 묵상 체험은 어떤 것도 느끼려 하지 않는다. 대신 감정들의 본질을 깊게 응시한다. 또한 묵상 체험은 어떤 것도 보지 않고, 듣지 않고, 맛보지 않고, 냄새 맡지 않는다. 그보다는 몸의 감각들의 본질을 깊게 응시한다. 묵상 체험은 자아 의식의 각 측면을 깊게 응시하면서 자아 의식을 초월한다. 묵상 체험은 자아를 초월하면서 자아로 환원할 어떤 방법도 없고, 자아와 자아 의식이 의식할 수 있는 모든 것 이외의 다른 어떤 것으로도 환원할 방법이 없이 존재하시는 하나님을 깨닫는다.

나는 이번 장을 저술하면서, '기도하러 강으로 내려가네'라는 복음 찬송을 듣고 있다. 이 찬송가의 후렴구는 이렇다. "나는 기도하러 강으로 내려가네. 그 선한 옛 길을 연구하네. 과연 누가 예복과 화관을 쓰게 될 것인가. 선하신 주님, 내게 그 길을 보여 주소서." 선한 옛 길은 그리스도를 따르는 사람들의 길이다. 그리스도께서 세례를 받기 위해 요단강에 들어가심으로써 당신의 공생애를 시작하셨다. 이 사건은 영적 각성을 일으켰다. 그리스도께서 물 위로 올라오셨을 때 하나님의 음성이 들렸다. "너는 내 사랑하는 아들이라 내가 너를 기뻐하노라"(마가 1:11). 이 글을 쓰면서 아마 이런 찬송을 듣고 있었기 때문인지 나는 강으로 들어가는 비유를 사용해 그 중심 메시지를 바꿔서 이 장을 마무리하려고 한다.

이 비유를 통해 내가 동양 종교 수련의 여정을 거쳐 그리스도교 전통으로 돌아온 길에 대한 경험을 나누려고 한다. 나는 요가, 도교, 불교 묵상 수련의 여정을 거쳐 그리스도교 전통의 신비적 유산을 더 풍성하게 이해하고 평가하게 되어 완전히 그리스도교 전통으로 회귀하게 되었다. 나는 그리스도교 전통에 속한 여러분같은 사람들이 이 비유와 관계 맺기를 바란다. 그리스도교 전통 속에서의 파란만장한 영적 방랑은 다른 종교 전통들에 마음을 개방함으로써 확장되고 풍성해져 왔다. 여러분이 이 비유에서 진리를 발견하길 바란다. 이 진리란 그리스도교 전통의 신비적 유산을 통해 영적 자기 변형의 보편적 행로를 따름으로써 위안 받고 재확신을 갖게 되는, 그리스도교로 다시 돌아오는 회귀체험과 부합한다.

여러분이 강으로 들어갈 때 일어나는 첫 번째 가장 기본적인 사실은 여러분이 물에 흠뻑 젖게 된다는 것이다. 매우 신중하게 생각한 후에 강에 들어갔든지, 그렇지 않으면 방파제 끝에서 우발적으로 떨어져 들어갔든지 그것은 상관없다. 어떤 식이든 여러분은 물에 흠뻑 젖게 된다. 처음으로 강에 들어갔거나 아니면 전부터 수없이 많이 들어갔었는지는 중요하지 않다. 어떤 식이든 여러분은 물에 흠뻑 젖는다. 여러분이 얼마나 여러 번 강에 들어갔든지 강은 결코 여러분에게 약간만 적시고 돌아서서 뛰어나오라고 말하지 않는다. 얼마나 자주 강으로 들어갔든지 간에 여러분은 처음 강에 들어갔을 때처럼 온몸이 흠뻑 젖게 된다.

강 전체를 독차지하기 위해 밤중에 혼자 강에 들어가든지 그렇지 않고 백주대낮에 수천 명의 다른 사람들과 함께 들어가든지 그것은 상관없다. 두 가지 방식 중 어떤 방식이든 여러분은 물에 흠뻑 젖게 된다.

잠깐 동안에만 강에 들어가든지 아니면 거기에 더 오래 머무르든지 그것은 중요하지 않다. 어떤 식으로든 여러분은 물에 흠뻑 젖는다. 가장 짧게 강에 들어갈 때조차도 여러분은 온몸이 흠뻑 젖는다.

여러분이 전 생애를 강둑에서 살아왔든지 또는 강기슭에 다다르기 위해 먼 거리를 여행해야 했든지 그것은 중요하지 않다. 둘 중 어떤 방식이든 여러분은 흠뻑 젖게 된다. 강까지 오기 위해 먼 거리를 여행한 사람들에게 더 흠뻑 젖을 수 있는 보너스가 주어지는 것도 아니다. 가까이에서 왔든 멀리서 왔든 모든 사람이 흠뻑 젖는다.

여러분이 남자든 여자든, 노인이든 젊은이든 상관없다. 여러분이 위대한 성인이든 불한당이든 그것은 중요하지 않다. 여러분이 무엇을 믿는지도 문제가 안 된다. 여러분이 엄청난 부를 축적했든지 그렇지 않으면 더 이상 가난할 수 없을 만큼 가난하든 상관없다. 강에 들어갈 때 여러분은 흠뻑 젖는다.

우리는 이것을 강의 넘치는 은총이라 부르고자 한다. 강은 찾아오는 모든 사람들을 받아들인다. 예수는 하나님의 사랑으로 완전하게 흠뻑 젖는다고 가르쳤다. 다음과 같은 예수의 메시지는 탕자의 비유를 통해, 치유의 기적을 통해, 만나는 모든 사람에게 주신 사랑을 통해 모두에게 울려 퍼졌다. 여러분은 하나님의 자비하심으로 완전하게 젖는다. 하나님의 자비하심은 바로 여러분의 생명 속에서 또한 그 생명으로서 온전하고 완벽하게 여러분에게 제공된다. 이런 합일의 신비를 이해하지 못한다는 사실이야말로 모든 슬픔의 원천이다. 이런 신비에 대한 자각이 증진되는 정도가 곧, 여러분의 참되고 영원한 생명에 담긴 영원히 넘쳐흐르는 충만함이 무엇인지를 깨닫는 단계가 증가하는 정도이다.

이것이 바로 자연발생적 묵상 체험의 순간들이 우리에게 밝혀 주는 사실이다. 순식간에 지나가버리는 섬광처럼 빨라도 어디에도 빠뜨리는 것이 없다는 사실을 우리는 깨닫는다. 바로 우리의 생명이 생명 그 자체의 충만함을 현시하고 있다. 우리를 둘러싼 모든 것의 실재는 실재 그 자체의 충만함을 현시하고 있다. 자연발생적 묵상 체험의 순간들은 형언할 수 없는 것들의 혼돈(anarchy of the ineffable)을 증언한다. 형언할 수 없는 것들의 혼돈이 밀려오는 자리에 이런 묵상 체험의 순간들이 찾아오기 때문이다. 다시 말하면 형언할 수 없는 것들의 혼돈이 있는 곳에 이런 묵상 체험의 순간들이 일어난다. 누구나 언제든지 은총이 가득하고 어린아이 같은 명료함 속에 완전하게 젖어 가면서, 강으로 내려가고 있는 스스로를 발견할 수 있다.

물론 다루어져야 할 것은 묵상적 자각의 순간들에 주어지는 이 명료함이 사라지기 쉽다는 것이다. 우리가 강 입수자가 되려는 열망을 경험하는 것은 이제까지 자각해 왔던 신비를 우리가 얼마나 잘 의식하지 못하는 경향이 있는지에 대한 자각을 통해서다. 다시 말하면 누구나 언제든지 자신이 무엇을 하고 있는지를 의식하는 행위로서 강에 의도적으로 들어가도록 내적으로 끌릴 수 있다. 깨어나고자 하는 하나의 선택으로 말이다. 우리들 중 누구나 언제든지 강 입수자가 되도록 내적으로 끌릴 수 있다. 우리 삶의 신성함에 대한 지속적이고 명민한 자각으로 흠뻑 젖게 될 때까지 작열하는 태양 아래서조차 매일매일 강에 들어가기로 선택한다. 우리들 중 누군가는 이런 습관적 자각을 추구하도록 이끌리며, 정직하고 상처받기 쉬우며, 애정 어린 방식으로 이런 명료함을 증언하도록 이끌린다. 우리는 이런 정직하고 상처 받기 쉬우며, 애정 어린 방식으로 삶을 영위하고자 애쓴다. 다시 말하면 우리들 중 누군가는 매일매일 묵상에 전념하도록 이끌릴 수 있다. 이렇게 매일 행하는 묵상을 통해서 하나님과 하나임이라는 묵상 체험이 일상의 삶에서 하나님의 임재를 경험하고 그분께 반응하는 습관적 방식이 될 수 있다.

자, 여러분이 만약 강 입수자가 되려 한다면, 강에 들어간 경험이 많은 사람의 현명한 조언을 구하는 것이 지혜로운 일이다. 주의해야 할 급경사면과 쓸려 내려가는 물결과 위험요소들이 있기 때문이다. 만약 여러분이 그런 상황에서 도움을 줄 수 있다면, 익사하지 않게 하는 게 최선의 방법이다. 그러나 여러분이 정말로 익사한다 할지라도 여러분이 흠뻑 젖지 않았던 것은 아니다. 여러분이 조심하지 않았을 뿐이다. 이것이 바로 영적 교사들이 필요한 이유이다. 영적 교사들은 우리가 강에 들어가면서 우리 자신을 발견하는 자리인 깊은 물속에서 익사하지 않도록 돕는다. 교사들은 우리에게 인내하라, 자비로워라, 겸손하라, 주의하라고 이야기한다. 그 때문에 우리는 파악하고, 통제하고, 유지하는 우리의 능력을 초과하여 삶을 영위하는 데 익숙해질 수 있다.

지금 여러분이 강 입수자라고 상상해보라. 또한 여러분이 그 기원을 예수에게서 찾을 수 있는 종교 전통이라는 강의 입수자가 되는 법을 배웠다고 상상해 보라. 예수는 강의 위대한 입수자이시다. 그분은 이 강으로 내려가도록 다른 사람들을 부르신다. 이 강에서 그들은 자신들이 하나님의 형상과 닮은 꼴로 창조되었다는 사실과 그들 자신이 하나님께서 기뻐하시는 하나님의 자녀라는 사실을 깨달을 것이다.

그러나 무언가가 빠져 있고, 적절하지 못한 무언가가 있다. 이런 곤란한 점이 무엇인지를 가려내려고 노력하면서, 여러분은 자신이 속해 있는 강 입수 공동체의 역사를 연구한다. 여러분은 우선 그 역사가 매우 단순하다는 사실을 발견한다. 우선 사람들은 단순하게 강에 들어갔다. 이내 이 강가로 안내하는 작은 길 하나가 형성되기 시작했다. 소문이 퍼지게 되었고, 점점 더 많은 사람들이 이 길을 이용하고자 모여들기 시작했다.

어느 날 한 사람이 강에 들어가는 일이 매우 중요하다는 점을 깨달았다. 그래서 강 입수 공동체에 들어오는 새로운 구성원들에게 입회 허가를 축하하는 의례가 있는 것이 합당함을 알아차렸다. 또 다른 사람은 변덕스러운 강 입수자들이 공동체로 되돌아오도록 화해의 의례를 갖는 것도 역시 좋은 일이라고 제안했다. 또한 머지않아 사람들이 강에 모여서 찬송과 촛불로 행하는 의례들도 등장했다.

그러던 어느 날 한 사람이 강에 들어가는 일은 매우 특별해서 강으로 내려가는 작은 길 위로 작은 천막 같은 것들이 있어야 한다는 사실을 알게 되었다. 다른 사람들도 그에 동의했다. 그래서 축제 분위기가 나는 밝은 색으로 치장된 천막이 길 위에 세워졌다. 그 후 또 한 사람이 강에 들어가는 일은 매우 특별하기 때문에 강 입수가 그들 삶을 풍요롭게 해 주었다고 온 힘을 다해 찬사를 올리기에는 현재의 천막이 딱 맞는 방식이 아니라고 생각했다. 다른 사람들도 그에 동의했다. 그래서 강으로 가는 길을 덮었던 천막 위로 더 크고 아름다운 건축물을 짓기 위한 기금 모금이 처음 시작되었다. 모든 이들이 이 건축물이 정말 영감을 불러일으키고 의기를 앙양시키는 건축물이었다는 사실에 동의했다.

그 후 어떤 사람이 『강물 속으로 들어감의 의미』(*The Meaning of River Entering*)라는 제목의 책을 집필했다. 누군가가 이 책을 읽었으나 그 전제에 동의하지 않았다. 그래서 이 첫 번째 책의 가르침들을 논박하기 위해 또 다른 책을 썼다. 다른 사람이 이 두 책을 읽었지만 두 책 모두에 동의하지 않았다. 그래서 그는 세 번째 책을 썼다. 이내 강 입수의 의미에 관한 책들이 많아지게 되었다. 강으로 내려가는 길에 세워졌던 천막 위 건축물과 연결된 도서관을 짓기 위해서는 두 번째 모금 운동이 필요했다. 그리고 모든 사람이 이 건물이 근사한 도서관이라는 점에 동의하였다.

그 후에 한 사람이 강물학 연구와 학식 있는 강물학자들에 대한 학위 수여를 장려하기 위해 학교를 건축해야 한다고 제안했다. 강으로 내려가는 길에 쳤던 천막 위에 건축물을 짓고, 다음에는 도서관을 건축하고, 그 다음 변변치 않은 학원을 세우고, 그 후에는 훌륭한 학교를 세우기 위해 또 다른 모금 운동으로 돈을 모았다.

이후 어떤 사람이 관찰하기에 사람이 너무 많이 몰려들고 있어서, 모든 사람이 강에 들어가지 않는 것이 차라리 최선이라고 생각했다. 공동체의 특정한 구성원들만이 강에 들어간 다음, 강물을 다른 사람들에게 배포하는 것이 더 나을 수 있었다. 강물을 다른 사람들에게 배포하기에 적절한 사람으로 강입수에 관한 학위가 있는 강물학자들보다 더 적합한 사람이 누구겠는가? 강물을 공동체에 배포하는 강물학자들에게 부여된 권위를 축하하는 새로운 의례를 만들기로 결정되었다.

이런 과정 중 강물학자들은 예전에 그랬던 것과는 다르게 강에 거의 들어가려 하지 않았다. 어느 시점에서 그들은 파이프를 이용해 강물을 건축물에 보내기 시작했다. 또한 물이 밝혀지지 않은 수원지에서 유입된다는 소문이 돌았다. 이러한 상황이 강 입수 공동체에서 발달해왔던 상황이다. 여러분도 이런 공동체에 속해 있다. 거의 모든 사람들이 병에 든 강물을 홀짝 홀짝 마시고, 강 입수에 관한 책들을 읽고, 강 입수 의식에 참여하고, 강 입수의 의미에 관하여 서로 동의하기도 하고 동의하지 않기도 하는 것으로 만족하는 것처럼 보인다.

여러분은 낙담하여 어느 날 그저 모든 사람들이 어떻게 해서 이런 곤경에 빠지게 되었는지를 파악하고자, 홀로 강으로 걸어 내려간다. 강 쪽으로 걸어 내려가다 여러분은 미끄러져 강물에 빠지게 되었다. 이 과정에서 강에는 고독한 불운에 처해 있는 여러분을 완전하게 받아들일 만큼 은총이 가득하다는 사실을 발견하게 되었다. 어떤 건축물도, 어떤 가르침도, 어떤 의식도 준비하지 않은 채 여러분은 홀로 강물에 흠뻑 젖게 되었다.

여러분은 강에서 나와 강 아래쪽으로 걸어가기 시작한다. 여러분은 강으로 내려가는 행로에 쳐진 천막 위로 큰 건축물을 지었던 한 집단의 사람들을 발견하고선 깜짝 놀란다. 여러분은 처음으로 그들이 지금 행하고 있는 것을 해선 안 된다고 그들에게 이야기하고 싶어진다. 정말이지 그들이 강물에 젖지 않고 있다는 사실을 이야기하고 싶어진다. 그들은 단지 물에 젖어가고 있다고 생각할 뿐이다. 처음으로 여러분은 그들에게 다음과 같이 이야기하고 싶어한다. 만약 여러분들이 진정으로 물에 젖고 싶다면 내가 있었던 강 입수 공동체에 합류하기 위해 나와 함께 여행해야 할 것이라고 말이다. 그렇지 않으면 아마도 여러분의 공동체 출신인 몇몇 강물학자들이 물에 젖는 정확하고 진실로 효과적인 방식을 그들에게 보여줄 수도 있을 것이라고 말이다.

그러나 여러분은 여러분을 이곳으로 인도했던 개인적 여정을 회상하면서, 여러분이 그들 대신 강으로 내려가는 그들의 행로를 이용해도 되는지

물어보기로 결정한다. 그러면서 여러분은 흠뻑 젖게 된다. 여러분은 안도하고 감사하면서 강 입수자들이 모이는 또 다른 건축물들을 찾아서 위험을 무릅쓰고 바다 입구를 향해 더 멀리 강 기슭을 내려간다. 여러분은 강으로 내려가는 그들의 행로를 이용하고, 그렇게 하면서 깨닫게 된다. 행로를 덮고 있는 천막의 색깔, 건축물의 형태, 강 입수의 의미에 관한 모든 책들에 나타난 가르침들, 이런 것들과는 무관하게 여러분이 얼마나 온전하게 젖게 되는지를 말이다. 여러분이 깨닫게 된 것은 비록 강 입수의 의미에 관한 가르침들이 매우 다양하다 할지라도 한 가지 가르침은 명확하다는 사실이다. 곧 강에 들어가는 매 순간마다 여러분은 물에 흠뻑 젖게 된다. 강에 들어가는 모든 사람이 물에 흠뻑 젖는다. 또한 여러분은 각각의 공동체에서 경험 많은 강 입수자들의 임재를 알아차린다. 이들은 작열하는 태양 아래서도 강의 넘치는 은총으로 흠뻑 젖는다.

강기슭을 따라 아래로 훨씬 더 멀리 모험하면서 여러분은 마침내 강이 바다로 흘러드는 지점에 이르게 되었다. 강물 속으로 들어갈 때 여러분이 볼 수 있는 것은 물밖에 없다. 그 광대함에 입이 다물어지지 않은 채 여러분은 깨닫는다. 여러분과 강이 모든 실재와 모든 생명이 쉼 없이 흘러 들어가는 심연 속에 머물러 있게 된다는 사실을 말이다.

이 모든 것을 살펴보면서 여러분은 여정이 처음 시작된 강 입수 공동체에 마음이 끌리고 있는 자신을 발견하고는 놀라게 된다. 출발했던 곳으로 되돌아왔을 때 여러분은 더 큰 건축물과 강으로 내려가는 곧은 길에 들어서게 된다. 여러분은 행로를 덮고 있는 축제 분위기의 작은 천막을 설치하는 일에 열중했던 성실함과 헌신에 자극받게 된다. 여러분은 또한 건축물의 세세한 것 하나 하나에 깃든 종교적 감정과 헌신의 깊이에 감동받는다. 여러분은 이 모든 것들을 강 입수와 분리된 것으로 인식하지 않는다. 오히려 매우 소중히 여기는 은총과 신비를 드높이고 숭배하려는 사람들의 신실한 노력으로 인식한다. 여러분은 여러분 자신이 어쩌면 너무 비판적인 어린애였다는 사실을 깨닫게 된다. 아마 스스로 겸손하게 강 입수를 더 행했더라면 여러분은 더 많은 강 입수가 이루어지고 있었다는 사실을 예전보다 더 깊이 깨달았을 것이다.

여러분이 강가에 서 있는 동안 하나님의 영이 강물에 불어온다. 여러분은 강에 들어가고, 그렇게 함으로써 물에 흠뻑 젖게 된다. 강 위로 올라오면서 여러분은 그리스도께서 물에서 올라오실 때 들으셨던 다음의 말씀을 듣는다.

"나의 사랑하는 아들을 보라, 내가 그를 매우 기뻐하노라." 이 말씀이 이제는 여러분에게 직접적으로 들려온다.

여러분이 물에서 올라올 때 여러분이 얼마나 물에 흠뻑 젖었는지를 바라보려고 서 있던 사람들 역시 강물에 들어가려고 움직인다. 그렇게 행함으로써 그들 역시 완전히 물에 젖게 된다. 여러분은 그들 모두와 함께 여러분이 속한 강 입수 전통의 기원들을 재발견한다. 여러분은 그들 모두와 함께 우리가 영원토록 흠뻑 젖어 있다는 기쁜 소식을 증언하려고 노력한다. 우리는 하나님과의 그 하나임으로 전적으로 철저하게 젖어 있다. 우리를 강으로 내려오라 부르시는 예수님은 하나님과의 이 하나임을 생명 그 자체의 참된 충만함이라 선언하셨다.

제4장

천국에 오르는 사다리

매일 하는 묵상을 통해 하나님을 찾는 일에 헌신할 때 여러분은 그 길을 걸으면서 필연적으로 수많은 은총과 도전을 경험하게 된다. 처음에는 도전거리들이 눈에 띄지 않을 수도 있다. 때때로 묵상이 하나님의 품 안에 머물러 쉬는 방식 이외에는 아무것도 아닌 것처럼 보이는 신혼기가 존재한다. 때로는 신혼기가 주어지지 않는다. 처음부터 곧바로 직면하고 다루어야 할 문제들이 존재하기도 한다.

만약 여러분이 도움이 된다고 생각되는 순간들에만 간헐적으로 묵상하는 제멋대로의 묵상가가 되고자 한다면, 아마도 매일 하는 묵상에 헌신하면서 제기될 수 있는 수많은 도전을 회피하게 될 것이다. 그러면 여러분은 또다시 묵상이 제공하는 자기 변형과 영적 성취에 관한 충만한 잠재력을 놓치게 될 것이다. 날마다 행하는 묵상에 헌신할 때 여러분은 묵상이 삶에 대해 변혁을 일으킬 수 있는 방식 중에서 최상의 것을 얻는다.

그저 오랫동안 충분히 묵상하라. 그러면 여러분은 명백하게 묵상 그 자체의 구조로 엮여 들어가기 쉬운 여러분 자신만의 독특한 도전 유형들에 직면하기 시작할 것이다. 예를 들면 묵상을 위해 아껴 두려고 했던 시간을 그 외의 다른 많은 중요한 일 또는 별로 중요하지 않은 일들을 행하느라 시간을 허비하고 있는 자신을 발견할 것이다. 묵상할 때 여러분은 때때로 분명히 마음을 어지럽히는 상념들, 침입하는 기억들, 혼란스러운 감정들을 처리할 것이다. 게다가 졸음, 지루함, 혼란스러움, 낙담, 그 밖에 다른 괴로운 시간들이 존재할 것이다. 문제의 본질로 더 깊이 들어가면서 여러분의 상처입은 자아를 발견하게 될 것이다. 단순하게 말하면 여러분의 빈곤하고 상처 입은 자아는 자신의 가장 소중한 환상들을 죽음에 이르게 하는 그런 변형의 과정에까지는 미치지 못한다. 여러분은 하나님보다 열등한 모든 것에 대한 달콤한 죽음이 주는 즐거움에 몰두하는 어리석음을 직접적으로 발견할 것이다. 여러분은 때때로 하나님과 하나임에 대한 전적으로 제어될 수 없는 깨달음으로 인해 당황도 하고 감탄도 하는 자신을 발견할 것이다.

초기에는 꽤 자주 여러분이 묵상의 길에서 만나는 모든 도전들을 통해 완수해야 하는 작업이 하나의 임무처럼 보일 것이다. 이 임무를 완수하면 모든 도전들 배후에 있는 하나님과의 하나임을 깨닫는 상태로까지 계속 이동해 갈 수 있다. 이러한 관점에는 상당한 진리가 담겨 있다. 그러나 더 자세히 바라보면 여러분은 묵상의 도전적 측면들이 그 자체로 묵상이 가져다주는 가장 위대한 은총들 사이에 존재한다는 사실을 발견할 것이다. 왜냐하면 여러분이 자신에 대한 환상들에 대해 죽는 일을 배우고 있는 때는 바로 묵상의 도전적 측면들을 통해 작업하는 때이기 때문이다. 여러분이 하나님보다 열등한 모든 것에 대한 달콤한 죽음을 맞이하고 있는 때는 곧 여러분 자신에 대한 환상들에 대해 죽는 일을 배우는 때이다.

묵상의 도전적 측면들 속에 내재된 은총들 중 하나는 겸손케 하는 깨달음이다. 이것은 묵상과 기도를 통해 하나님을 찾는 데 헌신된 삶을 지속할 수 있는 토대를 우리 안에 건설할 필요가 있다는 깨달음이다. 어떻게 인간인 우리가 자신을 초월할 수 있는가라는 물음은 생소하게 느껴질 수 있다. 우리는 실재의 차원들 속으로 돌파해 들어갈 수 있다. 그러나 우리는 이 실재의 차원들을 유지할 만한 성숙함이 결여되어 있다. 예를 들면 남녀 불문하고 모든 인간은 심오한 열정의 감정과 대양적 합일을 체험할 수 있다. 이런 체험은 인간이 자신이 각성하게 된 사랑을 지속할 만한 성숙함이 결여되어 있다는 사실을 발견하게 한다. 마찬가지로 예술가는 자신이 그 내면에서 각성했던 타고난 재능을 효과적으로 유지하고 담아내는 성숙함이 결여되어 있다는 사실을 발견할 것이다. 사랑과 창의성이란 두 품성이 앞으로 나아갈 길은 종종 신체적 감각에 민감한 현실적 인간이 되기를 배우기 위한 힘든 작업으로 포장되어 있다. 이 길은 자기 변형이 시금까지보다 더 확장적인 수준들로 나아가도록 투명하게 개방되어 있다.

이와 동일한 의미가 종교 체험의 영역에도 적용된다. 사실 우리는 이전부터 쭉 알아 왔던 것 너머에 계시는 하나님과의 하나임을 깨닫는 순간을 체험할 수 있다. 하나님의 현존에 대한 비범한 체험들은 묵상의 길 위에 우리를 안착시키는 촉매가 될 수 있다. 그러나 하나님을 향한 가파른 수직 상승을 일으키는 순간들은 하나님의 임재를 의식하지 못하는 우리의 습관적인 하강으로의 회귀에 뒤이어 나타나기 쉽다는 것 또한 사실이다. 마찬가지로 마치 단 한 번의 도약으로 천국까지 도달하고자 하는 장대높이뛰기처럼, 묵상 중에 일부러 의지력을 사용하여 뭔가를 해보려는 시도는 어떤 시도이든 상처를 입어 다칠 수 있다. 묵상에 대해 어떤 열광적인 '신비적 합일이나 한 번의 강타'로 이루려는 접근은 묵상을 지속적으로 행할 힘을 갖고 있지 않을 것이다. 묵상의 행로는 깨어 있고 자비로우며, 그리스도와 같은 존재가 되어 가는 일과 관련된 모든 것을 우리 안에 건축하는 힘겨운 작업으로 포장되어 있다는 사례가 꽤 많다. 왜냐하면 이 성장 작업은 심리적이고 영적인 성숙의 토대를 건축하는 일이기 때문이다. 곧 우리는 생명 그 자체에서 우리와 함께 하시는 하나님과의 하나라는 전보다 더 확장적이고 습관적이고 묵상적인 자각 속에서 성장할 수 있는 것이다.

이러한 실천적인 사안과 관련해서 어떤 명확성을 취하려는 노력으로 우리는 이번 장에서 『수사의 사닥다리』(*The Ladder of Monks*)라는[1] 제목의 고전 문헌을 공부하려고 한다. 그리스도교 영성에 관련된 단순하고 심오한 이 걸작품은 12세기 후반에 귀고(Guigo) 수사가 저술하였다. 사람들은 귀고의 거룩함을 인지하여, 그를 때때로 여러 작품들에서 천사 귀고로 언급한다. 대개는 귀고 2세로 불린다. 그가 프랑스 그르노블 인근의 카르투지오 수도회 소속의 샤트루즈 수도원에서 귀고란 이름을 지닌 두 번째 수도원 부원장이었기 때문이다.

귀고는 수도원의 편지라 불리는 중세 문학 장르에 속하는 『수사의 사닥다리』를 저술했다. 다시 말하면 자신의 친구이자 동료 수사인 제르베(Gervaise)에게 보내는 편지 형식으로 집필했다. 그의 글은 명백하게 영성생활에 관해 신중하고 정교하게 표현된 해설서 역할을 했다. 이것은 단지 제르베만을 위해 쓴 것이 아니라 그것을 읽고 도움을 받고자 하는 모든 사람을 위해 쓴 것이다. 수백 년이 지나도록 수도원에서 생활하는 수사들과 수녀들, 그리고 세계 도처에서 생활하고 있는 수없이 많은 독실한 구도자들이 귀고의 위대한 독자들이었다. 우리는 이제 우리 스스로 발견하고자 하는 영적 행로에 대한 귀고의 통찰들을 기도하는 마음으로 탐색하면서 그 시대의 독자들과 합류하고자 한다.

---

1) Guigo Ⅱ, *"The Ladder of Monks"* and *"Twelve Meditations"*, trans. Edmund Colledge and James Walsh, (New York : Image Doubleday, 1978). 귀고 수사의 글은 '거룩한 독서(lectio divina)'를 다루는 많은 책에 들어 있다.

이렇게 인격적인 방식으로 귀고의 편지를 읽음으로써 우리는 귀고의 마음과 우리의 가슴을 연합시키는 무시간적 신비와 직면하게 된다. 그리고 그리스도교 신앙의 신비 전통이 지나간 수 세기를 얼마나 무색하게 만들었는지에 대해 감사하게 될 것이다. 사실 수 세기 전에 쓰인 작품을 읽기 위해서는 우리 시대의 언어로 적절하게 번역하는 일이 필요하다. 그러나 귀고의 편지의 내적 깊은 곳으로 천착해 들어가면서 우리는 그것이 오늘날의 편지에서나 엿보일 것 같은 것만큼이나 현대적이고 신선하다는 사실에 감사하게 될 것이다. 이제 이런 영적 기류 속에서 나는 여러분이 귀고의 가슴 속에서 일어났던 하나님과의 더 내밀하고 묵상적인 합일에 대한 은총 어린 갈망이 마찬가지로 여러분의 가슴 속에서도 꿈틀거린다는 사실을 숙고해 보기를 권한다. 만약 그렇지 않다면 여러분은 묵상에 담긴 침묵의 난순성에 내석으로 끌리지 못할 것이다. 이제 이런 영적 기류 속에서 나는 여러분이 귀고의 편지에 마음을 돌리고 있는 나를 따르라고 권면한다. 귀고의 편지는 묵상을 통한 하나님 탐구에 일평생 헌신하는 데 도움이 되는 심리적이고 영적인 토대들을 건설하는 일에 영감을 주며 안내한다.

귀고는 편지 서두에서 제르베와 또한 우리에게 자신의 체험을 나누고 있다. 이 체험은 그에게 영적 삶에 대한 이해를 각성시켜 준 체험이었다. 그가 각성한 영적 삶에 대한 이해는 자신의 편지에 표현되어 있다. 그는 다음과 같이 쓰고 있다.

> 소일거리들로 바빴던 어느 날, 나는 우리의 영성적 활동에 관하여 생각하기 시작했다. 동시에 영성 훈련의 과정에 나타나는 네 단계 전부가 내 마음에 떠올랐다. 독서, 묵상, 기도, 관상이 그것이다. 이것들은 수사들에게 사다리 역할을 한다. 수사들은 이 사다리를 통해 지상에서 천국으로 올라간다. 사다리에는 몇 개 안 되는 디딤대가 놓여 있다. 그러나 그 길이는 광대하고 놀랄 만하다. 왜냐하면 사다리의

> 좀 더 낮은 끝자락은 지상에 머물고 있지만, 가장 높은 꼭대기는 구름을 관통하여 천국의 비밀들에 닿아 있기 때문이다.[2]

천국에 오르는 사다리의 디딤대 하나하나에 대한 귀고의 통찰들을 숙고하기 전에, 앞에 인용된 서론적 문단에 잠깐 주목해 보는 것도 가치가 있다. 왜냐하면 편지에 영감을 준 직관적 비진의 맥락과 내용과 관련해서 그가 털어놓은 이야기는 천국에 오르는 사다리가 견고하게 안착해 있는 토대에 관한 여러 가지 측면을 증언해 주고 있기 때문이다.

네 개의 디딤대가 놓인 천국에 오르는 사다리를 지지해 주는 견고한 토대의 한 측면은 방법(way)의 측면이다. 이 방법으로 영성 수련에 충실할 때 하루 내내 자연발생적으로 일어나는 영적 각성의 순간들의 빈도, 깊이, 강도가 증가한다. 귀고가 영성적 행로의 본성에 대해 깊이 숙고할 때는 아마도 그가 그릇을 닦거나 부서진 문을 수리하고 있는 바로 그때일 수도 있다. '갑자기' 그는 직관적 비전, 자각(awareness)이라는 갑작스러운 선물을 은총으로 받게 되었다. 귀고에게 주어진 자각이라는 갑작스러운 선물이 기도 중이나 깊은 묵상에 몰두해 있었을 때 찾아온 것이 아니라는 사실은 중요치 않다. 오히려 일상의 허드렛일을 하고 있을 때 자각의 섬광이 그에게 찾아왔다는 사실이 중요하다. 그러나 독서, 묵상, 기도, 관상에 충실함이 자각이라는 갑작스러운 선물을 받는 데 기여했다고 말하는 것은 무리가 없어 보인다. 귀고는 자신의 편지에서 이 자각이라는 예상치 못하게 받은 선물을 우리와 나누고 있다. 그가 비전을 통해 자신에게 주어진 영적 행로에 대한 통찰들을 인식하고 식별할 수 있었던 것은 기도와 묵상에 충실했던 덕이라 말하는 것 또한 무리가 없어 보인다.

나는 내담자를 심리치료하던 중 종종 발생하는 일로 놀라곤 한다. 심리

2) Guigo, *Ladder of Monks*, 81-82.

치료에서 발생하는 가장 크게 삶을 변화시키는 통찰 중 상당수는 치료 면담 그 자체 내에서는 발생하지 않는다. 내담자들은 오히려 아침에 잠이 깰 때나 출퇴근 정체 시간에 차 안에 앉아 있을 때 또는 저녁 식사를 준비할 때 이전에는 한 번도 깨닫지 못했던 어떤 것을 갑자기 깨닫게 되었다고 면담에 와서 이야기한다. 그러나 명확해 보이는 것은 만약 심리치료 과정을 통해 그들의 영적 감수성이 일깨워지지 않았다면, 그러한 통찰이 일어나지 않았을 것이란 사실이다. 달리 말하면 만약 그런 통찰의 순간이 과거에 이미 발생했었다면, 그들이 그것을 인식하지 못했을 것이고, 자신들의 삶에 있어서 그것이 얼마나 중요한지 고찰하지 못했을 것이다. 예술가들과 저술가들은 종종 이와 비슷한 점을 말하고 싶어 한다. 그들이 나누고 싶어 하는 경험은 샤워를 하던 중이나 커피를 한 잔 마시고 있을 때에 사물들을 전적으로 새로운 방향으로 재편하는 통찰과 영감의 섬광이 아주 자주 나타난다는 것이다. 또한 그들은 창조적 과정에 충실하는 일에 뭔가가 존재한다는 사실을 나누고 싶어 한다. 이 창조적 과정은 그들이 체험한 순간적인 직관적 자각의 빈도, 명료성, 강도를 강화해 주는 경향이 있다.

귀고는 기도와 묵상의 삶이 이와 같다는 사실을 이해하는 데 도움을 준다. 묵상을 통한 하나님 탐구에 헌신된 삶에서 일어나는 변형적 사건들은 종종 묵상과 기도를 수련하는 그 시간 동안에는 일어나지 않는다. 오히려 짧은 순간의 자각들은 예상치 못한 일상적 삶의 한복판에서 찾아온다. 그러나 말하려고 하는 요점은 만약 우리가 묵상을 수련하고 있지 않았다면, 이러한 획기적 돌파의 순간들은 자주 일어나기 쉽지 않다는 것이다. 이러한 순간들이 자취를 남기는 자각과 은총어린 감사의 후광 역시 그리 오래 지속되지 않는다. 우리 역시도 자신에게서 묵상적 자각의 안정화된 영역을 찾을 수 없다. 이 묵상적 자각의 안정화된 영역에서 이러한 자각의 순간들에 부여된 은총들이 매일의 삶에서 하나님의 임재에 대한 습관적인 묵상적 자각으로 자라고 발전할 수도 있다.

그러나 일상의 책무들 한복판에서 하나님 현존 체험의 가능성을 높이는 것이 단지 기도와 묵상에 대한 충실함만은 아니다. 다음과 같은 점 또한 참된 사실이다. 만약 천국의 사다리가 일상의 삶에 속하는 허드렛일들과 직무들을 수행하면서 우리 자신과 타인들에 대해 책임을 다하는 일 위에 견고하게 세워지지 않는다면 그 사다리는 무너질 것이다. 내가 수도원 수련 수사로 훈련받고 있을 때 하나님과의 신비적 합일이라는 고결한 상태에 도달하는 일은 거의 강조되지 않았다. 그러나 문을 꽝 닫지 않는 일, 식사 후 식탁에 음식 찌꺼기를 남기지 않는 일, 저녁 기도에 늦게 오지 않는 일은 강조되었다. 지상에서 품위 있는 시민이 되는 법을 배우는 일은 매일 강조되었다. 품위 있는 시민은 돌보아야 할 것을 돌보는 일에 믿음직스러웠다.

수도원에 있을 때 나는 그곳에서 50년 이상 생활했던 거룩한 노인 수사들 몇 분의 면전에서 경외감을 느끼곤 했다. 언젠가 토마스 머튼은 이들이 투명한 아이들처럼 돌아다닌다고 말했다. 나는 이 노인 수사들이 하나님과 하나 되는 것에 관해 무엇을 가르쳐 줄 것인가를 이해하고자 그들을 세심히 지켜보았다. 내가 느꼈던 것은 그날그날 맡은 일에 조용히 헌신하는 모습이었다. 어떻게 보면 그들은 일과 기도로 짜여진 매일매일의 일정대로 움직이는 일상성 속에 그들의 자취를 감추었다. 이렇게 하면서 약간의 신비스럽고 어린아이와 같은, 또한 놀랄 만한 방식으로 현존하고 있었다.

독서, 묵상, 기도, 관상 — 귀고가 말한 네 개의 디딤대가 놓인 천국에 오르는 사다리를 구성하는 요소들 — 은 일상적 책무들이 우리에게 요구하는 것들을 이행하기를 배우는 일에 견고하게 뿌리내려야 한다. 우리의 책무들로 구성된 일상의 일과표가 우리를 데려다 놓는 바로 그 자리에 우리가 존재하기 때문에, 하나님께서는 그 순간의 은총으로 무엇이 됐든 그것을 우리에게 주시려고 우리를 찾아 주변을 둘러볼 필요가 없으시다.

천국에 오르는 사다리가 견고하게 자리 잡아야 할 토대의 세 번째이자 최종적인 측면은 피부에 닿는 현실적인 측면이다. 곧 우리 자신의 행복과 타인의 행복에 대한 애정 어린 관심이 그것이다. 내적 삶의 견고한 토대에 속한 이러한 측면은 다음과 같은 사실에서 확인된다. 귀고가 품은 비전은 귀고 자신을 자신의 고통과 타인의 고통에 대해 숙고할 필요가 없는 신비적 영역으로 보낸 것이 아니다. 정반대로 그가 품은 비전은 그로 하여금 '우리의 영적 작업'에 주의를 기울이게 한다. 귀고가 자신의 편지를 정교하게 다듬는 데 그렇게 엄청난 관심을 기울여 증언하는 바는 이런 영적 작업이 진정한 행복과 영적 성취를 실현하기 위해 갈망하는 인간 마음의 곤경에 기꺼이 민감하게 반응하려는 의지를 수반한다는 것이다. 그에게 있어 편지를 쓰는 일은 사랑의 노동이다. 그것은 우리가 어떻게 하나님께로 다가와야 할지에 관련하여 귀고 자신에게 전달되었던 내용을 다른 사람들에게 전달하는 하나의 방식이다. 우리가 다가가려는 이 하나님 안에 진정한 영적 성취와 행복이 감추어져 있다.

깊이 숙고해 보도록 요청받은 교훈은 이것이다. 곧, 묵상은 다른 사람들과 우리 자신에게 더 뚜렷한 마음가짐으로 그리스도와 같은 자비를 품도록 우리를 온전히 회귀시키시는 하나님을 향한 갈망을 구현한다. 묵상에 더 깊게 들어가면 갈수록 우리는 기도하는 마음으로 건전한 영적 가르침을 더 깊이 숙고하게 된다. 또한 처음부터 끝까지 전체 여정은 우리가 이웃집 여인과 어떻게 대화를 나누는지와 필연적으로 연결되어 있다는 놀라운 깨달음을 더 풍성하게 얻게 된다. 전체 여정은 우리가 아침에 일어나 하루를 지내면서 자기 자신에 대해 어떻게 이야기하는지와 관계된다. 천국에 오르는 사다리는 만약 우리 자신과 우리 주위에 있는 사람들에 대한 성실한 사랑과 관심에 견고하게 세워지지 않는다면 와해될 것이다. 우리는 애정 어린 배려라는 단 하나의 행위가 얼마나 먼 거리까지 미치는지 전혀 알지 못한다. 곧, 그 잔잔한 파문이 우리가 한 번도 만난 적이 없었던 사람들에게까지 영향을 미치는지조차 알지 못한다. 그냥 귀고의 편지를 읽어 보라. 그는 수 세기 전에 프랑스에 있는 수도원의 작은 방에서 이 편지를 썼다. 그리고 우리는 수 세기 후 여기에서 그 편지가 담고 있는 자비심 넘치는 관심으로 감동받으며 그로 인해 풍요로워지고 있다.

귀고는 말한다. 천국에 오르는 사다리에 달린 네 개의 디딤대 하나하나에 담긴 속성과 기능을 주의 깊게 탐구하는 사람은 누구나 "그가 골머리를 앓고 신경 쓰고 있는 것이 무엇이든, 그가 얻는 도움과 위로에 비하면 작고 수월하다고 생각할 것이다."[3] 귀고의 말을 그대로 받아들여서, 이제 우리가 사다리의 디딤대 하나하나를 주의 깊게 생각해 보자. 사다리의 디딤대들은 묵상과 기도의 삶을 유지하기 위해 필요로 하는 영적 발달의 기초 단계를 상징한다.

독서

천국에 오르는 사다리의 첫 번째 디딤대는 독서(reading)이다. 귀고는 독서를 가리켜 "우리의 모든 역량을 집중하여 행하는 주의 깊은 성서 읽기"라고 말한다.[4] 그는 독서를 먹는 행위에 비유한다. 그는 하나님의 말씀을 읽을 때 우리는 영적 영양분을 섭취하는 것이라고 말한다. 독서가 의미하는 바를 명확하게 표현하기 위해 그는 우리에게 다음과 같은 예수님의 말씀을 함께 읽도록 권하고 있다. "마음이 청결한 자는 복이 있나니 그들이 하나님을 볼 것임이요"(마태 5:8). 귀고는 독서가 의미하는 바를 논증하기

3) Guigo, *Ladder of Monks*, 82.
4) Guigo, *Ladder of Monks*, 82.

위해 이 구절을 인용하면서 다음과 같이 기술한다.

> 나는 이 말씀을 읽는 소리를 듣는다. "마음이 청결한 자는 복이 있나니 그들이 하나님을 볼 것임이요." 이 말씀은 성서의 짧은 본문이지만, 매우 달콤함을 지닌 말씀이다. 마치 영혼을 먹이기 위해 수많은 감각들로 채워진 입에 넣는 포도 한 알처럼 말이다. 영혼이 주의 깊게 그것을 음미하며 스스로에게 말하기를, 여기에 무엇인가 선한 것이 있을지 모른다고 말한다. 나는 내 가슴으로 되돌아와 이 청결함을 이해하고 찾으려 할 것이다. 사실 이것은 가치 있고 갈망할 만한 것이기 때문이다. 이 청결함을 지닌 사람들은 복 있는 사람이라 불린다. 청결함은 그 보상으로 하나님의 비전을 품는다. 하나님의 비전은 영원한 생명이다. 또한 청결함이 거룩한 성서 안의 수많은 곳에서 찬사를 받는다. 그러므로 이 청결함에 대한 완전한 이해를 바라면서, 영혼은 포도즙 짜는 통에 넣듯 이 포도를 입에 물고 씹기 시작한다. 이 귀중한 청결함이 무엇이고 어떻게 그것을 품을 수 있을지를 물으면서 말이다.[5]

귀고에게 있어 천국에 오르는 사다리의 첫 번째 디딤대는 그리스도의 마음에서 곧바로 우리의 마음으로 흘러넘치는 말씀에 마음을 열고 수용적인 태도를 품는 일, 그런 후에 들리는 말씀의 달콤함과 그 깊이를 음미하는 일이다. 이것은 여정을 시작하기에 안전하고 안심이 되는 방식이다. 다시 말하면 그리스도와 그분의 가르침에 대해 수용적으로 개방하는 이런 신실한 자세가 곧 모든 그리스도인의 삶이 시작되는 자리이다.

귀고가 독서라고 일컫는 체험을 만약 우리가 더 가까이에서 바라본다면, 그가 지금 우리가 이미 겪어 봤던 체험을 묘사하고 있다는 사실을 깨닫기 시작한다. 이는 우리들 개개인이 적어도 얼마간은 의심 없이 성서 구절이나 그 밖의 다른 어떤 영적 작품이 지닌 아름다움 또는 깊이와 갑자기 내면적으로 접촉하는 이런 체험에 익숙하기 때문이다. 이런 체험의 순간

5) Guigo, *Ladder of Monks*, 83.

에로 초대되는 때는 드물긴 하지만 그저 천천히 주의를 기울이는 방식으로 읽을 때이다. 또한 이런 순간들이 발생할 때 그것은 종종 내면의 풍요와 충만한 잠재력을 깨닫지 못할 만큼 너무 순식간에 지나가 버려 감지하기 어렵다.

여러분이 귀고가 묘사하는 방식으로 성서를 읽고 있다고 상상해 보라. 천천히 기도하는 마음으로 구절들을 읽을 때 여러분에게 이와 같은 예수님의 말씀이 다가온다. "마음이 청결한 자는 복이 있나니 그들이 하나님을 볼 것임이요." 여러분이 이 구절을 이번에 처음 읽은 게 아니다. 이미 이 말씀을 읽었고, 이 말씀을 읽는 소리를 들었다. 아마도 수없이 말이다. 그러나 여러분은 이제야 이 말씀 속에서 전에는 전혀 본 적이 없던 아름다움 또는 새로운 의미의 수준들을 알아차린다. 이 말씀은 갑자기 인격적 반응을 불러일으키면서 더 깊게 인격적인 것으로 변한다. 여러분은 스스로에게 말한다. "여기에는 뭔가 선한 것이 있을지 몰라. 나는 내 마음으로 돌아가 예수께서 말씀하시는 이런 청결함을 이해해 볼 것이다."

귀고가 말하는 대로 독서의 변형 능력은 유일하게도 성서 읽기에만 해당되는 사실이다. 신앙의 한 행위로서 성서를 읽는 것은 살아계신 하나님의 말씀이 여러분의 입술 위에 있다는 사실을 의미한다. 하나님 말씀의 능력은 마음 속 천국으로 작용한다. 동시에 그것은 성서가 계시하는 하나님의 현존에 대한 개인적 체험을 우리에게 일깨워 준다. 이렇게 성서를 읽어보라. 그러면 성서는 하나님에게서 전해지는 하나의 장문의 연애편지가 된다. 매 구절은 끊임없이 우리를 부르는 사랑 이야기를 들려준다.

여기에는 어떤 방법도 어떤 기술도 없다. 귀고는 그것이 무엇이든 너무 신실하고 진심 어리며 어린아이 같아서 자아의 어떤 노력으로 환원할 수 없는 방식으로 읽으라고 우리에게 권면한다. 귀고가 이야기하는 독서는 과거에 각성했던 사랑의 첫 암시들을 적극적으로 찾고, 그것에 다가서며,

그에 항복하는 우리의 깨어난 가슴 외에 아무것도 아니다.

내가 수도원에 머물고 있을 때 성서를 읽기 시작할 때면, 그 장소가 도서관이든 어디에서든 그 바닥에 무릎을 꿇는 것과 같은 단순한 헌신의 수련으로 성서에 대한 존경을 나타내었다. 여러분은 여러분의 성서 읽기에도 이러한 헌신의 표시를 포함시킬 수 있다. 곧 성서에 고개를 숙여 예를 표하거나 입맞춤을 하거나 초를 밝힘으로써 자연스럽게 성서 읽기를 시작할 수도 있다. 성서에 여러분 자신을 개방하는 데 도움이 될 만한 것이 있다면 무엇이든지 찾아보라. 이 성서는 인격적으로 여러분에게 말씀하시기도 하고 신자들의 공동체에게 말씀하시는 살아 있는 하나님의 말씀이시다.

귀고가 말하듯이 성서 읽기에는 그리스도의 말씀도 있고 동시에 독서할 때 마음에 떠오르는 생각들도 있나는 사실에 유념하라. 그러나 이러한 생각들은 아직 숙고되지 않은 채로 남아 있다는 사실을 주목하라. 곧, 귀고가 탐색해 보라고 초대하는 이런 측면의 독서에 참여하는 동안에는 독서할 때 우리 마음에 떠오르는 생각들에 관해서 우리는 아직 고찰하지 않는다. 이런 고찰은 묵상하는 중에 이루어질 것이다. 묵상은 사다리의 두 번째 디딤대를 형성한다. 사다리의 첫 번째 디딤대는 하나님을 찾는 한 방식으로서의 성서 읽기이다. 그러면 이 고요하고 신실한 탐구 가운데서 우리가 찾는 하나님의 임재를 구현하는 말씀이 다가오는 은총 어린 사건이 발생한다. 독서할 때 우리는 읽고 있는 말씀 안에서 하나님의 현존에 관한 무엇인가와 마주친다. 또한 우리가 찾는 그것을 발견하면서 우리는 깨어난 마음의 심연으로 내려간다. 어떤 식으로든 붙잡히지 않거나 파악되지 않은 채 단순히 흘러넘치는 생각, 이미지, 암시들은 우리의 이 깨어난 마음의 심연에서 출현한다.

수도원에 있을 때 나는 귀고가 언급한 독서 방식을 처음 경험했다. 내가 처음 수도원에 들어갔을 때 수도원 성가대가 시편을 라틴어로 찬양하고 있었다. 찬송하는 내용을 개념적으로 파악할 만큼 충분히 라틴어를 배우기 이전이었다. 그런데도 시편 찬송의 곡조 있는 운율이 일종의 내적인 경청으로 나를 인도하고 주의를 집중하게 했다. 하나님의 임재에 대한 감각이 이런 지속적인 개방성으로 쏟아져 들어왔다. 이것은 동시에 생각에 의존되어 있지도 않고, 생각으로 환원되지도 않는 어떤 이해를 제공하였다. 찬송하고 있는 내용을 좇아갈 만큼 충분히 라틴어를 배운 이후에, 영어로 성무일도를[6] 드리면서 그 언어에서 드러나는 하나님의 임재에 대한 직관적이고 심정적인 인식이 계속해서 개념적인 이해를 능가했다.

영적 독서는 성서 읽기로 한정되어 있지 않다. 이 장에서 보여주려는 것처럼 영적 지혜를 다루는 귀고와 그 밖의 다른 이들의 글을 읽는 일을 통해서도 하나님 탐구를 구현할 수 있다. 신비가들의 저술 속에서 하나님을 탐구할 때 우리는 그들이 자신들만의 언어를 통해 기술하고 있는 하나님 체험에 관한 무언가를 경험할 수 있다. 나는 수도원에서 16세기 스페인의 신비가였던 십자가의 성 요한의 글을 읽기 시작하면서 처음으로 이런 식으로 신비가들을 읽는 법을 경험했다. 내가 읽고 있었던 대부분의 글들이 곧장 내 이성의 영역을 넘어선다고 말할 수 있다. 그러나 나는 경험했다. 대부분의 내용이 나를 그냥 지나치고 있었다 할지라도 십자가의 성 요한의 언어에서 본질적인 무엇인가가 내 가슴과 복부를 관통하여 곧장 나에게 다가오고 있었다. 그의 글을 읽을 때 그가 인격적으로 나에게 말하고 있는 듯이 느껴졌다. 그가 이야기하는 신비에 나 자신을 내어 맡기는 것을 두려워하지 말라고 말이다. 나는 신비의 밤에 관한 그의 글을 읽곤 했다. 그 신비의 밤은 "사랑하는 사람을 그 사랑의 대상으로 변형시킨다." 그의

6) 역자 주 : 성무일도는 교회 달력에 따라 매주, 매일 읽어야 할 성서구절이 정해져 있어 예배 때나 개인 기도시간에 읽는다.

글을 읽으면서 내 안에서 그 밤으로 들어가고자 하는 갈망이 일어남을 감지했다. 이 신비의 밤 속에서 비밀스럽게 드러내시는 하나님께로 변형되는 것을 체험하기 위해서 말이다.

영적 여정을 지속하면서 여러분은 틀림없이 고대와 현대의 작가들이 저술한 영적인 책들을 발견할 것이다. 당신은 그 책들을 소중히 다루기를 배울 것이다. 이 책들은 사실 우리가 결코 다 이해했다고 할 수 없는 것들이다. 우리가 이 책들을 펴고 몇 구절을 읽을 때마다 우리 자신에게 있는 무엇인가와 우리가 현재 이끌리고 있는 행로를 재차 인식하게 될 것이기 때문이다. 그런데 나에게는 귀고의 편지가 그렇게 갱신되고 깊어지는 영적 자각의 원천이었다. 나는 귀고의 편지를 수도원에 있는 동안 토마스 머튼에게서 처음으로 소개받았다. 여러 해가 지난 후 귀고의 편지가 내가 여기에서 여러분에게 전달하려고 하는 통찰의 풍성함을 담고 있다는 사실을 발견했다.

이 책 제2장에서 기술하고 있는 대로 묵상 수련을 통한 하나님 탐구에 헌신하는 일은 다음과 같은 사실을 가정한다. 곧 우리는 성서 그리고 고대와 현대 모두에 속하는 그 밖의 다른 저술들을 귀고가 묘사하는 방식대로 읽는 법을 배우고 있다. 다시 말하면 묵상 수련을 통한 하나님 탐구에 헌신하는 일은 우리가 고요하게 서두르지 않는 영적 독서의 지속적인 과정에 헌신하고 있음을 가정한다. 이런 독서 과정은 독서하는 중에 우리에게 현시되는 하나님의 임재에 대한 암시를 찾고 이것을 발견하는 한 방식이다.

귀고가 묘사하는 독서에서 구현되는 의식 양태는 성서와 그 밖의 다른 영적 도서들을 단순하게 읽는 협소한 감각 너머로 확장된다. 귀고는 심리적이고 영적인 발달의 중요한 단계와 밀접한 연관이 있는 의식 양태를 묘사하고 있기 때문이다. 이러한 심리적이고 영적인 발달 과정에서 우리는 하나님을 찾고 인식하고 휴식하기를 배운다. 우리가 이 순간 무엇을 행하고 있든지 그 안에서 현존하기를 배우면서 말이다.

예술가, 시인, 가난한 이들을 섬기는 사람, 자신과 타인의 고통을 치유하는 데 헌신하는 사람은 우리가 여기에서 독서 과정이라 말하고 있는 수용적 개방 자세를 연마하기를 배운다. 예를 들면 가난한 이들을 섬기는 사람들에 대한 보상은 가난한 이들을 섬기는 행위에 대한 경험의 외부에서 발견되는 것이 아니다. 오히려 그것은 경험 그 자체 안에서 발견된다. 가난한 이들의 얼굴을 읽는 일을 배우는 바로 그 행위 속에서 세상에 임하시는 하나님의 임재를 힐끗 보는 선물이 주어진다.

사랑하는 사람들은 사랑을 통해 전진한다. 사랑하는 사람들이 자신 안에서 귀고가 독서에서 언급하고 있는 수용적 개방성을 계발하는 일을 배우는 것처럼 말이다. 남성에게서 받은 편지를 열어 보고 있는 한 여인을 상상해 보라. 그녀는 최근에 이 남성에게 자신의 깊은 사랑의 감정을 드러내는 위험을 감수했다. 여인은 흥분된 감정으로 편지를 읽기 시작한다. 자신이 그 남성에게 느끼고 있는 감정을 그도 느끼고 있는지에 대한 어떤 암시를 그의 편지에서 찾으면서 말이다. 그녀는 그러한 사랑의 암시를 발견하기 시작하면서 자기 노출을 기뻐하고 안심하게 된다. 그녀는 그의 편지를 여러 번 반복해서 다시 읽는다. 그렇게 함으로써 그의 언어는 그녀 가슴 속 깊이 감추어진 곳보다 훨씬 더 깊이 내려간다.

앞에서 든 예처럼 로맨틱한 사랑의 예에 좀 더 머물러 보자. 이를 통해 우리는 심리적이고 영적인 발달 단계로서 독서의 근본적인 특성에 대해 한층 더 풍성한 의미를 얻게 된다. 깊고 애정 어린 관계를 맺고 있는 한 남성과 여성을 상상해 보라. 여인은 그가 정말로 듣고 가슴에 담길 바라는 무엇인가를 그와 나누고 있다. 만약 그가 내면의 다른 문제에 마음이 빼앗겨 있다면, 여인과 나누고 있는 것을 담을 내면의 공간이 없게 된다. 그 순간 그의 마음을 빼앗고 있는 생각과 관심이 무엇이든 그것을 내려놓으려 하지 않는다면, 그는 여인의 자기 노출에 온전히 현존하지도 못하고, 그것을 수용하지도 못할 것이다. 사랑하는 이가 이야기하려는 모든 것을 진정으로 경청하기 위해서 생각에 빼앗긴 마음을 놓아 버리려는 의지를 품어야, 그는 인간의 친밀함 속에서 경험되는 천국에 오르는 첫 번째 사다리의 디딤대에 발을 딛게 된다. 그가 묵상적 자각이라는 열린 자리에 들어가기 시작하는 일은 생각에 빼앗긴 마음을 놓아 버리려는 자발적 의지 안에서 일어난다. 이런 내면의 열린 자리에서 여인은 자신을 노출하는 그 순간에 그가 자신과 함께 있기를 기다리고 있다.

일단 그가 그녀와의 만남을 위해 수용적 개방성을 보여준다면, 그는 여인의 마음을 향한 수용적 개방의 마음을 잃어버리지 않기 위해 자신의 마음을 주시할 때만 그 자리에 머물 수 있다. 사랑은 그에게 수용적 개방의 무대에서 급히 떠나지 말고 오래 머무를 것을 요구한다. 사랑은 수용적 개방의 무대에서 자라고 깊어진다. 수용적 개방의 무대에 있지 않은 누군가에게 우리 마음을 여는 일보다 더 고통스러운 일은 없는 듯하다. 물론 수용적 개방의 무대에 있는 누군가에게 우리의 마음을 열고 있지 않다면, 우리는 그 사람을 한동안 자신을 노출시키고 있는 우리를 홀로 두고 사라지는 그런 사람으로 만드는 일을 할 뿐이다. 그러므로 그녀가 마음을 열 때 그는 틀림없이 자신의 마음을 빼앗는 생각과 관심거리 모두를 내려놓으라는 사랑의 교훈을 받아들인다. 그런 다음 그는 사랑하는 이가 으레 나누는 모든 것에 대해 묵상적 개방의 자세를 유지하라는 사랑의 가르침을 받아들인다. 지속적인 친밀함은 사랑이 으레 제공하는 모든 것에 대한 깊고 끊임없는 개방의 파도를 탄다. 그녀가 이렇게 동일한 방식으로 그에게 귀를 기울이는 일을 배우면, 그들은 서로에게서 마음을 구성하고 있는 요소를 읽는 방식을 배운다.

그리스도교 전통에 따른 묵상 수련을 통해 하나님을 탐구하는 데 헌신하는 일은 여러분이 지금 독서하는 방법을 배우고 있음을 가정한다. 그리스도교적 의미에 따르면 이것은 구체적으로 여러분이 성서와 그 밖의 다른 건전한 영적 독서 자료들에 대한 수용적 개방의 자세로 묵상 수련을 연마하고 있다는 사실을 의미한다. 더 넓은 의미로 말하면 이것은 여러분이 하나님의 임재를 발견하고 그 안에 머무르는 일을 배우는 지속적인 과정을 통해 지속적인 묵상 수련을 연마하고 있다는 사실을 의미한다. 이때 하나님의 현존은 여러분이 그 순간 관심을 갖게 될 것이 무엇이든 간에 그것에 대한 수용적 개방을 통해 인식된다.

매일 하는 묵상 수련은 우리가 천국에 오르는 사다리의 첫 번째 디딤대에 견고하게 서는 일을 배우기에 가장 좋다. 이 말이 의미하는 바는 시, 소설, 노래의 후렴구, 저녁 뉴스 시간의 뉴스들, 또는 의사의 진료 대기실 너머로 들리는 대화 속에서 울려 퍼지는 하나님의 음성에 주의를 기울이는 법을 배우는 일을 의미한다. 천국에 오르는 사다리의 첫 번째 디딤대에 견고하게 서는 일을 배우면서, 우리는 그릇을 닦거나 부서진 문을 고치거나 하루가 끝나갈 무렵 신을 벗을 때에 온전히 현존하시는 하나님을 받아들이고 하나님께 마음 여는 일을 배운다.

추론적 묵상

천국에 오르는 사다리의 두 번째 디딤대는 **묵상**이다. 귀고는 그리스도께서 하신 말씀인 "마음이 청결한 사람은 복이 있나니 그들이 하나님을 볼 것임이요"를 읽으면서 우리가 영양분을 섭취한다고 이야기한다. 우리는 음식을 입에 넣고 그 풍미를 음미하기 시작한다. 묵상 중에 우리는 그 음식을 씹기 시작한다. 읽고 있는 것을 기도하는 마음으로 성찰하기 시작하듯 그리 한다. 예수께서 말씀하셨다. "구하라 그리하면 찾을 것이다." 그리스도의 말씀이 메아리쳐 울리듯 귀고는 독서 중에 구하면 묵상 중에 찾게 될 것이라고 조언한다.

귀고는 "마음이 청결한 사람은 복이 있다. 그들이 하나님을 볼 것이기 때문이다"라는 그리스도의 말씀을 읽을 때 머리에 떠오르는 다른 성서 구절들에 대한 상념을 우리와 나누면서 묵상이라는 말이 뜻하는 바를 논증한다. 이런 맥락에서 묵상한다는 말은 머리에 떠오르는 매 구절을 기도하는 마음으로 성찰한다는 것을 의미한다. 이렇게 성찰하는 것은 그 구절들이 그가 깨닫고자 하는 마음의 청결함에 어떤 깨달음의 빛을 던져줄지 보기 위해서다.

묵상 수련의 순간을 기억해 보라. 우리는 생각하지 않는다. 다시 말하면 우리는 묵상할 때 머리에 떠오르는 생각들에 대해 성찰하지 않는다. 묵상 수련은 생각에 습관적으로 의존하는 것을 넘어서 하나님과 하나임에 대한 묵상적 자각으로 들어가는 하나의 방식이다.

그러나 여기에서 귀고는 **묵상**이라는 용어를 매우 특수한 의미에서 사용한다. 곧 전통적으로 그리스도교 문헌에서 추론적 묵상으로 언급되고 있는 것을 사용한다. **추론적 묵상**은 기도하는 마음으로 행하는 내면 성찰의 과정이다. 우리는 이를 통해 독서라는 수용적 개방의 자리에 앉아 있으면서 머리에 떠오르는 생각, 기억, 이미지, 암시를 관통하여 차례대로 주의 깊게 숙고하면서 이동한다.

귀고는 이 시점에서 유용하게 우리에게 다음과 같은 사실을 환기시킨다. 곧 그리스도교 묵상의 행로를 따라 가면서 우리는 사고 과정을 그냥 지나치거나 쫓아내려 하지 않는다. 오히려 우리는 더 명료한 마음가짐으로 사고하는 데 필요한 강한 토대를 건설하려 한다. 우리의 사고 과정을 더 명료하게 꿰뚫어 보면 볼수록 우리의 자각은 안팎으로 더 진전된 묵상적 양태로 더 수월하게 이동한다. 단 하나의 생각이 어느 순간이든 불이 붙어 우리 삶을 변형시킬 수 있는 통찰, 곧 직관적 비전이 될 수 있다.

우리는 천국에 오르는 사다리의 두 번째 디딤대에 오른다. 하나님께 어린아이처럼 취약한 상태에서 우리 마음에 흘러 들어오는 생각들을 숙고하는 일을 배우면서 말이다. 묵상적 사고라 불러도 좋을 추론적 묵상은 독서만큼이나 내밀하고 인격적이다. 이것은 매우 단순하다. 왜냐하면 독서의 무방비적 개방성이 우리 자신과 우리가 영위하는 삶에 대해 동일하게 무방비적이고 예측 불가능한 통찰들을 불러일으키기 쉽기 때문이다. 침묵 묵상 수련회를 인도하면서 나는 수백 명 또는 그 이상의 사람들에게 "두려워하지 말라"라는 그리스도의 말씀을 경청할 것을 요청했다. 침묵의 시간이 지난 다음 나는 원하는 사람에게 그 말씀이 떠오르게 한 생각, 이미지, 기억을 나누도록 권한다. 그들이 나누는 경험 이야기에 귀를 기울일 때 내밀하고 인격적인 추론적 묵상이 순식간에 정말 또렷해진다. 한두 개가 아닌 수많은 암시들이 명백하게 존재하기 때문이다. 이 암시들은 이야기를 나눴던 사람들 한 사람 한 사람에게 인격적 의미로 충만한 것들이다.

그러므로 단 한 구절의 성서를 읽는 일도 때때로 그 구절에서 계시된 진리가 이미 작용했던 방식들이나 오늘 우리 삶에 작용 중인 방식들로 도약하는 자리가 될 수 있다. 예를 들면 여러분은 성서에서 "우리가 마음에 가책을 받는다 하더라도 하나님은 우리 마음보다 크시다"(요한 1서 3:20)는 확신의 말씀을 읽을 수 있다. 이 말씀을 읽고 그 달콤함을 음미하는 수용적 자세에 스스로를 세울 때 수많은 통찰들과 함축적 의미들이 머릿속에 떠오를 것이다.

예를 들면 여러분은 과거의 해로운 행동의 결과로서 여러분 자신의 삶과 다른 사람들의 삶에 발생한 괴로움에 대해 성찰할 수도 있다. 때때로 여러분이 얼마나 여전히 자기 비난의 소리를 허용하라는 유혹을 받는지에 대해 성찰할 수도 있다. 이 자기 비난의 소리는 과거나 아마 지금도 계속되는 위반 행위들 때문에 수천 번 당신을 채찍질하고 상처를 입힌다. 그런 다음 여러분은 성서가 계시하는 다음과 같은 진실을 기도하는 마음으로 성찰하는 일에 자기 자신을 다시 세운다. 하나님은 여러분의 위반 행위들과 자기 비난들 그 모두보다 무한히 크시다. 이런 방식으로 여러분은 위로를 받고 안도하게 된다. 그러므로 우리가 성서의 매 구절을 깊이 읽고 묵상할 때 성서는 여러분과 하나님이 함께 지속적으로 협력하는 지속적인 공동 집필 작품이 되기까지 인격화되고 내면화된다.

천국에 오르는 사다리의 첫 번째 디딤대에서 두 번째 디딤대로 이동하는 변형적 과정은 섬세한 과정이다. 사다리의 첫 번째 디딤대를 너무 서둘러서 떠나지 않기를 배우는 데는 기도하는 마음의 분별력이 요구된다. 하나님께서 주신 하나님을 향한 개방성에 가슴을 열고 그 안에 머무는 일을 받아들이는 과정에는 시간이 필요하다. 숙고하는 일에 급하게 뛰어들 필요는 없다. 사실 독서의 본질적인 특성은 모든 일을 서둘러서 할 필요가 있다는 환상에서 우리를 해방시킬 수 있는 잠재적 힘이다.

T. S. 엘리엇은 우리에게 “생각하지 말고 기다려라. 당신은 아직 생각할 준비가 되어 있지 않기 때문이다”라고 조언한다.[7] 여기에서 우리는 너무 급하게 생각하는 일은 잘못된 것을 생각하는 일이라고 이야기해도 좋다. 더 정확하게 말하면 너무 급하게 생각하는 일은 개념적 형성과 답변들이 갖고 있는 일차원적 특성이란 함정에 갇혀 있게 된다. 우리는 우선 사다리의 첫 번째 디딤대에 견고하게 서 있어야 한다. 그러면서 독서가 우리에게 드러내 보여주는 심연에 대한 수용적 개방성에 우리 자신을 세우는 방법을 배워야 한다. 우리가 사다리의 두 번째 디딤대에 오를 수 있는 때는 첫 번째 디딤대를 떠나지 않고, 우리의 열려 있고 수용적인 마음에 흘러 들어오면서 동시에 그 심연에서 솟아오르는 모든 생각, 기억, 이미지,

7) Eliot, *Four Quartets*, 28.

암시를 조용히 꿰뚫어 생각하는 일에 자신을 안정되게 하는 일을 배울 때 뿐이다.

아기는 걷기를 배우는 과정에서 아주 많이 넘어진다. 이것이 바로 걷기를 배우고 있는 아이를 둔 부모들이 자신의 아이가 다치지 않도록 보호하기 위해 할 수 있는 모든 것을 세심하게 행하는 이유이다. 이것은 우리의 노력에 많은 인내, 자비, 유머 감각, 그리고 하나님의 섭리 가운데 돌보심에 대한 확신을 덧붙임으로써 우리 역시 해야 하는 일이다. 이 과정에서 우리 자신의 안전을 지키면서 동시에 기꺼이 여러 번이라도 넘어지고자 하는 마음은 품성을 키워주고 앞으로 일어날 일을 대비시키는 것이다.

두려움에 기초한 사고, 소유적인 사고, 또는 통제하려는 사고에 빠지지 않기를 배우는 과정에 성숙하려면 시간이 걸린다. 심오하게 사유하는 사람이 되는 데는 시간이 걸린다. 곧 진정 중요한 사안이면서도 궁극적으로는 단순하고 사유 불가능한 것들에 대해 깊이 사유하는 데는 시간이 걸린다. 하나님과 하나라는 사유 불가능한 심연에 완전히 몰두하는 데는 시간이 걸린다. 우리의 사고는 이런 심연에서 흘러나오고, 이런 심연을 드러낸다. 천국에 오르는 사다리의 첫 번째 디딤대를 여전히 떠나지 않으면서도 두 번째 디딤대를 오르는 일을 배우는 데도 시간이 걸린다. 이것은 생각으로 파악할 수 없는 것에 대한 영속적인 개방성을 구현하고, 이것을 표현하고 증언하는 사고들을 사유하는 데는 시간이 걸린다는 의미다. 생각이 지혜로 꽃을 피우기까지는 시간이 걸린다. 이 지혜는 우리가 아는 모든 것을 안다는 것이 무엇을 의미하는지에 관해서 마치 최종적인 답을 갖고 있다는 듯 행하는 생각의 횡포에서 우리를 해방시켜 준다.

연인 사이에는 모든 형태의 추론적 묵상에서 구현된 심리-영성적 발달 단계를 이해하는 데 도움을 주는 순간들이 존재한다. 추론적 묵상에 대한 좀 더 폭넓은 기초적 이해를 보여주기 위해 나는 낭만적인 사랑을 선택한다. 그러면서도 나는 여러분이 수많은 다른 사례들도 역시 활용할 수 있다는 점을 염두에 두라고 권면한다. 독거(solitude)에 헌신하는 일, 곧 가난한 이들을 섬기는 일, 고통스럽고 복잡한 상황에서 자신의 생각을 따르는 일, 환경 보호, 타인을 치유하는 일에 헌신하는 교사나 그런 사람이 되려는 시도 등 이 모든 일에 헌신하는 데는 무엇이 가장 중요하고, 어떻게 하면 그 일에 충실할 수 있는지에 관한 어느 정도의 명료한 마음가짐과 진심 어린 사유가 요구된다.

앞에서 언급한 대로 서로 사랑하는 두 사람을 상상해 보라. 여인이 자기 마음 속 깊이 존재하는 중요한 이야기를 나누는 순간에 그 둘이 함께 있다. 만약 여인의 남자가 우선 그녀에게 수용적 개방의 자세를 취하지 않는다면, 그녀가 이야기하려는 것을 받아들일 수 없을 것이라는 아주 확실한 사실을 확인했다. 자기 노출의 위험을 감수하는 순간에는 그녀의 마음의 욕구가 해소되지 않은 채로 있을 것이다. 그러나 계속 고찰해 보자. 만약 그가 아무 말도 하지 않는다면, 마찬가지로 그녀 마음의 욕구가 해소되지 않은 채로 남아 있게 될 것이다. 나는 “그럴 수도 있다”라고 이야기한다. 왜냐하면 이제까지 나누었던 이야기에 대한 깊은 반응인 침묵이 존재하기 때문이다. 누군가에게 이제 막 우리 영혼을 있는 그대로 털어 놓았을 때, 그가 아무 말도 하지 않고 있는 것에 우리는 자주 감사하게 된다. 때때로 침묵은 존경심 넘치고, 숭배심으로 더 한층 가득한 침묵만이 찬양할 수 있는 것을 찬양하게 하는 하나의 방식이다. 그러나 상대방이 진심으로 경청하고 받아들일 만큼 충분히 주의를 기울이지 않아서 우리가 이제까지 내면을 노출했던 것이 제대로 응답받을 수 없다는 사실을 반영하는 침묵도 역시 존재한다.

진실은 이렇다. 여인이 자기 노출을 하는 순간, 사랑하는 그가 그녀 마음에서 흘러나오는 말을 허용하는 만큼만 그와 만나게 될 것이다. 사랑하는 그가 자신과 연인 사이를 맑게 개방해 주고 자유롭게 하는 데 방해되는 무엇인가가 침입하지 못하도록 자신의 마음을 지킬 때 그녀 마음과의 만남이 성사된다. 여기까지는 그들이 천국에 오르는 사다리의 첫 번째 디딤대, 곧 그 심연을 향한 수용적 개방성 위에 서 있는 것이다.

그다음으로 그녀의 마음에서 만남이 이루어지는 순간이 있다. 그 순간은 사랑하는 그가 그녀의 노출에 담긴 깊은 의미를 훼손하지 않는 방식으로 응대하는 소리를 들을 때이다. 다시 말하면 사랑하는 그가 그녀가 나누는 내용의 내밀한 구조를 훼손하지도 않고 변경하지도 않으면서 그녀에게 대답하는 소리를 듣는 중에 그녀 가슴에서 만남이 이루어진다. 또한 사랑하는 그가 그녀의 말에서 매우 깊이 듣게 되었던 것을 훼손하지도 않고 변경하지도 않으면서, 그녀의 말에서 얻은 통찰과 관찰한 내용들이 함께 어우러져 되돌아오는 방식으로 풍성해진 자기 노출의 내용을 그녀가 듣는 중에 그녀 가슴에서 만남이 이루어진다. 그녀가 나누었던 모든 이야기에서 사랑하는 그가 들었던 내용에 그녀도 귀를 기울일 때 그녀는 새롭고 더 통찰력이 있는 방식으로 자기 스스로를 바라보고 이해할 수 있게 된다. 이것이 바로 추론적 묵상의 예술적 형태이다. 곧 우리가 지속하고 있는 수용적 개방의 심연에서 언어를 취하고, 그 언어를 다시 떠오르게 하고, 성찰하면서 들었던 내용을 손상시키지 않으면서도 풍요롭게 하는 일이 추론적 묵상의 예술적 형태다.

사유는 천국에 오르는 사다리의 두 번째 디딤대이다. 그러나 이것은 우리 자신과 다른 모든 이의 실존에 대해 논평하는 끝없는 순환에서 솟아난 사유가 아니다. 추론적 묵상과 관련이 깊은 이 사유는, 오히려 묵상적 개방의 심연에서 솟아오르는 깊고 진심 어린 사유다. 이러한 사유는 묵상적 개방이 지닌 고요함을 방해하지 않는다. 이와는 반대로 생각을 통해 굴절되어 반영된 고요한 심연에서 작용하는 빛을 허락한다. 여러분이 다른 사람들과 이런 생각들을 나눌 때 그 심연에서 작용하는 빛이 언어로 표현된다. 성서의 언어도 그러하다. 더 넓은 의미로 말하면 신비가들과 시인들의 언어도 그러하다. 여러분의 언어가 진심 어린 숙고의 심연에서 출원하는 순간에 여러분 입술에서 나오는 말도 그러하다. 여러분 자신과 다른 사람들을 고통에서 해방시키는 노력을 담아 말하도록 여러분 마음이 자신을 압박할 때의 언어도 그러하다. 귀고의 편지에 담긴 언어도 그렇다. 그런 언어들은 정보를 전달하지 않는다. 오히려 우리를 이끌어 수용적 고요함의 빛을 발하는 심연으로 재차 내려가게 한다. 우리는 이 수용적 고요함의 빛을 발하는 심연에서 우리 삶에 임하시는 하나님의 임재를 하나님으로부터 인식하는 방법을 배운다.

기도

귀고에게 기도란 천국에 오르는 사다리의 세 번째 디딤대이다. 귀고는 기도에 관해 기술할 때 독서와 묵상이 우리 안에 불러일으키는 하나님과의 합일에 대한 고양된 갈망이라는 용어를 사용한다. 기도는 인간이 사랑하는 방식과도 같다. 사랑하는 연인들은 어떻게 처음 만났는지에 관한 이야기, 뭔가 특별한 일이 일어나고 있다는 사실을 처음으로 알아차린 이야기, 첫 키스 때 서로가 느낀 속 이야기를 나누고 또 나누면서도 전혀 지루해하지 않는다. 이런 식으로 서로에게 귀를 기울이면서, 그들은 함께 나눈 모든 이야기에서 솟아오르는 생각과 이미지들로 가득한 상념에 빠져들게 된다. 그러면서 하나가 되고자 하는 새로워진 깊은 갈망이 그들 안에서 깨어난다. 비슷한 유형으로, 독서와 추론적 묵상에서 우리와 하나님은 어떻게 처음 만났는지 이야기를 나눈다. 그 이야기 나눔은 하나님과 하나 되고자 하는 감정과 갈망을 일깨우고 환기시켜 주는 생각과 이미지들로 가득한 생각의 세계를 구현한다. 귀고에게 기도란 하나님과의 더 큰 합일을 향한 진심 어린 감정과 갈망이 살아 있는 실체(the living substance)이다.

기도는 영성적 여정을 진척시키는 감정 에너지를 구현한다. 이런 감정 에너지는 하나님과의 훨씬 더 큰 하나 됨을 향한 단 하나의 갈망에서 흘러나오고, 그 갈망으로 통합되는 인간 감정의 모든 영역을 포함한다. 귀고는 기도 없는 묵상은 무익하다고 말한다. 이것은 기도 없는 묵상이 합일을 지향하도록 압박하긴 하지만 아직 그 합일을 실현하지 못한 마음 특유의 갈망에 담긴 에너지와 탄력을 결여하고 있다는 사실을 의미한다.

귀고는 기도가 구현하는 하나님을 향한 갈망은 어떤 것을 요구하는 특성을 띠기 쉽다고 말한다. 사랑하는 연인들은 사랑의 갈망에 수반되며 요구되는 특성들에 관련된 모든 것을 알고 있다. 이것은 특별히 연인들이 가슴이 요구하는 합일을 향한 갈망을 충족시킬 수 없는 그런 순간들에 그러하다. 이런 요구는 어린아이가 갖고 싶은 것을 갖지 못해서 짜증을 부리며 발을 동동 구르는 일과는 다르다. 비록 사랑하는 연인들이 이렇게 행동하는 법을 알았다 할지라도 말이다. 오히려 이런 요구들은 너무나도 심오한 갈망에서 일어난다. 그러므로 우리는 그 갈망이 충족되지 못한다 할지라도 어떻게 계속 갈망할 수 있는지에 대해 알 수 없다. 천국에 오르는 사다리의 세 번째 디딤대에 안착할 때 우리는 사랑이 시작했던 것을 사랑이 종결할 것을 간청하고 요구하면서 안착한다. 이러한 갈망에 관련하여 위대한 시인인 십자가의 성 요한은 하나님께 다음과 같이 기도한다.

> 어찌하여, 당신은 이 가슴에 상처를 주시고는,
> 치유하지 않으시나요?
> 어찌하여, 당신은 제게서 그것을 빼앗아 가시고는,
> 상처 받은 채로 내버려두시고,
> 당신이 빼앗아 가셨던 것을

찾지 못하게 하시나요?[8]

기도의 깊은 감정 에너지를 형성하는 갈망들은 필연적으로 인식하기 쉬운 구체적이고 감지 가능한 방식으로 느껴지는 것도 아니고, 그런 방식으로 표현되는 것도 아니다. 기도의 갈망들은 때때로 우리가 거의 느끼지 못하는 분산되고 조용한 갈망들이다. 우리가 주목하는 사실은 우리가 영적 행로에 너무나도 무관심하고 불성실하기 쉽다는 점이다. 그러나 좀 더 세심하게 들여다보면 열의가 없어 보이는 우리 자신에 대한 불만족을 알아차릴 수 있다. 이런 불만족은 이렇게 계속해서 열망이 없어 보이는 표면 아래에 감추어진 미묘한 갈망을 착각하게 만든다. 사실 거기에 존재하는 갈망을 느끼지 못하는 것처럼 스스로에게조차 가장하는, 모르는 척 어깨를 으쓱하는 부드러운 슬픔(tender sadness)이 존재한다. 우리는 접근하기 어려운 깊은 수준에서 실제로는 매우 큰 관심을 갖고 있는 것에 관심이 없는 듯 가장한다. 이 깊은 갈망을 품지 못하게 만드는 가슴의 처리 방식이 있는 듯하다. 가슴이 허용하지 않으려 하는 이 갈망은 너무 깊어서 가슴은 이것을 충족하지 않고서는 견딜 수 없다. 묵상을 통해 하나님을 추구하는 데 헌신하기 위해서는 마음이 갈망을 이렇게 처리하는 방식이야말로 어둠의 세력이 우리에게 작용하는 유혹이라는 사실을 인식해야 한다.

크락팟 전기 밥솥이 한때 유행했었다. 여러분은 아침에 고기와 감자 등 뭐가 되었든지 간에 그날 밤에 저녁 식사로 먹을 음식을 거기에 넣는다. 그리고 크락팟 전기솥의 전원을 켠다. 전기솥은 하루 종일 일정하게 낮은 온도를 유지한다. 음식은 이 온도에서 완전히 요리된다. 수많은 사람들에게 갈망의 기도는 거의 지각될 수 없는 갈망의 크락팟 솥과 같다. 거의 지

8) Kieran Kavanaugh and Otilio Rodriguez, eds., *The Collected Works of Saint John of the Cross* (Washington, DC: Institute of Carmelite Studies, 1991), 45.

각될 수 없는 이 갈망은 시간이 흘러야 그 변형시키는 효과를 달성한다.

영성적 행로를 걷고 있는 어떤 사람이 자신에게는 이 행로를 향한 갈망과 헌신이 결여되어 있다는 우려를 나와 나눌 때마다 나는 종종 그들이 나누는 모든 이야기에서 부드러운 슬픔을 감지한다. 여기에서 이 부드러움은 진정성(sincerity)을 바탕으로 한다. 그들은 분명히 진정으로 그 점에 대해 신경을 쓴다. 만약 그들이 개의치 않는다면, 자신에게 영적 갈망이 결여되어 있다고 인식하는 일을 관심조차 두지 않을 것이다. 여기에서 슬픔은 하나님이 얼마나 자신들을 사랑하고 있는지 인식하지 못하는 무능력을 바탕으로 존재한다. 그들이 하나님을 향한 헌신이 실제로 결여되어 있고, 그렇다고 상상하고 있는 중에도 하나님은 그들을 사랑하신다.

관상

천국에 오르는 사다리의 네 번째 디딤대이자 가장 높은 디딤대는 관상(contemplation)이다. 관상을 통해 우리는 하나님과 하나임이라는 비이원적 체험을 각성하게 된다. 그러나 하나님과의 관상적 하나 됨이라는 간절히 기다리던 이 사건이 일어나는 방식을 이해하기 위해 우리는 하나님과의 더 내밀한 합일을 요구하는 우리의 각성된 가슴의 요구로 되돌아가야 한다. 곧 우리는 천국에 오르는 세 번째 디딤대에 계속 안착해 있어야 한다. 여기에서 우리는 하나님과의 합일을 향한 갈망에 휩싸여 있다. 우리는 하나님과의 합일을 이루는 데 무능력하다. 이런 상황은 위태로워 보인다. 그러나 가장 신비스럽고 경이로운 방식으로 그러하다. 무력감을 느끼고 있는 중에 우리의 경계태세가 허물어지기 때문이다. 갈망하고는 있지만 이루기에는 무능력한 하나님과의 합일을 예기치 않게 깨닫기 직전에, 우리는 마음을 열고 무방비적인 상태로 자신도 모르게 아슬아슬한 균형을 이루고 있다.

귀고는 우리가 이런 신비스러운 방식들을 식별하도록 돕고자 한다. 이런 신비스러운 방식들을 통해서 보면 우리가 갈망하는 합일은 아마도 우리가 깨닫는 것보다 훨씬 더 가까이 존재한다. 귀고는 이와 관련하여 흐르는 눈물에 초점을 맞춘다. 기도와 그 기도가 구현되고 표현되기를 바라는 갈망들이 깊어질수록 우리는 눈물을 흘리기 시작한다. 때때로 우리는 눈물을 흘리거나 실제로 우는 자신을 경험하기 시작할 것이다. 그러나 귀고가 가장 빈번하게 이야기하는 눈물이란 감추어진 것이자 성취되지 못한 갈망들에 대한 내면의 눈물이다. 이러한 독특한 눈물 체험이 무엇이든간에 귀고는 그것이 '하나님께서 당신에게 마실 것으로 넘치도록 부어주시는 물줄기'라고 말한다. 그는 "이 눈물을 당신의 일용할 양식으로 삼으라"라고 말한다. 그는 묻는다. "[관상이 주는] 이러한 위로와 기쁨에 대한 전조와 증언이 어떻게 한숨과 눈물일 수 있는가? 만약 그렇다면 위로라는 말은 일상적으로 함축된 의미와는 반대로 완전히 새로운 의미로 사용되고 있는 것이다."[9]

우리는 일반적으로 더 좋게 느끼도록 도와주는 어떤 것으로 위로받고 있다고 생각한다. 그러나 만약 우리가 그 밖의 다른 모든 사랑을 대체해 버리는 단 하나의 사랑에 엄습되어 괴로움을 겪고 있다면 어떻게 하겠는가? 그렇다면 이러한 단 하나의 사랑의 성취 이외에 다른 무언가로 위로받는 일은 슬픈 일일 것이다. 이러한 단 하나의 사랑의 성취 이외의 그 무언가나 또는 그 이하의 무언가로는 우리가 전혀 위로받지 못하며 위로받을 수도 없다는 사실을 확인하는 일이 정말 위로가 된다. 우리는 지금 이러한 사랑을 위해 살고, 이 사랑을 갈망하며, 이 사랑을 위해 지금 죽는다.

우리는 다음과 같이 질문할 수 있다. 내가 실제로 이렇게 충만하게 사

9) Guigo, *Ladder of Monks*, 88.

랑할 수 있는가? 무한한 사랑과의 무한한 합일만이 나를 위로할 수 있다고 말할 수 있을 정도로 내 빈곤한 가슴이 이 무한한 사랑에 의해 그 극단까지 온통 황폐해질 수 있는가? 그게 사실일 수 있다는 점을 발견하고 놀랄 정도로 우리는 우리를 일깨워 주었던 그 사랑 이외의 무언가로는 또는 그 이하의 무언가로는 위로받지 못하며 위로받을 수도 없다는 사실을 깨달으면서 정말 위로를 받는다. 우리는 무한한 사랑과의 무한한 합일을 아직 경험하지 못하고 있는 만큼이나 오랫동안 정말 위로받을 길이 없는 상태로 머물게 될 것이라는 점을 인식하면서 위로받고 안심하게 된다. 우리의 가슴은 이제 그 유일한 성취만큼이나 설명할 수 없는 방식으로 이 무한한 사랑과의 무한한 합일에 고정된다. 이런 식으로 위로받지도 못하고 위로받을 수도 없는 가운데, 우리는 새롭고 더 내밀한 의미에서 하나님을 인식하기 시작한다. 우리는 우리 자신 안에서 우리를 향한 하나님의 도저히 견딜 수 없고 통제할 수 없는 사랑의 희미한 그림자나 메아리를 인식하기 시작한다.

바로 이런 한계가 없고 경계가 없는 갈망 한복판에서 하나님과의 하나임에 대한 관상적 체험이 발생한다. 귀고는 아래와 같이 쓰고 있다.

> 그러므로 영혼은 그런 불타오르는 언어로 자신의 갈망을 불태우고, 그 초조함을 인식하게 된다... 그러나 주님은, 그분의 눈은 바로 여기를 향해 있고 그분의 귀는 그 기도 소리뿐만 아니라 그들의 기도에 담긴 참 의미도 들으시지만, 그 갈망하는 영혼이 이야기해야 하는 모든 것을 이야기할 때까지 기다리지 않으신다. 오히려 기도 중간에 개입하시고, 서둘러 다가가 그를 만나주신다... 또한 주님은 지친 영혼을 회복시키고, 그의 갈증을 해소시켜 주시며, 그의 배고픔을 채워주신다. 주님은 영혼으로 하여금 지상에 속한 모든 것을 잊게 만드신다. 주님께서는 영혼이 자기 자신에 대하여 죽게 하심으로써 경이로운 방식으로 영혼에게 새로운 생명을 허락하신다. 또한 영혼이 이 새로운 생명을 마시게 함으로써 그의 진정한 감각들을

일깨워 주신다.[10]

기도의 세 번째 디딤대에 도달해서야 우리는 더 높이 오르기에는 자신이 무능력하다는 사실을 깨닫는다. 왜냐하면 우리는 이미 자아가 지닌 능력들의 정상에 도달했기 때문이다. 다시 말하면 우리는 이미 자아가 은총의 인도를 따라 달성할 수 있는 것의 최고 한계에 도달했기 때문이다. 이 정상은 무한한 것과의 무한한 합일을 향한 견딜 수 없는 열망에 관련된 정상이다. 유한한 우리의 능력으로 이 무한한 것과의 무한한 합일을 이루기에는 우리가 너무 무능력하다. 기도에 담긴 성취되지 못한 갈망들이라는 이 세 번째 디딤대 위에서 하나님께서는 가장 열렬히 하고자 하시는 일을 예기치 않게 행하신다. 하나님은 허리를 굽히시고 예기치 않게 사다리의 네 번째 디딤대를 우리 발 아래 견고히 두신다. 우리는 당황한 채 갈피를 못잡으면서도 우리 눈을 영원토록 응시하시는 하나님의 눈을 직접적으로 응시한다. 갑자기 모든 것이 귀향이자 사귐(communion)이다. 모든 것이 사랑이다. 이 사랑이 오직 사랑 말고는 아무런 자취도 남기는 않은 채로 가로질러 온다.

귀고는 편지 말미에서 하나님과 하나임을 관상적으로 깨닫는 순간이 다른 모든 순간들과 마찬가지로 아주 쉽게 지나가 버리는지에 주목한다. 그 순간들이 지나가면서 우리에게는 또다시 일상의 자기에 대한 보통의 체험이 남겨진다. 귀고는 아래와 같이 쓰고 있다.

> 그러나 인간 마음의 눈이 참된 빛의 비추임을 오랫동안 견딜 수 있는 능력을 결여하였기 때문에 영혼은 부드럽게 하강하되 내리막길을 구성하는 세 가지 단계 중 어느 하나로 순차적으로 내려가게 된다.[11]

---

10) Guigo, *Ladder of Monks*, 87.
11) Guigo, *Ladder of Monks*, 96.

하나님과 관상적 하나 됨의 순간이 소멸되면서 우리는 스스로를 경험하는 습관적 방식으로 되돌아간다. 그러나 우리는 일상적 삶의 모든 영역 한복판에 감추어진 하나님의 임재, 곧 이전에는 인식하지 못한 하나님의 임재에 대한 새로운 인식을 품고 되돌아간다. 귀고가 편지를 마무리하는 방식과 관련해서 미묘하고 심오한 뭔가가 존재한다. 그가 암시한 바는 하나님과의 하나임을 깨닫는 순간이 지나가면서 우리는 매일매일의 삶 속의 일상적 경험에서 하나님께서 항상 우리를 당신 자신과 연합시키고 계시는 방식에 대한 새로운 이해를 하게 된다는 것이다. 귀고는 이렇게 이야기한다. 하나님은 "지나가신다. 사실을 말하자면 그렇다. 그분의 방문이 끝나면 그와 함께 관상의 달콤함도 끝난다. 그러나 하나님은 아직 머물러 계신다. 하나님은 우리를 향해 계시고, 우리에게 은총을 내리시기 때문이다. 하나님은 우리를 당신 자신에게로 연결해 주신다."[12]

관상적으로 깨닫게 된 하나님과 하나임의 순간은 다가올 때만큼이나 신비스럽게 사라진다. 우리는 그다음에 무엇을 해야 하는가? 귀고를 안내자로 삼는다면 우리는 천국에 오르는 사다리가 견고하게 자리 잡고 있는 단단한 지상 위로 부드럽게 내려가는 데 최선을 다할 수 있다. 우리는 갱신된 자발성을 향해 부드럽게 내려갈 수 있다. 곧 책무들과 활동들의 연속인 우리 일상에 담긴 은총 어린 본성에 마음을 다하여 현존하는 일을 배우는 평생의 과정으로 기꺼이 되돌아오고자 한다. 우리는 우리 자신과 우리 주위의 사람들에게 진정으로 관대해지는 일과 사랑하는 일을 배우는 일평생의 과정에 기꺼이 참여하고자 하는 새로워진 의지를 향해 부드럽게 내려갈 수 있다. 우리는 우리가 영위하고 있는 삶의 신성함을 향해 수용적 개방의 자세로 사다리의 첫 번째 디딤대로 부드럽게 내려갈 수 있다. 우리는

---

12) Guigo, *Ladder of Monks*, 90.

수용적 개방의 자세를 취하고 있는 우리에게 드러나는 하나님의 깊고 단순한 것들을 충분히 숙고하는 일을 배우는 평생의 과정으로 이루어진 사다리의 두 번째 디딤대로 부드럽게 내려갈 수 있다. 우리는 기도, 느낌에 대한 표현, 하나님과의 사랑의 합일을 향한 갈망으로 이루어진 사다리의 세 번째 디딤대로 내려가는 일을 배울 수 있다. 짧게 말하면 우리는 하나님께서 일상의 삶의 한복판에서 쉼 없이 우리를 당신 자신에게로 연결시키신다는 사실을 인식하고 신뢰하면서 일상의 삶을 사는 것을 배울 수 있다.

마지막으로 우리는 인간의 친밀함의 순간에 관심할 수 있다. 이것이 일상의 경험에서 새롭게 발견된 신성함을 향한 이런 신비스러운 회귀를 계시해 주고 있다는 사실을 이해하기 위해서 말이다. 성관계 직후의 순간에 머물러 있는 남자나 여자를 상상해 보라. 이와는 다른 방식으로 대양적 하나 됨의 감각 속에 서로 붙잡혀 있는 남녀를 상상해 보라. 서로의 팔에 안겨, 그들이 지금 막 경험했던 하나 됨의 기운 속에 머물면서 그녀는 말한다. "우리가 정말 하나가 되었다는 사실을 보세요. 나는 이런 하나 됨이 가능하다는 것조차 전혀 몰랐어요." 남자도 동의하면서 그녀의 말이 참으로 진실하다고 그녀와 함께 느끼고 있다.

그런 다음 그녀는 이 말이 과연 어디에서 연원하는지조차 인식하지 못한 채로 묻는다. "우리가 과연 어떻게 하나가 될 것인지 궁금하지 않아요? 내 말은 더 이상 불가능할 정도의 하나 됨에 이르기 전까지 우리가 얼마나 이 하나 됨에 몸을 담아야 할 것인지가 궁금하다는 뜻이에요." 그녀가 이 질문을 마치자마자 그들은 설명할 수 없고 설명할 필요도 없는 것들을 함께 인식하게 된다. 그들이 인식하게 된 바는 두 사람은 어떻게든 하나가 될 것이고, 더 이상은 불가능할 정도의 하나 됨까지는 결코 다다르지 못할 것이라는 사실이다. 왜냐하면 더 이상은 불가능한 정도를 넘어선 하나 됨은 존재하지 않기 때문이다. 또한 그들은 그 순간에 결코 끝나지 않는, 이미 완벽하게 현존하는 신비에 속한 무언가를 함께 맛보게 된다. 이런 끝없는 하나 됨이야말로 두 사람이 각성하게 된 바로 그 하나 됨이자, 그들이 일평생 영위하는 삶의 자리인 하나 됨이라는 사실을 그들은 인식하게 된다. 이런 끝없는 하나 됨은 그들이 밤낮으로 일어나는 모든 일을 함께 직면하고 함께 경험하면서, 밤낮을 함께 보낼 만큼 만족하고 감사하는 일을 배우게 되는 자리이다.

귀고는 하나님과의 관상적 하나 됨의 순간들이 오고 간다는 사실을 우리에게 환기시킨다. 그러나 그러한 지나감 속에서 우리는 하나님께선 어느 곳으로도 떠나지 않으신다는 사실을 깨닫게 된다. 우리의 마음을 1분에 만 번쯤 두드려 여는 그 사랑으로 기꺼이 사랑하고 사랑받는 실제 삶의 방식 이외에 다른 삶의 방식이란 존재하지 않는다는 사실을 깨닫게 된다. 이 사랑은 우리의 마음을 두드려 열어서, 합일과 관련된 신비스러운 방식들을 각성하도록 우리의 마음을 온전하게 만들어 준다. 이 사랑은 이러한 신비스러운 방식을 통해 우리 일상의 삶의 모든 세밀한 영역에서 우리가 도무지 어찌할 수 없게 영원히 우리를 그 자신에게로 연합시킨다.

하나님과 관상적 하나 됨의 순간들이 일어나고 사라지는 과정은 우리에게 당황스러운 깨달음을 일깨워 준다. 그 깨달음이란 우리는 항상 지상을 떠나지 않은 채로 천국에 오르는 사다리를 올라왔다는 사실이다. 우리는 일상의 삶이 존재하는 전부라는 사실을 이해하게 되고, 그 진가를 제대로 알아보게 된다. 단지 일상의 삶이 영원히 끝나지 않을 뿐이다. 일상적 삶의 매 순간은 모든 것 되시는 하나님 바로 그분 자신이거나 그분과 다름 아니다. 하나님은 모든 순간 속에서 또한 그 모든 순간으로서 온전하고 완벽하게 당신 자신을 우리에게 부어주신다.

제5장

울타리 없는 수도원

나는 겨우 열여덟 살 때에 수도원에 들어갔다. 나는 너무 많은 것들을 알아차리지 못했다. 그러나 나의 새로운 삶에 스며들었던 침묵은 예민하게 알아차렸다. 내가 들어갔던 수도원은 트라피스트 수도회라고도 알려진 시토 수도회에 속해 있어서 침묵이 특별히 강조되었다. 트라피스트회 수도원은 침묵 수련으로 유명하다. 내가 그곳에 있을 때는 수도원식 손짓 언어를 사용하는 것이 여전히 그곳의 관례였다. 그래서 우리는 '침묵을 깨지' 않고서도 서로 의사소통을 할 수 있었다. 그렇다 하더라도 우리가 일상의 대화에서 사용하는 손짓 언어를 불필요한 것으로 여겨서는 안 되었다. 우리는 큰 식당에서 함께 침묵 가운데 식사했다. 우리는 함께 모여 일할 때에도 침묵하며 일했다. 일주일에 7일, 날이면 날마다 서로 아무 말 없이 함께하는 생활 구석구석에 배어드는 침묵만이 존재했다. 추구하는 이상은 공동체 안에서 하나님과 홀로 있는 것이었다.

끊임없이 계속되는 침묵을 통해 하나님을 찾는 일은 나에게 심오한 영향을 미쳤다. 하루 종일 꿈을 꾸고 있는 것처럼 느껴졌다. 그것은 일종의 깨어 있는 꿈이었다. 이 꿈속에선 내가 보고 만졌던 모든 것이 하나님으로 변했었다. 우리가 수도원 성가대에서 찬송을 부르고 있을 때 시작도 끝도 없는 깊은 경배 가운데 하나님께서 직접 찬송을 부르시는 듯했다. 비가 내릴 때면 푸른 숲과 쟁기로 갈아 엎은 다갈색의 밭고랑 그 모든 것을 향해 하나님께서 하늘에서 직접 떨어지고 계시는 듯했다. 이 꿈에는 과거에서 도피하고자 하는 많은 분리의 방식들이 있었다고 확신한다. 그러나 그렇다 하더라도 그 꿈엔 내게 주어진 은총이 가득하고 진실하고 참된 어떤 것이 존재했다. 또한 적절한 명칭은 없었지만, 뭔가 내 삶을 전적으로 변형시켰던 것이 존재했다. 매일매일의 침묵 속에서 내가 생각했던 실재의 끝자락이 흐릿해지고 있었다. 나는 내 존재 중심을 통해 하나님과 하나 됨에 대한 내면의 풍경 속으로 빠져 들어갔다. 나는 매우 행복했다.

그 후 나는 내가 피해 달아났던 그 옛날의 악몽－학대받았던 어린 시절－이 하나님과의 하나임을 깨닫는 꿈속으로 들이닥치기 시작했다는 사실을 발견하곤 많이 슬퍼졌다. 일단 심적 외상의 고통이 내 자각으로 침투하는 길을 찾자, 그 안으로 멈추지 않고 쇄도해 들어왔다. 나를 에덴동산에서 내몰 정도로 고통이 계속해서 유입되었다. 나는 결국 수도원을 떠났다. 윌리엄 블레이크는 그의 시에서 이렇게 말한다.

오 장미여, 그대는 병이 들었소!
그 보이지 않는 벌레가
밤에 날아가…
심홍색 기쁨을 지닌
그대의 침실을 찾았소.
그리고 그의 어둡고 비밀스러운 사랑이

그대의 삶을 파괴하오.[1]

수도원을 떠나온 지 30년 이상의 세월이 흘렀다. 하지만 나는 대다수의 사람들이 자신들의 삶을 영위하고 있는 일상 세계에 갑작스럽게 던져지면서 받은 문화 충격을 지금도 생생하게 기억한다. 그 세계에는 사람과 차들의 통행, 광고판들, 텔레비전과 라디오, 정신 차리기 힘든 속도감이 있었다. 얼마나 바쁘게 돌아가는지, 모든 사람들이 동시에 이야기를 나누고 있는 것같이 느껴질 정도였고, 모든 사람들이 어디든 무시무시한 속도로 도달할 수 있을 것같이 느껴졌다. 좀 더 내면적으로는 수도원에서 누렸던 하나님과 하나 됨에 대한 내적 풍경에서 손을 뗀 도피자처럼 느껴졌다.

나는 잠시 동안 약간 이상한 상태였다. 술에 몹시 취해 있었고, 교회에서 멀어졌으며, 우울해졌다. 기분을 좀 나아지게 하려고 나처럼 상처 받은 어떤 이와 결혼했다. 그러나 나는 매일 묵상을 하기 시작했다. 요가로 시작해서 선 명상으로 깊어졌다. 나의 수련은 거기에서부터 점진적으로 그리스도교의 신비적 비전으로 되돌아갔다. 그리스도교의 신비적 비전은 내가 이 책의 제2장에서 기술했던 단순한 수련을 통해 구현되었다. 묵상의 고요한 단순성에 참여하면서 나는 다시 한 번 하나님과 하나임에 대한 내적 풍경으로 인도하는 비밀 통로를 발견했다. 수도원에서 나는 처음으로 하나님과 하나임에 대한 내적 풍경으로 들어가는 것을 배웠다. 수도원 생활과 묵상 수련 사이의 단절되지 않은 연속성이 나에게 준 깨달음은 묵상이 곧 울타리 없는 하나의 수도원이라는 사실이다.

묵상적 삶의 방식을 살기 위해서 굳이 수사나 수녀로 살 필요는 없다. 나는 이 사실을 여러분에게 확인시키면서 이 책을 저술하고 있다. 이것은 바로 이런 나의 개인적 여정에서 비롯된 것이다. 묵상적 삶은 수도원에서

---

1) Erdman, *William Blake*, 23.

의 침묵 생활보다는 더 수월한 것 같다. 어떤 면에서는 그럴 것이다. 결국 수도원의 울타리는 묵상적 삶을 위한 최적의 조건들을 창조하고자 의도된 기도와 같은 침묵의 장소를 표시해 준다. 그러나 더 깊이 보면 여러분이 더 나은 묵상적 삶의 방식으로 살기 위한 최적의 조건들은 바로 여러분 자신의 삶의 조건들이다. 여러분은 대학생이거나 노인일 수 있다. 독신이거나 누군가와 결혼해 아이들과 함께 큰 빚을 내어 마련한 집이자 고칠 형편이 안 되는 구멍 난 지붕의 집에서 살 수도 있다. 진실은 여러분의 삶이 어떤 모습이든 사랑이신 하나님이 현재 이 순간 여러분을 사랑하시며, 여러분 안에 계시고, 여러분과 관련된 모든 것 안에 계신다는 점이다. 내주하시는 성령님이 여러분의 생명 그 자체인 신성한 사랑을 여러분에게 일깨워 주기 시작하실 때 여러분이 취할 수 있는 참된 선택은 속도를 늦추고, 여러분 자신을 고요하게 함으로써 이 사랑이 여러분에게 영향을 미치도록 만드는 일 아니겠는가?

그렇게 하고자 한다면 여러분은 이 글을 읽고 있는 지금 잠시 멈춰 책을 덮고, 어린아이와 같이 열린 마음으로 하나님께 여러분 자신을 개방해 볼 수도 있다. 여러분 삶의 지금 이 순간과 모든 순간에 차분히 호흡하면서, 하나님과의 묵상적 하나임(meditative oneness)의 순간을 위해 앉아 있어도 좋다. 그렇지 않으면 더 많은 정보 습득을 위해서가 아니라 언어로 표현할 수 없는 하나님과 하나임에 대한 훨씬 더 정제된 자각으로 여러분 자신을 초대하기 위해서 단순하게 이 책을 계속 읽는 게 가장 자연스러울 수도 있다. 항상 이와 같다. 어느 순간이든 여러분이 씨를 뿌린 자리에서 자라기를 선택할 수 있다. 여러분은 항상 그 자리에 계시는 하나님의 임재를 향해 스스로를 개방하도록 마음을 끌어당기는 미묘한 성향을 따라갈 수 있다.

여러분이 이 책을 읽고 있든, 식료품점에서 줄을 서고 있든, 차 안에 앉아 신호대기를 하고 있든, 잠자리에 들기 전에 부엌 조리대를 청소하고 있든 상관없다. 수천 번의 은혜, 수천 번의 좌절 속에서도 여러분은 항상 하나님과 하나임을 향해 여러분 자신을 개방하기로 선택할 수 있다. 하나님과 하나임이야말로 실제로 존재하는 모든 것의 실재이다. 이런 선택이 항상 거기에 있다는 사실을 인식하는 일을 배우기, 그리고 습관적인 삶의 방식이 될 때까지 이런 선택을 반복하는 일을 배우는 일은 울타리 없는 수도원에서 사는 일과 같다.

이 지점에서 나는 아주 먼 과거에서 성 베네딕도(Benedict)를 불러오려고 한다. 그는 울타리 없는 수도원을 통한 우리의 여정을 안내하는 데 기여할 것이다. 성 베네딕도는 6세기 이탈리아 중부 지역인 누르시아 지방에서 살았다. 이 지역에서 그는 『수도 규칙』(*Rule for monks*)을 저술했다.[2] 베네딕도의 여동생 성 스콜라스티카(Scholastica)는 『수도 규칙』을 기초로 여성 공동체를 창설했다. 그녀는 베네딕도를 도와 오늘날까지 존속하고 있는 위대한 베네딕도 수도회 전통의 초석을 놓았다.

침묵하는 일 배우기

우리가 도움을 받고자 성 베네딕도를 불러온다면 그는 우리에게 확실하게 도움이 될 것이다. 그가 우리 마음에 묵상적 삶에 대한 세월을 초월하는 진리들에 대해 어떻게 이야기하는지를 발견하기 위해서는 신실하고 기도하는 마음 자세로 그가 쓴 『수도 규칙』을 읽기만 하면 된다. 이러한 무시간적 진리의 첫 번째는 침묵이다. 성 베네딕도는 울타리 없는 수도원의 출입구에서 우리를 맞이하여, 침묵하는 일을 배우는 생애로 우리를 안내한다. 침묵 수련을 다루는 『수도 규칙』의 한 장에서, 그는 “침묵의 중요성 때문에 완벽한 제자들에게조차 말해도 된다는 허가를 좀처럼 내주지 않

2) 역자 주 : 베네딕도, 『수도 규칙』 이형우 역, (왜관 : 분도출판사, 1991)

는 것이 좋다"라고 말한다.[3] 그는 사실상 이렇게 말하고 있다. 그대가 얼마나 능숙하거나 거룩한 수사이든 간에 침묵하라. 성 베네딕도는 우리가 앉아 묵상할 때도 동일하게 이야기한다. 수도원 수사로서 성 베네딕도의 『수도 규칙』을 따라 생활하면서 나는 침묵 수련의 변형 능력을 직접적으로 체험했다. 수도원을 떠난 후 나는 그곳에서 내 삶을 그토록 변형시켰던 침묵과 다시 만나는 방법을 묵상에서 발견했다.

내가 깨달은 바는 대다수 사람들의 삶의 토대인 이 세계 변방에서의 삶이 수도원의 수사와 수녀가 되어 사는 삶보다 더 많이 시끄럽고 더 많은 말을 필요로 한다는 사실이다. 또한 대다수 사람들의 삶의 양식인 정신을 차리기 힘들게 빠르게 움직이는 속도는 긴장을 풀고 하나님께 마음을 열어 주는 미묘한 침묵에 이를 만큼 삶의 속도를 충분히 줄이는 일과는 다르다. 그러나 묵상의 가장 큰 이로운 점은 묵상이 침묵의 본질을 직접적으로 구현해 준다는 사실에 있다. 앉아서 고요하게 묵상을 시작하는 순간 여러분은 침묵하고 있는 것이다. 사실 이런 침묵은 처음에는 단지 말을 멈출 때 시작되는 침묵일 뿐일 수 있다. 그러나 여러분은 이러한 침묵 초기의 맛에 관심을 돌리기로 선택할 수 있다. 여러분은 그 감춰진 심연에 더 깊이 들어가기 위해 여러분 자신을 개방하면서 이 침묵을 음미하기로 선택할 수 있다.

여러분은 날마다 묵상 장소를 찾는다. 그곳에 그리스도의 성상이나 이콘(icon, 성화) 또는 소박한 나무 십자가를 둘 수도 있다. 기도할 때처럼 두 손을 모아서 침묵으로 잠깐 서서 있을 수도 있다. 침묵 속에서 여러분은 하나님께 또는 그리스도께 절을 할 수도 있고, 자기 변형의 행로를 향해 절을 할 수도 있다. 이 자기 변형의 행로에서 여러분은 스스로를 발견

---

3) D. Oswald Hunter Blair, *The Rule of Saint Benedict* (Fort Augustus, Scotland: Abbey Press, 1948), 39.

한다. 고요하게 허리를 곧게 펴고 앉아서, 여러분은 침묵 속에 앉아 있게 된다. 호흡을 의식하게 되면서 이 호흡이 훨씬 더 깊고 더 내밀한 침묵으로 가는 길을 열게 한다. 침묵에 안정되게 자리 잡으면서 여러분은 침묵이 여러분에게 스스로를 내어주듯이 여러분 자신을 침묵에게 내어 준다. 앉아서 취하는 침묵에 단순하게 마음을 열고, 그 침묵에 수용적인 자세를 품을 때 이렇게 침묵이 여러분에게 스스로를 내어주듯 여러분이 침묵에 스스로를 내어주는 일이 저절로 일어난다.

침묵으로 나아가기 위해 여러분이 순종해야 할 교리는 없다. 사실 교리에서 기인하는 정신적 소음이나 교리에서 기인하는 것을 거부하는 정신적 소음이 지속되는 한, 여러분은 아직 침묵하지 못한 것이다. 침묵이 그 안에 감춰져 있는 모든 것에로 여러분을 들어오게 하기 전까지 여러분이 알아야 하는 것은 없다. 사실 어떤 것을 상상하는 일과 같은 정신적 소음이 이해될 필요가 있는 한, 또는 이해될 수 있는 한 여러분은 아직 침묵한 것이 아니다. 여러분에게 요구된 것 전부는 그저 여러분이 기꺼이 더 고요히 침묵하길 바라면서 단순하게 침묵하게 되는 일이다.

침묵으로 들어가는 일은 쌀쌀한 날에 따뜻한 집 안에 들어가는 일과 비교될 만하다. 방문을 한 걸음 통과하자마자 온기가 여러분을 감싸 안고, 여러분은 즉각 따뜻함을 느끼게 된다. 그러나 만약 뼛속까지 추위가 스며들어 있다면, 온기가 거기에 들어가기까지는 잠시 시간이 걸린다. 침묵도 마찬가지다. 앉아서 묵상하는 순간 여러분은 침묵하게 되고, 그 침묵은 여러분을 감싸 안고, 여러분은 즉각 그 침묵을 느끼게 된다. 그러나 만약 종잡을 수 없는 마음의 재잘거림이나 정신없이 바빠 머리 끝까지 신경이 곤두섰다면, 침묵이 들어가기까지는 시간이 좀 걸린다.

침묵 가운데 앉아서 침묵 속에서 호흡하며, 침묵을 향해 자신을 개방하면서, 여러분은 조금씩 서서히 더욱더 침묵하게 된다. 침묵을 용해시키려는 자아의 중심에서 울려나오는 마지막 소음의 메아리까지 기꺼이 허용하려는 여러분의 의지 속에 묵상이 제공할 수많은 것들이 감추어져 있다. 단 한 번의 묵상 시간의 침묵이 일평생의 말로 설명할 있는 것보다 더 하나님과 하나임의 신비와 심연을 열 수 있다.

조용히 침묵의 방식을 배워 가면서 침묵에는 매달려 처리할 문젯거리들이 존재하지 않는다는 사실을 여러분 스스로의 힘으로 발견하기 시작한다. 침묵에는 모양, 경계, 지평(horizon)도 없다. 침묵에는 헤아릴 수 없는 깊이로 내려가는 여러분의 걸음을 멈추고 발 디딜 발판도 없다. 여러분이 내주하는 영의 인도로 하나님의 영원하신 침묵으로 인도받는 것은 침묵 속에 머물러 있는 일을 배워가면서이다.

창세기의 창조이야기에서 우리는 하나님께서 "침묵이 있으라"라고 말씀하신 적이 없음을 발견한다. 그렇다면 침묵은 창조된 것이 아니다. 창조되지 않았기에 침묵에는 시작이 없다. 또한 시작이 없기에 끝도 없다. 하나님은 창조되지 않은 바로 이 침묵의 신비 속에 영원히 내주하신다. 이 침묵은 우리 삶의 근저에 있고, 우리 삶에 스며든다. 확실히 침묵은 실제로 존재하는 신뢰할 만한 자리이다. 임종하면서 여러분은 이 침묵으로 영원히 들어갈 것이다. 울타리 없는 수도원에 들어가는 것은 침묵 속에 머물러 사는 일을 배우는 데 있어 남들보다 유리하게 출발하는 일이다. 이 침묵은 이내 곧 여러분의 영원하고 끝없이 신뢰할 만한 본향이 될 것이다. 우리는 묵상 수련을 하면서 죽는 일과 같은 것을 수련하고 있다고 말할 수도 있다. 다시 말하면 우리는 결국 영원히 완전하게 하나님의 그 침묵과 함께 사는 법과 같은 것을 수련하고 있는 것이다.

하나님의 영원한 침묵으로부터 하나님께서 이 세계와 그 안의 모든 것을 말씀으로 영원히 존재하게 하신다. 우리가 진실로 침묵하고 경청하게 되면, 우리와 모든 피조물을 말씀으로 존재하게 하시는 하나님을 들을 수 있다. 문제는 우리가 그렇게 잘 듣지 못한다는 데 있다. 자아에서 나오는 시끄러운 소음이 우리와 모든 사물을 말씀으로 존재하게 하는 침묵의 음성을 압도한다. 그러나 그리스도는 우리의 참된 자기의 주님이자 주인으로 오신다. 그분은 우리를 초대하시고, 우리에게 경청하는 법을 가르치신다. 성 베네딕도가 우리를 울타리 없는 수도원으로 맞이할 때 우리는 출입문 위에 새겨진 문구를 올려다볼 수 있다. 수도 규칙을 시작하는 문구이기도 한 그것은 다음과 같다. "나의 자녀여, 주님의 훈계를 경청하고, 그대 마음의 귀를 주님의 훈계에 기울이라."[4]

침묵하라는 초대 속에 본래 담긴 성 베네딕도의 기본 계획이 이제 더 명확해진다. 우리는 사랑하라고 요구하시는 그리스도께 귀를 기울이는 법을 배우기 위해 침묵하게 된다. 그리스도 안에서 우리에게 계시된 이 사랑이 우리 마음을 뚫고 들어와 경청하는 법을 가르쳐 준다. 그리스도께서 우리를 사랑하셨던 대로 사랑하기를 배우는 일은 우리 자신과 하나님 그리고 타인들에게서 우리를 가로막는 장애물을 허물어 버린다. 묵상은 사랑의 행위이다. 그것은 우리 마음의 자아에서 나오는 소음이 배후로 사라지게 할 만큼 침묵하게 되는 하나의 방식이다. 침묵에 뿌리를 내리고 몸을 곧게 편 채로 고요히 앉아서 우리는 경청하며 현존하게 된다.

글로는 아름답게 들린다. 그러나 여러분이 아는 대로 오랫동안 묵상을 해 왔다면, 이렇게 단순한 변형의 행로에 꽤 적극적인 충성이 요구될 수 있다. 매일 앉아서 행하는 묵상에는 예측할 수 없는 도전과 축복이 채워져 있으며, 전적으로 새로운 삶의 방식을 열어 주는 무엇인가가 존재한다. 매일 묵상이 지닌 단순함과 가난함에 대한 신실한 헌신이 실로, 묵상적 자각 상태를 열어 준다는 것은 사실이다. 이 묵상적 자각 상태는 우리 자신과

4) Blair, *The Rule of Saint Benedict*, 145.

우리를 둘러싼 세계를 경험하는 습관적 방식에 대한 진지한 조정을 요청한다.

묵상적 삶의 방식을 준비하기

성 베네딕도가 말한 공동체에 새 구성원을 받아들이는 일을 성찰하면, 매일 묵상하기를 배우면서 자기 자신이 하고 있는 것을 이해하고 준비하는 데 도움이 될 수 있다. 그는 다음과 같이 기술한다.

> 그의 삶을 새롭게 변화시켜 주는 입교 과정이 수월해서는 안 된다. (신약성서의) 사도는 그의 영이 하나님에게서 온 것인지를 시험해 보라고 이야기한다. 그러므로 꾸준히 다가와 문을 두드리는 그가 만약 4~5일 후에도 자신에게 행해지는 부당한 일과 입교의 어려움을 참을성 있게 견디면서 끈질지게 간청한다면 입교를 허락하라. 그리고 며칠 동안 그를 손님방에 머물게 하라. 그 후에 수련수사 숙소로 옮겨라. 수련수사 숙소에서 그는 묵상하고 연구하며, 식사를 하고, 잠을 자게 될 것이다. 영혼을 증진시키는 일에 숙련된 연장자를 그에게 지정해 주어, 세심한 주의로 그를 보살피게 하고, 그가 진정으로 하나님을 추구하고 있는지에 대해 하나님의 일에 열심을 내고 있는지에 대해 살펴보게 하라.[5]

이 문장들은 전체 사안의 본질을 표현하고 있다. 누군가 자신의 삶을 변화시키기 위해 수도원에 찾아올 것이다. 『수도 규칙』 전체의 어조와 내용은 이 신입자가 추구하는 변화란 그리스도께서 계시하고 선포하러 오셨던 삶의 충만함으로 이끌리는 변화라는 점에 어떤 의구심도 갖지 않는다. 이 같은 점은 묵상을 통한 하나님 추구에 헌신하는 일에 있어서도 마찬가지로 진실하다. 우리는 명료한 정신을 갖춘, 그리스도와 같은 사람이 됨으로써 우리 삶

---

5) Blair, *The Rule of Saint Benedict*, 3.

을 변화시키기 위해 묵상한다. 명료한 정신을 갖춘, 그리스도와 같은 사람은 우리 자신의 실제 모습이다. 또한 우리는 그런 사람이 되도록 부름 받은 존재이다. 그렇다면 우리가 울타리 없는 수도원 정문에 오래 머물러 있는 방법으로 이 구절과 함께 머물러 있는 것이 현명하다. 이런 식으로 인내를 해갈 수 있다. 우리는 울타리 없는 수도원에 사는 법을 배우는 일에 수반되는 모든 것을 이해하고 그 진가를 제대로 아는 것에서부터 성장하기 시작할 수 있다.

묵상 중에 발생하는 어려움과 불확실한 순간들을 직면하면서 우리는 성 베네딕도가 갖고 있는 지혜의 진가를 제대로 알 수 있다. 성 베네딕도는 '영혼을 얻는 일에 숙련된' 선임 수사나 수녀가 문을 통과해 내부로 들어가는 전 과정을 보살펴 줄 것을 제안한다. 누가 봐도 '영혼을 증진시키는 일'에 상당히 숙련된 토마스 머튼이 공동체에 입문하는 나를 보살펴 주도록 지정된 선임자였다는 점에서 나는 매우 운이 좋았다. 어떤 의미에서 토마스 머튼은 내가 도착하기도 전에 이미 내 영혼을 증진시켰다고 할 수 있다. 그의 책들을 읽으면서 나는 그를 영적 스승으로 경험했기 때문이다. 나는 그가 나를 하나님께로 인도하도록 허락한다는 고전적인 의미의 차원에서 그의 발 앞에 앉아 있을 수도 있겠다는 희망을 품고 수도원에 갔다.

여러분이 묵상의 문 입구에 앉아 있을 때 처음에는 여러분을 도와줄 노수사나 노 수녀가 없는 것처럼 보일 수 있다. 이것이 의미하는 바가 여러분이 여러 묵상법과 관련해서 안내를 받고 여러분 노력을 지지해 주고 찾아가는 길에 도움을 주는 경험 많은 사람을 곁에 두는 일이라면, 아마도 여러분은 그렇게 하지 못할 것이다. 그런 경우라면 묵상에 어느 정도 숙련된 영성 지도자를 찾는 게 더 나을 수 있다. 그런 사람을 구할 수 없다면 여러분이 함께 할 수 있는 친구나 동료 묵상 수련자와 서로의 여정을 나누는 일이 도움이 될 것이다. 그러나 내면의 행로를 따르는 대부분의 사람들은 그런 사람 없이 자신의 여정 대부분을 보내는 것이 사실이다. 수많은 사람들이 관심 많고 경험 많은 묵상 수련자가 제공하는 지적 통찰을 결여하고 있다는 점은 그들의 내적 여정에서 드러나는 독거의 특성의 일부이다. 우리는 이런 독거 속에서 하나님의 인도하심을 신뢰하는 일을 배운다. 하나님의 인도하심은 묵상 수련, 기도, 성서와 그 밖의 다른 영적 독서, 그리고 우리 일상의 삶의 사건과 상황 속에 임한다.

그러나 내가 또한 말하고자 하는 것은 여러분이 만약 과감히 묵상의 침묵을 행하고자 한다면, 경험 많은 노 수사나 노 수녀는 사라질 것이라는 점이다. 지혜의 원천은 다른 누군가가 되려고 하지 않을 때의 본래 여러분 모습 그대로 단순하게 존재하려는 마음속에 있을 것이다. 하나님께로 나아가는 수도원에서 행하는 상당수의 묵상적 행로는 기꺼이 침묵에 머물러 있고자 하는 마음속에서 발견된다. 우리는 이 침묵 속에서 힘들이지 않고 서두르지 않는 방식으로 스스로에게 귀를 기울인다. 이런 끈기 있고 진정 어린 주의를 집중하는 일 속에 우리의 깨어난 마음이 벌거벗은 채로 놓여 있다. 본래 모습 그대로의 우리 자신이 침묵 속에 벌거벗은 채로 있으면서, 우리는 예기치 않게 하나님께로 들어가는 문을 통과하게 된다. 참된 고요 속에서 우리는 우리를 만나기 위해 문을 통과하여 들어오시는 하나님을 발견하고 깜짝 놀라게 된다. 또한 우리가 태어나기 전부터 하나님께서 알고 계시며 우리가 그렇게 되도록 수용해 주신 우리의 참 모습을 우리도 마침내 알아차리고 수용하게 되었다는 사실에 기뻐하게 된다.

여러분이 묵상과 묵상이 불러일으키는 보편적인 묵상적 자각 상태를 경험하는 방식은 여러분이 언급할 수 있는 것이 무엇이든 그만큼 여러분에게 인격적이고 독특한 것이다. 수고스러운 일들은 아마 적을 것이다. 여러분은 아마 처음 시작부터 온갖 종류의 의문점과 걱정거리를 만나게 될 것이다. 가장 중요한 것은 하나님의 임재 안에 할 수 있는 한 정직하고 취약한 상태로 머물러 있는 일이다. 동시에 하나님의 임재가 임할 때마다 한 번에 한 걸음씩 내면의 여정을 걸으며 나아가는 일이다. 어느 정도의 의심과 불확실성은 정상적이며, 어떤 점에서 그것은 여러분의 변형과 관계된 중요한 부분이라는 사실을 잊지 말라.

여러분은 성가시게 따라다니는 질문들과 의심을 잠재워 줄 수 있는 기계적인 답이 떠오르길 바라면서, 성서의 인용문을 언제나 사용할 수 있는 일종의 해결책처럼 사용하려는 유혹을 받을 것이다. 그러나 기계적으로 떠오른 그 답조차도 계속해서 문을 통과해 오려는 채비를 암시하는 반응은 아니다. 사실 여러분이 묵상 수련에 안정되게 자리 잡기 시작하면서 내면에서 떠오르는 질문과 염려는 그 자체로 경험 많은 노 수사나 노 수녀의 상징적 현시를 말한다. 그 노 수사나 노 수녀는 그곳에서 "당신은 무엇을 찾고 있는가? 무엇을 원하는가?"라고 물으면서 여러분의 정신을 시험할 것이다.

신약성서의 복음서는 예수의 어머니 마리아가 자신이 낳은 예수가 진정 누구인가를 가슴 깊이 숙고했다고 이야기한다. 곰곰히 숙고한다는 말은 우리가 이해할 수 없는 것을 품고 고요히 앉아 있다는 것을 의미한다. 묵상은 우리가 이해할 수 없는 것에 대한 침묵 속에서의 숙고를 구현한다. 앉아서 우리 몸의 고요함에 주의를 기울이며 묵상하면서, 우리는 생명을 부여하는 단 하나의 호흡이 실제로 무엇인지 그 전부를 이해할 수는 없다. 우리 자신과 우리를 둘러싼 모든 것에 대해 이해불가능함을 인식하며 앉아 있는 중에 우리는 내면에 있는 모든 것으로 들어가는 문을 통과하는 길을 이해할 수 없는 방식으로 발견한다.

성 베네딕도는 우리를 기다리고 있는 고난을 우리 자신보다 더 잘 알고 있다. 그는 이런 이해심을 바탕으로 이 문으로 들어가려 하는 모든 이들에게 "쉽게 들어갈 수 있으리라 생각하지 마십시오"라고 말한다. 다정한 격려라고 보기 힘든 이 말은 사실 성 베네딕도로서는 사랑의 행위이다. 그는 마치 "보십시오. 여러분이 겪게 될 그 일의 작은 맛이라도 여러분에게 제공하는 것이 도리라고 생각합니다"라고 말하는 듯하다. 문에 도착하면서 경험하는 어려움은 다가올 매력에 대한 예고편일 뿐이다. 문 안쪽에 있다는 것은 그저 평생 여러분이 원하는 것을 원하는 때에 얻는 것이 아니다. 그것은 오히려 계속되는 지연과 어려움 한복판에서 존경하는 마음으로 고요히 지속적으로 기다리는 법을 배우는 일생의 과업이다. 이런 계속되는 지연과 어려움 한복판에는 예기치 못한 것이자 때로는 통제할 수 없는 은총과 축복이 배어 있다.

또한 성 베네딕도는 묵상 여정의 모든 단계에 찾아오는 어려움이 바로 그 여정을 구성하는 가장 중요한 요소임을 알고 있다. 더딘 출발과 그릇된 시작에 인내하는 일 그 자체가 좋은 출발이다. 결국 모든 일이 제때에 맞추어 일어난 것임을 깨닫는 일을 배우기 때문이다. 더디고 서투른 노력 중에도 스스로에게 인내하기를 배우는 일에는 우리를 향한 하나님의 무한하신 인내를 경험적으로 인식할 잠재력이 내포되어 있다. 하나님이 보시기에 우리는 우리가 영위하는 삶의 심연으로 들어가는 입구 주변에서 머뭇거리면서 삶을 낭비하고 있다. 묵상적 삶의 방식에 참여하면서 우리를 지탱해 주고 지지해 주는 것은 하나님의 사랑의 인내에 대해 우리가 갖게 되는 점차 깊어지는 신뢰이다.

이 행로를 따라가는 여러분의 첫걸음이 느린 건 전혀 아닐 것이다. 그 걸음은 여러분을 하나님과 하나임을 깨닫는 영역으로 내던지는 번쩍이는 번개를 불러일으킬 수 있다. 하나님과 하나임에 대한 깨달음은 일상적 자아를 크게 동요시킨다. 그렇다면 이것 역시도 인내하라. 실제 있는 그대로의 여러분 삶에 기반을 둔 이 동일하게 자비로운 임재는 황홀경과 관련이 있다. 이 임재가 분명 충족되지 못한 기대들의 끝없는 나열과 관련이 있는 것만큼이나 말이다.

성 베네딕도는 울타리 없는 수도원에서의 삶이 그저 있는 그대로의 단순한 여러분의 삶임을 스스로 발견하게 될 것이라는 사실을 안다. 여러분은 할 수 있는 한 최선의 삶을 영위한다. 여러분은 그리스도께서 하나님과 우리 모두를 사랑하셨던 것처럼 하나님과 여러분 자신 그리고 타인들을 사랑하려고 노력한다. 여러분은 날마다 묵상의 자리로 나아간다. 그 자리에서 하나님에 대한 습관적인 묵상적 자각을 함양하려 한다. 묵상 시간이 끝날 때마다 여러분은 일어나 일상을 시작한다. 이때 여러분은 여러분이 영위하고 있는 삶의 신성함에 대한 묵상적 자각의 줄기가 끊어지지 않도록 최선을 다하려 한다. 이런 식으로 살아가면서 여러분은 하나님과 우리 사이에는 어떤 울타리, 거리, 분리도 존재하지 않는다는 습관적인 묵상적 깨달음에 이르게 된다. 묵상의 눈을 통해 바라볼 때 여러분은 다른 사람들에게서나 우리 모두를 지탱하는 지구에게서 어떤 거리나 분리도 없음을 발견하게 된다.

다섯 가지 실수

나는 이제 수도원에서의 삶이란 무엇과 같은 것인지 가정하면서 내가 범한 다섯 가지 실수를 여러분과 나누고자 한다. 수도원을 떠난 이후로 묵상의 본질에 대한 이해와 관련해서 나는 줄곧 이러한 동일한 실수를 반복해왔다. 여러 해 동안 칩거하며 묵상하는 수많은 사람들과 대화하면서 나는 나만 이런 실수를 범하고 있지 않다는 사실을 깨닫게 되었다. 이러한 실수들은 보편적인 실수들인 듯 보인다. 이 실수들은 묵상 체험에서 소원해진 자아가 자기 자신과 하나님께 범하는 실수들이다.

성 베네딕도가 기록했듯이 수도원에서 행하는 묵상적 행로의 특별함은 그것이 우리를 침묵 속에 주의를 집중하면서 직접적으로 안내한다는 사실에 있다. 이러한 침묵 속에서 주의를 집중하는 행위에서 우리는 이런 실수를 범하는 자신을 알아차릴 수 있게 된다. 이런 실수들을 범하면서도 자기 자신을 하나님에게서 불가항력적으로 사랑받고 있는 존재로 바라보고 수용하는 일이 곧 하나님과 영원한 하나임을 각성하게 되는 놀라운 방법이 된다는 사실이 드러난다.

생각

수도원에 들어갈 즈음 내가 범한 첫 번째 실수는 방황하던 내 마음을 수도원 문 밖에 두고 올 수 있을 것이란 가정이었다. 나는 토마스 머튼의 책을 읽고, 고등학교 재학 4년 동안 수도원 수사들의 생활상을 보아 왔다. 나는 침묵으로 수도원 회랑을 거닐고, 조용하고 차분한 마음으로 계획된 장소에 앉아 있는 나 자신에 대한 환상을 품었었다. 나는 수도원에 들어가서 침묵하게 되었다. 침묵 중에 내 가슴에 속삭이시는 그리스도께 귀를 기울이고자 노력했다. 그러나 나의 방황하던 마음이 종종 하나님의 고요하고 세밀한 음성을 듣지 못하게 했던 것 같다. 나는 종잡을 수 없던 내 마음을 향해 진정하고 그만 재잘거리라고 말했다. 때때로 내 마음이 진정되곤 했다. 심오한 침묵의 시간들도 있었다. 그러나 재잘거리는 내 마음은 자주, 사실 쉬지 않고 계속해서 재잘거렸다.

나는 침묵을 계속 방해하는 이 생각들을 없앨 수 있을 거라 상상하던 내 실수를 이런 식으로 발견하게 되었다. 나는 이 침묵 속에서 하나님께 귀를 기울이고자 했었다. 그러나 이 생각들을 단순하게 제거할 수 없다는 사실을 발견하는 바로 그 과정 속에서 나는 내 생각에 겸손하게 귀 기울이기를 배울 수 있음을 깨달았다. 나는 항상 하나님께 귀 기울이기를 배우는 유일한 방법으로 침묵 중에 내 마음에 귀를 기울일 수 있었다. 내 마음을 계속 제거하거나 상쇄할 수 있는 무언가로 여겼다면 내 마음을 계속 골칫거리로 느꼈을 것이다. 나는 계속해서 나 자신을 없애려고 했다. 동시에 이렇게 함으로써 나 자신을 하나님에게서, 곧 생각하는 마음의 기적을 창조하시고 지지하시는 하나님에게서 나 자신을 계속 소외시켰다.

이런 깨달음은 수도원의 침묵 속에서 어떻게 살며, 어떻게 묵상하는지를 배울 것인지에 대한 초석이 되었다. 나는 생각하는 마음에 집착하지도 않고 그것을 거부하지도 않은 채 지금 이 순간 마음을 열고, 깨어 있기를 배웠다. 생각하는 마음에 집착하기란 내 안에서 발생하고 지속하다가 사라졌던 생각들에 관해 계속 생각하는 일이었다. 이런 식으로 생활했기 때문에 내 주체적 자각이 생각과 그 생각이 가져다줄 수 있는 모든 것의 중력에서 벗어나기가 결코 쉽지 않았다. 생각을 거부하기란 내 안에서 발생하고 지속하다 사라지는 모든 생각 속에서 또한 그 생각으로서 현시하시고 당신 자신을 내어 주시는 하나님을 거부하는 일이었다. 내가 배울 수 있었던 행동은 내 안에서 일어나고 지속하다 사라지는 생각들의 흐름에 주의를 기울이며 침묵하는 것이었다. 그러면서 동시에 내 마음에 계속 흘러넘치는 생각들에 관해 생각하기를 그만두는 일이었다. 내가 할 수 있었던 일은 나 자신을 일어난 생각들에 대해 생각하는 사람으로 인식하기를 놓아버리도록 배우는 것이었다. 대신에 나는 내 안에서 일어나고 지속하다 사라졌던 생각들에 대한 침묵의 관찰자가 되는 일을 배울 수 있었다.

이것이 바로 여러분이 생각들에 대해 묵상할 때의 자세이다. 나는 지금 이 자세를 여러분이 직접 묵상 수련에서 시도해 볼 것을 제안한다. 침묵하며 고요히 앉아 있으라. 공상이나 졸음에 빠져들었을 때 생각을 제거하려는 여러분의 습관적인 경향을 단순하게 그만두라. 침묵하며 고요히 앉아 생각, 의견, 반응 등으로 생각하는 마음에 침입하려는 여러분의 습관적인 경향을 단순하게 그만두라. 여러분 자신을 묵상 중에 생기는 생각들에 관해 생각하는 사람으로 지각하는 일을 단순하게 놓아버려라. 생각들에 관해 생각하며 그곳에 앉아 있는 대신에 단순하게 앉아서 여러분 안에 일어나서 지속되다 지나가는 그 생각들에 고요히 주의를 기울이는 일을 배우라. 조용하고 눈에 띄지 않으며, 버리지 않는 이런 마음이 곧 묵상적 마음이다. 묵상적 마음은 일어난 생각들에 관해 생각하려는 경향에 빠져들지 않은 채로 각각의 생각에 조용히 주의를 기울이는 가벼운 접촉을 통해 탁월해진다.

생각하는 마음에 침입하여 생각을 없애려는 행동을 멈추기를 배우면서 나타나기 시작하는 묵상적 상태는 처음에는 꽤 이상하게 느껴질 것이다. 이런 현상은 우리들 대부분이 생각하려는 경향성을 자유롭게 끊어내는 일에 익숙하지 않기에 이해할 수 있다. 묵상 상태에 대한 경험은 또한 겁을 먹게 할 수 있다. 생각의 한계를 초월하면서 순간적으로 영위하고 있다고 생각하는 삶에 대해 우리가 소유하고 있다고 여기는 통제력을 잃어버리기 때문이다. 우리의 자아는 당연히 자신의 영역으로 후퇴하려고 할 수도 있다. 이 영역에서 자아로서의 자기는 지금 일어나고 있는 것을 통해 생각할 수 있다. 그렇다 하더라도 조건만 맞으면 생각의 한계를 초월하는 순간은 이해력을 뛰어넘는 평화의 물결을 가져올 수 있다. 이런 평화 속에 한 순간이라도 머물러 있는 일은 천국의 맛을 느끼게 할 수 있다.

우리 안에서 일어나서 지속되다 지나가는 생각들을 견디며 경청하기를 배우면서 본래 있는 그대로의 자신에 대한 깊은 경험적 인식에 도달하게 된다. 우리는 방황하는 마음을 공상이나 졸음에 빠지도록 내버려두지도 않고, 이미 그곳에 있던 생각들에 관해 더 많은 생각들로 방해하지도 않은 채 이 마음에 친숙해지기를 배운다. 생각하지 않는 묵상적 주의 집중을 유지하는 태도를 조용히 지속함으로써 우리는 내면의 새로운 토대(groundedness)에 도달하게 된다. 생각하지도 않고, 어떤 생각으로 환원할 수도 없는 묵상적 마음이 점점 더 강해지고 차분해지고 안정된다. 머지 않아 우리는 우리의 방황하는 마음을 하나님의 귀로 경청하기를 배우며, 동시에 우리의 방황하는 마음이 이해할 수 있는 모든 것을 뛰어넘게 된다.

기억

수도원에 들어가서 내가 행했던 두 번째 실수는 수도원 문 밖에 내 기억들을 남겨 두고 올 수 있을 것이라 상상했던 일이다. 그러나 나는 기억하는 자아와 이 자아의 모든 기억들이 나와 함께 수도원 문을 통과해 들어왔다는 사실을 곧 깨닫게 되었다. 수도원 성가대에서 저녁 기도 찬양을 하고 있었던 것 같다. 시편 찬양 말미에 "아버지와 아들과 성령께 영광을 돌립니다"라고 찬양하면서 우리 모두 허리를 굽혀 경배를 표현하였다. 이때 수도원에 들어갈 무렵 라디오에서 인기를 모았던 로큰롤 노래가 동시에 내 머릿속을 계속 맴돌았다. 수도원에서 침묵 가운데 산책하고 있었을 적엔 어머니와 여동생 그리고 네 명의 형제들에 대한 기억들이 떠올랐다. 다시는 그들을 볼 수 없었기 때문에 그들이 보고 싶어 향수병에 걸릴 정도였다. 결국 수도원에서 일어났던 모든 일에 대한 내 기억들이 집에서부터 내가 가져왔던 기억들과 중첩되었다. 이 모든 기억들이 계속 침묵 속에 끼어들었다. 이 침묵 속에서 나는 내 가슴에 조용히 속삭이시는 그리스도께 귀를 기울이려 노력하고 있었다.

그러고 나서 나는 깨닫게 되었다. 내가 항상 과거의 기억에 붙들려 생활하고 있었다면 현재 순간의 순결한 새로움과는 여전히 멀어진 채 있을 것이란 사실을 말이다. 그러나 기억을 제거하려 했다면 나 자신에게 그리고 기억이라는 신비의 저자이자 유지자이신 하나님에게 폭력을 행하는 일이었을 것이다. 내가 할 수 있는 일이라고 발견했던 것은 내 안에 떠올라서 지속했다가 지나가버린 기억들에 집착하지도 않고 그것들을 거부하지도 않은 채, 현재 순간에 머물러 마음을 열고 깨어 있어 그 기억들과 섬세하게 접촉하기를 배우는 일이었다.

앉아서 묵상하면서 여러분은 여러분 안에서 떠오르고 머물다가 지나가는 기억들에 집착하지도 않고 그것들을 거부하지도 않으면서 섬세하게 그것과 접촉을 시도할 수 있다. 이 섬세함은 현재 순간에서 과거로 미끄러지지 않은 채로 현재 순간에 과거의 기억들에 주의를 기울이고 있는 데 있다. 여러분 안에서 각각의 기억이 떠오르고 머무르다 지나갈 때마다 단순하게 그저 내버려 두라. 기억에 대한 공상적 무관심에 빠져 기억을 방치해 두지 말라. 그 기억이 얼마나 불쾌한 것인지와 상관없이 이를 거부하지 말라. 그게 얼마나 유쾌한 것인지와 상관없이 그 기억에 집착하지 말라. 여러분은 이런 식으로 점차 현재 순간에서 과거로 미끄러지지 않은 채로 현재 순간에 떠오르는 각각의 기억에 묵상적으로 현존해 있기를 배울 것이다.

자신의 기억을 섬세한 묵상적 태도 안에 안정되게 자리 잡게 하는 일을 배우면서 우리는 하나님의 귀로 기억이란 기적에 경청하기를 배우게 된다. 우리는 우리 삶에서 전개되는 이야기에 대한 표현과 재표현에 경의를 표하는 일을 배운다. 우리 삶에서 전개되는 이야기는 지나가는 매 순간마다 끊임없이 개정되고 갱신된다.

기억들을 현재 순간의 묵상적 자각 속에 안정되게 자리 잡도록 하는 일을 배우면서 우리는 우리의 과거를 그 이외 다른 무엇인가로 만들 수 없다는 사실을 가장 내밀한 형태로 깨닫는다. 우리는 스스로를 우리가 기억하고 있는 자신 이외에 다른 누군가로 만들 수 없다. 우리 이름을 부르는 어떤 사람에게 응답하는 일조차 우리의 자아를 기억하는 행위이자, 그 이름 속에서 우리 자신이라고 알고 있는 자아를 인식하는 행위이다. 그럼에도 불구하고 우리는 단순히 늘 그래 왔던 우리 자신도 아니고 그 이외 다른 누구도 아니다. 왜냐하면 현재 순간 안에 존재하는 우리의 인격은 끊임없이 새로워지기 때문이다. 하나님께서 이렇게 끊임없이 새로운 현재 순간에 존재하는 것으로 영원히 알고 계신 우리의 인격은 우리가 기억하는 우리 자신을 무한히 뛰어넘는 존재이다.

우리가 여러 가지 기억들 속에서 묵상적 자유로운 상태에 안정되게 자리잡아 가면서 우리는 위대한 해방의 진리를 향해 깨어나게 된다. 이 진리란 우리가 과거에 행했던 어떤 것도, 과거에 우리에게 일어났던 어떤 것도 있는 그대로의 우리 이름에 영향을 미칠 힘을 지니고 있지 않다는 것이다. 기억의 폭력에서 자유로워지면서 우리는 끝없는 현재 순간의 순결한 새로움 속에서 자유롭게 살게 된다. 이 끝없는 현재 순간 속에서 우리의 삶이 전개된다. 과거와 관련 있는 연속된 시간에서 자유로워지면 우리는 동시적으로 미래와 관련 있는 연속된 시간에서도 자유로워진다. 앞서 말한 모든 것을 탐구하면서 다음과 같은 질문을 한다. 죽음도 파괴하지 못하는 기쁨이란 무엇인가? 이것을 어떻게 발견할 수 있는가? 묵상적 자각 속에서 우리는 하나님의 무시간적 기쁨을 향해 깨어나면서 이런 기쁨을 발견한다. 하나님의 무시간적 기쁨은 매일매일의 삶에서 이루어지는 짧은 순간 속에서 끊임없이 발생한다.

의도

수도원에 들어가면서 내가 범한 세 번째 실수는 수도원 문을 통과하여 모든 만물 속에 역사하시는 하나님의 의지(intention)에 복종함으로써 내 자신의 고집스러운 의지를 그 문 뒤에 남겨 두고 올 수 있을 것이라는 가정이다. 그러나 또다시 나는 실수를 했다. 사도 바울은 "내가 원하는 것은 행하지 아니하고 도리어 미워하는 것을 행함이라"(로마서 78:15-16)라고 밝혔다. 나는 수도원에서 일상적 삶의 침묵을 통해 무엇인가를 행하는 바로 그 순간 나 자신을 주시했다. 나는 완벽한 수사가 되고자 하는 이상에 내가 얼마나 부합할 수 없는지를 가까이에서 지켜보았다. 나는 완벽한 수사가 되려는 내 희망을 실현 불가능한 것으로 만들었던 행위들을 멈출 수도 없었다. 나는 내면에서 하나님과 하나가 되고자 하는 갈망을 느끼는 동시에 또한 하나님과의 이런 하나 됨을 이루기에는 나의 유한한 의지가 얼마나 무기력한지도 느낄 수 있었다.

이런 과정에서 깨닫기 시작했던 것은 완벽을 향한 갈망의 상태에 부합하지 못하는 내 무능력을 해소하는 유일한 방법이 내 모든 불완전함 가운데서도 확고하게 나를 사랑하시는 하나님의 자유로운 선택을 수용하는 길이라는 사실이었다. 나는 할 수 있는 한 최선을 다해 가장 훌륭한 수사가 되려는 노력을 지속했다. 그러나 이렇게 노력하면서 내가 발견한 가장 심오한 완벽함이란 하나님 앞에 벌거벗은 모습 그대로의 나 자신을 발견하는 일이었다. 그 하나님은 내 이상과 부합하지 못하는 바로 그 무능력함 한복판에서 불가항력적으로 나를 사랑하신다.

그 후 나는 내 의지의 이런 역설적 변형을 위한 하나의 방식인 묵상이 내 존재의 가장 깊은 곳(recesses)으로 침잠해 들어갈 수 있음을 발견하였다. 앉아서 묵상하며 나는 어떤 것에도 집착하지 않고 그것을 거부하지도 않은 채 현재 순간에 마음을 열고, 깨어 있으려는 단순하고 온전한 의도 속으로 들어가려 했었다. 처음에 나는 이런 단순한 현존의 자세를 적극적으로 유지하는 데 내가 얼마나 무능력한지를 발견하고서 크게 실망하였다. 나는 몇 분마다 때로는 몇 초마다 즐거움을 주거나 위안을 주는 생각이나 감정에 집착하는 나 자신을 발견했다. 바로 그다음 순간에는 불쾌하고 불안감을 주는 생각과 감정을 거부하는 나 자신을 발견했다. 그다음에는 이러한 어려움들이 지속적이고 끝이 없어 보이는 내 나약함에 대한 하나님의 자비로운 사랑을 호흡할 기회임을 깨달았다. 집착하고 거부하는 실제 사례가 전적으로 무장해제되는 경험에 나 자신을 개방하고 새로워지는 기회를 제공했다. 이 경험은 내 고집스러운 방식들 가운데서도 나를 사랑하시는 하나님께서 불가항력적으로 말끔하게 관통하시는 경험이었다.

이것이 바로 내가 여러분에게 묵상 중에 탐구해 보라고 권하는 접근법이다. 그렇게 한다면 여러분은 여러분의 의지가 얼마나 무능한지를 스스로 경험할 것이다. 이런 사실에 낙담하는 대신에 그것을 여러분의 나약함 가운데에서도 여러분을 불가항력적으로 사랑하시며 지지하시는 하나님에 대한 체험적 인식이 자라날 기회로 보도록 하라.

묵상 수련이 굴욕감을 주는 것은 아니다. 그러나 이것은 우리 의지가 현재 순간에 그저 있는 그대로 현존하고자 하는 단순한 의도를 유지할 수 없을 만큼 얼마나 나약한지를 되풀이해서 보게 해서 겸손하게 만들어 준다. 하나님께 이르고자 하는 노력들이 확실히 우리 자신에게 달려 있다면 우리는 심각한 문제 속에 있는 것이다. 그러나 우리 의지의 중요성을 반복적으로 경험하고 수용하면서 호흡을 따라 그저 있는 그대로 존재하도록 우리를 지탱해 주시는 하나님의 의지를 신뢰하기를 배운다. 서투른 가운데서 하나님을 신뢰하기를 배우면서 우리는 체로 거른 물처럼 우리가 하나님의 팔에 잘 안겨 드는 방식을 발견하고 놀라게 된다.

감정

수도원에 들어가면서 내가 범한 네 번째 실수는 수도원 문 밖에 내 감정을 두고 올 수 있을 거란 생각이었다. 수도원에 들어간 이후에도 유쾌하고 불쾌한 감정을 계속 품고 있을 것이라는 사실을 어느 정도는 알고 있었다. 그러나 내 감정이 문제가 될 것이라고는 결코 생각하지 않았다. 나는 그저 일단 내가 수도원 내부로 들어가게 되면, 내 모든 감정이 하나님을 향한 사랑에 속하는 경건하고 신실한 감정이 될 것이라 가정했다. 또다시 나는 실수를 했던 것이다. 나는 하나님을 향한 사랑의 감정을 품었고, 그 감정이 때로는 매우 강했다. 마찬가지로 나는 종종 모든 사물에 대해서도 꽤 유쾌하고 평범한 감정들을 품었다. 종종 유쾌하건 불쾌하건 어떤 감정들에 대한 자각 없이 단순하게 평화롭기도 했다. 그러나 때로는 사실은 자주 하나님의 임재에 대한 감정적인 느낌이 완전히 사라지곤 했다. 하나님의 임재에 대한 감정적 느낌의 상실과 씨름하는 동안 나에게는 슬픔, 외로움, 혼란스러움, 그 밖의 많은 부담스러운 감정들이 쏟아졌다. 내가 터 잡고 살았던 침묵이 이 모든 혼란스러운 감정들에서 거의 벗어나게 해 주지 못했다. 나는 이 감정들을 사라지게 하는 스위치를 찾을 수 없었다. 이 감정들은 종종 내가 그렇게 되고자 갈망했던 고요하고 평온한 자기(self)를 익사시켰던 것 같았다.

내가 발견한 것은 나를 통해 흘러넘쳤던 감정들에 집착하지도 않고 그것들을 거부하지도 않은 채 현재 순간에 마음을 열고 깨어 있기를 배울 수 있다는 사실이다. 나는 감정을 느끼는 무의식 속의 자기와 사귀어 아는 일을 배움으로써 자기 인식의 성장을 배울 수 있었다. 나는 묵상이 내 안에서 일어나고 지속하다가 사라지는 각각의 감정들을 침해하지도 않고 방치하지도 않는 주의를 집중해 갈 수 있었던 하나의 방식임을 발견했다.

이것이 바로 내가 여러분도 마찬가지로 시도할 수 있다고 제안하는 접근법이다. 앉아 묵상하고 있으면서 여러분 안에서 일어나고, 지속하다가, 사라지는 각각의 감정들에 조용히 주의를 기울이기를 배우는 수련을 할 수 있다. 감정들을 차단하거나 무시함으로써 그것들을 방치하지 않기를 배우는 수련을 할 수 있다. 위안을 주는 평화로운 감정들, 또는 그 밖의 다른 유쾌한 감정들 속에 마구 들어와 그 감정들을 지키려 함으로써 여러분의 감정을 침해하지 않기를 배우는 수련을 할 수 있다. 여러분이 경험했었을 괴로운 감정들을 거부하지 않기를 배울 수 있다. 이런 식으로 감정을 느끼는 여러분의 자기와 지나가는 매 순간 여러분을 통과하는 모든 감정에 대한 묵상적 자각 속에 뿌리 내리기를 배울 수 있다. 어떤 감정에도 집착하지 않고 그것들을 거부하지 않은 채 모든 감정에 마음을 열라. 그러면 여러분은 감정의 경계를 넘어서는 것을 배울 수 있다. 감정의 경계를 넘어서면서 여러분은 감정이 수반할 수 있는 모든 것을 전적으로 초월하시는 하나님과의 묵상적 하나 됨 속으로 들어갈 수 있다. 동시에 여러분은 하나님께서 감정의 강물 속에서 또한 그 감정의 강물로서 얼마나 온전하고 완벽하게 당신 자신을 내어 주시는지를 발견하기 시작한다. 인간이 된다는 것이 의미하는 바에 속하는 연민의 감정(pathos)과 친절함의 감정이 전달하는 모든 것에 대한 묵상적 자각 속에서 당신은 성장할 수 있다.

몸

마지막으로 내가 수도원에 들어가면서 했던 실수는 수도원 문 밖에 내 몸(body)을 남겨 두고 올 수 있을 것이란 가정이었다. 물론 수도원에서도 여전히 몸을 지니고 있을 것이라는 사실은 알았다. 그러나 내 몸이 의미가 있을 것이라고 생각하지 않았다. 나는 내 몸의 무딘 현실에 놀라고 실망했던 일을 회상한다. 머리는 밀어서 삭발하였다. 나는 수사 가운을 입었다. 절을 하고 성가를 부르며 수사들이 행하는 모든 천상적이고 수사적인 일들을 행하였다. 그럼에도 불구하고 내 무릎은 딱딱한 나무 바닥에 오랜 시간 무릎을 꿇고 앉아 있는 나를 괴롭혔다. 돼지우리에서 일하고 난 후에 물로 몸을 씻지 않았다면 내 몸은 악취로 진동했을 것이다. 아무것도 모른 채 덩굴 옻나무가 있는 곳에 앉아 묵상했다면 후회했을 것이다(나는 실제로 한 번 그런 적이 있다. 그리고 정말 그 일을 후회했다!). 설사를 하고, 성기가 발기되고, 지독한 감기와 독감이 걸렸을 때도 내 몸은 확실히 나와 함께 있었다. 나는 내 몸에서 나를 구해 달라고 기도했다. 그 일은 마치 하나님께 바닥에서 반 인치쯤 떨어져서 살게 해달라고 요구하는 일과 같았다. 그게 내가 구하고 있던 전부였다. 나는 조금만이라도 내 몸의 무딘 현실의 중력을 뛰어오를 수 있기를 바랐다. 그러나 나는 물론 여전히 중력에 종속된 채로 내 몸을 가진 존재가 갖고 있는 모든 현실에 종속된 채로 있었다.

그 후 나는 내 육체적 존재에 집착하지도 않고 그것을 거부하지도 않으면서 현재 순간에 마음을 열고 깨어 있기를 배울 수 있다는 사실을 발견했다. 나는 피곤하면 내 피로가 주는 친숙한 질감에 대해 묵상적으로 자각하는 일을 배울 수 있었다. 나는 식당에서 침묵하며 밥을 먹으면서 커피잔을 입술에 가져다가 커피 맛을 음미하며 입으로 그 따뜻함을 느끼는 일을 배울 수 있었다. 큰 기숙사에서 잠을 청할 수 없을 경우에 나는 침묵의 밤에 코 고는 모든 수사들의 소리를 경청하면서, 내 작은 방에서 짚으로 채운 매트리스 위에 누워 깨어 있을 수 있었다. 나는 채식, 육체노동과 기도를 오가는 리듬, 규정된 취침 시간을 내 육체적 존재를 안정되게 하고, 그 존재 가치를 알아보도록 돕는 방식들로 인식하게 되었다.

나는 묵상이 내 육체적 존재에 대한 이런 묵상적 자각을 예민하게 하는 방식이 된다는 사실을 발견했다. 나는 숲 속에서 오랫동안 산책하기를 좋아한다. 나는 땅바닥에 앉아서 나무에 등을 기대고, 나무 사이로 바람이 불 때 들려오는 소리에 그저 귀를 기울이곤 했다. 때때로 사슴이 지나가곤 했다. 바람이 적당하면 내가 그 자리에 있다는 사실을 깨닫지 못한 채로 바람이 그냥 나를 지나쳐버릴 만큼 나는 그렇게 조용히 앉아 있곤 했다. 나는 나무에 기대 앉아서 등으로 그것을 느끼면서 내 호흡에 귀를 기울이고, 침묵 속에서 나 자신에 대한 몸의 감각으로 안정되곤 했다. 이것은 나에게 큰 수도원 교회에 서 있는 일 그리고 수도원 도서관에 앉아 있는 일과도 같았다. 내 몸은 항상 세계 내에 존재하는 하나님의 임재 속에 뿌리를 내리는 장소이다.

이것이 바로 내가 여러분도 마찬가지로 시도해 보라고 권하는 묵상법이다. 묵상하며 고요히 앉아서 여러분 몸의 고요함에 담긴 파악할 수 없는 즉시적 경험에 안정되게 자리를 잡는 일을 배우라. 몸을 곧게 펴고 고요히 앉아 생명을 유지시키는 호흡 하나하나에 대한 깊은 묵상적 자각에 안정되게 자리를 잡으라. 당신 호흡에 아주 깊게 경청하기를 배우라. 그리하면 여러분의 의식이 원초적인 것이자 생명을 유지시켜 주는 호흡의 결을 띠기 시작한다. 만약 묵상하기 지겨워지면, 몸의 피로에 깊고 공손하게 주의를 기울이는 일에 안정되게 자리 잡기를 배우라. 만약 묵상하다 쉬게 된다면, 쉼이 주는 몸의 안녕감(well-being)의 감각에 귀를 기울이고 그것과 하나가 되기를 배우라. 등이나 다리에 통증이 있거나 위가 탈이 난다면, 또는 방이 덥거나 추우면 몸의 이런 모든 측면이 지닌 친숙한 느낌에 깊게 경청하기를 배우라. 묵상적으로 주의를 기울이라. 그러나 여러분 내면에서 일어나는 충동들, 순식간에 지나가는 것이든 오래 머무는 것이든 그것들에 말려들지 말라. 여러분의 몸이란 존재가 계시하는 모든 것을 향해 현재 순간에 마음을 열고 깨어 있기를 배우라. 유쾌한 모든 것에 집착하지 않고 불쾌한 모든 것을 거부하지 않은 채 여러분의 육체가 상상하기 힘든 모든 것에 대해 편안하고 열린 자각 속에 존재하게 하라. 이런 식으로 앉아서 여러분은 서서히 육체란 존재의 은총 어린 신비를 방치하지도 않고 침해하지도 않는 법을 배우게 된다.

성서는 "말씀이 육신이 되어 우리 가운데 거하시매"(요한복음 1:14)라고 증언한다. 앉아서 묵상하면서 우리는 이 말씀이 단순히 역사적 그리스도에 관한 계시가 아니라 우리 자신에 관한 계시이기도 하다는 점을 깨닫는다. 우리는 앉아 호흡을 따라 묵상하면서 우리의 호흡 속에서 단순하게 현재 있는 그대로 존재하는 바로 이 육체 속에서 육신이 되고 있는 말씀(Word)을 곰곰이 생각한다. 우리는 앉아서 우리의 육체 속에서 또한 우리의 육체로서 육화되어 당신 자신을 드러내시는 하나님께 경청하기를 배운다. 우리는 호흡

하나하나에 주의를 기울이면서 우리에게 호흡으로 생명의 선물을 불어넣어 주시는 하나님께 귀를 기울이고 있다는 사실을 다소 모호한 방식으로 깨닫는다. 각각의 호흡이 우리에게 모든 호흡의 근원되시는 하나님의 집으로 돌아가는 길을 전달해 주고 있다는 사실을 설명할 수 없는 방식으로 깨닫게 된다.

주님의 음성 듣기

성 베네딕도는 처음에는 다소 복잡한 우리의 여정에서 주님의 음성을 듣는일과 관련된 중요한 점을 이야기한다. 그는 하나님께 경청하기를 배우는 평생의 여정에 대해 성서의 내용과 비슷하게 "만약 당신이 오늘 그분의 음성을 듣고자 한다면, 마음이 굳어지지 않도록 하라"고 말한다. 바로 지금 우리가 그렇게 간절히 듣고 싶어 했던 주님의 음성을 최후로 듣는 이 순간에 어찌 우리 마음을 완고하게 할 수 있는가? 이것이 바로 예수님이 사랑과 텅빔의 주님이신 이유이다. 그분은 친히 행하시고 말씀하셨던 모든 일에서 사랑으로 당신 자신을 비우셨다. 그분은 죽음 가운데서도 사랑으로 당신 자신을 비우셨다. 그분의 가슴은 창으로 찔려 뻥 뚫리셨다. 물과 피를 다 쏟으셨기에 예수님 안에 더 이상 아무것도 남아 있지 않았다. 예수님에게 아무것도 남겨진 것이 없게 되었을 때 유일하게 남겨진 것은 사랑이었다. 이 사랑만이 실제로 쭉 그분에게 있었던 유일한 것이었다. 사실 우리에게서도 마찬가지다. 그러나 자아 측면에서 우리는 사랑을 제외하곤 그 어떤 것도 남아 있지 않게 될 만큼 너무 완전하게 텅 빈 상태를 두려워한다. 그러므로 우리는 이런 구원의 해방을 상실한 채로 계속 불만족 속에서 허덕인다.

성 베네딕도의 말은 이렇게 불안정한 상황들이 어떻게 우리가 찾고 있는 것들에 우리가 더 가까워지게 하는지를 그대로 아는 사람에게서 나온 말이다. 자아는 이미 많은 것을 잃어버렸다. 자아가 지닌 스스로에 대한 환상들의 단단한 매듭이 겨우 유지될 정도까지 그 중심이 느슨해졌다. 이제 모든 것을 완전하게 내려놓고 당신을 따르라고 우리를 초대하시는 주님의 음성이 들려온다. 이것이야말로 사랑 이하의 것이거나 사랑이 아닌 모든 것에 대한 환상에서 자유로워지는 유일한 길이다.

사실 우리가 삶의 토대로 삼아 살려고 애쓰는 이미지화된 핵심(imagined center)이 이미 완전하게 주어졌다. 모든 일들이 어떻게 진행되고 있는지, 이 여정이 어떤 모습으로 드러날 것인지에 관한 우리의 모든 관심은 그리스도께서 계시하셨던 신비 속에 넘쳐난다. 이 신비란 우리가 행할 수 있는 어떤 것도 하나님께서 우리를 더욱 사랑하시도록 만들 수 없다는 점이다. 우리가 지금까지 행해 왔고, 늘 행할 수 있었던 어떤 것도 하나님께서 우리를 덜 사랑하시도록 만들 수 없다. 우리를 향하신 하나님의 사랑의 크기는 결코 우리가 행하거나 말하는 것들로 측정되지 않는다. 우리를 향하신 하나님 사랑의 유일한 척도는 우리에게 완벽하게 쏟아부으시고, 내어 주시는 그분 자신의 측량할 수 없는 범위이다. 하나님은 우리가 서 있을 때 그 서 있음 속에서 또한 그 서 있음으로서 당신 자신을 우리에게 쏟아부으시고 내어 주신다. 하나님은 우리가 앉아 있을 때 그 앉아 있음 속에서 또한 그 앉아 있음으로서 당신 자신을 우리에게 쏟아부으시고 내어주신다. 하나님은 우리가 웃을 때 그 웃음 속에서 또한 그 웃음으로서 당신 자신을 우리에게 쏟아부으시고 내어주신다. 우리가 울 때 그 울음 속에서 또한 그 울음으로서 당신 자신을 우리에게 쏟아부으시고 내어주신다.

그리스도께서 계시하셨던 것은 바로 이것이다. 곧 그리스도께서는 부족한 것이 아무것도 없다는 사실이다. 우리의 참 생명은 그 자체로 우리가 추구하는 하나님과의 합일의 현시이다. 그러나 우리의 자아는 단지 이 점을 놓치고 있다. 그러므로 결국 우리는 모든 고집스러운 태도에도 불구하고 그 무엇과도 바꿀 수 없을 만큼 우리가 아주 귀하다는 사실과 하나님과 하나라는 사실을 깨닫지 못하는 자기 자신에게까지 그리스도의 자비로운 사랑을 확장시키는 일을 배운다.

요약하면 우리는 지금까지 하나님을 향한 자기 변형이라는 수도원의 묵상 여정을 이해하기 위한 풍부하고 탄탄한 방법을 탐구해 왔다. 우리는 앉아서 자신을 하나님께 내어 맡기고 있다. 이 하나님은 영원 전부터 우리의 생각하는 자아와 이 자아의 모든 생각들 속에서 또한 이것들 자체로서, 우리의 기억하는 자아와 이 자아의 모든 기억들 속에서 또한 이것들 자체로서 당신 자신을 완전하게 우리에게 내어주신다. 우리의 욕망하는 자아와 이 자아의 모든 욕망들 속에서 또한 이것들 자체로서, 우리의 느끼는 자아와 이 자아의 모든 느낌 속에서 또한 이것들 자체로서 당신 자신을 우리에게 완전하게 내어주신다. 이 하나님은 영원 전부터 우리의 호흡과 몸 자아 속에서 또한 이것들 자체로서, 생명을 유지시키고자 숨쉬는 호흡 하나하나 속에서, 그리고 이 호흡 하나하나로서 우리의 불신하는 자아와 이 자아의 모든 어리석음과 후회스러운 불신들 속에서, 또한 이것들 자체로서 당신 자신을 우리에게 완전하게 내어주신다.

앉아 묵상하면서 단순히 있는 그대로의 우리의 전부가 하나님을 향한 조용하고 애정 어린 개방 속에서 그대로 드러난다. 하나님은 단순히 있는 그대로의 우리의 모든 것 속에서 또한 그 모든 것으로서 영원히 당신 자신을 온전하게 드러내신다. 물론 우리는 묵상을 시작하기 전부터도 어느 정도는 이런 합일의 신비를 알고 있었다. 어쨌든 우리는 우리의 생명이신 하나님과의 하나임을 각성하도록 우리를 초대하시는 예수님의 돌아온 탕자의 비유와 그 밖의 말씀들을 이미 읽었다. 우리는 재빠르게 지나가는 자연발생적인 묵상적 자각의 순간들을 이미 알고 있다. 이 자각의 순간들 속에서 우리는 하나님과 하나임을 직접적으로 맛보았고 그것에 순복되었다. 묵상 중에 우리는 다만 우리 손바닥의 손금을 읽어 알듯이 그렇게 명확하고 내밀하게 이런 기쁜 소식(Good News)을 깨닫게 된 것일 뿐이다.

사실 이런 인식이 우리 안에서 자랄수록 우리는 계속해서 그렇게 명확하게 알고 있던 것을 잊어버린다. 그러나 그것과 상관없이 이런 인식이 발생할 때마다 우리는 자기 자신을 향한 그리스도와 같은(christlike) 긍휼을 새롭게 시작한다. 자기 자신을 향한 그리스도와 같은 긍휼을 새로이 시작하면서, 우리는 하나님과 우리와의 결코 끝나지 않는 하나임을 망각하더라도 다시 한 번 스스로를 무엇과도 바꿀 수 없이 귀한 존재, 하나님과 하나인 존재로 인식한다. 이러한 그리스도와 같은 긍휼 속에 안정되게 자리잡는 일을 배우면서, 우리는 모든 고집스러운 태도에도 불구하고 타인들이 매우 귀중하며 얼마나 철저히 하나님과 하나인지를 인식하는 일을 배운다. 성 베네딕도가 영적 수련으로서의 공동체적 삶의 중요성을 강조하면서 우리 마음에 상기시켜 준 것은 바로 관상적 자기 변형에 속한 이러한 공동의 차원이다. 우리의 눈이 세상 속에서의 묵상적 삶이라는 필수적 차원을 향해 열리는 것은 바로 타인들과 우리의 자비로운 상호작용 속에서다.

나는 내가 어떻게 익명의 알코올 중독자들의 모임(Alcoholics Anonymous)을 울타리 없는 수도원 공동체로 처음 경험하게 되었는지에 대해 나누고자 한다. 임상심리학 박사과정 수련의 일환으로 나는 재향 군인 대형 병원 안에 있는 알코올과 약물 중독 환자들을 위한 30일 입원치료센터에서 일했다. 이 치료센터에 입원한 환자들을 위해 입회의식이 고안되었다. 내가 그곳에 머물 때까지는 이 입회의식이 지속적인 전통이 되었다. 이 입회의식은 한 사람이 이 치료 모임의 구성원으로 받아들여지기 위해 거쳐야 하는 과정의 일부였다.

입회의식은 병동 안의 큰 방에서 치러졌다. 50명 남짓의 사람들이 방의 네 벽면을 등지고 서로 얼굴을 마주보며 의자에 빙 둘러앉아 있었다. 그들이 둘러앉은 방 중앙에는 네 걸음쯤 떨어져서 서로 마주 보고 있는 두 개의 의자를 제외하곤 가구 하나 없이 텅 비어 있었다. 치료 모임에 받아들여지기를 바라는 알코올 중독자가 구성원 중 한 사람의 안내를 받아 방 안으로 들어왔다. 안내자는 새 입회자에게 방 중앙에 위치한 두 의자 가운데 하나에 앉으라고 지시했다. 새 입회자가 방으로 안내받아 들어왔을 때 네 벽면을 둘러앉아 있던 다른 알코올 중독자들은 모두 새 입회자가 기대했던 눈 맞춤, 미소, 어떤 반응도 주지 않은 채 바닥을 바라보고 있었다.

새 입회자가 의자에 앉자 입회식을 진행하던 치료 모임의 한 사람이 반대편 의자에 앉는다. 그는 입회자의 눈을 똑바로 바라보며, "당신이 가장 사랑하는 것이 무엇입니까?"라고 물었다. 술에 잔뜩 취해 휘청거리면서 많은 경우 길을 헤매었던 기억이 생생한 그 입회자는 종종 '내 아내'라는 말을 무심결에 내뱉곤 했다. 그때 네 벽면을 따라 앉아 있던 사람들이 일제히 "헛소리하네!"라고 큰 소리로 고함을 치는 바람에 갑자기 방 안 침묵이 산산조각 깨지고 말았다. 당황하고 불안해진 신입자는 그 자리에 있던 모두가 여전히 바닥을 내려다보고 있어 죽은 것처럼 심각한 침묵에 둘러싸인 채 집단 한가운데 앉아 있는 자신을 발견했다. 어느 누구도 그 신입자의 자기파괴적인 자기기만에 대해 퉁명스러운 도전적 반응을 준 것 외에는 어떤 인간적인 접촉도 하지 않고 있었다.

면담하던 사람은 지체 없이 다시 한 번 "당신이 가장 사랑하는 것이 무엇입니까?"라고 물었다. 새 입회자는 이번에는 약간의 공포심을 가진 채로 '내 아이들'과 같은 말을 자주 대답하곤 했다. 그때 치료 모임의 모든 구성원들은 또다시 "헛소리하네!"라고 고함을 질렀다. 이런 고함은 새 입회자가 마지막으로 '술'이라고 대답할 때까지 계속되곤 했다. 이 대답을 하게 되면 방 안의 모든 사람들이 갑자기 박수를 치기 시작했다. 새 입회자는 의자에서 일어서라는 지시를 받는다. 치료 모임의 구성원들이 일렬로 줄을 섰다. 절대로 한 마디의 말도 없는 침묵 속에서 한 사람 한 사람이 새 입회자에게로 다가온다. 그를 환영하면서 진심 어린 마음으로 잠간 포옹해 주기 위해서였다. 때때로 나는 새 입회자의 눈에서 흐르는 눈물을 보곤 했다. 그 눈물은 내 눈에서도 흘렀다. 나는 이 알코올 중독자가 아마도 처음으로 오랫동안 감동적인 순간이었던 때가 바로 이때란 사실을 알 수 있었다. 이 순간은 여정의 마지막이 그 긴 여정의 첫 부분임을 보여주었다.

이 입회의식에 참여할 때마다 나는 내가 갑자기 울타리 없는 수도원에 들어와 있다고 느꼈다. 모든 본질적인 요소들이 현존하고 있다. 곧 힘겨운 입문 과정, 전체 과정을 주관하는 치료 모임의 연장자, 우리 자신의 의지로는 얻기 힘든 자유를 구하는 일, 이 여정을 따라 한 걸음 한 걸음 걸을 때마다 우리를 자유롭게 하는 그 놀라운 은총의 맛을 바로 이런 자신의 무능력 속에서 찾는 일, 우리에게 전해졌던 하나님의 관대하심을 다른 사람들에게 전하는 일 등이 현존하고 있다.

이 오랜 여정은 우리가 자비로운 사랑을 자신과 타인을 향해 널리 베풀기를 배워가며 우리 모두가 다 함께 하는 여정이다. 우리는 묵상적 긍휼로 변형된 시각을 통해서 하나님께서 매우 깊게 사랑하셨던 세상을 바라본다. 하나님은 당신 자신을 세상 속에 완전하게 감추시기까지 이 세상을 매우 깊게 사랑하셨다. 우리는 우리들처럼 자아가 범하는 실수로 괴로움을 겪고 있는 타인들을 바라본다. 그들의 자아가 범하는 실수란 자신이 누구인지, 무엇과 관련되어 있는지에 대한 실수이다. 우리는 주의 긍휼에 마음이 움직여서 묵상의 침묵과 일상의 삶에서 우리에게 전해진 것을 할 수 있는 한 최선을 다해 다른 사람들에게도 전달하라는 압박을 받고 있다.

제6장

자기 변형의 여정

묵상과 관련하여 두렵고 경이롭게 느껴지는 점은 이것이 실제로 효력이 있다는 것이다. 앉아서 온 마음을 다하여 조용하고 고요하게 우리의 호흡에 주의를 기울이면, 우리 자신들의 습관적인 자아 경험의 단단한 매듭이 느슨해진다. 조용하고 고요하게 앉아 있는 일에는 어떤 것에도 매달리거나 거부하지 않는 무언가가 있다. 그리고 자아의식이 파악하거나 담을 수 있는 것을 넘어서는 하나님과 하나 됨의 경험을 가능하게 하는 무엇인가가 있다.

일상 속에서 매일 묵상 수련을 시작하게 되면, 스스로를 경험하는 우리의 오래되고 친숙한 자아 기반적 방식들이 전적으로 새로운 묵상 경험에 순복하고 길을 내준다. 이 자아-변형 여정의 중심에서 우리는 진심 어린 절박함으로 조용하게 질문하게 된다. 내게 일어나는 일을 어떻게 이해할 수 있을까? 지금까지 경험되어 왔던 나라는 존재가 사라지는 이 신비스럽고 때로는 고통스러운 죽음을 어떻게 처리할 것인가? 이 소멸과정에서 태어나는 이 영적 성취와 하나님과 하나임에 대한 이 새로운 감각을 어떻게 이해할 것인가? 그리고 점차 나의 진정한 삶이 되어 가는 이 직접적으로 깨달은 하나님과 하나임에 대해 가능한 한 적게 저항하는 법을 어떻게 배울 것인가?

나는 이 책 전체에서 다루고 있는 그리스도교 묵상에 대한 접근방법을 요약하는 방식으로 이 네 가지 질문을 개인적으로 어떻게 이해하고 있는지 함께 나누고자 한다. 그러면 익명의 14세기 영국 작가의 고전 『무지의 구름』(*The Cloud of Unknowing*)과 16세기 스페인 신비가 십자가의 성 요한의 작품이 이 네 가지 근본적인 질문들에 관해 답했던 것들을 다루도록 하자. 이 두 신비가의 저술에 의지하는 일은 그리스도교 신앙에 있는 풍부한 신비주의적 유산에 친숙해지려는 지속적인 노력을 통해 전진하는 하나의 방식을 제공해 줄 것이다.

우리에게 무슨 일이 일어나고 있는지 이해하기

영적 깨달음은 경이로운 것이고, 어떤 점에서는 파괴적인 사건이다. 영적 깨달음의 여파로 우리는 무엇인가가 발생했고 그것이 우리를 어떤 식으로든 변화시킨다는 것을 안다. 이것이 바로 묵상적 삶의 방식을 더욱더 추구하는 우리의 상황이다. 동시에 우리는 묵상 속에서 하나님을 찾으려는 욕구를 갖고 있지 않다는 것을 안다. 그때 무언가가 발생했다. 어떤 종류의 깨달음은 존재의 뿌리를 벌거벗기고, 지금 우리가 이해하기를 원하는 완전히 새롭고 더 내면적인 방향으로 우리의 삶을 출발시킨다.

이 이해하려는 욕구는 쓸데없는 호기심에서 비롯되는 것이 아니다. 오히려 대단한 명확성과 약간 잘못된 노력과 지연을 수반하고 있는 더욱 내면적인 이 행로를 우리가 지속할 수도 있다는 희망으로 생겨난 것이다.

우리 안에서 일어나는 변형을 완전하게 이해하기 위해서는 하나님의 마음을 품어야만 한다. 내주하시는 성령께서 우리를 비밀스럽게 이 자기 변형의 길로 인도하신다. 그러나 이것이 우리 안에서 일어나는 궁극적으로 파악할 수 없는 변형의 본성에 대해 우리가 어떤 기본적인 것조차도 파악할 수 없다는 것을 의미하는 것은 아니다. 실제로 인간인 우리에게는 삶 속에서 상황을 파악하며, 정확한 자기이해를 증진하려는 욕구의 뿌리가 깊다. 그래서 우리가 의식적이고 효과적인 방법으로 살아갈 수 있는 것이다.

이런 자기 이해를 증진하는 한 가지 방식은 하나님과 하나 됨의 묵상 경험을 갑작스럽게 접하게 되었던 그 순간을 되돌아보는 것이다. 이 시점에서 모든 것은 고도로 개인적인 것이 된다. 우리 각자는 인간으로서 어떻게 신적 기원과 삶의 성취를 발견하고 응답하는지에 대한 하나의 우주적 이야기의 독특한 편집본에 따라 살고 있는 것이다.

나 자신의 영적 깨달음의 기원에 대해 돌이켜 생각해 볼 때 나는 마음의 눈으로 열두 살 때 오하이오 주 애크런 시에 있는 성 버나드 교회의 뒷자리에서 이상하게도 달콤하고 양육적인 현존에 휩싸여 앉아 있었던 자신을 돌아보게 된다. 여러분이 하나님과 하나임에 대한 자연발생적 묵상 체험의 사례들을 처음으로 경험하게 되었던 순간을 뒤돌아보면, 아마도 세부적인 것들에 있어서는 나와 전혀 다르다는 것을 기억하게 될 것이다. 그러나 그 모든 순간들이 공유하는 것은 묵상 체험들이 자아의식과 자신을 동일시하려는 습관적인 경향성에서 벗어나게 한다는 사실이다. 그렇다고 해서 그런 순간에 자아의식이 말살되는 것은 아니다. 생각할 수 있고, 기억할 수 있고, 갈망하고 느낄 수 있는 능력, 그리고 신체 감각을 느낄 수 있는 능력은 지속적으로 존재한다. 묵상 경험의 분출은 거의 순간적이고 미묘한 것이어서 우리의 사고, 기억, 자아의식의 모든 한계치를 초월하는 것이다.

자연발생적인 묵상적 자각의 순간들이 지나가면서 우리는 자아의식으로 돌아간다. 그러나 변화된 채로 돌아간다. 이제 우리는 비록 우리가 분명히 자아이기는 하지만, 단순한 자아가 아니라는 것을 경험으로 알게 된다. 우리는 좁은 공간에 대한 공포가 있고 일차원적인 자아가 묵상적 자각에서부터 멀어지려는 경향이 있음을 경험을 통해 알게 된다. 우리는 자아의식이 지속적으로 기본적인 인식 작동 근거가 되고자 하는 만큼 우리의 삶에 불충분함에 대한 감각이 오랫동안 지속적으로 만연해 있음을 느낀다. 우리는 우리가 누구인지 그리고 어떻게 삶을 살 것인지에 대한 최종 결정을 내림으로써 자아의식을 초월해야만 한다는 점을 깨닫는다. 우리는 더 깊은 물속을 탐험해야 한다. 우리는 자연발생적 묵상 체험의 순간에 언뜻 보게 되는 심연에 대한 묵상적 자각을 더 일상적으로 고수하면서 사는 일을 배워야만 한다. 특별히 그리스도교의 용어로 말하자면 우리는 그리스도께서 계시하시고 선포하신 하나님의 임재를 자신이 직접적으로 경험하기를 갈망한다. 우리는 우리가 보는 모든 것 속에서 하나님 사랑의 임재를 그리스도의 눈을 통해 보기를 갈망한다. 우리는 하나님과 하나임에 대한 그리스도의 체험이 우리의 일상적 삶의 습관적인 경험 방식이 되도록 변형되기를 갈망한다.

수도원에 있을 때 나는 버려진 외양간에서 매일 시간을 보내도 된다고 허락받았다. 종국에는 이 외양간 1층에 작은 은둔처를 만들어도 좋다는 허락을 받았다. 나는 작은 테이블, 양초, 방석, 그리고 몇 권의 책으로 이곳을 장식하였다. 작은 창문 커튼으로 삼베 자루를 사용하였다. 그러나 이 외양간은 이제 더 이상 존재하지 않는다. 수도원을 떠난 후 내가 은둔처로 사용했던 1층 작은 방에 목재 연료 난로가 설치되었다. 그것 때문에 결국 외양간에 불이 붙어 바닥까지 다 타버렸다.

나는 이 외양간의 작은 방에서 기도하고 책을 읽으며 대부분의 시간을 보냈다. 나는 건초 더미 위에 앉아서 목초지와 주위 숲을 바라보았다. 내가 거기에서 읽은 책 중 한 권이 『무지의 구름』이었다. 이 책을 읽으면서 마치 이 익명의 14세기 저자가 내가 경험한 변화를 이해하려는 나의 몸부림을 알고 있는 것처럼 느껴졌다. 나는 그 책 속에서 어떻게 관상 기도를 수련할 것인가에 관해 느꼈던 혼란을 떨쳐버릴 수 있는 더욱더 상세한 정보를 찾으려고 노력했다. 나는 다음과 같은 익명의 저자의 말을 읽었다.

> 만약 여러분이 내게 사랑이라는 관상적 작업을 어떻게 행할 것인가를 상세하게 묻는다면, 나는 어쩔 줄 몰라 할 것이다. 내가 말할 수 있는 전부는 전능하신 하나님께서 그의 위대한 선하심과 친절하심으로 여러분을 가르치실 것이라는 점이다. 왜냐하면 솔직하게 말해서 나는 모른다는 것을 인정해야만 하기 때문이다. 그리고 그럴 수밖에 없는 것은 그것이 신적인 활동이고 하나님은 당신이 선택한 자들 안에서 그것을 행하시기 때문이다.... 또한 나는 우리 주님이 자신을 전혀 슬프게 하지 않았던 사람보다는 그에 비해 늘 죄를 지었던 죄인들을 의도적으로 선택하신다고 믿는다. 그렇다, 그분은 종종 이렇게 하시는 것으로 보인다. 왜냐하면 나는 그분이 자비로우시며 전지전능하시고 완전히 자유롭게 원하는 것으로, 원하는 장소에서, 원하는 때에 일하시는 분이심을 우리들이 깨닫기를 원하신다고 생각하기 때문이다.[1)]

나는 이 위대한 신비가가 자신도 몰랐다고 인정하는 것을 들음으로써 내가 몰랐던 것을 인정하게 되었다. 더 중요한 것은 그의 겸손한 인정이 내게 일어났던 일을 기꺼이 내 식대로 이해하지 않으려는 행로를 따라 내가 하나님의 인도를 받고 있었다는 사실을 이해하기 시작하도록 도와주었다는 것이다. 나의 자기 변형의 길이 어디서 끝날지는 정말 알 수가 없다. 나의 유한한 마음이 어떻게 나를 이끌어 오신 하나님의 무한한 방법들을 이해할 수 있겠는가?

---

1) Johnston, *Cloud of Unknowing*, 90.

우리가 개념적으로 알 수 있는 것들을 경험하고 있다는 점에 대한 이해의 시작은 그 자체가 더욱 영적인 기반을 가진 새로운 이해의 시작인 것이다. 실제로 익명의 저자는 우리가 묵상 행로의 시작 단계에서 두 가지 다른 이해 방식 사이의 과도기에 있다는 점을 이해하도록 돕기 위한 시도로서 그의 책에서 다루기 시작한다. 실로 우리는 두 가지 다른 존재 방식 사이에 있다. 그는 이렇게 썼다.

> 이 책의 메시지를 파악할 수 있도록 은총으로 준비된 사람들로서 활동적 삶에 현재 참여하고 있는 사람들이 있다. 나는 내면 깊은 곳에서 사랑하도록 뒤흔드는 성령의 신비한 활동을 느끼는 사람들을 생각하고 있다. 나는 그들이 숙련된 관상가들처럼 지속적으로 성령의 이런 감동을 경험한다고 말하는 것은 아니다. 그러나 그들은 바로 그들 존재의 핵심에서 관상적 사랑에 관련된 무엇인가를 이따금씩 맛본다.[2]

『무지의 구름』의 저자가 **활동적 삶**이라는 용어를 사용할 때 그는 삶의 한 방식을 지칭한다. 그가 언급한 삶의 방식에서 우리의 정체성과 안정감은 우리가 이미 이루었고 우리의 노력을 통해 이룰 수 있는 모든 것과 밀접한 관계가 있다. 이 저자는 바로 우리 존재의 핵심에서 걷잡을 수 없는 사랑의 감동이 갑자기 하나님 사랑의 임재에 대한 자각으로 우리의 눈이 시력을 잃을 때, 활동을 계속하고 자신의 일에 마음을 쓰며, 활동적 삶을 살아가는 제 자신을 바라보도록 초대한다. 하나님 사랑의 임재는 우리 노력으로 설명할 수 있거나 도달할 수 있는 것을 전적으로 초월한다.

우리는 이런 걷잡을 수 없는 사랑의 감동을 이해할 수도 없고 통제할 수도 없다. 이것은 너무 힘들어 이해하고 통제하지 못하는 모든 것 한가운데로 예고 없이 치솟아 오른다. 우리는 단지 이 걷잡을 수 없는 사랑의 감

---

2) Johnston, *Cloud of Unknowing*, 44.

동에 자신을 열어놓을 수 있을 뿐이다. 우리는 단지 할 수 있는 한 최선을 다해 자기 자신을 이 걷잡을 수 없는 사랑의 감동에 취약하게 만들 수 있을 뿐이다. 그렇게 하면서 우리가 하나님과 하나임을 깨달을 수 있기를 희망하면서 말이다. 하나님과 하나임 안에서는 이런 이해, 달성, 통제와 같은 개념들은 아무런 의미를 지니고 있지 않다.

여정의 처음 단계에서 우리는 걷잡을 수 없는 사랑의 감동을 단지 '가끔씩' 경험한다. 그러나 저자는 이 감동을 지속적으로 경험하는 '숙련된 관상가'들이 있다고 말한다. 그리고 이것은 우리도 언젠가는 하나님의 은총으로 이 걷잡을 수 없는 감동을 늘 경험할 수 있게 될 것이라는 희망으로 가득 차게 해 준다. 그러나 요점은 하나님의 사랑이 이미 우리로 하여금 습관적인 감각으로부터 벗어나도록 해 주기 시작했다는 것을 우리가 이해해야 한다는 것이다. 그리고 스스로에 대한 자아 기반적 경험 방식에서 벗어나도록 해 주는 신적 사랑은 우리가 경험한 적이 없을 만큼 깊고 더 습관적인 하나님과의 하나임의 상태 속으로 우리를 지속적으로 유인한다는 것이다.

『무지의 구름』 저자가 말했듯이 우리 대부분에게 있어서 관상적 행로의 개시는 하나님의 임재를 경험하는 전적으로 새롭고 더 묵상적인 방식으로 우리를 일깨워 주는 촉발적 사건으로 시작된다. 하나님은 우리의 자아가 설명하거나 도달할 수 있는 모든 것을 초월하는 사랑에 주의를 기울이도록 촉구하고 알리면서 우리에게 다가오신다. 자각의 사건은 하나님의 내주하시는 성령께서 우리를 일깨워 주었던 그 사랑의 심연 속으로 우리를 이끄시는 여정을 시작하게 한다.

그러나 때로는 이런 방식으로 이루어지지 않는다. 때때로 하나님은 우리가 알 수 없는 사랑의 비밀작전으로 우리에게 접근해 오신다. 특정한 시점에 하나님께서는 하나님께 속한 것에 대해 우리가 늘 하던 방식으로 기도하고 반성하는 일에 당혹케 하여 우리가 아무것도 할 수 없도록 우리 안에서 활동하신다. 이런 상태에서는 하나님의 임재를 지각하는 질적으로 더 풍부한 방법을 깨달을 수 없다. 그 대신 우리의 마음속에서 비밀스럽게 움직이는 신적 신비가 하나님께 속한 것에 대해 기도하고 반성하는 습관적인 방식에서 만족을 끌어내는 우리의 능력을 해체해 버린다. 이런 경험들로 우리는 정말 낙심하게 될 수 있다. 그러나 우리가 이렇게 아무것도 할 수 없는 상태 속에서 쉬는 것을 배우게 된다면, 하나님의 임재를 지각하는 새롭고도 더욱 미묘하고 내적인 하나의 방식이 천천히 우리 안에 나타나기 시작할 것이다.

십자가의 성 요한은 위대한 스승이다. 그는 사고와 이미지들을 사용하는 추론적 묵상(discursive meditation) 수련과 기도와 같은 습관적으로 해 오던 방법들이 왜 이전처럼 더 이상 그들에게 위로와 안심을 주지 못하는지를 이해하려고 진심으로 노력하는 사람들에게 위대한 스승이다. 그는 이러한 정화되고 변형시키는 과정의 경험을 어둔 밤을 통과하는 과정과 비교했다. 영혼의 어둔 밤을 통해 하나님께서는 하나님보다 못한 다른 무엇인가에 우리의 안전과 정체성의 근거를 두려는 우리의 경향에서 우리를 떼어 놓으신다. 나는 나 자신을 십자가의 성 요한에게 감사하는 독자들 중 하나로 꼽는다.

내가 십자가의 성 요한의 저술 속에서 가장 도움을 받은 것 중 하나는 그가 제시한 아래의 세 가지 표징이다. 이것은 초보자들이 스스로 보다 더 내면적이고 묵상적인 기도 형태로 이끌려 가고 있는지를 알아차리는 데 사용할 수 있다.

그가 말하는 세 가지 표징 중 첫 번째는 '추론적 묵상을 할 수 없거나 이전처럼 그것에서 만족을 얻지 못한다는 깨달음'이다.[3] 우리는 성서를 읽

3) Kavanaugh and Rodriguez, *Saint John of the Cross*, 189.

고 기도하는 일에서 또한 하나님에 관한 사고와 이미지를 사용하면서, 추론적 묵상을 하는 데서 영적 만족감을 얻었던 날들을 돌아볼 수 있다. 그러나 지금은 이런 형태의 기도와 성찰들이 우리들을 메마르게 만들고 충족하지 못하도록 만든다. 십자가의 성 요한은 이 첫 번째 표징을 제시하면서 하나님께 속한 것들에 대해 습관적으로 기도하고 성찰하는 방법에서 만족을 끌어내지 못하는 무능이, 그것 자체로 또한 자동적으로 우리가 더 관상적인 기도의 형태를 요청하는 하나의 표징이 아니라는 사실을 신중하게 언급하였다. 왜냐하면 그가 지적했듯이 우리의 '상상과 묵상으로 아무것도 할 수 없음'은 아마도 우리의 '근면함의 상실이나 결여'에서[4] 기인하는 것일 수 있기 때문이다. 우리의 기도는 삶을 살아가는 방식을 측정하는 하나의 척도이다. 기도에 나타나는 어려움들은 하나님이 원하는 삶의 방식이라고 알고 있는 것을 무시하거나 타협하고 있는 것이 무엇인지 점검하고 확인할 필요가 있다고 암시하는 것이다.

두 번째 표징은 '외부의 것이든 내부의 것이든 다른 특정한 대상에 대한 상상력 또는 감각 능력에 고착되는 것을 꺼림'이다.[5] 곧 두 번째 표징이 시작되면서 우리는 단순히 우리가 하나님께 속한 것들에 대한 성찰에서 만족을 얻을 수 없는 처지에 놓여 있다는 것을 깨닫게 된다. 왜냐하면 우리는 이 세계에 속한 것들에 관한 생각도 역시 만족을 주지 않는다는 것을 알아차리기 때문이다! 십자가의 성 요한이 조심스럽게 지적한 바에 의하면, 하나님께 속한 것들이나 매일의 삶의 실재들에 관한 생각으로는 만족을 얻을 수 없다는 경험 그 자체가 우리가 하나님의 임재를 경험하는 더 내적이고 묵상적인 방식을 촉구해야 할 하나의 표징은 아니라는 사실이다. 왜냐하면 그가 말했듯이 무엇인가에 관한 생각에서 전혀 만족을 끌어내지 못하

4) Kavanaugh and Rodriguez, *Saint John of the Cross*, 190.
5) Kavanaugh and Rodriguez, *Saint John of the Cross*, 189.

는 것은 아마도 '마음속에서나 뇌 속에서 감각 능력의 확실한 마비와 중단을 만들어내는… 우울증'에 기인할 수도 있기 때문이다.[6] 오늘날 우리가 하나님께 속한 것에 관한 생각에서 어떠한 만족도 얻지 못하는 이유는 우리가 우울하기 때문이라고 말할 수 있다. 우울증을 나타내는 하나의 징후는 집중하기가 어려워지는 것이다. 또 다른 우울증의 징후는 일상의 경험들 속에서 만족감이나 즐거움을 경험하기가 불가능하다는 것이다.

이것은 우리가 우울함과 어둔 밤 속에 동시에 있을 수 없다는 것을 의미하지 않는다. 이 둘을 혼동하지 않는 것이 중요하다. 우울증은 무가치한 느낌, 미래에 대한 절망감, 그리고 삶을 살아가고 즐길 능력이 축소된 증상과 관련이 있다. 어둔 밤은 우리의 삶 속에서 기도하고 하나님의 임재를 경험하는 습관적 방식의 고통스럽고 혼란스러운 상실이다. 우리는 이해할 수 없는 낯설고 새로운 장소에서 아직까지 자유롭지 않은 채 척박한 느낌을 갖게 된다.

십자가의 성 요한은 어둔 밤에 속한 "세 번째이자 가장 확실한 표징은 사람이 하나님에 대한 사랑의 자각 속에 특별한 숙고 없이, 내적 평화 안에서 조용하게 휴식하며 지성, 기억, 의지의 활동이나 훈련 없이, 홀로 머물기를 좋아한다는 것이다. 이러한 사람은 어떤 특별한 지식이나 이해 없이… 오직 보편적인 사랑의 자각과 지식 안에 머무는 것을 선호한다"고 말했다.[7]

십자가의 성 요한은 밤에 홀로 깨어 있는 상태에서 창문을 열고 침묵 속에 앉아서 달빛이 비치는 세계를 바라보는 것을 좋아하곤 했었다고 말했다. 그런 침묵과 고독한 가운데 주의를 집중하는 것에는 그 자체로 조용하게 주어지는 파악할 수 없고 엄청난 무언가가 있다. 보편적인 사랑의 자

6) Kavanaugh and Rodriguez, *Saint John of the Cross*, 190.

7) Kavanaugh and Rodriguez, *Saint John of the Cross*, 189-190.

각에 조용하게 굴복한 그 순간은 사고나 느낌, 혹은 자아가 스스로를 존속시키기 위해 사용하는 무언가에 의해 규정되지도 않고 존속되지도 않는다. 이런 순간 속에서 우리는 보편적 사랑의 자각에 의해 존속된다. 이 보편적 사랑의 자각은 우리가 그 자각 속에 스스로를 안정되게 자리 잡게 하면 할수록 서서히 자라고 깊어진다.

이 보편적 사랑의 자각에 대해 성찰하면서 십자가의 성 요한은 이렇게 덧붙였다. "사람이 상상을 일부러 관련없는 것들에 고착시키기를 원하지 않는다고 해서 나는 상상이 오고 가는 일이 멈출 것이라고 단언하지 않는다. 상상은 대개 깊은 기억에서조차 자유롭게 활보한다."[8] 십자가의 성 요한이 말했던 보편적인 사랑의 자각 안에서 여러분이 조용하고 고요히 앉아 있을 때 생각들과 이미지들은 지속적으로 자신의 마음을 통과하여 지나간다. 여러분은 방의 시원함과 따뜻함, 시계의 똑딱거림, 저 밀리 어딘가에서 들리는 짐승 짖는 소리를 알아차린다. 지금 여러분은 자신의 호흡소리를 지각하고, 손은 무릎 위에 놓아 휴식을 취한다. 여러분은 이런 것들 중 어떤 것도 자각하지 않기 위해 노력할 필요가 없다고 느낀다. 또한 이런 것들 중 그 어떤 것에도 초점을 맞추고 싶어 하지 않을 것이다. 무엇을 하겠다는 의도도 없다. 목표도 없다. 그 안에서 말없이 쉬고 있을 때 천천히 커지고 깊어지는 보편적인 사랑의 자각만이 있을 뿐이다.

이 보편적 사랑의 자각 안에서 모든 불투명한 것들이 반쯤 투명해지고, 그리고 투명해진다. 단단히 묶인 모든 것들이 느슨해진다. 저쪽 구석 너머에 있는 의자, 문 옆에 잔뜩 쌓인 책들과 같은 단순한 것들의 이해할 수 없는 본성이 우리의 비간섭적인 응시(nonintrusive gaze) 속에 그 자신을 드러내기 시작한다. 자신의 외부 세계이자 자신 이외의 세계를 바라보고 있

8) Kavanaugh and Rodriguez, *Saint John of the Cross*, 189.

는 자신의 내부 존재에 대한 지각이 용해되기 시작한다. 있는 그대로 현재 순간에 단순하게 현존하는 일에 담긴 침묵의 신실성 속에 있는 그대로 존재하는 것의 어떤 신성함이 나타나기 시작한다.

우리는 이런 글들을 읽으면서 십자가의 성 요한이 말하고 있는 바 모두를 잘 이해할 수 있다. 이 이해가 우리를 두렵게 만들 뿐이다. 이것은 우리의 자아가 감당하기에는 전적으로 너무 많기도 하고 또 한편으로 너무 적기도 하다. 그렇다 하더라도 이런 말들을 들으면서 우리의 마음은 이 축복받은 하나님과 하나임을 깨닫고자 하는 갈망으로 깨어난다. 우리가 홀로 진정한 쉼을 발견할 수 있는 곳인 보편적 사랑의 자각에 조용하게 그리고 끊임없이 지속적으로 순종하려면 대단한 인내심이 필요하다. 우리는 우리 안에서 일어나는 것에 대한 이해 속에서 조금씩 성장한다. 우리는 자아의식과 동일시하려는 우리의 습관적 경향이 일련의 더 내적이고 묵상적인 경험에 순종하고 양보하기 시작한다는 사실을 이해하게 된다. 우리의 생각, 기억, 욕구, 느낌, 육체적인 감각이 천천히 우리 안에서 성장하고 있는 하나님과 하나임에 대한 내밀한 깨달음을 유지하고 설명할 수 있는 능력에 점점 적합하지 않다고 입증됨을 깨닫게 된다. 우리는 하나님과 하나임이 진실이고, 그리고 그것이 우리의 생각, 기억, 욕구, 육체적 감각의 무한한 본성이라는 것을 조금씩 깨닫게 된다. 점차 우리는 우리의 참 생명이자, 실제로 존재하는 모든 것의 실재이신 하나님과 하나임을 깨닫는다.

두 부두 사이에 두 개의 밧줄로 묶은 작은 배 안에서 여러분이 잠들어 있다고 상상해 보라. 여러분의 작은 배를 묶은 밧줄 하나는 하나님과의 관계에 대한 이해와 습관적 경험의 방식들이라고 상상해 보라. 여러분의 작은 배를 묶은 또 다른 밧줄은 여러분과 여러분 자신, 타인들, 지구상에 있는 다른 모든 것들과의 관계에 대한 이해와 습관적 경험의 방식들이다. 여러분이 작은 배 안에서 깊이 잠들어 있을 때 삶 속에서 하나님의 임재를 경험하는 여러분의 습관적 방식을 묶었던 밧줄을 하나님께서 조용히 푸시고 그것을 물속으로 던져 버린다고 상상해 보라. 그러고 나서 하나님은 이 지구상에 속한 것들과의 관계 속에서 스스로를 경험하는 여러분의 습관적 방식과 여러분을 연결하는 밧줄 주위로 조용히 다가가서 그것을 풀고, 역시 물속에 그것을 던져 버리신다. 그리고 하나님은 웃지 않으려고 애쓰시면서 여러분을 깨우시고 여러분 배를 살짝 밀어 개방 수역으로[9] 보내신다. 몇 시간이 지난 것을 알아차렸을 때 여러분은 육지가 보이지 않는 먼 바다에 나와 앉아 있는 자신을 발견하게 된다! 그리고 그렇게 하나님께서는 밤의 어둠 속에서 신적인 것과 인간적인 것 양자와 관련된 우리의 습관적 방식에서 우리를 풀어 놓으신다. 우리는 낯설고 외로운 침묵 속에 남겨지게 된다. 이 침묵 속에서 전적으로 예견할 수 없는 하나님과의 합일이 출현하기 시작한다.

십자가의 성 요한은 말했다. “당신이 갖지 못한 지식으로 가려면 당신이 알지 못하는 방식으로 가야만 한다.”[10] 우리의 자아의식 안에서 이 진술을 읽으면, 우리는 그가 의미하고자 하는 것을 이해할 수 없게 된다. 우리는 이 진술을 서서히 우리의 처소가 되어 가는 보편적 사랑의 자각 안에서 읽으면서, 그의 말 속에서 말로 표현할 수 없는 신비의 메아리를 식별하게 된다. 우리는 조금씩 이 신비를 이해하는 일을 배우고 있다. 그럼에도 불구하고 하나님께 대한 우리의 사랑과 침묵의 순종에서 탄생하는 바로 이런 이해에 상응하여 스스로를 경험하는 습관적인 방식이 사라지는 일이 발생한다. 그래서 우리는 질문한다 — 내가 지금까지 나 자신이라고 경험해 왔던 나 자신이 소멸하는 이 신비스럽고 미묘하고 때로는 너무 고통스러운 일을 내가 어떻게 다룰 것인가?

9) 역자 주 : 개방 수역은 연안에서 멀리 떨어진 바다를 말한다.

10) Kavanaugh and Rodriguez, *Saint John of the Cross*, 150.

예전의 습관적인 나 소멸 다루기

우리는 묵상 속에서 습관적이고 자아 기반적인 경험 방식들이 더 내면적이고 모든 자아가 초월에 이를 수 있는 방식들, 곧 묵상적인 존재 방식들에 순복하고 양보하는 것을 이해함으로써 묵상 속에서 우리에게 무슨 일이 일어나는지를 이해할 수 있게 된다. 우리는 이러한 자기 변형 과정을 환영한다. 이것이 하나님과의 영원한 하나임을 자각하는 방식임을 깨달으면서 말이다. 그러나 이 변형 과정은 때로는 대단히 어려운 것이 사실이다.

자연에서 일어나는 변형의 과정에 대한 성찰은 이러한 이해를 증진시킬 수 있는 유용하고 유리한 점을 제공한다. 애벌레가 나중에 섬세하고 무지갯빛을 띤 날개를 가진 나비로 모습을 드러내고, 훨훨 날아 다니며 은신처를 스스로 만드는 방식을 보면 놀라게 된다. 우리의 신앙은 그리스도에게도 이 같은 일이 일어났음을 선포한다. 그분은 죽음의 은신처로 자유롭게 들어오신 한 인간으로 사셨고 빛과 생명으로 가득 찬 불사의 존재로 그리고 완전하게 변형된 존재로 자신을 드러내셨다. 우리의 신앙은 우리가 그리스도를 따름으로써 우리도 똑같은 일을 경험한다고 선포한다. 사도 바울은 고린도 교인에게 보낸 두 번째 편지에서 이것을 표현했다. "그런즉 누구든지 그리스도 안에 있으면 새로운 피조물이라 이전 것은 지나갔으니 보라 새 것이 되었도다"(고린도 후서 5:17).

번데기의 모습으로 단지 부분적으로만 변형된 애벌레는 날개를 가진 애벌레이기에 날기에는 너무 무겁다. 우리 인간도 이와 같다. 변형으로 인도하는 신앙의 힘이 의식 그 자체의 근원을 관통하고 변형할 신앙적 변형력을 아직 갖지 못하는 한, 우리 신앙인은 날개가 있는 애벌레와 같다. 우리 자아의식이 습관적인 작동 근거로서 그대로 남아 있는 한 우리는 하나님께로 날아오르라는 소명을 듣기는 하지만 지상을 향해 날아다니게 된다. 우리는 하나님의 섭리 안에서 돌보심을 받고 있다는 신앙을 갖고 있다. 그럼에도 아직까지는 두통이나 이웃과의 말다툼 또는 타이어에 구멍이 나는 것만으로도 이것이 자주 우리의 내적 평화를 약화시키기에 충분하다. 우리는 그리스도에 대한 신앙이 있다. 이 신앙은 우리에게 "두려워 말라"고 말한다. 그리고 아직까지는 미래가 갖고 있는 불확실성이 우리를 불안에 사로잡히게 한다. 우리는 그리스도께서 우리를 사랑하셨던 것처럼 우리도 다른 사람들을 사랑하라고 부르시는 소리를 듣는다. 그런데 우리는 아직 다른 사람들의 고통에 대해 진지하게 듣기를 두려워한다. 우리는 그들이 말할 때 그들의 눈을 바라보기를 회피한다. 왜냐하면 우리는 그들의 고통이 우리 때문이라고 주장할까봐 두려워하기 때문이다.

자아의식에서 만개한 묵상적 의식으로의 변형을 순식간에 깨닫는 자연발생적 묵상 체험의 순간이 있을 수 있다. 핏빛의 붉은 장미 한 송이의 향기에 취하여 우리 자신이 넋을 잃는 순간이나 어린아이의 눈이라는 깊이를 알 수 없는 우물을 조용하게 응시하는 순간은 우리에게 바로 그 존재의 성스러움(divinity)을 순간적으로 깨닫게 해 준다. 그러나 그런 순간에 묵상적 자각을 아직까지 습관적으로 자각하지 못하는 한 우리는 날개를 가진 애벌레로 머물러 있는다. 우리는 순간적인 해방의 섬광들 사이에서 오랜 기간 자아의식을 지향하는 영역 안에 머물러 있게 된다.

우리는 인간 사고의 습관적 작동근거로서의 자아중심적 의식과 동일시하려는 경향의 마지막 흔적이 마침내 용해되도록 앉아서 묵상하고 있다. 우리는 묵상을 하면서 생각을 지속적으로 할 수 있다. 그러나 더 이상 사고나 사고가 이해할 수 있는 모든 것으로 살지는 않는다. 우리는 묵상을 하면서 지속적으로 기억할 수 있다. 그러나 더 이상 기억이나 기억될 수 있는 모든 것들에 제한되지는 않는다. 우리는 앉아 있으면서 지속적으로 무언가를 의도하려고 할 수 있다. 그러나 더 이상 우리 자신의 의지나 우리의 의지가 획득할 수 있는 것에 제한되지 않는다. 우리는 앉아 있으면서 느끼기를 지속하려고 한다. 그러나 더 이상 우리의 느낌이나 느껴질 수 있는 모든 것들에 제한되지는 않는다. 우리는 앉아 있으면서 우리의 신체적 자아를 이 지구가 끝날 때까지 지속적으로 존재하게 하려고 한다. 그러나 더 이상 우리의 신체적 자아와 신체적 자아일 수 있는 모든 것에 제한되지는 않는다. 우리는 앉아서 우리의 모든 행동과 말 속에서 하나님 안에, 하나님을 위해, 하나님에 의해 살아가려고 한다. 우리는 묵상하면서 단순하게 존재하는 모든 것 안에서 우리 안에, 우리를 위해, 우리에 의해 살아계시는 하나님에 대한 습관적인 자각 안에서 살려고 한다.

우리는 매일 하는 묵상에 실제적으로 전념하면서 자아의식과 동일시된 채 머물러 있으려는 자기 내면 깊숙이 자리 잡은 습성의 현실들을 직접 대면하게 된다. 진실은 이렇다. 그 자신을 넘어서는 어떤 것도 알지 못하는 우리 자신의 자아에 기반한 지각(sense)은 그 영향과 조절의 범위를 초월하는 미지의 무의식의 심연에 개방하는 것을 두려워하는 것이다. 우리는 기꺼이 날개를 가진 애벌레가 되려는 마음으로 중간 정도는 갈 것이다. 이러한 자세로 묵상을 하게 되면, 우리의 자아를 손상되지 않게 할 뿐만 아니라 영적인 은사나 하나님과 하나임의 신비한 상태에 도달된 자아로 확장된다. 그러나 **의식 그 자체의**(of consciousness itself) 완전한 변형과 같은 급진적인 무엇인가에 우리 자신을 순복한다(surrendering)는 개념은 너무 큰 위험을 안고 있다. 생명이 하나님의 것이면서 동시에 우리 자신의 것임을 깨달을 수 있는 가능성은 우리가 이해할 수 있는 것 저 너머에 존재한다.

유치원에 가는 첫날 부모와 떨어지고 싶지 않아서 울고 있는 어린 소녀를 상상해 보라. 그 소녀의 부모는 그녀에게 유치원에 가지 않아도 된다고 말하여 그녀가 갖고 있는 두려움에 부응하지 않는 것이 매우 중요함을 알고 있다. 동시에 그 부모는 소녀가 지금까지 알았던 것보다 훨씬 더 큰 새로운 세상으로 갑자기 들어가야만 하기 때문에 갖게 되는 두려움을 이해할 수 있다. 그들도 역시 소녀가 갖고 있는 두려움의 어떤 면을 느끼고 있다. 부모는 그들의 자녀가 이러한 결정적인 순간에 변형되고 있다는 것을 알고 있다. 부모에게 있어서 이 순간은 이제는 더 이상 어린아이가 아닌 그들의 자녀를 붙잡지 말고 놓아 주어야 함이 요구되는 순간이다. 그러나 그들이 알고 있는 유일하고 진실된 해결책은 부모와 그들의 어린 소녀가 살아 가게 되는 삶의 꾸준한 탄력을 신뢰하는 것이다.

이 부모와 어린 딸 사이에는 사랑이 깃든 따뜻한 만남의 장소가 있다. 부모는 그녀가 문 밖으로 나갈 준비를 도우면서도 자녀가 눈물을 보이며 나타내는 걱정을 경청하고 이에 응답한다. 부모는 교실에 가까이 가면서도, 소녀를 안심시키려고 노력한다. 그리고 자녀에게 들어가기만 하면 새로운 친구들과 온갖 종류의 놀라운 일들을 발견하게 된다는 것을 알려 주려고 노력한다.

앉아 묵상할 때 우리는 자아라는 어린아이를 데리고 학교에 가는 것이다. 이 학교는 하나님과는 다른 이원론적인 존재에 관한 환상에 대해 죽는 것을 배워야만 하는 곳이다. 우리는 또한 우리가 하나님이라는 모든 종류의 과대망상에 대해서도 죽어야 한다. 묵상하면서 우리는 우리가 비틀거리며 내딛는 다음 발걸음을 하나님과 하나임이라는 깊은 깨달음 속으로 옮길 준비가 될 때까지 긍휼함과 인내심을 가지고 기다리는 것을 배운다. 사랑이 깃든 따뜻한 만남의 지점은 그리스도이시다. 이분은 우리 가운데서 하나님과 영원한 하나임 속으로 문턱을 넘어가도록 그의 자녀들에게 귀를 기울이시고 사랑하시며 도우시는 하나님으로 이해되시는 분이다.

바로 이것이 우리 스스로를 이해하는 오래되고 친숙한 방식을 어떻게 지속적으로 상실하게 되는지를 이해하는 하나의 방식이다. 그리고 이 방식으로 우리는 그리스도와 같은 긍휼함으로 자기 변형의 과정에 현존할 수 있게 되는데, 이 과정 속에서 사랑은 우리의 진정한 생명인 무한한 사랑에서 소외됨으로써 비롯된 환상과 두려움을 조금씩 조금씩 한 호흡 한 호흡씩 용해시킨다.

『무지의 구름』의 저자가 묵상에서 경험하는 어려움과 상실감을 다룬 것이 시사하는 바를 보기 위해서는 먼저 그가 제시하는 묵상 수련 지침을 소개해야만 한다. 그의 묵상 수련 지침을 나누면서 잠깐 동안 생각해 볼 것은 그가 자기 존재의 진정한 핵심 안에서 무조건적으로 솟구치는 사랑을 경험한 한 사람으로서 우리에게 말하고 있다는 것이다. 『무지의 구름』의 저자는 이 같은 무조건적으로 솟구치는 사랑 안에서 하나님의 부르심을 깨닫도록 우리를 초청한다. 이 하나님은 우리의 영과 하나님의 영이 하나인 신비한 심연 속으로 들어오라고 우리를 부르셨다. 우리는 하나님의 부르심에 응답하기를 갈망하면서 다음과 같이 질문한다. 이러한 하나님과 하나임이란 깨달음이 일어나도록 허용하기 위해서 우리는 무엇을 해야 할 것인가? 『무지의 구름』의 저자는 이에 다음과 같이 응답한다.

> 이것이 우리가 할 일이다. 그분의 선물을 위해서가 아니라 그분 자신을 위하여 그분을 갈망하는 부드럽게 솟구치는 사랑으로 여러분의 마음을 주님께로 들어 올려라. 여러분의 모든 주의력과 욕망을 그분에게 초점을 맞추라. 그리고 이것을 여러분의 이성과 마음의 단 하나의 관심사가 되게 하라. 여러분의 생각과 욕망을 하나님의 어떤 피조물이나 그것이 일반적인 것이든 특별한 것이든 그것들에 관여되지 않도록 자유롭게 유지하면서 이것 외의 모든 것을 잊기 위해 여러분의 모든 힘을 사용하라.[11]

여러분이 칠흑 같은 밤에 산 속에 서 있다고 상상해 보라. 그런데 갑자

---

11) Johnston, *Cloud of Unknowing*, 48.

기 저 멀리서 불빛이 반짝이는 것이 보인다. 어떤 사람들이 다가오자, 여러분은 그들에게 섬광의 불빛을 보았느냐고 묻는다. "아니요"라고 그들은 대답하며 되묻는다. "그 불빛이 어디 있었는데요?" 여러분은 불빛이 나온 어둠 속의 지점을 가리킨다. 다시 말하면 비록 여러분이 정확한 지점이나 빛의 종류를 모른다고 할지라도 여러분은 여전히 그 빛이 나온 지점을 가리킬 수 있다. 이와 유사한 방법으로『무지의 구름』저자는 앞의 글에서 다음과 같이 말한다. 여러분은 조용히 앉아 무조건적으로 솟구치는 사랑이 일어나는 곳인 자기 자신 안에 있는 깊은 장소를 내면적으로 대면할 수 있다. 자신의 깨어난 마음의 숨겨진 심연을 내면적으로 대면하면서, 여러분은 그것을 일깨워 주었던 신성한 사랑으로 여러분의 마음을 들어올릴 수 있다. 여러분은 그분이 여러분에게 베푼 사랑을 하나님께 되돌려주려는 단순한 의도로 앉아 있을 수 있다. 이와 같이 십자가의 성 요한에게서 살펴본 것들이『무지의 구름』저자에게서도 마찬가지로 진실하다. 이 두 그리스도교 신비가들에게 있어서 묵상이란 하나의 방법론이라기보다는 하나님께 대한 지속적인 개방성과 사랑의 태도를 지닌 아주 진지한 하나의 존재 방식이다.

익명의 저자는 위의 글에서 계속해서 말한다. 하나님께 대한 사랑의 개방적 자세를 유지하는 것은 여러분의 마음에 들어올 수 있는 하나님에 관해 숙고하는 어떤 생각까지도 멀리함으로써 가능하다는 것이다. 이 책 전체를 통하여 그는 '무지의 구름'에 거주하는 이 꾸밈없는 사랑(naked love)의 자세에 대해 하나님에 관한 모든 의도적인 사고로부터의 자유로움이라고 언급했다.『무지의 구름』의 저자는 이 점에서『신비신학』(*The Mystical Theology*)의 저자이며 또 다른 위대한 그리스도교 신비가인 아레오파고의 디오니시우스(Dionysius the Aeropagite)의 가르침을 따른다. 이 책은 익명의 저자뿐만 아니라 십자가의 요한, 그리고 수많은 그리스도교 신비가들과 신학자들에게 영향을 끼쳤다.

그리스도교 영성의 이러한 계보의 기준점은 성서 속에서 우리에게 자신을 계시하신 그분에 대한 관념을 통하여 우리가 하나님에 대해 알 수 있는 모든 것에 감사해야 한다는 것이다. 말하자면 우리는 하나님이 선이시고 사랑이시며 우리의 창조주이시다 등을 알게 되는 것에 감사해야 한다는 것이다. 그러나 그분에 관한 우리의 사고들을 통한 하나님에 대한 지식은, 그분에 관한 우리의 모든 생각들 너머에 온전하게 존재하시는 하나님의 완벽한 초월을 보지 못하도록 가리지는 않는다. 이런 것을 고려하여 『무지의 구름』 저자는 우리에게 하나님에 관한 우리의 습관적이고 의존적인 생각으로부터 자유함으로써 '무지의 구름' 속에서 우리가 할 수 있는 최선을 다함으로 하나님과 하나임의 초청에 응답하도록 촉구한다. 왜냐하면 그가 우리에게 말하듯이, '만약 이생의 삶 속에서 여러분이 그분 자신인 하나님을 느끼고 보기를 희망한다면 이 어둠과 이 구름 안에 있어야만' 하기 때문이다.[12]

그림을 완성하기 위해서 익명의 저자는 우리가 우리 위에 있는 무지의 구름과 함께 앉아 있을 때 우리 아래에 있는 무지의 구름에 상관되는 '망각의 구름(cloud of forgetting)'과 함께 앉아 있어야 한다고 제안한다. 망각의 구름은 익명의 저자가 기도 중에 일어나는 기억을 깊이 생각하거나 혹은 이 지구상의 사물들에 관해 생각하려는 우리의 경향을 중단한 채로 그냥 두려는 자세를 지칭하는 데 사용한 개념이다. 그러면 우리 위의 무지의 구름과 우리 아래의 망각의 구름 사이에서 꾸밈없는 사랑의 의도가 중지된 채로 우리는 하나님과 우리 자신들과 지구상의 모든 것들에 관한 생각에 의존하는 습관을 서서히 그만두게 된다. 우리는 그냥 앉아 있으면서 우

---

12) Johnston, *Cloud of Unknowing*, 49.

리의 사랑을 허용하며, 모든 생각들을 벗겨내어 그대로 드러내서 하나님께로 향해 올라가고, 자신 안에서 그분처럼 꾸밈없이 그분과 관련되어 이해될 수 있는 모든 생각들을 온전하게 넘어서야 한다. 우리는 단순하게 앉아서 사랑만이 우리의 지침이며 우리의 현존이고, 우리의 나아갈 길이 되도록 허용해야 한다.

우리는 이렇게 간단하게나마 익명의 저자의 일부 묵상 지침들을 제시함으로써 생각에 대해 습관적으로 의존하지 않는 것이 얼마나 힘든 일인지를 그가 매우 세심하게 고려했음을 지적할 수 있다. 그는 자신이 제안한 묵상 수련에 충실하도록 촉구하면서 아래와 같이 독려한다.

> [이러한 사랑의 관상적 수련 안에서] 여러분이 그 안에서 기쁨을 느낄 때까지 부지런히 인내하며 계속하라. 묵상을 시작할 때는 여러분의 마음에 일종의 어둠, 곧 무지의 구름을 느끼는 것이 일반적이다. 여러분은 자기 존재의 심연 속에 계시는 하나님을 향한 순수한 의도를 제외하고는 아무것도 알거나 느낄 수 없는 것처럼 보일 것이다. 여러분이 할 수 있는 대로 노력한다 할지라도 이러한 어둠과 무지의 구름이 여러분과 하나님 사이에 계속 남아 있게 될 것이다. 여러분은 좌절을 느낄 것이다. 왜냐하면 여러분의 사고(mind)는 그분을 파악하기가 불가능할 것이고 여러분의 마음은 그분의 사랑의 기쁨을 즐기지 못할 것이기 때문이다. 그러나 이런 어둠에 편히 있기를 배우라. 여러분이 할 수 있는 한 자주 이런 어둠으로 되돌아가라.[13]

『무지의 구름』의 저자는 여러분이 습관적으로 사고에 의존하지 않고 자신을 자유하게 하는 것이 매우 힘들다는 것을 알고 있기 때문에 여러분이 묵상 중에 할 수 있는 어떤 생각이나, 또는 여러분이 하나님을 기다리고 있을 때 여러분에게 어떤 위로를 주기 원한다고 말하지 않는다. 만약 그가 이렇게 말했다면, 이것은 마치 알코올 중독자에게 술의 파괴적인 의

13) Johnston, *Cloud of Unknowing*, 48 – 49.

존에서 자유로워지는 험난한 배움의 과정을 통과하도록 돕는다고 하면서 그에게 술을 주는 것과 같다. 나중에 여러분은 우리가 이런저런 생각에 빠져드는 순간마다 하나님이나 자비와 같은, 간단한 구절이나 단어를 반복하라고 익명의 저자가 제안했다는 사실을 알게 될 것이다. 그러나 심지어 여기에서도 그는 이러한 단어를 생각해야 할 대상으로 고려하지 않기를 권면하고 있다. 그와는 반대로 우리는 이 단어를 우리 자신을 지금 여기 현실로 불러오는 한 방식으로 반복해서 사용한다. 이때의 마음 자세는 생각과 이미지들에 대한 어떤 의존함이 전혀 없고 가식이 없는 사랑의 의도 안에서 행해야 한다.

아래의 문단에서 익명의 저자는 앉아서 묵상한다는 것이 실제로 어떠한지에 대해 진술하였다. 이것은 우리가 모든 거룩한 것과 인간적인 것들에 대해 우리의 생각과 기억에 습관적으로 의존하지 말아야 하는 도전적 과제에 직면하게 한다. 그는 기록했다.

> 여러분의 감각들과 능력들은 어떤 것을 깊이 생각하지 못한 것 때문에 좌절할 것이며, 그것들은 여러분이 아무것도 하지 않는 것에 대해 책망할 것이다. 그러나 신경 쓰지 말라. 이 아무것도 하지 않고 있음을 계속하라. 오직 하나님을 위한 여러분의 사랑으로 움직이라. 결코 포기하지 말라. 오히려 이 무(無, nothingness) 안에서 확고부동하게 인내하며 계속하라. 지식을 통해서는 어느 누구도 소유할 수 없는 하나님을 사랑을 통하여 소유하기를 의식적으로 간절히 바라라. 자신을 위해서 내가 마치 세상이 자신의 것인 양 모든 곳을 여행하며 즐기는 위대한 군주와 같이 되는 것보다는 이 무조건적인 무(無)와 씨름하며, 이 어디도 아닌 곳(nowhere) 안에서 상실되는 것을 선호한다.
>
> 이 세상의 모든 장소(everywhere)와 세상의 모든 것을 잊어버리라. 그것은 이 축복받은 무(無)와 어디도 아닌 곳(nowhere)의 풍부함보다 못하다. 당신의 능력들

이 그것을 파악하는 데 실패할까 봐 걱정하지 말라. 실제로 이것은 그렇게 해야 할 바로 그 방식이다. 왜냐하면 이 무는 인간의 감각과 능력들이 도달할 수 없을 만큼 고결하기 때문이다. 이것은 설명될 수 없고 오직 경험될 수 있을 뿐이다.

아직 그것들을 새롭게 만나지 못한 사람들에게는 그렇듯이 실로 매우 어둡고 이해할 수 없게 느껴질 것이다. 그러나 진정으로 그들은 어떤 평범한 종류의 어둠에 의해서라기보다는 그 영적인 빛의 광채에 의해 눈이 먼 것이다. 도대체 누가 당신더러 그것이 비어서(emptiness) 조롱한다고 생각하겠는가? 물론 우리의 피상적인 자기(self)이다. 확실히 우리의 진정한 자기는 아니다. 우리의 진정한 내면의 자기는 그것을 측량할 수 없이 풍부하다고 대단히 고마워한다. 왜냐하면 이 어둠 속에서는 우리가 특정한 것에 특별히 주의를 기울이지 않고, 물질적인 것과 영적인 모든 것들에 대해 직관적인 이해를 경험하게 되기 때문이다."[14]

여러분은 자신의 내면의 상황을 파악하고, 과제들에 초점을 맞추는 실용적 · 개념적 마음을 갖고 있다. 여러분이 묵상을 시작하게 되면 이 실용적인 마음은 그 특성을 잃어버린다. 왜냐하면 묵상 안에서는 파악해야 할 것도 없고, 성취해야 할 것도 없으며, 획득해야 할 것도 없기 때문이다. 여러분이 앉아서 묵상하게 되면 이 실용적 마음은 당연히 좌절을 느낄 것이다. 『무지의 구름』의 저자는 여러분에게 말한다. 실직 상태에 있는 여러분의 실용적 · 개념적 마음을 떠나는 과정에 전념함으로써 유발되는 이 좌절을 피하기 위해서 할 수 있는 것과 해야 할 필요가 있는 것은 아무것도 없다고 말이다. 그는 견디라고 말한다. 필연적인 좌절이 생기도록 그냥 두어라. 이렇게 하면서 하나님과 하나 되려는 여러분 존재의 더 깊고 내면적인 차원들이 어떻게 두드러지게 나타나기 시작하는지를 주목하라. 어떻

14) Johnston, *Cloud of Unknowing*, 136 - 137.

게 여러분의 자아가[15] 허둥대는지를 주목하라. 또 하나님과 하나인 여러분의 심층 자기(deep self)가 묵상이 구현하는 사랑의 현존의 깊은 연못에서 방해받지 않고 물을 마시는 방식에 주목하라. 사랑이 그 길을 인도하게 하라. 왜냐하면 하나님은 인간의 생각으로는 파악할 수 없고 오직 사랑 안에서 사랑으로만 파악될 수 있는 분이기 때문이다. 머지 않아 회심 과정은 성숙해지고 지향하는 바를 이루게 될 것이다. 이 회심 과정은 자신의 피상적인 자기와는 점점 덜 동일시하게 되고, 하나님과 하나가 되는 심층 자기와는 점점 더 많이 동일시하기를 배우는 과정이다. 너무 조급해 하지 마라. 하나님의 너그러움이 작용하고 있음을 신뢰하라. 하나님은 여러분이 상상해 왔던 가능한 모든 것을 무한히 초월하는 하나님과 하나임에 대한 깨달음을 여러분에게 가져다준다는 것을 신뢰하라.

십자가의 성 요한은 또한 우리의 마음을 도우려고 시도하면서 위대한 돌봄과 통찰력을 보여주었다. 우리가 평소에 익숙한 자아에 기반하여 하나님의 임재를 경험하는 방식의 상실을 겪게 되면 우리는 어려움에 처하게 된다. 그는 먼저 다음의 구절에서 우리 안에서 하나님의 임재를 경험할 수 없는 어려운 곤경에 대해 표현하였다. 그러고 난 후 그는 이 곤경을 어떻게 이해할 것인가 그리고 어떻게 해결할 것인가에 대한 통찰을 제공하였다. 그는 이렇게 말한다.

> 하나의 어려움이 있다. 비록 그분이 여러분 안에 거한다 할지라도 그분은 숨어(hidden) 계신다. 그럼에도 불구하고 여러분에게는 그분의 숨은 장소를 아는 것이 필수적이므로 여러분은 자신감을 가지고 거기에서 그분을 찾을 것이다....
>
> 여러분은 이렇게 질문한다. "나의 영혼이 사랑하는 그분이 내 안에 계시는데,

---

15) 역자 주 : ego self는 '자아에 속한 자기', '현실적 자아', '이기적 자아'를 의미하는 말로서 이성의 지배를 받으며, 무의식과 대비되는 의식에 속하는 심리적 영역을 가리킨다.

> 왜 나는 그분을 찾지 않고 경험하지 못하는가?" 그 이유는 그분이 숨은 채로 머물러 계시고, 여러분은 그분을 찾고 경험하기 위해 여러분 자신을 숨기지 않기 때문이다. 만약 여러분이 숨겨진 보물을 찾기 원한다면 여러분은 그 숨겨진 장소로 비밀스럽게 들어가야만 한다. 그리고 여러분이 한 번이라도 그 보물을 발견하면 그 보물이 숨겨져 있는 것처럼 여러분도 또한 숨겨지게 될 것이다.[16]

때때로 우리는 하나님이 숨은 곳에서 나오시도록 유인할 수 있다고 생각하는 경향이 있다. 사실 이 진술은 일정 부분 맞기도 하다. 기도, 묵상, 타인을 위한 그리스도와 같은 사랑, 이 모든 것들은 우리의 삶 속에서 하나님의 임재 감각을 다시 새롭게 하고 심화할 수 있다. 그러나 십자가의 성 요한은 어둔 밤이 시작된 다음의 상황에 대해 말하고 있다. 이 어둔 밤의 시기에는 우리의 기도나 신앙의 행위들이 더 이상 우리에게 긍정적으로 작용하지 않는다. 우리는 하나님이 숨어 계신 동굴 앞에서 춤을 춘다. 우리는 하나님께서 우리에게 나타나셔서 우리와 함께 놀고 우리를 포옹해 주시기를 요청한다. 또한 하나님께서 우리의 삶 속에서 그분 사랑의 임재의 어떤 면을 다시 한 번 우리가 알 수 있게 해달라고 요청한다. 그러나 하나님은 우리의 습관적인 의식적 자각 안으로 나타나지 않으신다. 우리는 하나님께서 우리가 느끼거나 깨닫지 못하는 숨겨진 방식으로 우리 안에 계시다는 것을 안다. 우리는 왜 우리의 진실된 기도와 묵상의 노력들이 하나님을 우리의 자아 자각 안으로 유인할 수 없는지에 대해 당혹해한다. 우리는 이 자아의 자각 안에서 하나님께서 지금까지 현존하시는 가까이 계심(nearness)을 경험'할(have)' 수 있다.

위에 인용한 구절에서 십자가의 성 요한은 여러분을 낙심시키기 위해 초청한 것이 아니라 여러분을 고요히 하여 지금 무슨 일이 일어나고 있는

16) Kavanaugh and Rodriguez, *Saint John of the Cross*, 481.

지 자세히 보라고 초청한 것이다. 이렇게 할 때 여러분 자신의 내부 심성이 하나님을 위한 충분히 친밀한 장소가 아니라는 것을 발견하기 시작한다. 하나님은 그분이 원하시는 친밀함처럼 여러분과 친밀한 존재이시다. 사실상 하나님은 더 이상 여러분이 과거에 경험할 수 있었던 방식으로 그분의 임재를 경험할 수 있는 그곳에 자신을 드러내 보이지 않으신다. 그러나 자세히 보라. 그러면 여러분은 하나님의 분명한 부재로 인해 남은 빈 공간이 완전한 하나님의 숨겨짐 안으로 들어가는, 이전에는 인식하지 못한 통로로 드러나는 것을 보게 될 것이다. 계속해서 자세히 보라. 그러면 여러분은 자신이 휴식하기 위해 배워야 할 보편적인 사랑의 자각이 바로 이 통로라는 것을 보게 될 것이다. 이 통로는 여러분을 하나님과 하나임으로 신비스럽게 안내하는 것으로서 여러분을 포함해서 모든 사람에게 숨겨져 있는 것이다.

하나님의 심연 속으로 하나님께서 우리를 이끌어 가시는 변형의 과정은 감지하기 힘들어서 마치 전혀 아무 일도 일어나지 않는 것처럼 보일 정도이다. 여러분은 결국에는 생각들이 오고 가는 것을 바라보는 보편적 사랑의 자각 속에 그냥 앉아 있는 것이다. 여러분이 자신의 숨소리나 시간마다 정각을 알려주는 시계 소리를 자각하듯이 기억들이 떠올랐다가 사라진다. 그러나 이렇게 지나가는 모든 경험들 아래에서 보편적 사랑의 지식은 여러분의 마음이 진정한 하나님의 숨겨짐(hiddenness) 안으로 이어지도록 미세하게 지속적으로 깊어진다. 이러한 전체 과정은 그 과정 자체에 주의를 집중하도록 하는 모든 것에 대해서 아주 투명하고 자유하다. 그래서 이 변형 과정은 이 과정이 일어나고 있는지를 인식했을 때는 이미 상당 시간 진행되었을 수 있다. 십자가의 성 요한은 바로 이 과정을 우리가 이해할 수 있도록 돕기 위해 노력하고 있는 것이다. 그는 이렇게 말했다.

> 실제로 이런 상태의 시작에는 사랑의 지식이 거의 인식될 수 없다. 그 이유는 두 가지이다. 첫째로 사랑의 지식은 초기에는 극도로 미묘하고 섬세해서 거의 감지할 수 없기 때문이다. 둘째로 온전히 감각적이고 (사색적) 묵상 수련에 익숙한 사람은 이러한 새로운 무감각적이고 순전한 영적 경험을 인식하거나 느끼기 어렵기 때문이다. 이러한 일이 일어나는 것은 이 과정을 이해하는 데 실패할 때 특히 그러하다. 이때 묵상 수련자는 자기 자신을 그 안에서 쉬도록 허용하지 않고 오히려 더욱 감각적인 다른 경험들을 하려고 노력한다. 비록 내면의 평화가 더욱 풍부하다고 할지라도 그런 사람은 그런 과정을 경험하고 즐기기 위한 장소를 허용하지 않는다. 그러나 이런 고요함에 사람들이 익숙해지면 질수록 보편적 사랑의 지식의 경험은 더 증가하게 될 것이다. 이 지식은 다른 어떤 것들보다 더 많은 즐거움을 준다. 왜냐하면 이것은 영혼이 노동을 하지 않고도 평화와 휴식과 흥미와 기쁨을 제공하기 때문이다.[17]

사랑에 빠진 두 사람은 그 감추어진 심연에서 사랑을 끌어올려서 그 사랑이 오르막으로 흐르도록 막대한 에너지를 소비한다. 말하자면 두 사람은 사랑 안에서 그들의 만족감의 욕구를 더 키워 나가기 위해 노력한다. 그러나 그들의 사랑이 성숙해지면 그 사랑의 흐름이 바뀌게 되고 그들이 존재하는지도 몰랐던 사랑의 심연 속으로 그들을 함께 끌어당겨 다시 아래로 흘러 내려가기 시작한다. 이런 현상은 하나님의 무한한 사랑과 사랑할 때 그 정도가 훨씬 더하다. 우리는 우리 자신에게 위로가 되고 안심이 되며 축복이 되는 우리의 의식적 자각의 오르막으로 강이 흘러가도록 하기 위해 아마도 오랫동안 노력해야 할 것이다. 그러나 사랑의 유입이 충만한 지점에 도달하면서, 이 사랑의 흐름은 하나님의 대양적 심층 속으로 다시 흘러들어 가기 시작한다. 그리고 동시에 아무도 모르고 하나님만이 아시는

---

17) Kavanaugh and Rodriguez, *Saint John of the Cross*, 191.

심오하게 숨겨진 성스러운 하나님과 하나임으로 우리를 나아가게 한다.

이와 같은 새로운 영적 성취의 경험을 이해하기

우리의 오래되고 친숙한 자아 기반적 존재 방식들이 우리의 기본적 작동 근거가 되는 일이 멈추게 되면서, 이전에는 알려지지 않은 영적 충만함의 감각이 드러나기 시작한다. 우리는 이러한 새로운 영적 충만함의 감각을 이해하려고 할 수 있는 한 최선을 다해 노력한다. 우리가 이러한 것을 이해하는 데 가장 도움이 될 만한 것들 중 하나는 자아의식이 오직 자아의식을 초월하는 영역에서 깨달아지는 것만은 이해할 수 없다는 사실이다. 그것은 아마도 사고에 대한 우리의 습관적인 의존을 초월하는 것과 같은 것이라고 생각할 수 있다. 우리는 인간의 갈망이 획득할 수 있는 것을 초월하시는 하나님과 하나임을 깨닫기 위해 갈망할 수 있다. 그러나 우리의 자기 감각이 우리의 생각과 욕망, 자아의식의 다른 측면에 제한되는 한, 자아를 초월하는 거룩한 충만함과 하나임은 우리가 도달할 영역 너머에 머물게 된다. 그러므로 자아 중심적 존재 방식이 서서히 소멸되어 감으로써 드러나는 영성적 성취의 감각은 생각(thought), 욕망, 자아 기반적 모든 존재 방식 범위를 지속적으로 극복하라는 일종의 소명이다.

신비가들이 공유하는 하나님 체험을 읽을 때 우리는 그들이 설명하거나 정의할 수 있는 것은 어떤 것도 말하지 않았음을 발견한다. 그들은 오히려 하나님의 현존이 흘러넘치는 충만함과 그동안 설명하거나 정의할 수 있었던 것을 넘어선 공공연한 어떤 것에 대해 말한다. 그들은 그들의 삶에 완전히 대변혁을 이룬 흘러넘치는 거룩한 충만함이 사고나 의지, 기억, 혹은 어떤 다른 자아로는 깨닫지 못하는 것이었다고 증언했다. 11세기 신비가 클레르보의 성 베르나르(St. Bernard of Clairvaux)가 우리에게 전해준 자아의식 안에 있는 모든 것들을 초월하는 거룩한 충만함의 경험을 들어보자.

이것은 색이 없기 때문에 눈을 통해서 오지 않는다. 소리를 내지 않기 때문에 귀를 통해서도 오지 않는다. 공기 중에 섞이지 않기 때문에 코를 통해서도 오지 않는다.... 먹거나 마실 수 없기 때문에 목을 통해서 오지도 않는다. 손으로 만질 수 없기 때문에 촉각에 의해서 발견할 수도 없다. 나는 인간적 자신을 극복하여 초월했고 주님의 말씀은 여전히 더 높여졌다. 탐구하고자 하는 호기심에서 나는 나의 심연 속으로 내려갔으며 같은 방법으로 그것이 여전히 좀 더 낮아지는 것을 발견했다. 나는 외부를 바라보았고 그것이 내 · 외부의 외부였다는 것을 알았다. 나는 내면을 들여다보았고 그것이 나보다 더 내면이었다는 것을 알았다. 그러고 나서 내가 읽었던 진리를 깨달았다. 그 안에서 우리는 생명(Life), 움직임(Motion), 존재(Being)를 갖고 있다.[18]

그리고 이제 15세기 신비가인 제노아의 성 캐더린(Saint Catherine of Genoa)은 똑같이 웅변적으로 자아의식 안에 있는 모든 지성이 참고할 수 있는 근거들을 초월하는 하나님과 하나임의 경험에 대해 증언했다.

나는 눈 없이 보고 귀 없이 듣는다. 나는 촉감 없이 느낀다. 그리고 맛봄 없이 맛을 본다. 나는 어떤 형태나 척도도 알지 못한다. 나는 내가 처음에 사용했던 단어들, 예컨대 완전, 순수와 같은 용어들이 이제는 단지 진리의 현존 안에 놓여 있는 것처럼 보이는 그런 거룩한 활동을 보지 않고도 바라본다.... 나는 더 이상 '나의 하나님은 나의 모든 것'이라고 말할 수 없다. 모든 것은 나의 것이다. 왜냐하면 하나님의 모든 것은 온전히 나의 것으로 보이기 때문이다. 나는 할 말을 잃고 하나님 안에 몰두해 있다.[19]

비록 이 구절들이 반향하고 있는 거룩의 충만함이 당신이 경험해야 할

---

18) Lucien Herv, *Architecture of Truth* (New York : Phaidon Press, 2001), 90.

19) Carol Lee Flinders, *Enduring Grace : Living Portraits of Seven Women Mystics* (San Francisco : HarperSanFrancisco, 1993), 130.

모든 것을 넘어선다고 하더라도 당신이 이 문장들을 읽을 때 당신의 내부에서 움직이는 어떤 동의가 있었는가? 당신은 이 구절들이 구현하는 깊이와 아름다움이 어느 정도 드러나고 있음을 깨닫지 못했는가? 우리는 이러한 인식과 드러냄에 더 주목해야 할 것이다. 그렇게 하는 가운데 우리는 자아를 초월하는 방향으로 끌림을 인식하고 느끼는 경험 속에서 우리 자신의 자아가 이미 초월되고 있다는 고무적인 사실을 각성해야 한다.

애벌레 한 마리가 나뭇가지를 따라 기어간다고 상상해 보라. 애벌레는 무지갯빛 날개를 가지고 날아다니는 나비를 올려다본다. "오!" 애벌레는 말한다. "저게 뭐지? 그리고 이 나비를 보고 있는 중에 내 안에서 진행되는 낯선 인식과 울림은 뭐지? 내가 내 자신이 그렇게 될 거라고 희망하거나 상상할 수 있는 것들을 넘어선 것처럼 보이는 걸!" 우리가 신비가들이 말하는 거룩한 충만함을 인식하고 거기에 끌릴 때 우리들은 이 애벌레 같은 것이다. 그 신비가들이 말하는 바는 하나님과의 하나임(oneness with God)에 대한 우리의 끌림은 우리의 진정한 본성 안에 그런 자기 변형의 과정을 담고 있음을 알려주고 있다. 신비가들은 이 변형의 과정으로 하나님과의 영원한 하나임을 각성하게 되었다고 말해 주고 있다.

우리는 지구상에서 클레르보의 버나드(Bernard), 제노아의 캐더린, 다른 위대한 신비가들이 특권적으로 경험했던 하나님 현존의 충만함을 아마 결코 경험할 수 없을 것이다. 그러나 그렇더라도 아무 문제없다. 왜냐하면 영적 행로라는 것은 최고 절정에서 진리라면 변변치 않은 출발에서도 진리가 되는 그런 것이기 때문이다. 그 신비가들이 하나님과 그들과의 숭고한 하나임의 상태에 관해 공유했던 것이 이제는 우리 자신의 발 아래 지면 위에 분명하게 관통하는 빛을 발하고 있다. 우리는 위대한 신비가들의 경험의 빛 안에서 우리 자신의 경험을 살핌으로써 하나님의 충만함의 첫 감동이 어떻게 이미 우리 삶 속에서 작용하는지를 더 잘 파악할 수 있다. 우리가 그 신비가들의 글을 읽는 중에 격려받고 안심하게 되는 이유는 우리들도 신비가들의 삶 속에서 경험했던 하나님의 흘러넘치는 충만함을 깨닫는 행로에 있다는 것을 알게 되기 때문이다.

이런 맥락에서 내 삶에서 하나님의 현존의 충만함의 일부를 경험했던 순간을 이야기하려고 한다. 이 이야기를 나누고자 하는 것은 두 가지 이유 때문이다. 첫째, 이 책 전체를 통해 여러분과 나누고 있는 내용의 상당 부분이 바로 이 경험을 통하여 결정적인 방식으로 나의 삶에 들어왔기 때문이다. 둘째, 내가 희망하기로는 내 경험의 내용을 읽음으로써 여러분 자신의 삶의 행복한 순간을 회상하는 데 도움을 받을 수 있기 때문이다. 여러분은 자신의 삶 속에서 하나님의 흘러넘치는 충만함의 어떤 면을 경험하기에 충분한 행운아였다.

그 경험은 1962년에 일어났다. 나는 열이홉 살이었고 수도원에 들어온 지 약 1년 정도 지난 때였다. 나는 이 경험을 하기 전 몇 달 동안 영적으로 무미건조한 시간을 지내고 있었다. 우물은 말라버렸다. 거의 날마다 내가 경험하고 있던 하나님의 임재감은 갑작스럽게 그리고 신비스럽게 사라졌다. 나는 십자가의 성 요한이 말했던 영혼의 어둔 밤을 읽었다. 나는 내게 무슨 일이 일어나고 있는지에 대해 영성 지도 시간에 토마스 머튼과 이야기를 나누었다. 바로 이 시기에 나는 버려진 양 우리 다락에 매일 혼자 가기 시작했다. 이곳은 나의 수련 수사 지도자였던 토마스 머튼이 나에게 매일 기도와 묵상에 얼마간의 시간을 보내도록 허가해 준 장소였다.

더운 여름 어느 날 나는 마치 빛과 열기의 대성당 안으로 올라 들어가는 것처럼 그 다락으로 사다리를 타고 올라갔다. 그곳은 뒷벽을 따라 천장에 고정시켜 맵시 있게 쌓아 놓은 건초 더미의 원시적이고 달콤한 냄새로 가득 차 있었다. 나는 항상 앉던 대로 목초지와 주위의 숲을 볼 수 있는 열린 다락 문 근처에 펼쳐 놓은 건초 더미 위에 앉아 있었다. 나는 시편을 읽고 있었다. 나는 일어나서 계속 읽으면서 천천히 왔다 갔다 걷기 시작했다. 내 안에 있는 모든 것이 더위와 독거의 침묵 속에서 마르고 텅 비었다. 어떤 특별한 일이 일어났다는 감각은 전혀 없었다.

그 순간 갑자기 그 방의 공기가 사실은 하나님이라는 사실을 깨닫게 되었다! 나는 하나님 안에서 걸어서 그 안을 왕복했고 하나님을 호흡했다. 나는 내가 왔다 갔다 했던 대양적 현존이 호흡할 때마다 내 삶을 유지시키고 있었다는 것을 선명하게 자각했다. 그리고 내가 호흡하고 서서 걸었던 곳에 있던 이 하나님의 현존은 대양적 긍휼심을 가지고 속속들이 나를 알고 있었다. 숨을 곳은 아무 데도 없었고, 그런 곳이 필요하지도 않았다. 하나님에게서 도망갈 곳은 어디에도 없었다. 왜냐하면 내가 아무리 도망가려 했을지라도, 그분으로부터 도망 중에 있다 해도 하나님은 호흡할 때마다 나를 지탱해 주셨을 것이기 때문이다. 내가 계획했던 탈출 장소에 도착했을 때도 하나님은 호흡할 때마다 나의 생명을 유지시켜 주시면서 나를 기다려 주셨을 것이기 때문이다. 나는 이해할 수 없는 실제적인 방식으로 다음의 사실을 어느 정도 깨닫게 되었다. 곧 하나님은 이러한 공기의 신비의 무한성이기 때문에 나는 하나님 안에서 나의 삶을 살고 있었고 항상 하나님에 의해 붙잡힌 존재였다는 사실이다.

아무런 느낌이 없었다. 어떤 이미지도 없었다. 이것에 관해 상상될 것은 아무것도 없었다. 공기가 하나님이라는 깨달음은 건초의 냄새, 침묵, 손에 계속 들고 있었던 작은 시편 성서처럼 구체적으로 현실적이고 즉각적이었다. 나는 정말 놀랐다. 잠시 후에 문 근처에 있던 건초 더미 위로 다시 돌아가 앉아서 하나님을 통해 목초지와 숲을 바라보았다.

빨간 말벌 한 마리가 열린 다락문으로 들어와 윙윙거리며 날아다녔다. 그 벌은 진흙 둥지를 만들기 위해 머리 위 기둥으로 올라가기 전 잠시 동안 열기 속에서 허공을 맴돌았다. 내부 벽 기둥을 따라 말벌 둥지가 있는 두 개의 양 우리는 초원 쪽을 향해 있었다. 주석으로 만든 지붕은 뜨거운 태양 아래서 열을 받아 늘어나면서 가벼운 소음들을 만들어냈다. 매미는 나무 어딘가 보이지 않는 곳에서 맴맴 거렸다. 그리고 저녁 기도 종소리를 들을 때까지 그곳에 앉아서 하나님을 호흡했다. 나는 하나님을 호흡하면서 수도원으로 돌아갔다. 하나님을 호흡하면서 저녁 찬양을 했다. 하나님을 호흡하면서 저녁 식사를 했다. 나는 하나님을 호흡하면서 밤에 잠들었다. 나에게는 이것이 마치 천국인 것 같았다.

다음 날 아침 나는 하나님을 호흡하면서 잠에서 깼다. 그리고 실제로 이런 상태로 여러 날을 보냈다. 우리는 주일날 수도원 울타리 밖에 있는 숲으로 산책 나가는 것을 허락받았다. 나는 숲 속에 있는 작은 호수 쪽으로 나 있는 흙길을 따라 걸었다. 이 호숫가에 앉아 십자가의 성 요한의 책을 읽었다. 이 특별한 주일날 십자가의 성 요한 책을 손에 들고서 하나님을 호흡하며 길을 따라 걸었다. 나는 길이 곡선으로 구부러지며 들판에서 숲 속으로 들어가는 바로 그 지점에서 길 건너의 작은 나무 앞에 멈춰 섰다.

나는 거기 서서 하나님을 호흡하며, 손을 뻗어 나뭇가지에 붙어 있는 잎들 중 하나를 만졌다. 그렇게 하면서 위를 올려다보았다. 하늘에는 구름 한 점이 있었다. 나는 소리 질렀다. “하나다!” 내가 서 있던 지표면, 내가 만지고 있던 나뭇잎, 하늘의 구름, 내가 호흡하던 하나님, 나 자신의 진정한 자기는 철저히 완전하게 전적으로 파악할 수 없게 하나였다!

나는 지름길로 넓은 평야의 가장자리까지 걸었다. 거기서 키가 큰 풀밭 위에 앉았다. 강한 바람이 불어오고 있었다. 나는 저녁 기도를 드리기 위해 돌아갈 시간을 알려주는 수도원의 종소리가 멀리서 들려올 때까지 오후 내내 거기에 앉아 있었다.

나는 하나님을 호흡하는 직접적인 자각을 잃어버린 순간을 기억하지 못한다. 아마도 바로 그날 후 어느 시점에 하나님을 호흡하는 경험은 소멸

되었다. 공기는 다시금 공기가 된 듯했다. 내가 단지 공기 그 자체였던 존재로서의 공기에 대한 나의 경험을 알고 있었다는 것을 제외하고는 지금은 공기라고 내가 알고 있었던 공기에 대한 무자각만이 남았다. 그러자 이 내적 명료성조차도 희미해졌다. 나는 내가 순간적으로 깨달았던 충만함을 습관적으로 자각하면서 사는 것을 배우는 데는 갈 길이 멀다는 것을 깨달았다.

나는 양 우리에서, 그리고 내가 길을 따라 서 있는 나무에 손을 뻗어 나뭇잎을 만졌던 그 순간에 내게 허용되었던 경험을 성장시키도록 나의 남은 인생을 바쳐야겠다고 오랜 기간 생각했다. 몇 가지 점에서 나는 여전히 그런 식으로 생각한다. 어느 날엔가 내가 관심 갖게 된 것은 이 충만함이 실현되기 전에 내 현재의 영적 성장률에 노쇠 현상이 이미 시작되었다는 것이다. 그러나 나의 심연에서 알고 있는 것은 그런 모든 개념들이 내가 진리라고 알고 있었던 것에 대한 자각 속에서 살지 못하는 지속적인 무능력일 뿐이라는 사실이다. 곧 모든 것들 속의 하나님과 하나님 안에 있는 모든 것들은 실제적인 모든 것들의 진정한 실재라는 점이다. 하나님의 임재를 경험하지 못하는 현재 순간의 내 무능력의 최첨단은 그런 무능력에 대한 친밀한 감촉 안에서 그리고 그 감촉으로서 전적으로 자신을 내어 주시는 하나님의 현존 그 자체이다.

예수께서는 그 거룩한 충만함(divine fullness)을 하나님 나라(the Kingdom of God)라고 불렀다. 그는 그가 보는 모든 것 속에서 이 거룩한 충만함을 보았다. 그는 우리도 역시 보는 모든 것들 속에서 이 거룩한 충만함을 보도록 우리를 초청하였다. 앉아 묵상하면서 우리는 그리스도께서 보는 모든 것 속에서 본 그 거룩한 충만함을 우리가 보는 모든 것들 속에서 보도록 하는 이 초청을 받아들인다. 우리는 이 충만함을 우연히 순간적으로 발견한 대교회당 첨탑 위에 앉아 있는 한 마리 새에서보다는 대교회당 안에서 더욱 쉽게 깨닫게 되는 경향이 있다. 우리는 이 충만함을 담장에 휘갈겨 쓴 낙서에서보다는 성서의 한 구절 속에서 더욱 손쉽게 경험할 수 있다.

확실히, 상대적 실재에 대한 자아기반적인 상대적 의식의 관점으로부터 이러한 증가되는 풍부함, 곧 거룩한 충만함이 다른 것들에서보다는 어떤 특정한 것들 속에 좀 더 현존하는 존재로서 경험된다는 것은 일정 부분 사실이다. 특별히 악마의 신비와 관련되어 분명한 것은 그것이 하나님의 명백한 부재의 표시를 지닌다는 것이다. 그러나 십자가의 신비가 증언하고 있는 것처럼 어떤 궁극적이고 파악할 수 없는 지각 안에서는 악조차도 있는 그대로 모든 것에 온전하게 스며드는 충만함으로 추정한다. 이런 관점에서 우리는 즉각적으로 현재 순간이 존재하는 방식 안에서 또한 그런 방식으로서 온전하게 주어진 것이 아닌 다른 어떤 것을 얻기 위해 묵상하지 않는다. 오히려 우리는 가장 깊은 실제성(actuality) 안의 현재 순간이야말로 우리가 추구하는 신비의 완전한 현현(manifestation)임을 깨닫기 위해 묵상한다. 우리는 우리가 하나님(God)이란 단어를 말할 때 그 현재 순간이 현현하는 신비의 무한성을 시사한다는 것을 깨달을 수 있도록 묵상한다. 그리고 그 현재 순간은 있는 그대로 우리가 하나님이라고 부르는 신비를 현현한다.

나는 여러분이 잠시 멈추고 자신의 심장이 하나님의 놀랍도록 가까이 계심에 대한 은총 입은 자각 때문에 더 빨리 뛰는 그러한 순간들을 깊이 들여다보기를 권장한다. 나는 여러분이 그 순간들 속에서 순간적으로 하나님의 임재의 충만함을 맛보는 양식들을 찾아보기를 권장한다. 그리고 나는 여러분의 삶 속에서 지나가고 있는 매 순간이 하나님과 하나임을 깨달은 바로 그 순간에 흘러나오는 영광의 실들로 짜여지는 그런 양식들을 찾아보기를 권장한다. 그런 순간들이 여러분을 위해서 존재하지 않는다고 말하지 말라. 만약 그랬었다면 여러분은 이 책을 읽고 싶어 하지도 않았을 것이기 때문이다. 만약 여러분이 아주 좋은 눈금자로 자신의 자각에 대해 치수를 재어 본다면, 여러분은 새로 태어난 유아를 안고 있거나 별들로 가득 찬 깜깜한 하늘을 올려다보는 완전히 평범한 순간을 깨닫게 될 것이다. 여러분은 이 단순하고 추정 불가능한 순간들 속에서 어떻게 자신 삶 가운데 신성함의 순간적인 맛이 허락되었는지를 알게 될 것이다. 여러분 앞에 펼쳐진 행로는 냉소적이지 않으려는 여러분의 자발적 의지를 필요로 한다. 또한 여러분은 자신이 가장 어린아이와 같았던 시간 속에서 여러분의 삶에 항상 존재하는 신비를 깨달았던 그런 거룩한 현존의 충만함을 의심하지 않으려는 자발적 의지를 필요로 한다. 여러분 앞에 있는 행로는 이와 같이 항상 존재하는 신비에 여러분 자신을 열어 놓으려는, 그리고 가능한 한 이에 대해 개방적이고 응답적인 존재를 유지하려는 자발적 의지를 필요로 한다.

그리고 물론 나는 여러분이 계속해서 묵상하기를 권장한다. 왜냐하면 묵상은 거룩한 신비의 분화되지 않은 충만함을 직접 경험하기 위해서 당신 자신을 개방하는 하나의 방식이기 때문이다. 이 거룩한 신비의 충만함은 있는 그대로, 곧 각각의 존재 안에서 또한 각각의 존재로서 온전하고 완전하게 그 자체를 제공한다. 여러분이 앉아서 묵상하고 있다고 상상해 보라. 여러분은 고요해지고 자신이 그동안 했던 것보다 더 고요해진다. 그 순간 각각의 숨소리, 각각의 소리, 각각의 생각, 각각의 측면들이 실제로 놀랄 만큼 명료해지고 개방된다. 하나님에 대한 여러분의 마지막 저항의 흔적이 용해되어 사라진다. 갑자기 여러분은 자신이 이해하지 못하는 어떤 깊은 방식으로 하나님이 있는 그대로, 곧 각각의 존재 안에 충만하게 임재하고 있음을 깨닫는다. 자동차가 지나가는 소리를 듣는다. 자동차가 지나가는 소리가 무엇인가, 실제로(really) 그 소리는 무엇인가? 여러분은 한 아이가 방에 있음을 느낀다. 아이가 된다는 의미는 무엇인가? 실제로 그것은 무엇인가? 여러분이 묵상을 끝내고 창문 가까이 다가갔을 때 여러분이 창문을 닫을 때 창문이 내는 소리는 무엇인가? 실제로 그것은 무엇인가? 여러분이 창문을 닫았을 때 나는 소리의 진정한 본성에 관한 질문은 여러분을 묵상의 고요한 단순성(silent simplicity)으로 되돌아가게 해 준다. 잠잠하고 고요하게 앉아서 묵상하면서 여러분은 자신의 전존재로 말한다. "주님, 제가 보는 행위와 제가 보는 모든 것은 당신의 한이 없는 임재의 파악할 수 없는 직접성임을 제가 보게 하소서."

십자가의 성 요한이 말했던 충만한 하나님 임재에 관해 성찰하기 위해서 우리는 먼저 그가 하나님과의 실체적 합일(substantial union)과 유사성의 합일(union of likeness)을 전통적으로 구분했다는 점을 지적할 수 있다. 그는 하나님과 우리의 실체적 합일이란 그 안에서 창조주 하나님으로 말미암는 존재로서 우리가 보존되는 그런 합일이라고 언급했다. 그는 유사성의 합일이란 "사랑의 유사성이 있을 때를 제외하고는 존재하지 않는 하나님과 영혼의 합일과 하나님 안에서의 영혼의 변형"이라고[20] 언급했다.

십자가의 요한이 하나님과의 합일에 관해 말하려고 했던 모든 것은 그가 이해한 위대한 연인이 되는 것을 배우는 하나의 예술 양식이다. 그에게 있어서 사랑은 그리스도 안에서 탁월하고 위대한 연인으로 자신을 계시하신 하나님께 가는 길이다. 우리 안에 있는 사랑의 영의 안내를 따라서 우리는 우리도 역시 어떻게 위대한 연인이 되는지를 친밀하게 배우게 된다. 모든 위대한 연인들에게 나타나는 표징 중 하나는 그들의 사랑을 저해하는 모든 것들에서 스스로 자유로워지려는 욕구를 경험한다는 것이다. 예를 들어 십자가의 요한의 관찰을 생각해 보라. "새가 얇은 실에 묶여 있느

20) Kavanaugh and Rodriguez, *Saint John of the Cross*, 163.

냐 혹은 굵은 줄에 묶여 있느냐는 큰 차이가 없다. 비록 실에 묶여 있다 할지라도 그 새는 마치 확실하게 굵은 줄에 묶인 것처럼 여전히 묶여 있는 것이다.... 그 실을 끊지 않는 한 말이다."[21]

여정을 시작하면서 우리는 다른 사람들과 우리 자신에게 고통을 야기하는 죄스러운 태도들과 행동들이라는 굵은 줄들에 매여 있었다. 영적 여정이 진전되면서 그 줄들은 무한한 사랑과의 무한한 합일보다 못한 무엇인가가 우리 마음을 채워줄 것이라는 환상이 가느다란 실로 되는 지점에서 풀린다. 우리에게 있는 그 실들을 끊을 힘이 없다는 것을 아시는 하나님께서는 우리를 어둔 밤에 놓아 두신다. 이런 정화시키는 밤에 우리는 타협된 사랑의 실들이 최종적으로 끊어지는 보편적 사랑의 자각 안에서 쉬는 것을 배운다.

십자가의 요한의 저작들은 묵상이 다양한 방법들이나 신학적 해설들과 관련해서 적절하게 이해될 수 있다고 말하는 모든 개념을 훌륭하게 바로잡아 준다. 여러분은 묵상을 하라. 여러분이 잠잠하고 고요하게 앉아 있으면, 그 순간의 본질은 여러분의 마음이 하나님을 향한 사랑의 갈망에 속한 어떤 것을 맛보기 시작하는 신비스러운 양식에 있다. 여러분이 보편적 사랑의 자각 안에서 이전에 보지 못한 하나님의 심연 속으로 사랑에 의해 이끌리는 그런 양식도 마찬가지로 신비스럽다. 이 사랑으로 말미암아 여러분의 마음에서 하나님이 아닌 모든 마지막 흔적들이 사라지게 된다.

십자가의 성 요한은 이 신비스러운 과정의 중요한 점을 효과적으로 드러내 줄 수 있는 단어와 이미지를 찾고자 노력했다. 이 신비스러운 과정에서 우리의 전 생애가 우리가 파악하거나 이해할 수 없는 숨어 있는 사랑의 심연 속에서 변형된다. 십자가의 성 요한은 한번은 그리스도를 사랑의 놀

---

21) Kavanaugh and Rodriguez, *Saint John of the Cross*, 143.

이에 우리를 참여시키는 거룩한 연인으로 묘사했다. 우리가 우리의 삶을 살아가는 동안 그리스도께서는 작고 찾기 힘든 사슴처럼 우리를 따라오신다. 그리고 그분은 구석에서 우리를 응시하시면서 우리가 그분이 움직였으면 하고 조금이라도 기대할 때까지 기다리고 계신다. 그분은 달려 나와서 하나님과 하나가 되려는 갈망으로 우리에게 상처를 입히신다. 그러고는 하나님을 향한 미완성된 갈망이라는 우리의 사랑의 상처를 혼자 힘으로 꾸려 나가도록 우리를 떠나신다. 그러고 난 후에 우리가 약간의 기대를 하게 될 때 그분은 달려오셔서 우리에게 다시 상처를 입히신다. 십자가의 성 요한의 말에 의하면 그분은 사랑으로 우리에게 상처를 내시는 분이므로 사랑의 상처 속에서 가장 아픈 곳이 어디인지를 아신다. 그리스도께서는 매우 아픈 곳으로 곧장 가서 그곳을 더 깊이 쓰라리게 만들어 버리신다. 결국에는 우리가 소리 지른다. "어찌하여 당신은 이 가슴에 상처를 입히시곤 치료해주지 않으십니까? 그리고 어찌하여 제게서 가슴을 훔쳐 그렇게 상처를 입은 채로 남겨두고 떠나시곤 당신이 훔친 것을 가져가지 못하십니까?"[22]

우리가 이런 방식을 지속할 때 십자가의 성 요한의 말에 의하면 상처 입히시는 분의 수중에 우리 자신을 놓아두는 것 외에는 다른 실제적 선택의 여지가 없다는 것을 우리가 깨닫게 된다는 것이다. 우리가 알게 되는 것은 우리를 미완성된 사랑의 갈망들로 상처를 입히는 사랑에게 밤에 순복하는 것 말고는 앞으로 나아갈 참된 길이 없다는 것이다. 가차없는 사랑의 방식으로 우리 자신을 망치게 내버려두는 일을 배우면서, 새롭고도 이전에는 몰랐던 사랑 안에서 하나의 충만함이 드러나기 시작한다. 우리가 처음에 그렇게 무서워하고 우리의 방식을 찾기 위해 투쟁했던 그 밤이 이제는

---

22) Kavanaugh and Rodriguez, *Saint John of the Cross*, 472.

사랑보다 못한 그 어떤 것도 자취를 남기지 않고 어떤 죄수도 붙잡지 않는 하나님의 엄한 사랑 프로그램으로 보인다. 우리는 감사함과 놀라움으로 조용하게 십자가의 요한을 흉내 내어 외친다.

> 오 인도하는 밤이여!
> 오 새벽보다 더 사랑스러운 밤이여!
> 오 합일이 일어나는 밤이여
> 사랑하는 이가 사랑받는 이와 함께라네
> 사랑하는 이 안에서 사랑받는 이가 변형되고 있네.[23]

십자가의 요한은 사랑에 있어서 평등하게 되기까지 쉬지 않는 것이 사랑의 본성이라고 말했다. 사랑의 방식에 있어 진실한 연인들은 영구히 서로를 도우려고 노력한다. 높은 곳에 있는 사람은 낮은 곳에 있는 사람을 끌어올린다. 그들은 이런 방식으로 번갈아 서로 도우면서 항상 더욱 확장된 사랑의 평등으로 들어가는 그들의 방식을 찾는다. 십자가의 요한의 말에 의하면 무한한 사랑이신 하나님은 사랑 안에서 우리들을 끌어올려 주시고 우리가 사랑에 있어서 그분과 평등해질 때까지 지속적으로 그렇게 하신다. 하나님은 그분과 함께 하는 사랑의 평등이 실현되기까지 안식의 쉼을 갖지 않을 것이다.

사랑이 아닌 것은 모두 다 용해시켜 버리는 사랑에 대한 친밀한 경험이라는 맥락 속에서 우리 자신의 삶은 하나님의 현존의 충만함으로 가득 차게 된다. 십자가의 요한은 이렇게 말했다.

> 영혼은 피조물들(에 붙어 있는)의 온갖 얼룩과 자국들을 씻어 버림으로써 하나님을 위한 공간을 만든다. 자신의 의지를 완전하게 하나님의 것에 연합함으로써 말이다. 왜냐하면 사랑한다는 것은 하나님이 아닌 우리 자신의 모든 것들을 하나님

23) Kavanaugh and Rodriguez, *Saint John of the Cross*, 359.

> 을 위하여 없애고 박탈하도록 일하는 것이기 때문이다. 이것이 행해질 때 그 영혼은 하나님에 의해 빛을 발하고 하나님 안에서 변형될 것이다. 그리고 하나님은 그의 초자연적 존재를 영혼과 소통하여 영혼은 하나님 자신이 되는 것으로 나타나고 하나님 자신이 소유한 것들을 소유하게 될 것이다.... 그 영혼은 영혼보다는 그 이상의 하나님이 되는 것으로 나타난다. 영혼은 실로 참여함으로 하나님이 된다. 그러나 사실 이 영혼의 존재는(변형되었다 할지라도) 그 이전처럼 당연히 하나님과는 구별된다.[24]

영혼은 이 합일 안에서 존재의 무한한 원천이 되시는 하나님께서 창조하신 유한한 피조물로 남아 있다. 그렇다 하더라도 은총과 사랑의 질서에 있어서, 그 영혼은 하나님과 더 이상 구별될 수 없다. 실로 하나님의 사랑은 아주 위대하고 그 마음을 온통 다 빼앗기에 영혼 그 자체는 하나의 영혼이라기보다는 좀 더 하나님이 되는 것처럼 보인다.

우리는 이제 『무지의 구름』에로 돌아가서 익명의 저자가 영성적 성취에 대해 말했던 것을 살펴보기로 하자. 이 영성적 성취는 묵상과 기도의 자기 변형 여정 안에서 실현된다. 익명의 저자는 영적 성취를 영적 발전단계들의 맥락 속에 위치시킴으로써 우리가 영성적 성취를 이해하도록 돕는 방식으로 그의 책을 시작한다. 그는 이런 발달적 이해를 제1장에 배치하였다. 그가 관찰한 바에 의하면 그리스도인의 삶이 "내가 공통적이고 특별하며 유일하고 완전하다고 불렀던 성장의 네 가지 상승 단계를 통하여 발달하는 듯하다"는 것이다.[25]

저자는 우리가 영적 여정에서 네 발달 단계 각각을 어떻게 통과해 가는지를 볼 수 있도록 뒤돌아보라고 우리를 초청한다. 일반적인 삶의 방식으

---

24) Kavanaugh and Rodriguez, *Saint John of the Cross*, 165.
25) Johnston, *Cloud of Unknowing*, 45.

로 시작하면서 그는 이렇게 기록했다. "여러분은 여러분 자신을 알라. 여러분은 일찍이 자신의 친구들을 따라 하나의 세속적인 존재로서 그리스도인의 일반적 삶의 자세에 사로잡혔던 사람이다."[26] 여기서 여러분은 인격적인 종교경험과 헌신에 대한 실체적 감각은 결여된 채 단순히 특정한 심리적 욕구를 충족시켜 주고 윤리적 규범들을 제공해 주기 때문에 교회에 출석했던, 그런 날들을 뒤돌아보라고 초청받고 있다.

여러분은 진정한 영성적 회심이 여러분을 그리스도인의 삶을 살아가는 일반적인 자세를 넘어 그리스도인의 삶을 '살아가는 특별한 자세'라고 저자가 부르는 삶의 자세로 인도하는 방식에 대해 회고해 보도록 초청받는다. 그는 기록했다.

> 그러나 내가 생각하는 하나님의 영원한 사랑은.... 여러분이 그분에게서 멀어진 채로 그렇게 세속적인 삶을 살아가도록 허용할 수 없으시다. 그리고 그렇게 강렬한 친절함으로 [그분은] 여러분 안에 있는 갈망을 깨우시며 빠르게 사랑의 열망의 가죽 줄로 그것을 묶어서 내가 삶의 더욱 특별한 자세라고 불렀던 것 속으로 여러분을 그분 자신에게 가까이 끌어당기셨다. 그분은 여러분을 그의 친구가 되라고 불렀고, 여러분은 그분의 친구들에게 세속적인 삶의 자세에서 가능했던 것보다 훨씬 더 완전하게 내면적인 삶을 살아가는 법을 배웠다.[27]

익명의 저자는 여러분이 진정한 종교적 회심의 열기 속에서 살았던 날들을 회상하도록 여러분을 초청하고 있다. 이 회심의 날들 안에 여러분은 여러분을 향한 하나님의 사랑과 하나님을 향한 여러분의 사랑이 진정하게 '특별한' 방식으로 여러분의 삶을 변형시킨다는 자각 안에서 살았다. 이 회심 중에 우리는 하나님께서 어루만져 주시고 변형시킨 삶을 살아가는

---

26) Johnston, *Cloud of Unknowing*, 45-46.
27) Johnston, *Cloud of Unknowing*, 45-46.

동료 그리스도인들의 동료애와 지지를 추구했다.

그러고 나서 익명의 저자는 "이보다 더한 것이 있나요?"라고 물어봄으로써 삶의 특별한 방식에서 유일한 방식으로의 이행을 언급한다. 곧 진정한 종교적 열정과 헌신에서 발견되는 것보다 하나님과 하나임이란 좀 더 충만한 경험이 있는가? 그는 "그렇다"고 말한다.

> 왜냐하면 처음부터 나는 여러분을 향한 하나님의 사랑이 너무 커서 그분의 마음이 이것으로 만족할 수 없을 것이라고 생각하기 때문이다. 그분은 무슨 일을 하셨는가? 여러분은 그분이 삶의 세 번째 방식, 곧 유일함에로 여러분을 아주 부드럽고 친절하게 이끄신 것을 보지 않았는가? 그렇다! 여러분은 지금 여러분 존재의 심오한 독거의 중심부에서 살고 있으며, 내가 완덕(the Perfect)이라고 불렀던 삶의 최고이며 마지막 방식을 향해 여러분의 사랑하는 갈망을 지향하도록 배우고 있는 것이다.[28]

그는 삶의 완전한 단계에 대해 말했다. 곧 "첫 세 단계[그리스도인의 삶의 단계들]는 실로 죽을 수밖에 없는 유한한 삶 속에서 시작되고 완성된다. 그러나 네 번째 단계는 이 지점에서 출발하기는 하나 영원의 기쁨 속으로 끝없이 계속된다"는 점이 첫 세 단계들과 다르다. 『무지의 구름』 저자가 말한 삶의 완전한(perfect) 방식이란 낙원에서 축복받아 사는 삶의 방식을 뜻한다. 더 깊이 들어가서 그가 말한 낙원에서 축복받은 삶이란 살아계신 하나님의 생명을 완전하게 자각하는 미덕으로 사는 삶이고, 하나님께서 그들에게 영원한 삶으로 주신 그런 삶이다.

완전한 삶의 방식은 여기 지상에서 시작한다. 이 말이 의미하는 바는 우리가 비록 지상에서 살고 있지만 하나님의 지속적인 사랑이 우리와의 완전한 합일을 위하여 우리를 부르시고 있다는 의미이다. 이 지상에서

28) Johnston, *Cloud of Unknowing*, 46.

이러한 완전한 삶을 자각하고 그 삶에 대해 응답하는 데는 다양한 정도(degree)의 차이가 존재한다. 이런 삶의 완전한 방식은 평범한 일상의 삶을 살아가는 그리스도인들의 일반적 삶의 방식에 온전하게 스며든다. 사람들은 인격적인 종교 경험과 헌신에 대한 실체적 감각이 결여된 채 그들 자신의 평범한 매일의 삶을 살아간다. 결국에는 각각의 사람들이 그들의 영적 각성의 정도에 관계없이 그분 자신과의 합일을 위해 부르시는 하나님 안에서 그들 자신의 삶을 살아가게 된다. 그러나 신성한 완덕의 빛으로 살아가는 일반적 방식은 마음의 소유욕의 두꺼운 층과 각성되지 않은 삶의 방식들로 여과되어 들어오게 된다. 삶의 특별한 방식이 진전되어 가면서 사람의 마음은 하나님의 완전한 사랑으로 더욱 현저하게 열리게 된다. 이 사랑은 우리를 유지시키시고 그분의 사랑 자체에게로 부르시는 분이다. 그러나 그런 삶의 특정한 방식에서 우리의 근본적인 자기감은 본질적으로 자아(ego)에 기반되어 있다. 우리의 참된 삶은 거룩한 빛에 의해 조명되며, 거룩한 빛에 의해 투명해진다. 그러나 우리에게는 여전히 스스로를 신앙을 '가진' 존재로서 경험하고자 하는 경향이 있다. 다시 말하면, 우리는 여전히 스스로를 개체적 자아로서의 자기에 속하는 것으로 경험한다. 이 개체적 자아로서의 자기는 우리가 항상 우리 자신으로 알고 있었던 자기이다.

우리는 존재의 진정한 핵심 안에서 맹목적으로 용솟음치는 사랑을 경험하고 응답하기 시작하면서, 자신의 유일한 삶 안으로 들어간다. 이 유일한 방식은 우리에게 무엇인가가 일어나고 있다는 것을 깨닫게 되면서, 그리고 우리가 지금 자신의 존재의 깊이에 있는 독거적 중심에서 살고 있다는 것을 깨달으면서, 마지막으로 우리의 사랑의 갈망을 익명의 저자가 완덕이라고 불렀던 최고의 삶의 방식이자 최후의 삶의 방식으로 인도하기를 배우면서 깊어진다.

존재의 핵심 안에서 솟구치는 무조건적 사랑에 순복하는 것을 배우면서 우리는 깜짝 놀랄 만한 계시를 자각하게 된다. 우리는 하나님 자신의 생명의 충만함을 경험하기 위해 죽을 때까지 기다릴 필요가 없다는 것을 발견하기 시작한다. 우리는 이 생명의 충만함을 모든 영원성의 경험이라 부른다. 중요한 것은 만약 우리가 지상에 사는 동안 낙원 안에서 축복받은 자들의 기쁨인 하나님과 하나임을 경험하려고 한다면, 하나님보다 못한 어떤 것들과 동일시하려는 우리의 경향성을 죽여야만 한다는 것이다. 이것이 우리가 묵상을 하는 이유이다. 우리는 아마도 한 호흡 한 호흡씩 하나님보다 못한 어떤 것들과의 동일시에서 기인하는 환상에 대해 죽는 것을 배움으로써 단순한 삶의 방식으로 살기를 배울 수 있을 것이다. 이 일생 동안의 죽는 과정이 펼쳐지면서 천국에서 축복받은 삶을 살아가는 완전한 삶의 방식이 우리의 일상적 삶의 친밀한 세부 사항들을 통해 빛나기 시작한다. 하나님보다 못한 모든 것들을 죽임으로써 태어난 죽음 없는 삶이 평범한 생활의 한가운데서 나타나기 시작한다.

다음 구절들에서 익명의 저자는 완전한 삶에 대한 깨달음과 영적인 묵상 작업을 직접적으로 짝을 이루어 기술하였다. 우리는 모든 생각과 이미지를 벗겨 버리고, 하나님을 사랑하고 하나님에게서 사랑받으려는 단 하나의 의도를 갖고 앉아 있다. 그가 제안하는 바는 사랑의 갈망이 마음을 산란케 하는 생각 때문에 뿔뿔이 흩어지기 시작하는 매 순간마다 단 하나의 단어를 조용하게 반복함으로써 하나님 한 분을 위한 우리의 사랑의 목적을 다시 갱신하고 모을 수 있다는 것이다. 그는 이렇게 말한다.

> 만약 여러분이 마음에 쉽게 간직하고 선택할 수 있는 짧은 단어 속으로 여러분의 모든 갈망을 모으기 원한다면, 긴 단어보다는 하나의 짧은 단어를 선택하라. '하나님' 혹은 '사랑' 같은 한 음절의 단어가 가장 좋다. 그러나 여러분에게 충분한 의미

가 있는 단어를 하나 선택하라. 그런 다음 그 단어를 거기에 머물러 있을 수 있도록 여러분의 마음 속에 고정시켜라.... 여러분을 성가시게 하는 생각들을 이 짧은 단어 하나만으로 해결할 수 있을 것이다. [29]

여러분은 묵상의 장소로 나아간다. 허리를 숙여 경의를 표하고 앉아 묵상적 침묵 속에 잠겨 든다. 어떤 방법이 좋은가 하는 문제로 노닥거리지 않는다. 일부러 시간을 끌지 않는다. 미온적인 수단을 위한 시간은 끝났다. 여러분의 앉아 있음이 자신의 전 존재를 구현하며, 이제 하나님을 사랑하고자 하는 단 하나의 순수한 의도를 쏟아붓는다. 이 하나님의 무한한 사랑이 바로 여러분 존재의 기원이며 토대이고 충만함이다. 여러분의 마음이 이런저런 생각으로 떠밀려 다닐 때마다 여러분은 조용하게 속삭인다. '하나님' 혹은 '사랑', 또는 여러분이 정한 단어가 무엇이든 말이다. 그러면 하나님을 사랑하고자 하는 여러분의 순수한 의도는 새롭게 되고, 마음을 산란하게 하는 그 다음 생각이 자신을 생각에 빠지게 만들 때까지 여러분은 그 의도 안에서 말없이 쉬게 된다. 여러분이 그 순수한 사랑의 의도 안에서 쉬는 일에서 또다시 벗어났다고 깨닫게 되면, 또다시 하나님을 사랑하는 순수한 의도 안으로 들어가기 위해 입술로 '하나님' 혹은 '사랑' 같은 단어를 조용하게 속삭이도록 하라.

익명의 저자는 이렇게 질문한다.

왜 여러분은 이와 같은 한 음절의 짧은 기도가 천국을 뚫고 들어갈 만큼 충분히 강력하다고 생각하는가? 왜냐하면 이런 기도는 한 사람의 전존재로 행하는 기도이기 때문이다. 이렇게 기도하는 사람은 그의 영의 모든 높이와 깊이와 길이와 넓이를 모아 기도하는 것이다. 그의 기도는 높다. 왜냐하면 그의 영의 충만한 힘 안에서 기도하기 때문이다. 그의 기도는 깊다. 왜냐하면 그는 이 한 짧은 단어 속에 그

29) Johnston, *Cloud of Unknowing*, 56.

의 모든 이해를 모아 놓았기 때문이다. 이 기도는 길다. 왜냐하면 만약 이 느낌이 지속될 수 있다면, 그는 그가 지금 하는 것처럼 영원히 고함을 지르게 될 것이기 때문이다. 이것은 넓다. 왜냐하면 우주적인 관심을 가지고 그는 자신에게 갈망하는 것을 모든 사람들을 위해 갈망하기 때문이다.[30]

익명의 저자는 말하기를 우리가 묵상에서 사용하는 단어의 변형적 힘은 이 단어가 지금 하나님과 하나 되려는 단일하고 순수한 갈망에 몰입된 여러분의 전존재의 높이, 깊이, 길이, 넓이보다 못한 그 어떤 것도 구현하지 않는다는 사실에 있다는 것이다. 그러고 나서 그는 계속해서 말한다.

이런 기도를 함으로써 한 사람이 모든 성도들과 함께 영원하고 자애로우시며 전능하신 하나님의 길이와 넓이 그리고 높이와 깊이를 이해하게 된다. 사도 바울이 말했듯이 이러한 이해는 당연히 완전하게가 아니라 부분적으로 그리고 관상적 지식의 이해할 수 없는 특징적인 방식으로 이루어진다. 길이(length)는 하나님의 영원성을 말한다. 넓이는 그분의 사랑을, 높이는 그분의 힘을, 깊이는 그분의 지혜를 말한다. 은총이 사람을 인간의 창조주이신 하나님의 형상과 유사성에로 변형시키게 될 때 하나님께서 인간의 기도를 아주 빠르게 경청하신다는 것은 그리 놀랄 만한 일이 아니다.[31]

익명의 저자는 먼저 앉아 묵상하는 것에 대해 예술적으로 세밀하게 말한다. 묵상은 인간의 영적 존재의 길이를 계시하시는 하나님을 향한 단일한 갈망에 몰두하는 것이다. 길이라는 단어가 의미하는 것은 하나님을 향한 우리의 갈망이 이 한 단어만으로 영원히 계속해서 우리가 외치게 될 정도로 강력하고 단일하다는 것이다. 그다음 그는 멈추지 않고 이어서 우리의 영의 길이는 하나님의 영원성의 무한한 길이를 '말한다'–곧 ~으로 확

30) Johnston, *Cloud of Unknowing*, 96.
31) Johnston, *Cloud of Unknowing*, 96.

장된다 – 고 이야기한다. 우리의 영적 본성의 각각의 차원들이 단 하나의 불타는 갈망 속에서 적나라하게 드러나게 되어 하나님 자신의 본성 속으로 몰입하고 융합되게 된다. 그래서 묵상은 우리의 진정한 본성을 적나라하게 드러내고, 그렇게 함으로써 우리에게 우리 자신의 본성으로 주어진 하나님의 본성을 적나라하게 드러낸다.

우리가 『무지의 구름』 속에서 발견하는 것은 우리 자신의 참된 생명으로서 우리에게 주신 하나님의 완전한 생명이 지상에서조차도 직접적으로 실현되는 데는 발달적 전개에 정도의 차이가 있다는 것이다. 하나님께서 펼치시는 사랑의 행로는 평범한 삶의 방식에서 시작한다. 그래서 우리는 은총에 놀라게 되고, 그리고 모든 면에서 그리스도를 따르는 사람으로서 특별한 삶의 방식에로 인도된다. 그리고 그러한 삶의 특별한 방식은 유일한 삶의 방식 안에서 원숙해진다. 단 하나의 삶의 방식이라고 부르는 이유는 우리가 하나님 한 분만을 간구하고 하나님과 영혼이 결코 끝나지 않는 하나의 사랑 안에서 지속됨을 경험하는 그런 사랑에 우리가 순복하는 것이기 때문이다. 이러한 유일한 삶의 방식은 축복받은 낙원에서의 완전한 삶을 가장 투명하게 보여주며 그리로 문을 열어주고 있다. 그래서 우리가 이 유일한 삶의 방식 안에서 변형되면, 우리는 죽음이 더 이상 우리의 진정한 삶이라고 경험하는 사랑의 하나 됨에 어떤 본질적 변화도 일으키지 못할 것임을 지각하게 된다.

죽음이 어떤 본질적인 변화를 일으키지 않을 것이라는 이 개념이 당신에게 전적으로 새로운 것이 아니라는 데는 의심의 여지가 없다. 무엇보다도 먼저 우리의 신앙은 죽음이 하나님 안에서 우리 삶의 죽음 없는 본성을 발견하는 통로라는 것을 납득시켜 준다. 그러면 우리는 역시 때때로 이 죽음의 무성(nothingness)의 일부를 일별하는 특권을 가지게 된다. 여러분이 혼자 자신의 차를 운전하면서 공동묘지를 지나간다고 상상해 보라. 갑자기 여러분의 마음속에 지금도 여전히 정말 많이 사랑하고 있으나 이미 세상을 떠난 어떤 사람이 생생하게 떠오른다. 바로 그 자리에서 여러분과 그 사람은 서로를 방문한다. 도로를 따라 운전하면서 여러분은 우리가 죽었다고 말하는 사람과 하나 되어, 그래서 우리가 다시 한 번 살아있다고 깨달을 때 그 신비스러운 만남이 일어나는 것을 경험한다. 계속 운전하면서 여러분은 지금 여행하고 있는 도로가 구석에 위치한 식료품점을 넘어선 저편의 길로 여러분을 인도해 가고 있다는 것을 깨닫게 된다. 머지 않아 여러분도 역시 남겨진 사람들이 죽음이라고 부르는 그것에 이르게 될 것이다. 오직 지금 이 영적인 각성의 순간에, 여러분 자신의 죽음이 가까이 오고 있다는 자각은 방해가 되지 않는다. 오히려 그것은 결코 끝나지 않는 삶 속의 또 다른 하루의 끝을 알리면서 지금 막 지고 있는 태양을 보며 지금 살아있다는 것에 안심하는, 그런 안심의 근원이 된다.

우리가 계속해서 묵상해 가면서, 이 유일한 삶은 우리의 마음을 하나님의 완전하고 죽음 없는 삶에 대해 더욱더 습관적으로 투명하게 만든다. 몇 년 전에 나는 당시 켄터키 주의 숲 속에서 은둔자로 살고 있던 제인 마리 리처드슨(Jane Marie Richardson)이라는 이름의 수녀를 방문했다. 우리는 그녀의 은둔처에 함께 앉아서 차를 마시면서 그녀의 은둔의 삶의 경험에 관해 이야기를 나눴다. 그녀는 내게 일기를 쓰는 것의 가치에 대해 어떻게 생각하느냐고 물었다. 그녀는 은둔처의 고요함 속에서 스쳐 지나가는 지각과 관찰들을 기록하고 기억해 두었느냐 아니냐에 따라 얼마나 차이가 나는지에 대해 자신도 놀랐기 때문에 질문한 것이라고 말했다. 그녀는 그것이 중요한 사안이 아니라고 말하지 않았다. 오히려 그녀는 침묵과 은둔 속에 살면서 그것이 어떤 면에서 중요했는지를 궁금해했다. 정확하게 무엇을 말해야 할지를 알지 못한 채 나는 그녀가 한 질문 속으로 우리 둘이 더 깊게 들어가도록 해 줄 말들이 나오기를 기다리며 가만히 있었다.

둘이 앉아서 지속적인 침묵의 순간 속에 있으면서, 그녀는 마치 그 순간 그녀의 마음에 들어왔었던 것을 단순하게 나누는 것처럼 이렇게 말했다. "일전에 내가 여기 은둔처에 앉아 있을 때 갑자기 내가 죽어도 아무 일도 일어나지 않을 것이라는 것을 깨달았어요. 내가 살아 있거나 죽거나 간에 어떤 진정한 차이가 생기지 않는다는 것이 분명해진 거죠." 자아의 관점에서 그런 진술이 의미하는 바를 정확하게 정리하는 것은 어렵다. 왜냐하면 무엇보다도 자아의 관점에서 보면 결국 죽음은 모든 차이를 만들고 모든 것들을 완전하게 변화시키는 대변동적 사건이기 때문이다. 그리고 그녀가 무엇을 했는지에 대해 말했을 때 우리들 중 누구도 놀라는 것처럼 보이지 않았다. 마치 우리가 함께 죽음 없는 삶의 어떤 본성을 깨달은 것 같았다. 곧 죽음에 지배받는 모든 것들은 단순히 현실적인 것 혹은 실제적인 것의 중단일 뿐이라는 것이다.

이 신비를 더 잘 이해하는 한 가지 방법은 결혼한 부부의 사랑 속에서 이것이 어떻게 깨달아지는지를 성찰해 보는 것이다. 한 여자의 남편이 죽었다. 자아의식의 관점에서 본다면 남편의 죽음은 완전하게 그의 삶을 바꾸었고 아내의 삶도 역시 극적으로 바뀌었다. 그의 죽음 후에 이어지는 며칠, 몇 주, 몇 달의 시간 속에서 그녀의 삶 속에 남은 남편의 부재라는 단절된 구멍은 산처럼 큰 것이었다. 그는 사라졌다. 그의 죽음은 커다랗고 고통스러운 변화를 만들었다. 그러나 그녀는 그의 죽음이 사랑 자체의 깊이와 관련해서 어떠한 변화도 만들지 못한다는 그녀 자신의 마음을 안다. 그래서 그녀와 그녀의 남편은 말로는 설명할 수 없게 하나인 채로 여전히 그대로 있는 것이다.

우리의 삶이 사랑 안에서 변형될 때 죽음은 파악할 수 없는 지각에 아무런 영향을 주지 못한다. 우리는 이런 지각 속에서 사랑의 죽음 없는 신비를 제외한 그 어떤 것과도 더 이상 스스로를 동일시하지 않는다. 우리의 신앙이 우리들에게 알려주는 바는 하나님이 결코 죽지 않는 사랑이시라는 것, 그리고 영원하게 존재 안에서 사랑하시는 분이시라는 것이다. 묵상 속에서 우리는 이 사랑에 몰두하고 그 안에서 변형된다. 우리는 결코 죽지 않는 거룩한 사랑의 충만함과 하나 됨을 깨달을 정도로 변형된다. 프랑스의 신 소크라테스학파 사상가인 가브리엘 마르셀(Gabriel Marcel)이 관찰한 바는 우리가 어떤 사람 속에서 너무 아름다워 그냥 죽기에 아까운 것을 보고 있다는 것을 알게 되었다면 우리는 그 사람을 사랑하고 있다는 것을 알게 된다는 것이다. 하나님은 우리 속에서 너무 아름다워 그냥 죽기에는 아까운 것들을 보신다. 말하자면 하나님은 우리 안에서 그분 자신의 전체성(totality)을 보시고 우리 안으로 흘러들어 오시며, 하나님의 형상과 유사성을 가진 사람들로 우리를 창조하신다. 우리는 묵상하면서 존재하는 우리를 보시는 하나님을 볼 수 있도록 배우게 된다. 모든 영광과 그리고 하나님의 실재이기도 하고 우리 자신의 실재이기도 한 죽음 없는 사랑으로 가득 채워진 분을 말이다.

이 행로에서 신앙심 깊게 되도록 지속하기

묵상의 자기 변형 행로에 관련된 네 번째이면서 마지막 질문은 우리가 어떻게 이 행로를 신실하게 지속할 것인지와 관련된다. 이 책의 나머지 장들은 하나님 안으로의 자기 변형 여정을 계속해서 충실하게 하는 데 있어서 우리의 기반이 되는 묵상 수련에 대해 심도 있는 탐구에 전념할 것이다. 이 심도 있는 묵상의 탐구를 시작하기 전에 우리는 먼저 그리스도교적 묵상 전통의 본질과 그리고 그 본질이 안내하는 하나님 안에서의 충만함을 전달하는 것으로서, '그리스도의 마음으로 들어가기'라는 풍부하고 중요한 주제에 대해 성찰할 것이다.

제7장

그리스도의 마음으로 들어가기

사도 바울은 빌립보서에서 "너희 안에 이 마음을 품으라 곧 그리스도 예수의 마음이니"(빌립보서 2:5)라고 말한다. 우리는 일생 동안의 회심 과정을 통하여 우리 마음속에서 예수 그리스도처럼 된다. 이 과정에서 그리스도의 마음과 우리의 마음이 한마음이 되고 세상에서 알고 존재하는 한 방식이 된다. 신실한 묵상 수련은 그리스도의 마음 안으로 들어가는 자기 변형 행로로 이끄시는 영의 격려를 따라가기를 배우는 하나의 방식이다. 그러면 우리가 묵상을 통해 그리스도의 마음으로 들어가는 방식을 탐구해 보자. 이러한 탐구는 그리스도교적 신앙의 가장 깊은 영역으로 인도할 것이다. 이러한 내면에서의 쉼은 믿음이나 제도적 구조들로 구성된 것이 아니라 실재 그 자체의 활기찬 중심으로 자기를 변형해 가는 여정으로 구성되어 있다. 우리의 탐구가 진행되어 가면서 그리스도의 자화상이 드러날 것이며, 우리는 영원히 하나님과 하나가 되도록 운명 지어진 우리 자신의 진정한 모습을 인식하게 될 것이다.

하나님과 비이원적 하나임

우리가 탐구하려는 그리스도 마음의 첫 번째 측면은 하나님과 비이원적 하나 됨(nondual oneness with God)에 관한 것이다. 곧 하나님이 더 이상 우리 자신 이외의 존재로서 경험되지 않는 하나님과 하나임을 인식하는 그러한 마음 상태를 의미한다. 우리는 이러한 측면의 그리스도 마음을 먼저 복음서를 통해서, 그다음에는 묵상 중에 우리 안에 나타나는 것을 통해서 살펴보고자 한다.

최후의 만찬에서 예수님의 제자 중 하나인 빌립이 대담하게 예수께 묻는다. "주여 아버지를 우리에게 보여 주옵소서. 그리하면 족하겠나이다"(요한복음 14:8). 빌립의 말은 결국 이런 뜻이다 — 하나님을 보여주세요, 그러면 불평하지 않겠습니다. 사람들이 하나님을 보게 된다면 불평도 없어질 것이다. 더 이상의 아쉬움도 남지 않을 것이다. 모든 것이 완전하게 될 것이다. 하나님의 형상과 유사하게 지음받은 인격으로서 우리의 궁극적 충만함이 성취될 것이다.

우리의 신앙은 죽음 후에 우리가 '그와 같은' 하나님을 볼 것(요한1서 3:2)이라고 말한다. 하나님께서 우리를 영원히 알게 되시는 것처럼 우리는 하나님을 알게 될 것이다. 여기에서 빌립은 우리들 각자 속에 있는 구도자를 대표하는 사람이다. 그는 예수와 함께 저녁 식사를 하면서 식사 중에 하나님을 보여 달라고 요청하고 있다. 빌립의 요청에는 현재 순간의 즉시적 경험이 드러난다. 그는 이렇게 말한다. "하나님을 지금 보게 해 주십시오. 친밀하게 식사하는 동안에 말입니다. 그러면 우리는 후식이 필요하지 않을 것입니다. 우리는 어떤 것도 필요하지 않습니다. 왜냐하면 우리의 마음을 불타오르게 하는 하나님을 향한 천부적인 갈망이 충만히 채워질 것이기 때문입니다."

빌립의 대담한 질문은 "나를 본 자는 아버지를 보았거늘"(요한복음

14:9)이라고 응답한 예수님의 대담한 말씀에 압도당했다. 예수께서는 빌립에게 비록 그가 깨닫고 있지 못하지만 그의 요청은 이미 이루어진 것이라고 말씀하신다. 왜냐하면 예수께서는 빌립이 예수를 봄으로써 하나님을 이미 대면하고 있다는 것을 알고 계셨기 때문이다. 빌립은 이원론적 용어로 질문하였다. 곧 그는 지금까지 보지 못했던 다른 어떤 거룩한 신비를 보여 달라고 요청한 것이다. 예수께서는 빌립이 요청한 거룩한 비전이 이미 일어나고 있다고 말씀하심으로써 깨달은 자의 특성인 비이원적 언어로 응답하셨다.

우리는 묵상할 때 그리스도의 비이원적 의식 안으로 들어가기 위해 빌립의 이원적 이해 수준을 넘어서게 된다. 침묵 가운데 고요히 앉아서 우리는 묵상을 통해 삶을 변화시키는 깨달음을 이룰 수 있을 만큼의 개방성과 수용성을 얻게 된다. 그 깨달음은 우리가 추구하는 하나님과 하나임이 있는 그대로의 단순한 우리의 존재 안에서 또한 그런 존재로서 이미 일어나고 있다는 그런 깨달음이다.

내게는 이런 일이 어떻게 일어나는지를 설명할 능력이 없다. 오직 내가 할 수 있는 일이란 묵상적 자각이 여러분 안에서 일깨워지기 시작할 때 실제적으로 무슨 일이 일어나는지를 성찰하도록 여러분을 초청하는 것뿐이다. 만약 여러분이 성서를 읽는 중에 어떤 알아차림의 순간이 발생했다면, 여러분의 마음이 하나님의 현존 안에서 잠잠하게 쉴 수 있도록 자극하는 이 성서 구절에 열린 마음으로 머무를 수 있도록 허용해야 한다. 여러분이 침묵과 하나님의 임재 안에서의 묵상적 쉼이 깊어져 가면서, 이 성서 구절은 이를테면 바위들 사이의 하나의 틈이 된다. 이로써 그리스도의 생명이면서 동시에 당신의 생명이기도 한 하나님과 하나임을 깨달은 심연 속으로 접근이 허용된다.

이것은 복잡한 것이 아니다. 하나님에게 집중하면서 열린 마음의 상태 속에서 단순하게 쉬면 된다. 우리가 어떻게 이 순간에 아무것도 생각하고 있지 않는지 자세히 들여다보라. 많은 생각들이 떠오를 것이다. 그러나 십자가의 성 요한이 지적하는 것처럼 우리는 마음을 통과하여 지나가는 어떤 생각들에도 의도적으로 초점을 맞추지 않으려 하는 모습을 발견하게 된다. 우리가 이 묵상적 개방성 안에 머물러 있게 되면서 하나님이 아닌 다른 무엇인가로, 스스로를 경험하는 생각하는 자기(thinking self)는 배경으로 전락한다. 이와 동시에 하나님과 하나 되는, 생각하지 않는 묵상적 자기가 드러나기 시작한다. 생각에 관련된 이러한 진실은 기억과 욕망, 신체적인 감각에 관련해서도 역시 유효하다. 묵상적 자각은 하나님과는 다르게 인식되는 것 안에서 자아로서의 자기의 모든 측면을 주시하면서 동시에 그것을 초월한다.

또한 이러한 묵상적 자각이 깊어지면서 어떤 것을 판단하기 위해 더 높은 근거를 주장하려는 경향이 점점 줄어들게 된다는 점을 주목하라. 앉아 묵상하며 묵상적 자각 속에 있을 때 당신이 경험할 수도 있는 그 어떤 고조된 영적 자각에 권리를 주장하도록 여러분을 종용하는 자아에 기반한 움직임을 알아차릴 수 있을 것이다. 그러나 우리가 묵상적 자각에 뿌리를 두고 있는 한, 여러분이 경험할 수도 있는 그 어떤 것을 스스로 요구하지 않는다. 우리가 묵상적 자각 속에서 획득한 것을 어떤 사람에게 보여주려고 우리 손을 펴게 되면 그 손에는 아무것도 없다. 우리에게 부여된 묵상적 자각에 대한 자격을 찾고자 한다면 우리는 아무 자격도 없는 자신을 발견하게 된다. 우리는 빈약하고 공허한 그리고 주장할 것이 아무것도 없는 존재이다. 우리는 하나님보다 못한 어떤 것에 의존하거나 동일시하는 데서 벗어나 하나님을 향해 연약하게 열려 있는 존재이다.

우리가 생각과 기억, 자아에 기반한 모든 존재 형태들의 경계를 넘어 묵상적 침묵 안으로 들어가게 되면서, 하나님과는 다르다고 여겨져 드리워

가려졌던 커튼이 열리게 된다. 나의 진정한 실재이고 모든 실제적인 것의 실재인 하나님과 하나임이 깨달아지는 것이다. 이제 하나님을 향한 어린아이 같은 순진한 개방성 안에서 어느 정도 쉬고 있는 순간들을 아주 자세하게 들여다보라. 그런 순간들이 점점 더 단순하고 진심 어리게 될수록 여러분이 활동을 멈추고 하나님께서 시작하는 장소를 여러분은 발견할 수 없다는 것이 점점 더 진실로 판명되지 않겠는가? 하나님이 멈추고 여러분이 시작하는 장소도 발견할 수 없다. 노력하려고 할 수조차도 없다. 왜냐하면 그런 노력들이 이런 순간에는 이상하고 맞지 않는 것처럼 보이기 때문이다. 이 순간에 여러분은 마치 배우지 못한 어린아이처럼, 사랑하는 사람의 팔에 안겨 있는 연인처럼 단지 쉬도록 끝없는 하나님과 하나임 속으로 끌려 들어간다.

만약 빌립이 예수께 청했듯이 동료 구도자가 이 순간에 여러분에게 나가와서 하나님을 볼 수 있도록 요청한다면, 여러분은 그대가 하나님이라고 생각하거나 혹은 그렇게 제안할 만큼 어리석지는 않을 것이다. 왜냐하면 오히려 하나님과 하나 되는 경험이 하나님 없이는 나는 완전히 아무것도 아니라는 것을 강렬하게 깨닫게 만들기 때문이다. 여러분이 깨닫게 된 하나님과 하나임에 대한 충실함 속에서는 하나님께서 현재 순간 여러분의 현존의 순전한 기적 이외에 다른 어떤 이원적인 방식으로 존재하신다고 생각하거나 그렇게 주장할 만큼 어리석지 않을 것이다. 왜냐하면 여러분에게 접근이 허용된 그 하나임 안에서는 하나님 이외의 이원적인 존재에 대한 자아의 모든 지각이 하나님과의 단순한 하나임에 대한 친밀한 깨달음 속에서 초월되기 때문이다. 이런 하나님과 하나임 속에는 어떤 형태의 다름도 전혀 발견될 수 없다.

여러분에게 와서 하나님을 보여 달라는 동료 구도자의 요청은 친밀하고 신비스러운 방식으로 이루어졌다. 이 요청은 여러분 안에서 그러한 단순성으로 은총 받은 분을 봄으로써 이미 허용되었다. 이 단순성 속에서 하나님과 하나임을 제외한 모든 것은 사라져 버린다. 우리는 여러분이 경험할 특권을 가진 이 묵상으로 깨달은 하나님과 하나임이 여러분의 참된 본성이고 지금 여러분 앞에서 하나님을 보여 달라고 요청하는 사람을 포함한 모든 사람의 본성임을 깨닫는다. 여러분은 또한 이 하나님과 하나임을 보지 않으려는 경향성이 모든 슬픔의 원천이라는 사실을 인식한다. 우리는 이 슬픔이 그리스도께서 우리를 구원하시려고 오셨던 이유인 슬픔임을 인식한다. 그분은 우리를 하나님과 비이원적 하나 됨의 마음속으로 들어가라고 초대하신다. 이런 그리스도의 의식 안에서 슬픔은 어떠한 근거지도 얻지 못하고, 오직 하나님의 영원하고 지극한 행복만이 존재한다.

삼위일체의 신비

예수께서는 빌립에게 자신이 아버지와 비이원적 하나임을 밝히시고 이렇게 말씀하셨다. "내가 아버지께 구하겠으니 그가 또 다른 보혜사를 너희에게 주사 영원토록 너희와 함께 있게 하리니 그는 진리의 영이라 세상은 능히 그를 받지 못하나니 이는 그를 보지도 못하고 알지도 못함이라 그러나 너희는 그를 아나니 그는 너희와 함께 거하심이요 또 너희 속에 계시겠음이라"(요한복음 14:16-17). 이와 비슷한 예수님의 가르침에 대한 초기 그리스도인들의 신실한 성찰은 하나님을 사랑하는 아버지로, 그분의 살아 있는 말씀이 우리 가운데 육신이 되어 오신 것으로, 그리고 그분의 내재하는 성령이 우리들에게 매일매일의 일상생활 속에서 영감을 주시고 인도하시는 분으로 이해하게 해 주었다. 하나님에 대한 이같은 독특한 그리스도인의 이해 방식은 성부, 성자, 성령이 삼위일체적 존재이며, 동시에 하나님은 무한하게 단순하며 하나시라는 헬라적 사유와 병합되었다.

삼위일체 하나님에 대한 그리스도인의 이해는 5세기 성 어거스틴(Saint

Augustine) 주교가 삼위일체에 관한 고전적인 내용을 저술했을 때쯤에는 이미 그리스도교 공동체 안에서 발전하고 있었다. 그러나 어거스틴의 종교적 상상력의 천재성은 삼위일체로서의 하나님에 대한 가장 강력하고 품격 있는 비전들 중 하나를 창안해 냈다.

삼위일체에 대해 저술한 성 어거스틴에 관한 일화가 있다. 소문에 의하면 어거스틴은 완전하게 하나이신 하나님을 신성한 세 위격(persons)으로 표현하기 위해 어떤 단어를 사용할 것인지에 대해 깊은 고민에 빠져 아무것도 할 수 없었다고 한다. 실제로 그의 딜레마는 너무나 심각했다. 그는 신성한 세 위격들 속에서 한 하나님으로서의 하나님이라는 실제적 신비를 개념적으로는 이해할 수 없다는 것을 깨달았다. 어거스틴은 어느 날 해변을 따라 걸으면서 이 주제의 불가해한 본성에 대한 생각에 몰두하고 있었다. 그는 가던 길을 멈춰서 물가에서 놀고 있는 한 어린아이를 바라보았다. 그 아이는 처음에는 물속으로 들어가서 스푼에 물을 채우려고 허리를 구부렸다. 그리고는 매우 조심스럽게 한 방울도 흘리지 않고 해변으로 다시 걸어 나와서 모래에 있는 작은 구멍에 물을 부었다. 어거스틴은 아이가 이 동작을 여러 번 반복하는 것을 주의 깊게 바라보았다. 마침내 어거스틴은 그 아이에게 다가가서 무엇을 하고 있느냐고 물었다. 그 아이는 모래 위의 작은 구멍에 바다를 넣으려 하고 있다고 말했다. 어거스틴은 웃으면서 소녀에게 그것은 결코 가능하지 않을 것이라고 말해 주었다. 그 아이는 웃으면서 “네가 삼위일체의 신비를 네 지성에 담으려는 것도 이와 마찬가지로 가능하지 않다”고 말했다. 그리고 그 아이는 허공 속으로 사라져 버렸다!

바로 그 순간에 어거스틴은 신비가들이 삼위일체에 대한 신실한 성찰 속에서 스스로를 발견했던 바로 그곳에 서 있는 자신을 발견했다. 신성한 세 위격 속에 있는 한 하나님이라는 역설적 본성은 개념적 지성으로는 다가갈 수 없는 난관이었다. 이 난관에 생각이 계속 봉착해 있을 때 개념적 사고의 붕괴는 하나님과 하나임에 대한 묵상적 자각을 해방시켜 준다. 갑자기 개념적으로는 이해할 수 없는 그 거룩한 신비에 몰두되어 있는 우리 스스로를 발견하는 것이다! 어거스틴의 신학적 작업이 명쾌하지 않다거나 혹은 그들 스스로의 노력으로 연구될 수 있고 인정받을 수 있는 심오한 사상이 없다는 것이 아니다. 어떻게 명쾌하게 설명할 수 있는지는 중요하지 않다. 오히려 어린 소녀가 해변의 작은 모래 구멍에 바다를 어떤 식으로든 넣지 못하는 것처럼 인간의 개념적 마음도 삼위일체의 신비를 파악할 수 없다.

그리스도교 신비가들에게는 하나님의 신비를 경험할 수 있는 특권이 주어졌다. 그들은 자신들이 체험한 하나님의 표현할 수 없는 신비를 표현하려고 노력하면서 삼위일체에 대해 자연스럽게 매혹되어 갔다. 그들은 삼위일체를 무미건조한 추상적 교리로 보지 않고 거룩한 신비에 대한 그리스도인의 사랑의 시로 본다. 그 모든 말들은 결국 궁극적으로 형언할 수 없는 채로 남아 있고 침묵 속에 숨어 있는 그것에 비교하면 형편없는 번역일 뿐임이 입증되고 만다. 그리스도교 신비가들이 삼위일체 용어를 사용한 수많은 예들 중에서 두 가지만 인용하려 한다. 먼저 13세기 독일 신비가였던 마그데부르크의 메히틸데의 저작 중에 다음의 구절을 주목하기 바란다.

> 주여, 하늘에 계신 아버지시여, 당신은 나의 심장이십니다.
> 주 예수 그리스도시여, 당신은 나의 몸이십니다.
> 주 성령이시여, 당신은 나의 숨이십니다.
> 성스러운 삼위일체 주시여, 당신은 나의 유일한 피난처시고

영원한 쉼이 되십니다.[1]

그리고 13세기 플레미시(벨기에 북부 지역)의 신비가 루스브로엑이 관상에서 깨달은 하나님과의 비이원적 하나임을 표현하면서 사용한 삼위일체적 언어를 들어 보기 바란다.

> 깨달음에 도달한 영혼은 스스로를 초월하여 형태가 없는(modeless) 지극한 행복의 상태 속으로 들어가게 된다. 이 상태에는 어떤 피조물도 결코 경험해 보지 못했고, 받을 수 없었던 충만함이 흘러넘친다. 기쁨으로 가득 찬 영혼은 자신의 초본질적(superessential) 존재 안에서, 차별 없이 하나님과 함께하는 하나의 기쁨이고 하나의 지극한 복이다. 이것이 바로 그리스도께서 그분의 사랑을 받는 모든 신자들이 완전하게 하나가 되게 해 달라고 하늘에 계신 아버지께 기도했던 바로 그 상태이다. 그분은 성령을 통해서 지극한 행복의 기쁨 속에서 성부 하나님과 하나가 되시기도 했다.... 나는 이 기도가 그리스도께서 우리의 구원을 위해 이제까지 기도하셨던 기도 중에 가장 최고의 사랑이 넘치는 기도라고 생각한다.[2]

그리스도의 마음에 대한 삼위일체적 이해는 하나님 자신의 신성한 삶에 대한 깨달음으로 우리를 이끈다. 어떻게 그렇게 되는지를 알기 위해서는 우리는 반드시 삼위일체의 위격들이 결코 분리된 개체가 아니라, 그 각각이 하나님과 삼위일체의 다른 두 위격들과의 관련성 속에 있다는 사실을 유념해야만 한다. 삼위일체의 위격들에서는 분리나 타자와 같은 최소한도의 개념조차도 하나님 하나임(oneness)의 무한한 단순성을 침해하는 것이다. 한 위격이 된다는 것은 한 개체가 된다는 것 이상의 의미를 담고

---

1) Mechtild of Magdeburg, *The Flowing Light of the Godhead*, trans. Frank Tobin. (Mahwah, NJ: Paulist Press, 1988), 186.

2) Jan van Ruusbroec, "*The Spiritual Espousals*" and Other Works, trans. James A. Wiseman (Mahwah, NJ: Paulist Press, 1985), 30.

있다. 한 위격(person)이 된다는 것은 하나님에 대한(to) 관계를 가진(with a relationship) 어떤 사람이 됨을 의미하는 것이 아니라, 하나님 자신이 온전하게 드러내 보이고 하나의 신성한 관계(divine relation)가 된다는 것을 의미한다.

여기가 바로 개념적 사고가 녹아내리는 것을 경험하기 시작하는 지점이다. 우리는 하나님과의 관계를 지닌 개인이 된다는 것이 무엇을 의미하는지를 쉽게 파악할 수 있다. 실로 이것은 우리가 우리 자신을 경험하는 방식이다. 삼위일체의 위격들은 하나님과의 관계를 지닌 한 개인이 아니라 오히려 신적인 관계들, 곧 각각이 독특하지만 온전하고 완전한 하나님이시라는 시적인 언어가 의미하는 바를 파악하기 위해서는, 우리는 하나님의 신비에 대한 그리스도교의 전통적 이해에 대해 우리의 지성과 마음을 개방하는 하나의 방식으로서 이 시적 언어와 함께 잠잠히 앉아 있어야만 한다.

그러면, 삼위일체의 위격들에 관해 함께 묵상하는 일이 그리스도의 마음 안으로 들어감이 내포하고 암시하는 무한한 풍부함과 관련하여 우리에게 무엇을 드러내 보여주는지 알아보자. 삼위일체 묵상은 어떤 식으로든 알려지거나 표현될 수 있는 모든 것을 초월하는 하나님의 완전한 신비를 가리키는 신의 본성에서부터 시작해야 한다. 이 지점에서 시작한다는 것은 우리의 무릎을 꿇음에서 시작한다는 것이다. 또한 실재 그 자체의 무한하고 파악할 수 없는 신비의 현존 가운데 경외심이 가득함으로 시작한다는 것이다. 신의 본성으로부터 시작한다는 것은 의식(liturgy)이 예배가 되고 묵상이 경외심 가득한 침묵이 되는 곳에서 시작한다는 것이다. 여기에서 시작한다는 것은 수도원의 주춧돌을 견고하게 세워 놓은 곳에서부터 시작한다는 것이다. 또한 이곳에서 시작한다는 것은 모든 실재가 그 무한하며 신비스러운 기원을 갖는 곳이자 우리 자신을 포함한 모든 실재가 똑같이 신비스럽고 끝없는 궁극을 발견하는 곳에서 시작한다는 것이다.

신의 본성이라는 감추어진 신비는 스스로를 지식과 사랑의 신성한 관계로서 영원히 표현하고 드러낸다. 예수님은 우리에게 성부, 성자, 성령 안에서 이 신비를 계시하신다. 성부 하나님은 근원으로서의 하나님이다. 성부로부터 성자가 흘러 나온다. 때때로 성부 하나님은 아시는 하나님, 그리고 성자 하나님은 알려진 하나님으로 이야기한다. 다른 말로 성부는 영원히 스스로를 아시고, 성자는 영원히 그 자신을 성부의 지혜로서 알고 계신 분이시다. 그리스도교 전통에서 성부는 영원히 스스로를 말씀하시거나 표현하시는 분이다. 또한 성자의 경우에는 성부 하나님의 로고스, 그 분의 살아있는 말씀으로 불린다. 때때로 성부 하나님은 그의 말씀 속에서 스스로를 영원히 표현하시고, 그의 말씀 속에서 스스로를 영원히 관상(contemplate)하신다고 이야기한다. 그리고 그렇게 관상의 영원한 기원은 하나님 자신의 영원한 생명 안에 감추어져 있다. 그리스도교 전통에서 성부와 성자의 무한한 지식은 하나이며, 성령이라는 무한한 사랑을 산출한다. 때때로 성령은 성부와 성자의 하나임의 충만함이란 말로 표현된다. 이 세 위격 속에서 한 분 하나님이라는 역설적 언어가 그리스도인의 신적인 사랑의 시가 되는 것이다.

이러한 거룩한 신비에 관한 그리스도인의 사랑의 시는 다음과 같은 놀랄만한 결론에 도달하게 된다. 만약 우리가 성부 하나님과(with) 다른 위격들과의 관계를 소유(has)라는 존재로 이해하려고 한다면 우리는 결코 그 답을 찾지 못할 것이다. 왜냐하면 성부 이외에 혹은 그보다 못한 말씀의 어떤 신성한 위격이란 없기 때문이다. 성부와의(with) 관계를 소유하는(has) 말씀이신 그리스도란 없다. 오직 하나님의 살아있는 말씀인 완전한 하나임(oneness)의 관계만이 있을 뿐이다.

이렇게 본다면 성자 이상으로 또한 그 외의 다른 누군가로 존재하는 성부 하나님은 존재하지 않는다. 왜냐하면 성부는 그분의 말씀으로 스스로를 온전하고 완전하게 표현하고 제공하시기 때문이다. 말씀으로 자신을 표현하고 제공하시되 성부는 그 자신의 어떤 것도 남겨두지 않으실 만큼 그 말씀의 인격 전부로서 스스로를 전적으로 제공하시고 표현하신다.

그리고 성부와 성자에게 해당되는 진리는 성령에게도 유효하다. 성령은 성부, 성자와(with) 관계를 맺는 어떤 또 다른 존재가 아니다. 오히려 성령은 성부와 성자의 완전한 지식으로부터 솟아나오는 완전한 사랑이다(is). 그렇기에 성령은 영원한 성부와 성자이신 분 이외에 또 다른 누군가가 아니다.

요한 복음은 이것을 이런 방식으로 설명한다.

> 태초에 말씀이 계시니라
> 이 말씀은 곧 하나님이시니라
> 그가 태초에 하나님과 함께 계셨고
> 만물이 그로 말미암아 지은바 되었으니
> 지은 것이 하나도 그가 없이는 된 것이 없느니라.
> 그 안에 생명이 있었으니 그리고....
> 말씀이 육신이 되어.
> 우리 가운데 거하시매,
> 우리가 그의 영광을 보니,
> 아버지의 독생자의 영광이요.(요한복음 1:1 – 14)

삼위일체의 이해를 믿고 있는 공동체의 관점에서 이 구절을 보게 되면, 이 구절은 빌립이 요청한 질문에 대한 그리스도의 대답을 이해하는 풍부하게 확장된 양식을 제공한다. "나를 본 자는 아버지를 보았다"(요한복음 14:9, 새번역). 예수께서 빌립에게 진정으로 비범한 무엇인가를 이야기해 주심으로써 빌립은 그분을 이해할 수 있었다. 예수님은 빌립에게 이렇게 말씀하신 것이다. "나를 보면서 너는 바로 네 눈 앞에서 아버지의 자기 표현이 육신이 되는 것을 보고 있는 것이다." 빌립은 이 순간 그에게 드러난 신비에 순종하면서 그리스도의 마음으로 들어갔다. 빌립은 이 순간에 신비와 은총의 아우라를 뿜어냈을 법한 하나님과의 비이원적 하나임 속에 그 자신이 둘러싸이게 됨을 깨닫게 되었다. 묵상을 할 때 우리는 빌립과 같은 깨달음의 과정 가운데 있게 된다. 우리는 하나님과 하나임 안으로 들어감으로써 그리스도의 마음으로 들어간다. 이 하나님은 그리스도의 생명이자 동시에 우리 자신의 생명이 된다. 우리는 이 하나임에 침잠되어 하나님 외에 다른 이원적 존재를 찾는 일이 부질없는 짓임을 알게 된다.

창조된 인격으로 돌아가기

우리는 말씀이신 그리스도를 통해서 성부 하나님에 의해 창조된 인격체로서 우리 자신을 더 깊이 이해하고 경험하는 일을 암시하는 그리스도의 마음으로 들어감을 지속적으로 탐구해 간다. 하나님이 우리를 창조하실 때 하나님은 피조물인 우리가 어떤 사람이어야 하는가를 생각할 필요가 없으셨다. 말씀이신 그리스도 안에서 영원토록 우리를 관상하시는 성부 하나님은 우주의 시작 이전부터 영원토록 우리가 누구인지를 알고 계신다. 사도 바울이 말한 것처럼 '너희 생명이 그리스도와 함께 하나님 안에 감추어진' 것이다(골로새서 3:3).

하나님께서 말씀이신 그리스도 안에서 영원토록 바라보시는 내 모습이 바로 내가 태어나기 이전의 나다. 이 나는 결코 시작된 적이 없는, 태어나지 않은 나다. 왜냐하면 말씀이신 그리스도 안에서 모든 것을 창조하신 하나님께서 나에 대해 알지 못하셨던 순간은 전혀 없기 때문이다. 하나님의 무한하신 단순성은 어떤 구분도 허용하지 않는다. 태어나기 전의 여러분의 진정한 자아에 대한 이러한 시적 명상에 여러분에 대한 하나님의 묵상이 존재한다. 이 하나님은 모든 것 되신 하나님 이외의 방식으로 또는 그보다 못한 방식으로는 결코 존재하지 않는 분이시다.

성부 하나님은 여러분을 한 인격으로 창조하시면서, 여러분이 말씀이신 그리스도 안에서 영원히 알고 있는 존재가 되기를 원하신다. 하나님은 '있으라'는 창조의 명령을 내리시면서 여러분에게 본성을 주시며 여러분을 존재하게 하셨다. 천사의 본성으로 창조된 천사들이 있고, 인간적 본성으로 지음 받은 인격인 사람이 있다. 여러분은 인간적 본성 안에서 앎과 사랑의 능력을 부여받은 하나님의 유한한 피조물이다. 왜 그런가? 여러분은 인간적 본성을 통해, 하나님을 사랑하고 여러분 자신을 하나님께 되돌려 드리는 법을 배움으로써 하나님을 알게 될 것이다. 이 하나님은 말씀이신 그리스도를 통해 성부 하나님에 의해 인격으로 창조된 우리 생명의 근원이시며, 토대이시고, 성취이시다.

묵상을 통한 자연스러운 경험의 순간들은 인간 의식 안에서 갑자기 폭발하는 자각(awareness)의 발화점으로 이해될 수 있다. 갑작스럽게 우리는 하나님이 누구이신지 또 나는 누구인지를 직감적으로 동시에 깨닫게 되며, 이것은 하나님과 하나임으로 나아가게 한다. 묵상적 깨달음에 우리는 내가 누구인가 그리고 하나님이 누구이신가 하는 하나의 신비를 신비한 방식으로 모호하게 알아차리게 된다. 우리는 이 깨달음을 유지하면서 하나님 외에 다른 존재로부터 하나님을 발견하려고 노력하는 것은 부질없는 일임을 알게 된다. 만약 우리가 우리 자신 외의 다른 존재에서 하나님을 찾으려고 한다면, 그것 역시 무익한 일이 될 것이다. 왜냐하면 우리는 하나님의 전부이자 동시에 있는 그대로의 우리의 전부인 하나님과 하나임으로서 하나님이 우리에게 온전하고 완벽하게 주어진다는 사실을 알게 되기 때문이다. 우리는 하나님이 아니다. 그러나 우리는 또한 하나님 외에 다른 존재도 아니다. 인격체로서의 우리는 하나님 그분의 무한한 실제(infinite actuality)에 대한 그분의 무한한 앎 속에서 그분이 영원히 알고 있는 우리이다. 이러한 역설적 진리 속에는 하나님과 영원히 하나가 될 운명을 지닌 인간이 의미하는 바가 무엇인지에 대한 본질이 담겨 있다.

자연발생적 묵상 체험의 순간들은 이런 맥락에서 '하나님 안에서 그리스도와 함께 감추어 졌으나'(골로새서 3:3) 태어나지 않은 우리의 자기에 대해 순식간에 깨닫게 되는 순간들로 이해될 수도 있다. 앉아서 묵상한다는 것은 잠잠히 고요하게 앉아 그리스도의 태어나지 않은 신비를 향해 나를 개방하는 것이며, 또한 우리 자신의 진정한 자기로서 하나님께서 우리에게 주신 말씀에 나를 개방하는 것이다. 이런 맥락에서 볼 때 그리스도의 마음 안으로 들어간다는 것은 하나님의 전부이자 동시에 있는 그대로 우리의 전부이신 하나님과 하나임을 깨닫는 것을 의미한다. 묵상 수련은 하나님과 하나임의 은총 어린 깨달음으로 우리 자신을 개방하는 하나의 방식이다. 묵상하는 것은 인격으로서 우리 인간 본성의 행동이다. 이 말이 의미하는 바는 적어도 부분적으로는 묵상이 인간의 의지에서 나온 하나의 행동이라는 것이다. 묵상 속에서 우리는 영원한 '나'이자 그렇게 되도록 부름받은 내가 되도록 자유롭게 선택한다. 묵상하는 것은 성부와 하나이시고 말씀이신 그리스도와 우리가 하나임을 깨닫기를 자유롭게 선택하면서 그리스도의 마음으로 들어가는 것이다.

이제 우리는 모든 신비가들이 각자 자신의 방식으로 자신의 존재가 하나님의 유한한 피조물이라는 역설적 신비를 표현하기 위해 노력했던 중심축에 서 있다. 그들은 피조물로서 하나님과의 영원한 하나임을 깨닫도록 부름 받은 인격체들이다.

이전에 언급한 구절들 속에서 우리가 살펴보았던 것같이, 루스브로엑(Ruusbroec)은 그리스도께서 제자들을 위해 했던 기도인 '우리가 하나가

된 것같이' 그들도 하나가 되기를 바라는 기도를 성찰하면서, 그리스도의 짧은 구절 '~것같이'를 강조하였다. 왜냐하면 성자가 성부와 하나인 것같이 우리가 하나님과 하나가 되는 것은 하나님과 무한하게 그리고 완전하게 하나가 되는 것이기 때문이다. 이 하나 됨을 깨달으면서 루스브로엑은 말했다. "모든 각성한 영혼은 어떤 피조물도 받아본 적이 없거나 혹은 받을 수도 없는 충만함이 흘러넘치는 더없이 행복한 즐거움의 형태 없는 상태 속으로 스스로를 초월한다." 이렇게 말하면서 루스브로엑은 하나님과 하나 됨의 상태는 우리가 피조물로서 경험할 수 있는 어떤 것 위(above)에와 그 너머(beyond)에 존재한다고 강조했다. 루스브로엑은 우리가 하나님보다 무한하게 부족한 유한한 피조물이고 그런 피조물로 남아 있을 것이며, 그런데도 우리는 차별 없이 하나님과 함께 하나의 기쁨과 하나의 완전한 행복으로 들어간다고 확언했다.

마이스터 에크하르트는 우리가 묵상 체험에서 자각하게 되는 모든 피조된 인격체의 창조되지 않은 근저(uncreated ground)에 대해 말한 신비가들 중에서 가장 두드러지는 사람이다. 에크하르트는 성부 하나님에 대해서 말씀이신 그리스도로서 그분의 전부를 낳으시는 분이라고 말한다. 그리고 하나의 지속적인 탄생 행위 속에서, 성부 하나님은 성자와 같은 참 하나님을 우리 안에 영원히 낳고 계신다고 말한다. 그는 다음과 같이 말한다.

> 성부는 영원 속에서 성자를 낳았던 것과 똑같은 방식으로 영혼 안에서 그의 성자 하나님을 낳는다. 그분은 좋든 싫든 그렇게 하신다. 성부는 성자 그리스도를 끊임없이 낳는다. 더 나아가서 그분은 나를 그분의 아들로 그리고 똑같은 아들로 낳는다. 나는 더더욱 이렇게까지 말한다. 그분은 나를 그분의 아들로 낳는 것뿐만 아니라 나를 그분 자신으로서 낳고, 그리고 나로서 그분 자신을 그리고 그의 존재로서 나를 그리고 그분의 본성을 낳는다.... 하나님이 일하시는 모든 것은 결국 하나다.

> 그러므로 그분은 어떤 차별도 없이 그분의 아들로서 나를 낳는다.[3)]

에크하르트는 무한한 하나님의 유한한 피조물로서 인간을 말하는 그리스도교 신앙에 의문을 제기하지 않는다. 오히려 그는 하나님과 비이원론적 하나 됨의 경험에 대해 말할 때 그리스도교 신앙의 삼위일체 언어를 사용한다. 연인들은 서로에게 "우리는 하나다"라고 말한다. 그들은 서로 간에 두 사람으로 머무는 단계를 분명하게 초월하는 단계에 도달해서야 비로소 이 말이 진실이라는 것을 안다. 그래서 또한 에크하르트는 하나님의 유한한 피조물들로서의 우리의 상태를 존중하면서도 하나님의 지극히 관대하심에 대한 이해를 표현하기 위해서 삼위일체적 언어에 의존하였다. 에크하르트는 하나님이 성자 예수님께 그분 자신을 쏟아 놓으시고 그 자신을 주셨던 만큼, 전적으로 그리고 완전하게 우리에게 그분 자신을 쏟아 놓으실 정도로 관대하시다고 말했다. 에크하르트는 이렇게 표현했다. "성서가 그리스도에 대해서 말하는 모든 것은 선하고 거룩한 모든 사람들에게도 전적으로 진실이다."

토마스 머튼도 이와 같은 방식으로 말했다.

> 성부는 하나의 성령이시지만, 그러나 그 분은 성부로 명명된다. 성자는 하나의 성령이시지만, 그러나 그분은 성자로 명명된다. 성령은 성부와 성자로 알려진 이름만을 가진다. 그러나 그분이 우리를 그분 자신에게로 인도하시고 성자를 통하여 성부와 우리를 연합시키실 때, 그분이 우리 안에서 우리의 은밀한 이름에 책임지는 일이 가능할까? 우리가 그분으로부터 그분 안에 있는 우리 자신의 정체성에 대한 계시를 받을 때 우리 스스로 성령의 이름을 알게 된다는 것이 가능할까? 나는 이 질문들을 던지는 것은 가능하지만 대답할 수는 없다.[4)]

---

3) M. Walsh, *Meister Eckhart: German Sermons and Treatises*, vol. 2 (London: Watkins, 1979), 136.

4) Thomas Merton. *The Inner Experience*, (San Francisco: HarperSanFrancisco, 2003), 37.

우리는 이와 같은 신비한 소리들로 노래를 계속해서 할 수 있다. 그러나 요점을 말하는 것만으로도 충분하다. 우리는 하나님이 아니다. 그리고 또 하나님 이외의 다른 존재도 아니다. 그리스도의 마음에 들어간다는 것은 우리가 하나님과 우리의 영원한 하나임에 대한 깨우침으로 나아갈 소명을 받은 하나님의 유한한 피조물로 남아 있으면서도, 이 하나님과 비이원론적 하나임의 역설 속으로 들어간다는 것이다.

인간됨

성서는 "말씀이 육신이 되었다"고 말한다. 그리스도, 곧 우리의 개인적 특질과 인간 본성이 내재된 신성한 위격인 그리스도는 우리의 인간 본성을 떠맡으셨다. 그리스도의 마음 안에 들어간다는 것은 삼위일체의 위격들 안에서 하나님 그 자신과의 하나 됨 안으로 들어간다는 것을 의미한다. 그리고 그리스도의 마음에 들어간다는 것은 육체를 가진 인간인 우리가 하나님의 하나 됨 안으로 들어가는 것을 의미한다.

예수님은 인간이셨다. 그는 아침에 일어나서 침대 밖으로 나가셨다. 그는 욕실로 가서 몸을 씻고 먹을 것을 먹고 그리고 하루를 준비하셨다. 그는 일어서기도, 앉기도 하셨다. 그는 숨을 들이쉬고 내쉬셨다. 그의 뛰는 심장은 혈액을 혈관으로 흘려보냈다. 그는 보셨고 들으셨고 냄새 맡으셨으며 맛보셨고 그 주변에 있었던 것들을 느끼셨다. 만약 그의 제자들과 함께 길을 걷는 중에 신발끈이 풀어졌다면, 그는 몸을 굽혀서 그것을 매야 했고 그 사이 모든 사람들은 그를 기다려야 했다. 더운 날에는 더위를 느끼셨고 추운 밤에는 추위를 느끼셨다. 매일 하루가 끝나면 그는 잠자리에 드셨다. 그는 꿈을 꾸셨다. 그리고 다음 날 아침 그는 인간이 하는 모든 일을 하기 위해서 잠자리에서 일어나셨다.

여러분이 복음서를 읽으면서 느끼게 되는 것은 예수께서 눈으로 여러분을 바라보셨을 때 여러분이 살과 피를 가진 인간으로서 바로 그 현재 순간에 현존하고 있었다는 사실이 생생하고 분명해졌다는 것이다. 그분과 많은 시간을 보내게 되면 인간 존재의 매일매일의 현실 속에 내주하신 하나님의 근본적인 친밀함과 신비에 대한 깊은 신앙과 사랑으로 가득 찬 맑은 마음을 지닌 한 사람이 있다는 것을 추호도 의심하지 않게 된다.

우리는 예수께서 근본적으로 철저히 완전하게 인간이었음에 감동을 받는다. 그분은 생각으로만 살지 않으셨다. 단순히 추앙받는 사상가로서가 아니라 완전하게 살아있는 한 인간이 되었다는 의미에서 그분은 깊게 깨달으면서 진실되게 사셨던 분이셨다. 성 이레니우스(Irenaeus)는 말한다. "그분은 하나님의 영광이 충만하게 살아있던 분이셨다." 우리는 하나님의 영광을 예수님의 완전한 인간 됨 안에서 보게 된다. 그리고 이같은 관점에서 볼 때 우리는 예수님을 보면서 그저 본래 우리 자신이자 그렇게 되도록 부름받은 살과 피를 가진 사람의 영광을 보게 된다.

묵상할 때 우리는 근저(ground)에서부터 나와서 그리스도의 마음으로 들어간다. 우리는 호흡을 회피하지 않는다. 오히려, 우리는 앉아서 경청하며 호흡의 신비에 자리 잡는다. 말씀이신 그리스도 안에서 우리는 우리의 호흡을 경청하며, 이는 말씀이신 그리스도를 호흡하시며 성부 하나님의 영원한 관상 속에 숨겨 있는 창조되지 않은 기원을 둔 호흡을 경청하는 것이다. 가만히 앉아 있을 때, 우리는 우리의 신체적 존재의 구체적 즉시성을 회피하지 않는다. 오히려 우리는 조용히 앉아 있으면서, 말씀이신 그리스도 안에서 하나님 아버지가 영원히 관상하시는 인간 신체적 존재의 신비에 자리 잡게 된다. 묵상할 때 우리는 우리의 느낌을 회피하지 않는다. 오히려 우리는 말씀이신 그리스도 안에서 우리 느낌들에 대한 하나님 아버지의 영원한 관상 속에 창조되지 않고 숨겨진 기원들을 둔 우리의 모든 느낌의 신비에 자리 잡는다. 묵상하면서 우리는 생각을 지속하는 것도 아니고 생각을 버리려고도 하지 않는다. 오히려 고요하고 조용히 앉아 있으면서, 말씀이신 그리스도 안에서 생각에 대한 하나님 아버지의 영원한 관상의 창조되지 않은 기원들에 대한 묵상적 깨달음을 심화하고 있다. 이러한 방식으로 앉아 묵상하면서, 우리는 다른 어떤 영원한 영역 속으로 날아가 버리는 것이 아니다. 오히려 우리는 그리스도의 마음으로 들어간다. 이 그리스도의 마음은 있는 그대로의 우리 자신의 구체적 즉시성에 담긴 신성한 관대함을 알고 있으며 또한 그것 자체이기도 하다.

한편에는 인간적인 것이 있고, 또 다른 한편에는 신성함이 있는, 그렇게 두 마음이 있는 것이 아니다. 오히려 그리스도의 마음은 거룩한 것과 인간으로서의 우리의 모든 것이 하나임을 깨달은 마음이다. 그리스도 안에서 우리는 어떤 식으로든 우리의 일상적인 평범한 자아로 환원될 수 없다. 그리스도 안에서 우리는 어떤 식으로든 일상적 자아 이외의 어떤 다른 이원론적 존재로 존재하지 않는다.

때때로 우리는 매일의 삶에서 익숙해진 것을 넘어서는 일종의 비범한 경험을 추구하기 위해 묵상한다는 의혹을 받을 수도 있다. 어느 정도는 사실일 수 있다. 상대적 실재에 대한 상대적 의식의 관점에서 보면 어떤 평범한 것을 초월하는 하나님과 하나임에 대한 영적 깨달음이 어느 정도는 증가할 수도 있다. 그러나 영적 여정이 지속적으로 깊어지게 되면 출발했던 그 원점으로 다시 돌아오게 된다. 우리는 아침에 일어나 바닥에 발을 딛는다. 이와 같이 완전히 평범한 사건에 대한 일상적 경험이 곧 지극한 평범함 속에서 그 자체를 드러내는 하나님과 하나임의 신비라는 것을 우리는 알아야 한다. 이것이 우리가 앉아서 묵상하는 이유이다. 그렇게 우리는 평범한 마음에 자리를 잡는다. 그렇게 되면서 마침내 하나님과 우리가 영원한 하나임을 깨달을 수 있다. 하나님과 하나라는 이 평범한 마음은 명치를 때리듯 분명하고 확실하게 다가온다. 이것은 아름다운 어떤 것을 보고 그 아름다운 것을 즉각적으로 감지하듯 어떤 명료하게 특징적인 것으로서 다가온다. 그리스도의 마음으로 들어가는 것은 말씀이신 그리스도 안에서 하나님께서 영원히 관상하시는 평범한 인간의 마음속으로 들어가는 것이다. 그리스도의 마음 안으로 들어가는 것은 평범한 자각에 머물러 있지만 하나님이 사랑하시는 평범한 인간의 마음으로 들어가는 것이다.

다른 사람들

그리스도께서는 말세에 영광으로 다시 오시겠다고 말씀하시면서 이렇게 말씀하셨다. "내가 주릴 때에 너희가 먹을 것을 주었고 목마를 때에 마시게 하였고 나그네 되었을 때에 영접하였고…." 우리가 그분께 했던 일들에 대해 묻는다면 이렇게 대답하실 것이다. "진실로 너희에게 이르노니 너희가 이 형제 중에 지극히 작은 자 하나에게 한 것이 곧 내게 한 것이니라"(마태복음 25:35-40). 예수께서는 그가 다른 사람들과 하나이고 우리가 다른 사람들에게 한 것은, 곧 그에게 한 것이라고 가르치셨다. 그는 자신이 모든 사람들과 하나였던 것처럼, 우리 역시 모든 사람들과 하나이고 모든 사람들을 위한 사랑으로 하나 됨을 증언해야 한다고 가르치셨다.

우리가 사랑하는 사람들과 하나임을 감지한다는 것은 물론 쉬운 일이다. 그리고 우리를 사랑하는 사람과 우리처럼 종교적이고 윤리적인 배경을 가진 사람들을 사랑하는 것은 쉬운 일이다. 그리스도의 마음으로 들어가는 일에는 다른 사람들과 우리의 하나 됨에 대한 사랑의 자각을 서로 깨닫고 표현하는 가치 있고 명예로운 방식들도 포함된다고 할 수 있다. 그러나 이와 같이 분명하게, 그리스도의 마음으로 들어가는 것은 우리를 사회적 자각 이상을 넘어서는 차원으로 인도한다.

그리스도의 마음으로 들어가는 것은 저녁 뉴스 시간에 텔레비전에서 보는 얼굴들과 우리가 하나임을 깨닫는 것이다. 우리가 접하게 되는 쓰레기

통을 뒤지는 노숙자와 우리가 하나라는 것을 깨닫는 것이다. 재래시장에서 물건 파는 여자, 가스 검침을 하러 온 남자, 우리 마음을 아프게 하는 모든 사람들, 우리가 포기한 사람들, 우리가 부당하게 대우한 사람들, 덧붙여서 우리가 한 번도 만난 적 없는 여자와 남자들, 이 모든 이들과 완전히 평등하게 하나라는 것을 깨달아야 한다. 우리는 동료 인간들을 위한 사랑으로 이 자각을 증언해야 한다. 그리고 우리는 다른 사람들을 대하는 방식 속에서, 그리고 다른 사람들을 위해 우리의 사랑을 기꺼이 표현하고자 하는 의지로 이 사랑을 행동에 옮겨야 한다.

복음서에 나타나는 예수님은 예측 가능하신 분이셨다. 그분은 다른 사람들을 만날 때 현실적이셨고 단도직입적인 진실성을 갖고 대하셨다. 그렇다고 그분은 항상 좋은 게 좋은 것이라는 식으로 사시지 않으셨다. 그분은 결코 "매력적인 사람은 복되도다"라고 말씀하지 않으셨다. 그렇지만 예수님은 항상 구체적으로 사랑하셨고, 그러는 가운데서도 우리의 평생 여정은 사랑하는 일을 배우는 것이라고 가르치셨다. 그리스도의 마음으로 들어간다는 것은 다른 사람들과의 관계 속에서 실제 상처와 잘못을 인정할 필요도 없고 다룰 필요도 없는 것처럼 가장하는 일이 아니다. 그분의 마음으로 들어감은 인정할 수 없는 분노와 상처를 단순히 억제하는 성급한 사랑이 아니다. 우리라는 생각이 없으면서 우리인 척하는 마치 백지수표를 모든 사람들에게 써주는 일과 같은 그런 것이 아니다. 오히려 우리 모두가 진실되게 나날이 변형되어 가기를 배우는 것이다. 우리가 사랑하는 사람들에게서 평생 동안 사랑받고 사랑하는 일은 우리로 하여금 가슴을 따뜻하게 해 주는 먼 길로 나아갈 수 있게 하고, 인생과 관련된 모든 것들에 담긴 풍성함과 지혜로 우리를 안내한다. 대단히 크고 웅장하게, 우리의 형제자매들로서 그리고 하나님의 자녀로서 모든 사람을 위한 그리스도와 같은 사랑을 평생 동안 깨닫고 순종하면서 가슴 속에 거룩함이 훨씬 더 크고 풍성하게 확장되어 가는 것이다.

묵상을 할 때 우리는 인간이라는 공통분모를 가지고 있는 모든 것에 대한 묵상적 자각 상태로 들어감으로써 그리스도의 마음으로 들어가는 것이다. 우리는 잠잠히 앉아서 생각과 느낌과 기억 그리고 우리가 인간으로서 경험하는 모든 육체적 감각에 대해 친밀해지는 법을 배우게 된다. 그렇게 함으로써 우리 사이의 차이를 넘어서 다른 이들과 하나 됨의 차원으로 들어가게 된다. 나는 여러분이 아니다. 그러나 만약에 내가 내 자신이 홀로 있음, 내 마음에 떠오르고 지나가는 생각, 내 호흡에 친밀하게 맛보았다면, 나는 이미 나 스스로에 대한 친밀한 자각 속에서 너에 대한 친밀한 자각을 품고 있는 것이다.

이런 지식이란 내 마음의 공책에 쓰인 단어들에 관한 것이 아니다. 오히려 그것은 마음 그 자체에 대한 인간적 경험에 관한 지식이다. 그 경험은 이러저러한 일들에 관한 개인적 느낌이 아니다. 그것은 그 표면을 가로질러 움직이고 통과하며 흐른다. 그리고 한 순간에서 다음 순간으로 변경되는 그런 느낌들로서 우리 마음의 질감에 대한 친밀한 이해인 것이다. 이것은 자기 인식에 기반을 두면서도 나와 누군가의 차이를 넘어서고 초월하는 수준에서 너와 하나 됨을 자각하는 것에 기반을 둔다. 나는 하나의 인간이 된다는 것을 의미하는 바에 대한 공감적이고 진심 어린 지식으로 여러분을 인식한다.

그러나 우리가 살아 있는 이와 죽은 이 모두와 얼마나 완벽하게 하나인지를 깨달으면서 그리스도의 마음의 사회적 차원으로 점차 들어가는 일에는 시간이 걸린다. 이 자각적인 깨우침이 천천히 스며들면서 우리는 다른 사람들에 대해 더 인내하고 더 잘 받아들이며 더 감사하는 모습으로 날마다 성장할 수 있다. 다른 사람들과 하나임에 대한 그리스도의 공감적 마음이 지닌 넘치는 은혜는 우리가 다른 사람들을 생각하는 방식에 있어서, 그들을 향한 우리의 삶의 자세에 있어서, 그리고 날마다 실제로 그들을 대하는 방식에 있어서 조금씩 작은 변화들을 가져오게 한다.

교회사를 보면, 신비주의 전통들과 가난한 자들에게 필요한 것들을 나누는 일들 사이에는 강한 연대가 있었음을 알게 된다. 많은 위대한 신비가들은 다른 이들의 고통에 대해 매우 민감하였음을 보여주었다. 성 프랜시스가 문둥병자에게 입을 맞춘 이야기에서 영감을 받거나 현대의 콜카타의 테레사 수녀가 그녀의 인생을 극빈자들을 위해 헌신했다는 이야기에서 영감을 받든, 우리는 하나님과의 깊고 신실한 하나 됨으로부터 흘러나오는 그리스도의 마음으로 영감을 받아야 한다. 이런 방식으로 영감을 받은 우리는 그리스도께서 우리 주위에 있는 이들을 도우라고 부르시는 뜻을 따라 행동하고 움직여야 한다.

죄(sin)

요한복음에 보면 간통으로 붙잡혀와 돌로 맞아 죽게 될 위기에 처한 여인의 이야기가 나온다. 예수께서는 무리에게 말한다. "죄 없는 자가 먼저 돌을 던지라." 결국 어느 누구도 돌을 던지지 않았다. 그 대신에 여자를 비난하던 사람들은 돌을 땅에 내려놓고 한 사람씩 떠났다. 예수와 그 여인밖에 남지 않았을 때 예수께서 그 여인에게 물었다. "여자여, 그들은 어디 있느냐? 아무도 너를 정죄하지 않았느냐?" 그녀는 대답했다, "아무도 없습니다, 주님." 예수님은 여인에게 말씀하신다. "나도 너를 정죄하지 않을 것이니 가라. 지금부터 더 이상 죄를 짓지 말라"(요한복음 8:3-11).

이 이야기는 그리스도의 마음이 지닌 죄와 관련된 세 측면을 구체적으로 보여주고 있다. 첫째, 그리스도께서는 우리 마음이 무엇으로 구성되어 있는지를 아신다는 것이다. 그는 다른 사람의 죄를 성급하게 처벌하려는 사람들 중 누구도 죄없는 사람은 없다는 것을 알고 계셨다. 그리스도의 마음으로 들어간다는 것은 만약 모든 사람이 그 현장에 있었다고 할지라도 어느 누구도 돌을 던질 수 없었을 것임을 아는 것이다. 만약 다른 사람은 물론 나조차도 사랑하지 않으려는 악한 성향이 죄라고 한다면, 죄란 사람들의 마음을 옭아맨다. 그리스도의 마음으로 들어감이란 우리 자신과 이 죄에 대한 실체를 깊이 인식하고, 그 안에 들어가 이해하는 법을 배우는 것을 말한다.

우리 자신과 다른 사람들에게 상처를 주는 이러한 공통적 성향을 알아채는 데 도움을 주고 명료하게 해 주는 이 이야기는 계속해서 그리스도 마음이 "가서 더 이상 죄를 짓지 말라"는 도덕적 명령을 요구한다는 사실을 보여준다. 그리스도의 마음으로 들어가는 것은 과거의 죄에서 돌아서서 앞으로 다가오는 시간엔 더 이상 죄된 삶을 살지 않고 최선의 행동을 하겠다는 마음을 품고 살아가는 것이다.

묵상은 그리스도의 마음의 죄와 관련된 측면을 가까이에서 관찰할 수 있는 하나의 관점을 제공한다. 잠잠하고 고요하게 앉아 있는 것은 진정한 단순성을 지향하는 것이다. 우리가 무엇에 매달리는 것도 아니고 거부하는 것도 아닌, 현재 순간에 단순하게 머물러 있을 때 자신의 무능함과 나약함을 발견하게 된다. 묵상 가운데 이런저런 생각들이 일어나 묵상을 방해할 때 이런 생각들을 마음으로 다스리기란 쉬운 일이 아니다. 때로는 마음이 방황을 거듭하고 당혹스러운 상태에 빠지기도 한다. 이때 묵상은 우리가 우리 자신의 다스리기 힘든 마음의 본성을 직접 자각하면서 그리스도의 마음으로 들어가게 한다.

또한 묵상은 가서 더 이상 죄를 짓지 말라는 그분의 요청에 응답하면서 그분의 마음으로 들어가는 것이다. 이와 같은 부름은 묵상의 가장 기초적인 단계에서부터 우리의 반응이나 응답을 요구한다. 묵상 중에 하나님과 하나인 자아가 하나님에게서 멀어져 있었고 하나님께 무관심했던 부분에 대해서 응답할 것을 요구한다. 마음이 여러 가지 생각으로 방황할 때마다, 우리는 또다시 우리 자신을 발견하는 자리인 현재 순간에 머물러 마음을 열고 깨어 있으려는 노력을 재개함으로써 개방하며 자각하여 그리스도의 마음속으로 들어가는 일을 재개한다. 이런 순결한 자각 속에서 죄로부터 자유로워진 삶은 이미 시작되는 것이다. 왜냐하면 나는 만약 우리가 우리의 참생명인 사랑을 지속하는 사람들로서 그 소중함을 계속적으로 친밀하게 자각하며 산다면, 과연 자신들과 다른 사람들을 포기하고 상처 주는 행동들을 하겠느냐라는 의문을 갖고 있기 때문이다.

그러나 간통으로 붙잡혀 온 여인에게 예수께서 "나도 너를 정죄하지 않는다"라고 말씀하시는 부분이 가장 중요하다. 성서는 그리스도께서 죄를 제외한 모든 부분에서 우리와 같으셨다고 증언한다(히브리서 4:15). 죄는 인간과 예수 그리스도 사이의 유사성(likeness)을 완전히 결별시키는 요소라고 할 수 있다. 우리는 죄의 지배하에 있지만 그리스도는 그렇지 않으시다. 수많은 유사성이 있음에도 불구하고 이와 같은 엄청난 차이가 존재한다! 그러나 그리스도로서 예수의 인격의 핵심적 요지는 이 차이에 대한 예수님의 응답 속에 정확하게 나타난다. 왜냐하면 예수님은 그 차이가 하찮은 것이라고 선포했기 때문이다.

죄는 그리스도와 인간 사이의 완벽한 유사성을 무효화시킨다. 그러나 그리스도는 제멋대로이긴 하지만 귀중한 존재인 우리와 당신 자신을 동일시하심으로써 이 무효화를 다시 무효화시키신다. 더욱이 그리스도는 항상 인간 내면에서 죄로 가득하고 수치가 자리잡은 곳을 바라보고 계신다. 그분은 우리를 정죄하시려고 그곳으로 내려오시는 것이 아니다. 그분은 단순하게 우리의 삶의 방식을 개선하고 변화시키기 위해 우리를 초청하려는 것이 아니다. 오히려 그리스도께서는 우리의 마음을 활짝 열어서 십자가의 신비를 우리들에게 나타내려고 하신다. 십자가의 신비를 통해 그리스도께서 드러내 보이시는 것은 우리의 모든 죄악의 행보에도 불구하고 우리가 전적으로 사랑받고 있다는 것이다. 이것이 하나님께서 좋아하시는 것이다. 하나님은 우리 안에서 거의 다 부서지고 잃어버린 것들을 마지막까지 살펴보시고 받아주시기 위해서 우리를 기다리고 계신다. 그래서 망가지고 부서진 가운데서도 우리가 아주 압도적일 만큼 사랑받고 있다는 점을 보게 하신다.

묵상은 이 축복받은 구원의 사건이 우리에게 몇 번이고 반복되어 일어나는 빈 공간을 열어 준다. 조용하고 고요하게 앉아서 할 수 있는 한 최선을 다해 현재에 머무르려는 노력에 초점을 맞춘다. 어떤 때는 묵상이 상당히 잘 진행되기도 한다. 그러나 때때로 조난을 당하듯이 방황의 한복판에 있기도 한다. 때때로 이전에 생각했던 것보다 훨씬 더 깊게 위로를 받기도 한다. 어떤 때는 하나님께서 어쨌든 우리를 사랑하신다는 것과 심지어 하나님의 임재의식에서 추방당한 존재라는 우리의 느낌까지도 아시고 돌보신다는 생각조차도 상실해버릴 때가 있다.

매일매일의 묵상은 이렇게 오르락내리락 하며 전진해 간다. 어떤 때는 엄청난 졸음에 빠지기도 하고 어떤 때는 하나님 임재의 부드러운 어루만짐 속에 있기도 한다. 분명한 무관심 가운데에 있기도 하고, 모든 것이 불타는 빌딩 속 바닥처럼 밑에서부터 떨어져 나가는 것 같기도 하다. 지붕이 내려앉는 것 같을 때도 있다. 절대적으로 사랑받고 있는 존재이자 사랑이 아닌 것은 무엇이든 무관심하게 만들고 본질적으로 비현실적으로 만드는 그런 사랑과 하나인 존재에 대한 깨달음 속에 서서 구원할 자리가 전혀 없는 때도 있다. 방금 전까지 문제라고 여겨졌던 것이 지금은 단순하게 문제 되지 않는다. 왜냐하면 우리는 우리의 사랑 외에는 아무것도 발견할 수 없는 그런 사랑의 심연 속에서 가슴이 녹고 있고, 정화되고 있음을 깨닫기 때문이다. 눈물이 맺힐 수도 있다. 미소를 짓거나 갑자기 웃음이 날 때도 있을 것이다. 곧 우리는 단순히 앉아 묵상의 호흡 속에서 하나님의 전부이자 인간의 전부인 사랑 외에는 그 어떤 것도 없음을 깨닫게 된다. 우리는 앉아서 묵상하며 우리는 멈추고 하나님이 시작하는 자리를 하나님은 더 이상 찾으실 수 없다는 무언의 경이로운 깨달음 속에 머문다. 또한 하나님이 멈추시고 우리가 시작하는 자리도 찾으실 수 없다. 하나님은 그렇게 하고 싶어 하시지도 않으신다. 왜냐하면 그분의 자녀들이 집에 왔기 때문이다.

작가 플래너리 오코너(Flannery O'Connor)는 세상의 마지막에 있을 모든 인류의 비전을 독자들과 공유한다. 잃어버리고 부서지고 잊혀진 모든 사람들, 완고한 죄인들과 세상에서 가장 어리석은 사람들, 이들은 모든 사람을 낙원으로 이끌 때 의기양양하게 환희에 넘쳐 웃고 춤을 춘다. 의로운 사람들이 이들의 뒤를 따르고 있다. 의로운 사람들은 이들이 음정에 맞게 노래를 부르는지에는 관심이 없다. 묵상을 할 때 자아는 할 수 있는 한 현재에 머물러 마음을 열고 깨어 있음으로써 음정대로 노래하려고 최선을 다한다. 그런데 이때 우리는 이렇게 노력하는 자아와 이를 관찰하는 자아라는 두 존재를 발견하게 된다. 상처 난 마음의 어리석음이 이 두 존재의 나를 인도하며, 넓게 열린 대문을 통해 하나님께로 인도하는 사랑이 이 두 존재의 나를 사로잡는다. 이 어리석음은 십자가의 어리석음이며, 이 십자가 위에서 모든 고통은 사라지고 오직 그리스도만 남아 있다. 다시 말하면 영원히 하나님과 하나인 우리 자신만 남아 있다.

이런 사랑의 연합은 어떤 비범한 일도 일어나지 않을 때 가장 잘 이루어진다. 단순하게 앉아 있을 때, 있는 그대로 가장 단순하게 존재한다. 시계는 차임벨 소리로 시간을 알려주고 모든 것이 아주 온전한 일상 가운데 있으며, 지극히 평범한 모든 것이 이러한 결코 다함이 없는 축복받은 평범함 속에서 또한 그러한 평범함으로서 무한히 자기를 포기하며 쏟아부으시는 존재, 곧 하나님임을 깨닫게 된다.

예수께서 밤 시간에 제자들과 함께 모닥불 주위에서 이야기를 나누실 때, 아마도 가끔은 제자들의 이야기를 그냥 듣고 계셨을 것이다. 그는 막대기로 불을 휘젓기도 하면서 어둠 저편을 향해 빠르게 날아가는 작은 불꽃을 보았을 것이다. 그분은 나중에는 거기 누우셔서 제자들이 잠잘 때 내는 숨소리를 들으시면서, 그 호흡 속에서 자신의 존재 근원인 사랑을 들으셨을지도 모른다. 때때로 우리에게도 이와 비슷한 일들이 일어난다. 매일의 삶 속에서 묵상하면서 이 세계의 모든 사람들이 그리고 이 세계의 모든 것들이 우리의 참생명이 구현해내는 사랑을 나타내고 있음을 깨달을 때가 있다. 이 깨우침 속에서 우리는 어떤 곳으로도 가지 않고 그리스도의 마음으로 들어간다. 우리는 우주의 기원 이전부터 언제나 존재해 왔던 우리 자신들을 단순하게 깨닫는다.

세상 안에 있는 것들

요한복음 1장은 다음과 같이 말한다.

> 태초에 말씀이 계시니라
> 말씀이 하나님과 함께 계셨으니
> 이 말씀은 곧 하나님이시니라.
> 그가 태초에 하나님과 함께 계셨고,
> 만물이 그로 말미암아 지은 바 되었으니,
> 하나도 그가 없이는 된 것이 없느니라. (요한복음 1:1-14)

영원부터 성부 하나님은 말씀이신 그리스도 안에서 세상과 그 안에 있는 만물들을 영원토록 바라보고 계신다. 하나님은 물을 창조하셨을 때, 물이 어떠해야 하는지를 고민하지 않으셨다. 하나님은 모든 것들을 만드신 말씀인 그리스도 안에서 물이 영원히 어떠해야 하는지를 영원히 아신다. 만물은 말씀이신 그리스도를 통해 창조된 것이다.

이것이 우리가 물에 대해 묵상할 수 있는 이유가 된다. 이것이 우리가 물가에 나타난 신성함을 결코 고갈시킬 수 없다는 것을 인식하면서 거기에 앉아 있을 수 있는 이유이다. 이것이 우리가 나무나 한 송이 꽃에 대해서 묵상할 수 있는 이유이며 혹은 숲 속을 걷거나 산에 앉아서, 또는 밤하늘의 별을 바라보면서, 신비스러운 방식으로 하나님의 얼굴을 들여다보고 있는 이유이다.

아시시의 성 프란시스는 태양에 대해 애정과 존경심을 가지고 이를 가리켜 형제라고 말했다. 그는 달에 대해서도 사랑과 존경심을 가지고 자매라는 말을 사용했다. 그는 때로는 새들에게 설교했다. 새들이 그의 설교를 주의 깊게 들었다는 전승이 내려오기도 한다. 또 다른 때에 프란시스는 시골 마을에 골칫거리였던 늑대와 마음을 터놓고 이야기했다고 한다. 그 결과 늑대는 더 이상 그 마을의 거주민들에게 피해를 주지 않았다. 성 골롬반(St. Columban)은 야외에서 평화롭게 죽음을 맞이했다고 전해 내려온다. 그가 소천했을 때 말 한 마리가 골롬반의 무릎에 기대고 울었다는 이야기가 전해내려오기도 한다. 성인들에 관련된 이야기들은 이와 비슷한 내용들이 많이 있다. 그리스도의 마음에 들어가는 것은 모든 것을 있게 하신 분, 삼위일체의 두 번째 위격이신 그리스도의 마음 안에 영원히 존속하는 단순함의 신비가 가진 위상을 깨닫는 것이다.

노화(aging)에 대한 글에서 칼 융(Carl Jung)은 우리가 앉아서 시냇물이 속삭이는 비밀을 듣는 것을 배우지 못했다면, 세월이 우리에게 무엇을 가르쳐 주었겠느냐고 질문한다. 그 비밀은 말씀이신 그리스도 안에서 만들어진, 하나님이 영원히 알고 계시는 흐르는 시냇물 소리이다. 그리고 그것은 불과 바위, 나무, 쓰러진 통나무에 이끼가 자라는 방식, 비가 내린 후에 들판에서 나는 냄새와도 같은 것들이다. 그리스도의 마음에 들어감은 지구상에 있는 모든 것들이 하나님의 것이고, 그분 안에서 그 존재성을 갖게 된다는 깨달음이다.

에크하르트는 하나님 안에서 그 실재성을 지니는 실재에 대한 분명하고 심오한 감각을 가지고 이렇게 썼다.

> 하나님은 모든 것들을 평등하게 하신다. 모든 것은 하나님에게서 나왔기 때문에 평등하다. 실지로 천사들과 인간들과 모든 피조물들은 모두 하나님에게서 나왔기 때문에 원초적인 방출(emanation)이란 점에서 평등하다. 만물이 원초적 방출 속에서 나왔음을 알게 된 이들은 그 만물이 평등하다는 것을 알게 된다. 만약 만물이 시간 속에서 평등하다면 그것들은 영원 속에서, 곧 하나님 안에서 더욱 그러할 것이다. 만약 우리가 하나님 안에서 도약한다면, 가장 높은 천사보다 더 고귀할 것이다. 이것이 바로 하나님 안에서 모든 것들이 평등하고 모든 것들이, 곧 하나님 자신인 이유이다.[5]

우리는 묵상을 통한 개방의 상태에서, 만물이 원초적 방출 속에서 하나님에게서 직접 흘러나온 것으로 이해한다. 말씀이신 그리스도 안에서 성부께서 각 사물을 영원히 관상하시듯이 우리는 이러한 개방 상태에서 각 사물들을 관상한다. 잠잠하고 고요하게 앉아 묵상하는 중에 우리는 창문에서 파리가 윙윙거리는 소리처럼 아주 일상적인 것 속에서 하나님의 영원한 임재와 같은 웅장한 것을 듣기 시작하는 묵상적 개방의 상태로 들어갈 수 있다. 이런 맥락에서 그리스도의 마음으로 들어가는 것은 모든 사물 속에서 하나님의 영광을 보는 것이다. 이렇게 볼 수 있을 때 우리 주변에 있는 것들을 존중하는 새로운 감각이 열리고, 만물을 영원토록 존속하게 하시는 하나님께 존경과 감사를 드리게 될 것이다.

---

5) Reiner Schürmann. *Meister Eckhart : Mystic and Philosopher* (Bloomington: Indiana Univ. Press, 1978), 108.

제8장

현재에 머물러 개방된 상태로 깨어 있기

묵상하는 데 하나의 방법만 있는 것은 아니다. 그러나 지속적인 묵상적 자각의 상태를 일깨워 주는 능력을 본질적으로 부여하는 특정한 행위들과 태도들이 존재한다. 이런 능력은 각각의 특정한 묵상 방식의 하부구조를 형성한다. 묵상을 위한 근본적인 행위와 태도는 앞에서 제시되고 간단히 상술되었다. 여기서 다시 한 번 그러한 지침들을 제시하려고 한다.

몸에 대해 존중하면서 고요하게 앉으라. 허리를 곧게 펴고 앉으라. 손은 편안하게 또는 의미 있는 형태로 무릎 위에 올려놓으라. 눈은 감거나 혹은 시선을 바닥으로 향하라. 천천히 그리고 자연스럽게 호흡하라. 마음에 대해 존중하면서 뭔가에 집착하거나 거부하지 말고 현재에 머물러 마음을 열고 깨어 있으라. 그리고 태도에 대해 존중하면서 자신을 비판하지 말며 긍휼히 여겨라. 특별히 어떤 것에 집착하거나 거부하는 자신을 발견할 때 그리 하라. 그리고 여러분과 같은 무기력한 타인들에게도 비판적이지 않은 긍휼을 유지하라.

이 지침들에 관해 좀 더 세밀하게 탐구해 본다. 우리는 또한 걷기 묵상의 기본 안내사항을 탐구할 것이다. 더 정확하게 말하면, 우리는 하나님과 하나임(oneness with God)이라는 **실제적 경험**의 신비적 차원을 탐구할 것이다. 이러한 하나임의 경험은 각각의 묵상 지침들의 가장 깊은 영역을 통해 흘러나온다. 이 지침들은 그런 탐구에 도움이 되는 하나의 제안일 뿐임을 명심하라. 이것들은 단지 여러분에게 가장 자연스럽고 효과적인 묵상 방법들을 찾는 지속적 과정의 일부이다. 중요한 것은 여러분이 사용하는 묵상 방법이 아니라 여러분을 더욱 하나님을 향해 내면의 묵상 상태로 이끌어 가는 묵상의 자기 변형 과정이다. 강조점은 하나님께 묵상으로 열린 자세로 앉아 있으면서 어떻게 묵상을 하느냐에 있지 않고 우리 안에 일어나는 변형적 사건들에 있다. 강조점은 우리와 하나님의 영원한 하나임을 경험하기 위해 우리를 더욱 개방하는 이 내면 사건들에 대한 응답에 있다. 이런 하나님과 하나임은 바로 우리의 실재이며 실제하는 모든 것의 실재이다.

우리가 여기에서 탐구하며 첫 번째로 제안하는 지침은 가장 직접적으로 정신, 곧 우리의 생각, 기억, 의도, 감정, 신체적 감각들에 대한 자각에 관련되어 있다. 이 정신에 관련된 지침은 어떤 것에도 집착하거나 거부하지 않고 현재에 머물러 개방된 상태로 깨어 있기다. 여러분이 묵상하는 장소로 가보라. 아마도 하나님의 임재 안에 여러분이 있다는 자각을 재개하면서 잠시 동안 서 있어도 좋다. 여러분은 자신을 묵상의 행로로 이끌어 주시는 하나님께 감사를 표현하고, 묵상에 신실하도록 지혜와 용기와 힘을 달라고 간구하는 짧고 꾸밈없는 기도를 해도 좋다.

그런 후 허리를 곧게 펴고 고요히 앉아 눈을 감거나 혹은 시선을 바닥을 향하고 있으라. 그러면서 이 순간에 뇌리를 사로잡는 모든 것들을 놓아주어라. 여러분이 현재 있는 모습 그대로 자신이 있는 그 자리에서 적절하게 긴장을 이완해 주어 현재 순간의 즉시적 경험에 머물기를 선택하라. 내 신체의 고요함이 친밀하게 느껴지는 감각에 자리 잡으라. 어느 정도의 피로나 각성의 상태이든 간에 그 순간에 여러분 몸의 느낌과 호흡을 알아차리도록 하라. 어떤 슬픔이나 내적 평화나 혹은 존재하는 다른 감정이 무엇이든 이를 알아차리라. 앉아 있는 방의 밝음과 온도를 자각하라. 요약하면 여러분 모습 그대로, 현재 순간 그대로 단순히 현재에 머물라. 어떤 것에도 집착하지 말라. 어떤 것도 거부하지 말라. 이 순간에 휴식하라. 이 순간은 성취할 것이 아무것도 없는, 증명할 것이 아무것도 없는, 꾸밈없이 머무는 일을 제외하고는 아무것도 할 것이 없는 순간이다. 긴장을 풀라. 나 자신에게 잠깐 쉬는 시간을 주어라. 하나님께 대한 집중을 이완하고 개방된 자세로 "주여, 제가 여기 있습니다" 하는 태도로 단순하게 앉아 있으라. 현재 순간의 즉시적 경험을 하면서 이를 계속 유지하라. 하나님은 이미 당신의 단순한 삶 속에 완전하게 머무시고, 있는 그대로 현재의 순간 속에 실재하신다는 것을 깨닫고 믿으라.

아무 생각 없이 깨어 있는 그런 단순한 수련을 하는 것이 처음에는 여러분 자신에게 이상해 보일 것이다. 그러나 관상의 관점에서 보면, 정말 이상한 것은 현재 순간의 파악할 수 없는 즉시적 경험이 우리가 모르는 영역이 되어 버렸다는 점이다. 너무나 이상하고 두려운 것은 우리가 전 생애를 거치면서 있는 그대로의 단순한 존재로서 우리가 누구인가와 같은 근본적인 것들을 알지 못한다는 것이다. 곧 단순히 현재 순간인 모든 것과 하나인 우리를 모른다는 것이다. 많은 관상의 행로에는 당혹감과 자명한 명료성이 이상하게 혼재되어 있다. 자아의 수준에서 앉아 묵상하노라면 우리는 약간의 당혹감으로 당황하게 된다. 더 깊이 들어가 보면 우리는 앉아서 존재의 신성함에 대한 서서히 드러나는 자각 안에서 쉬는 것을 배워 가며, 하나님께로 돌아가는 귀로를 찾아가고 있음을 알고 신뢰하게 된다.

현재 순간에 현존해 머물러 개방된 상태로 깨어 있는 이같은 수련에 익숙해지려면 약간의 시간이 걸린다. 여러분은 이미 몰두하고 있는 것들과 관심거리들이 사라지도록 허용하면서도 또한 빠르게 나타나는 모든 것을 단순하게 알아차리는 데 아직 익숙해지지 않았다. 그러나 하나님의 은총과 인내와 함께 끈질긴 노력이 함께 한다면 여러분은 안정적으로 단순히 머무는 것을 배우게 될 것이다. 현재 순간에서 여러분의 단순한 현존은 바닥의 깊이를 모르는 깊은 현존의 우물이라는 단순한 신앙 안에서 휴식하라. 여러분이 침묵 속에서 고요히 앉아 묵상하면서, 우리가 하나님이라고 부르는 현존의 심연 속으로 더 깊이 내려갈 때 여러분이 변형된다는 믿음을 가지라.

여러분은 단순하게 현재에 머무는 이 즉시적 경험이 매우 달성하기 힘든 것임을 아주 빨리 알아차리게 될 것이다. 앉아 묵상하는 처음 얼마 동안에는 여러분이 현재 순간에 주의를 집중하는 중에도 이런저런 생각과 기억, 관심으로 습관적으로 돌아가고 있음을 발견하게 될 것이다. 이것은 자아 의식이 현재 순간에 우리에게 익숙한 우선적 존재 방식에로 복귀하기 때문이다. 묵상 수련의 자아 변형 전략은 일상적 존재 방식의 영역에로 복귀하려는 자아의 노력과 싸우는 것이 아니다. 묵상의 전략이란 묵상 중에 자아의 모든 측면을 포함하기 위해 외부로 계속해서 확장해 가는 현존의 영역 안에 앉아 있는 것이다. 다음의 예가 바로 이 점을 조명해 준다.

연인들이 친밀하게 식사를 함께 할 경우에 많은 것들이 그들의 마음을 스쳐 지나간다. 이들은 아주 자연스럽게 마음을 열어 그들 주위의 것들을 보고 듣고 느낀다. 이들은 자신들의 마음을 통과하는 모든 종류의 생각, 이미지, 기억을 알아차리고 있다. 이들은 자신들이 알아차리게 될지 모를 어떤 특정한 것을 피하기 위해서 그들의 자각을 좁히려고 강제로나 억지로 노력하지 않는다. 그리고 동시에 이들은 서로 간에 하나 됨의 묵상적 자각을 성장시키는 흐름을 깨지 않도록 본능적으로 자신들의 마음이 어떤지 관찰한다. 이런 방식으로 함께 앉아 있으면서 이들은 서로 간에 깨달아진 하나 됨의 감각에서 멀어지기 시작하는 그 지점들을 느낄 수 있다. 초기의 이 멀어지려는 경향들은 단순하게 친밀함의 경험의 일부로서 인식되고 포함된다. 때때로 이런 순간적으로 멀어지는 듯한 작은 느낌이 그들 스스로를 돌보게 만든다. 어떤 때는 연인의 마음에 일어난 뇌리를 사로잡는 관심을 흘러보내려는 의식적 노력이 필요하기도 하다. 때때로 이들은 어떤 관심사안을 제때에 의식적으로 포착하지 않고, 그들의 사랑의 자각이 사라지는 것을 그대로 둘 수도 있다. 이들은 자신들의 사랑의 느낌이 약해졌음을 알아차릴 때마다 서로가 하나라는 사랑의 느낌을 단순하게 재개하고 회복한다. 이들은 자신들의 주의를 분산시켰던 것이 무엇이었나를 서로 나누고, 이렇게 함으로써 자신들의 주의를 분산시켰던 내용을 그들 상호간에 깨달은 하나 됨의 확장되어 가는 원 안으로 가져온다. 연인들의 확장된 사랑이라는 원 안에 포함된 모든 것들은 연인들의 일종의 사랑의 통합적 측면이 된다. 이와 똑같은 방식으로 우리의 묵상은 그 안에서 일어나는 모든 것들을 포함하는 사랑의 현존이라는 확장된 원을 구현하는 것이다.

수련 시작 단계의 목표는, 만약 목표를 말해야 한다면, 나와 나 자신을 둘러싸고 일어나는 모든 것에 대해 현존하여 머무르고 개방된 상태로 깨어 있는 것을 배우는 것이다. 이러기 위해 나는 내 안과 주위에서 끊임없이 일어나는 모든 것에 집착하거나 거부하는 자아의 사고방식 안으로 미끄러져 들어가지 않도록 최선을 다해야만 한다. 내가 끊임없이 순간적인 우발적 사건들 속에서 붙잡거나 놓치는 만큼 빠르게, 나는 현재 순간에서 새롭게 발견한 현실감을 잃어버리게 된다.

내가 하나님처럼 되기를 배우면서 나의 진정한 본성을 깨닫는 법을 배우고 있음을 안다는 것에 겸손해하고 감사하라. 예수께서 말씀하셨다.

"하나님은 선과 악을 비추시는 태양과 같은 분, 의와 불의에 내리시는 비와 같으신 분이시다"(마태복음 5:45). 그래서 우리가 묵상 속에서 배우고 있는 것은 현재 순간에 단순하게 머물러 존재하는 빛이 현재 순간에 우리의 자각으로 들어오는 모든 것들에 비치기를 허용하는 일이다. 예수께서 "비판을 받지 아니하려거든 비판하지 말라"고 말씀하셨다(마태복음 7:1). 우리는 앉아 묵상하면서 그리스도의 이 가르침대로 있는 그대로의 현재 우리 자신에 머물고, 열린 상태로 깨어 있기를 수련한다. 이때 우리는 어떤 것도 비판하지 않고, 평가하지 않고, 있는 그대로의 우리 자신의 존재 방식에 대해 집착하거나 거부하지 않는다.

지금 나는 묵상할 때 내 마음으로 들어오는 생각들에 관해 특별히 초점을 맞출 것이다. 이렇게 하면서 『무지의 구름』에 있는 기본적 가르침으로 다시 돌아가려고 한다. 익명의 저자는 우리에게 삶 속에서 하나님의 모든 축복에 감사하는 묵상에 전념하도록 상기시킨다. 그러나 우리는 그저 하나님의 축복에 만족하지 않는다. 왜냐하면 그 축복은 그 기원이신 하나님을 알고자 하는 욕구를 떠올려서 우리의 식욕을 돋우기 때문이다. 이와 비슷하게 우리는 하나님에 관해 계시해 주는 모든 신앙에 감사해야 한다. 그러나 우리는 하나님에 관해 계시된 발상만으로는 만족하지 않는다. 우리는 순수한 그분 자신으로서 하나님에 관한 모든 발상을 영원히 넘어서는 그런 하나님을 알고 싶어 하는 욕구가 있다.

그러려면 우리는 사고의 선물이 무한한 가치가 있음을 깨달아야 한다. 그러나 또한 우리는 생각이 파악할 수 있거나 언어로 충분히 전달할 수 있는 것을 초월하는 것에 대한 실제적 경험과 비교하면 사고가 매우 제한되어 있음도 깨달아야 한다. 이것은 세상 일에 대해서도 마찬가지다. 사막에서 어떤 사람이 물이라는 단어를 모래 위에 반복해서 쓰는 것은 정말로 좋은 발상이다. 그러나 우리가 정말로 목말랐을 때 물에 대한 모든 발상은 전적으로 불충분하다는 것이 입증되고, 우리는 여전히 목마를 것이다. 사실상 물에 대한 생각은 우리를 더 많이 갈증나게 만든다. 하나님과 관련해서는 훨씬 더 심하게 갈증을 느끼게 된다. 하나님에 대한 우리의 갈증은 시편의 "하나님이여 사슴이 시냇물을 찾기에 갈급함 같이 내 영혼이 주를 찾기에 갈급하나이다"(시편 42:1)라는 구절을 읽으면서 일깨워질 수 있다. 우리가 알게 된 것은 이러한 갈증을 깨닫게 해 준 이가 우리 안에 거하시는 하나님의 성령이시라는 것이다. 그러나 이 구절과 이 구절에 관한 통찰들은 이 갈증을 해소하지 못하고 오히려 더 강하게 만드는 원인이 될 뿐이다.

하나님에 대한 이러한 갈급함이 커지면 커질수록 하나님에 관해 계시된 가장 진실한 생각조차도 전혀 하나님이 아니라는 사실이 더 명백해진다. 하나님에 대한 욕구가 강해지면 강해질수록 유한한 존재가 품은 하나님에 관한 모든 생각은 무한하신 하나님보다 무한히 부족하다는 것을 더욱더 깨닫게 된다.

그러므로 우리가 하나님에 관해 어떤 생각에라도 집착하는 한, 하나님에 관한 생각에 대한 그 집착이 하나님에 대한 하나의 장애물이 될 것이다. 하나님에 대해 생각하는 것은 갈증을 해소하지 못하고 하나님에 대한 우리의 갈증을 더 증가시킨다. 우리는 결국 하나님을 아는 유일한 방법은 머리로는 이해할 수 없다는 것을 깨닫는 사랑의 자각으로 생각의 경계를 넘어가는 것뿐이라는 것을 알게 된다. 이런 자세로 우리가 앉아 묵상하고 있으면서 생각에 대한 우리의 습관적인 의존으로부터 부드럽게 그리고 지속적으로 자유로워질 것이다. 우리는 생각을 추방하거나 없애려는 것이 아니다. 오히려 묵상할 때 우리는 각각의 생각이 마음속으로 들어오도록 현재에 머물러 개방된 상태로 깨어 생각하지 않음(nonthinking)의 자세를 취하는 일을 배우려는 것이다.

궁극적으로 우리는 하나님에 관해 생각하는 존재로 창조된 것이 아니다. 오히려 우리는 하나님을 위한 존재로 창조된 것이다. 우리는 묵상할 때 하나님에 관해 생각하려고 노력하지 않는다. 어느 누구도 자신의 마음에서 하나님에 관한 모든 생각을 추방하려고 노력하지 않는다. 오히려 우리는 하나님에 대해 생각조차 할 수 없는 즉시적 경험과 우리가 영원히 하나임을 깨달으려고 시도하고 있는 중이다. 하나님에 대한 이 즉시적 경험은 현재 순간의 모든 것과 하나인 있는 그대로의 우리 전부에 대한 즉시적 경험 안에서 또한 그 즉시적 경험으로서 일어난다.

묵상 중에 마음에 들어오는 생각들을 경험하는 두 가지 서로 다른 방식을 구별할 수 있다. 자각의 영역을 통과할 때 경험되는 그런 생각들이 있다. 곧 이 생각들은 우리가 경험하고 있는 모든 경험에 대한 종합적 경험과 관련되어 있다. 우리가 앉아 묵상하고 있을 때, 이런 맥락 안에서 경험되는 생각들을 중단시키려고 노력하지 않는다. 어느 누구도 자각 속으로 들어오는 그런 사유들을 추방하려고 하지 않는다. 우리는 묵상하며 생각을 거부하지 않는다. 그렇게 하려는 모든 시도란 실제로는 있는 그대로의 그 순간 속으로 침범하는 자아의 침범일 뿐이다. 왜냐하면 하나님께서 몸을 호흡하도록 창조하신 것처럼 정신을 그 안에서 생각들이 일어나도록 창조하셨기 때문이다.

우리가 앉아 묵상하고 있는 마룻바닥, 가구들, 그리고 방 안의 모든 세세한 것들은 현재 순간의 외면을 나타낸다. 또한 우리의 마음을 꿰뚫고 지나가는 생각은 현재 순간의 내면을 나타낸다. 우리는 앉아 묵상하면서 현재 순간의 외면적이고 내면적인 측면의 구체적인 즉시적 경험에 대한 우리의 의지를 거부하거나 재조정하거나 도입하려 하지 않는다. 이와 정반대로 우리는 묵상하면서 자신의 내면과 외면에 단순하게 존재함으로써 불가해한 본성들을 깨닫고 그 본성으로 살아가는 것을 배우는 것이다.

우리가 앉아 묵상하면서 그저 단순하게 관찰한다면, 어떻게 각각의 생각들이 집착되거나 거부되지 않고, 단순하게 생겨나고 오래 지속되다 사라지는지를 볼 수 있다. 묵상하는 낮이나 밤이 생겨나고 지속되고 사라지는 것처럼, 나의 전 생애가 생겨나고 지속되고 사라지는 것처럼－우주가 생겨나고 지속되고 사라지는 것처럼－그렇게 내가 지금 경험하는 생각도 떠올랐다가 지속되고 사라진다. 우리가 묵상하면서 경험하는 생각의 흐름은 정복해야 할 대상이 아니다. 그것은 오히려 생각과 나타난 모든 실재가 지니고 있는 발생하고 지속되다 사라지는 본성 속에서 또한 그 본성으로서 당신 자신을 나타내시며 온전하고 완전하게 내어 주시는 하나님의 현존이다.

그러나 우리가 반드시 다루어야 할 것은 현재 순간의 구체적인 즉시적 경험에서 벗어나게 되면서 경험되는 생각들이다. 이런 것들은 분심(distrac-tions)으로서 경험되는 생각들이다. 단 몇 분만이라도 묵상하게 되면 집중을 방해하는 분심을 아주 흔하게 경험하게 된다. 우리는 고요히 앉아 허리를 곧게 펴고 묵상하며, 가능한 한 현재 순간에 머물러 개방적인 상태에 깨어 있으려고 의도하고 있다. 그러면 우리가 생각을 알아차리기도 전에 하나의 생각이 우리를 현재 순간의 집중하는 데서 멀리 끌고 가버린다. 우리를 현재에서 벗어나게 한 그 생각에 잠겨 있으면, 우리는 더 이상 우리가 앉아 있는 현재 순간의 순결한 즉시적 경험이라는 집에 안전하게 있지 못한다.

실제로 그러한 생각은 우리를 벗어나게 하는 납치의 특성을 지니고 있는 것은 확실히 아니다. 오히려 하나의 생각이 갑자기 자각의 광장을 통과할 때 우리가 숲 속에서 뛰쳐나와 그것을 강탈한다고 말하는 것이 더 정확하다! 만약 그 생각이 어느 정도 즐겁고 심오하고 아름답다면, 없어지지 않도록 그 생각을 지속시키려고 노력한다. 만약 그 생각이 어느 정도 고통스럽고 불안감을 주는 것이라면, 우리는 뛰쳐나와서 강탈해서 그 생각을 떨쳐 버리기 위해 노력한다. 우리가 그 생각에 집착하든지 거부하든지 간에 우리는 현재 순간의 주의집중에서 이탈하여 우리의 생각에 대해 생각하는 자아의 활동 영역으로 빠져든다.

우리가 생각에 대해 생각함으로써 현재 순간의 주의 집중에서 또다시 멀어지는 것을 자각하게 되자마자, 우리는 현재 순간의 즉시적 경험 안에서 휴식–현재에 머물러 개방적 상태로 깨어 있는–하려는 의도를 단순하게 회복해야 한다. 우리가 현재 순간에로 주의 집중을 회복하면서 우리 안에서 생겨나고 지속되고 사라지는 각각의 생각 속에서 또한 그렇게 생겨나고 지속되고 사라지는 생각으로서 그 자신을 드러내는 거룩한 신비에 대한 알아차림을 재개하고 있음을 재확인할 수 있다.

묵상을 시작한 초기와 그리고 그 후 얼마 동안은 우리가 생각하고 있다는 것 자체를 인식하지도 못한 채 사고 속으로 들어가 버리는 경향이 있다. 이런 경향이 생기는 것을 깨닫자마자 우리는 현재 순간에 머물러 마음을 열고 깨어 있으려는 자신의 의도를 단순하게 회복시킨다. 묵상 수련이 원숙해지면서 자각의 열린 광장에서 하나의 사건이 발생하여 우리가 현재 순간에 주의를 집중하는 것에서 벗어나 생각에 빠져드는 초기 경향을 인식할 수 있다. 때때로 사고로 빠져드는 이런 초기 경향에 대한 단순한 자각만으로도 우리의 의식을 현재 순간에 집중하여 다시 안정시키기에 충분하다. 가끔 현재 순간의 집중을 방해받지 않도록 회복시키고 유지하기 위해서는 일종의 부드러운 시정 조치가 필요하다. 때때로 우리는 현재 순간에 대한 주의 집중을 잃어버리는 것을 방지하려면 경계해야 할 생각으로 미끄러지는 일을 제때에 포착해야 한다. 이럴 경우 우리는 현재 순간에서 이탈하도록 우리를 유혹하는 어떤 생각에 관해 사고하는 것을 중단함으로써 단순하게 회복하여 현재 순간에로 집중할 수 있다.

물론 현재 순간에로 주의 집중을 지속시키고 회복시키는 과정은 때로는 극도로 어렵다. 또 어떤 때는 거의 노력 없이도 가능할 정도로 매우 쉽기도 하다. 중요한 것은 확실한 내적 평온과 명료성의 상태를 지속하는 일에 우리가 어느 정도나 성공하느냐에 있지 않다. 오히려 중요한 것은 단순하게 최선을 다하려는 우리의 진심 어린 의도에 있는 것이다. 이보다 더 중요한 것은 하나님이 우리와 하나이고, 우리의 노력들 가운데 우리를 사랑하시고, 우리를 받아들이시고 우리 마음 상태에는 개의치 않으시며 우리를 그분 자신에게 강력하게 끌어당기신다는 것을 알고 신뢰하는 데 있다. 물론 우리는 위대한 투쟁의 시간보다는 하나님께 거의 노력 없이도 개방을 지속할 수 있는 시간들을 선호한다. 이것이 유일하게 정상적인 것이다. 그러나 우리가 어떻게 되려고 노력하는 모습이 아니라 있는 그대로의 우리와 하나님과의 하나임에 대한 신뢰야말로 묵상 중에 자라는 하나님과의 하나임에 대한 깨달음을 가장 결정적으로 열어준다는 사실을 기억하는 것이 도움이 된다. 묵상 중에 무슨 일이 일어난다 해도 하나님의 현존 안에 머무르고 개방하고 깨어있는 지속적 상태를 안정시키는 데 있어서 그 어떤 것보다도 중요한 것은 역설적으로 위와 같은 하나님을 믿는 신뢰이다.

여기서 생각에 대해 이야기하고 있는 것은 또한 묵상하면서 우리의 자각으로 들어오는 모든 기억에도 적용된다. 앉아 묵상하면서 우리는 우리 안에 일어나고 지속되고 지나가는 각 기억에 머물러 마음을 열고 깨어 있는다. 그렇게 하면서 마음에 들어오는 기억을 기억하기 시작하려는 초기의 경향을 깨닫게 될 것이다. 그러나 마음속 기억들과의 동일시에 빠질 정도로 우리는 또다시 시시각각으로 늙어감을 기억하는 자아와의 지나친 동일시에 빠지게 된다. 우리의 기억들이 우리가 머물러 놀곤 했던 추억의 동산 속으로 우리를 잡아채도록 그 기억들을 허용하게 되면, 우리는 현재 순간의 순결한 신선함에 뿌리 내린 상태를 상실하게 된다. 마음속 기억에 빠져 현재 순간의 주의 집중에서 빠져나오는 것을 깨닫는 매 순간마다 우리는 기억이 일어나고 지속되고 사라지는 것에 대한 현재 순간에로의 주의 집중을 단순하게 회복시켜야 한다.

묵상할 때 마음에 들어오는 생각과 기억에 적용되는 것은 갈망(desires)에도 적용된다. 내가 말하는 갈망의 의미는 우리의 내적 의지에 작용하는 유쾌한 것에 집착하려고 하고 불쾌한 것은 거부하려는 본능적 경향이다. 앉아 묵상하다 유쾌한 생각이 마음에 들어와서 계속 머물러 있게 될 때, 우리가 단순히 자각해야 할 것은 무엇보다 먼저 그런 유쾌한 생각을 붙잡아 그것이 사라지지 않도록 더 오래 머물러 있게 하려는 경향이 자연스럽게 생긴다는 사실이다. 마찬가지로 내면에 불쾌한 생각이 들어오면, 우리에게 우선적으로 나타나는 초기 반응은 가능한 이를 빨리 밀쳐내려는 것임을 관찰할 수 있다. 우리는 앉아 묵상하면서, 이것들과 우리 자신을 동일시하지 않으면서 집착하거나 거부하려는 이런 초기 경향들을 단순하게 관찰해야 한다. 우리가 집착하거나 거부하려는 경향성을 흘러가도록 내버려 두는 일을 배우게 되면, 있는 그대로 현재 순간의 즉시적 경험 속에서 있는 그대로의 우리와 함께 하나이신 하나님을 알아차리게 된다.

갈망과 관련하여 묵상에서 일어나는 상황은 한 여자를 많이 사랑하는 남자에 비유할 수 있다. 그는 너무도 그녀를 사랑해서 그녀에 대한 사랑이 점점 커 가는 것을 견딜 수 없을 정도가 되었다. 그는 그녀에게 감히 말도 건넬 수 없는 방식으로 하나가 되기를 비밀스럽게 바라고 있었다. 그러나 오호라, 그가 어떻게 그 순간을 기다릴 수 있겠는가. 그 자신이 갈망하는 하나 되기를 그녀 역시 갈망하고 있다고 말하는 그때를 말이다.

요점은 그 여자가 자신을 향한 그의 사랑을 깨닫는 것은 기존에 없던 무언가를 새롭게 얻게 되는 순간이 아니라는 데 있다. 오히려 그 순간은 그녀가 이미 거기에 존재하는 사랑을 깨닫는 순간이다. 그리고 그녀가 이 사랑에 응답하는 순간은 사랑하는 그이가 기대하거나 상상할 수 있는 어떤 것을 넘어선 그런 선물을 그녀가 그에게 주는 순간이다.

하나님과 우리 사이도 이와 마찬가지다. 예수께서는 우리에게 하나님은 우리와 하나가 되고자 하는 단 하나의 불타는 갈망으로 가득 찬 분이라는 사실을 드러내 주셨다. 하나님께서는 우리 눈으로 그런 갈망과 우리 마음 속의 그런 경향성을 보길 기다리시고 계신다. 이는 우리도 이 동일한 하나임을 갈망한다는 것을 나타내는 징후이다. 하나님은 우리가 그분 자신과 하나임을 깨닫기를 갈망하신다. 이 하나님은 실제로 있는 그대로의 우리의 전부이자 또 그렇게 존재하도록 부름을 받았던 우리의 전부에 대한 영원한 충만함이다. 우리가 이 사랑을 각성하게 되는 순간은 하나님께서 우리에게 주신 사랑을 다시 하나님께로 돌려드리는 순간이다. 이 사랑의 순환은 이름이 없는 일종의 연합(union) 안에서 그 자체를 완성한다. 하나님께서는 우리의 생명인 이 거룩한 갈망을 우리가 각성하기를 갈망하신다. 하나님은 우리가 이 각성에 은총을 입어서 이 갈망에 완전하게 따르게 되기를 갈망하신다. 왜냐하면 거룩한 사랑에 대해 유연하고 취약해진 우리 마음은 우리를 초대하기 위해 폭풍우를 타고 오시는 하나님을 향해 활짝 열린 대문이기 때문이다. 그분은 우리를 온전히 그분 자신의 것인 온전한 행복과 영광으로 데려가신다. 그리고 이러한 행복과 영광은 그의 한이 없는 관용 덕택으로 전적으로 우리의 것이기도 하다. 이 영광과 온전한 행복의 충만함이 우리가 앉아서 묵상하는 신실함 속에 아직 감추어진 채로 충분히 현존해 있다. 이렇게 감추인 온전한 행복과 영광이 너무 내면적이고 친밀하여 묘사하기 힘든 방식으로 깨달아지는 것은 우리가 온 마음을 다하여 앉아 묵상할 때이다.

이렇게 성찰해 온 느낌과 신체적 감각에 대한 세부 사항들에 대해서 조금 후에 조명하려고 한다. 그래서 여기서는 느낌과 신체적 감각과 관련하여 현재에 머물러 마음을 열고 깨어 있는 상태에 대한 안내 수칙들을 간단하게 언급하려고 한다. 앉아 묵상하면서 우리를 통해 다가오는 느낌과 신체적 감각에 대해 우리는 현재에 머물러 개방적 상태로 깨어 있어야 한다. 이렇게 하면서 우리는 우리가 어떻게 느낌과 신체적 감각을 거부하거나 그것에 집착하려는 습관적인 경향에 매번 빠지게 되는지, 어떻게 우리가 현재 순간의 집중에 더는 뿌리내리지 못하는지 직접 경험하게 될 것이다. 우리가 매번 깨닫는 것은 우리가 현재 순간의 주의 집중에서 이탈하여 우리의 느낌과 신체적 감각으로 빠져든다는 사실이다. 그럴 때마다 우리는 우리 안에서 느낌과 신체적 감각이 일어나고 지속되고 사라짐에 대해 현재에 머물러 개방된 상태에 깨어 있기를 단순하게 회복해야 한다. 우리는 이 방식을 지속하면서 우리의 신체적 존재 안에서 또한 그 존재로서 여러분 자신을 구체적으로 나타내시는 하나님에 대해 각성하게 된다.

제9장

고요히 앉아 있기

이 장에서 제시하는 묵상 지침은 고요히 앉아 있기다. 고요히 앉아 있기는 우리 마음의 들뜬 감정을 잠잠하도록 돕는 데 실용적이다. 우리가 매번 깨닫는 것은 분산시키는 생각이나 관심이 우리의 정신을 빼앗아 간다는 것이다. 그럴 때마다 우리의 마음은 현재 순간에 집중하기 위한 정박 장소로서 신체의 고요함에 대한 자각을 단순하게 재개할 수 있다. 이렇게 수련하노라면, 고요하게 앉아 있음은 어떤 것에도 집착하지 않고 거부하지도 않으면서 현재에 머물러 개방적 상태로 깨어 있는 하나의 방식이 된다.

수련을 계속해 가면서 하나님께 더 내면적이며 묵상적인 개방상태를 촉진하는 데 가장 자연스럽고 효과적인 방식들을 발견하게 될 것이다. 아마도 묵상에서 신체의 고요함을 자각하는 것은 현재 순간에 머물러 개방적 상태에 깨어 있는 기본적 자세의 한 측면으로만 남아 있게 될 것이다. 그러나 신체의 고요함에 대한 자각을 재개하는 것이 하나님께 묵상적으로 열려 있음을 재개하고 지속시키는 가장 효과적인 방식임을 발견할 수 있다. 더욱이 여러분이 발견하게 되는 것은 신체의 고요함의 신비 속에 쉬는 것이 하나님께서 여러분을 그분 자신과의 하나임에 대한 더 한층 깊은 경험으로 이끄는 방식이라는 사실이다. 만약 이것이 실제 사례로 증명된다면, 자신의 몸의 고요함에 조용히 집중함은 하나님께로 나아가는 자기의 변형 방식 그 자체임을 발견할 것이다. 사실 여러분은 전체 묵상 시간을 자기 몸의 고요함에 대한 묵상적 자각의 수련을 확고히 하는 데 사용할 수 있다. 만약 여러분이 그렇게 했다면 여러분이 이 신체적 고요함을 다 써버리지 않았음을 발견할 것이다. 곧, 하나님께 나아가는 행로인 이 신체적 고요함을 여러분이 결코 고갈시키지 않았음을 발견할 것이다. 같은 원칙이 여기에 제시된 각 지침들에도 적용된다. 각 지침은 우리의 참된 존재의 한 측면에 그 근거를 두고 있다. 인간이란 존재는 하나님을 각성할 수 있는 역량을 하나님에게서 선천적으로 부여받았다. 십자가의 요한이 강조한 핵심 요점을 명심하라. 가장 중요한 것은 하나님의 보편적 사랑의 자각 안에서 휴식하는 것이다. 자기 신체의 고요함에 대한 지속적인 자각은 이 보편적 사랑의 자각을 지속하고 심화하는 한에 있어서 적절하고 유용하다.

현재 순간에 집중할 때 초점을 맞출 대상이 무엇이든 간에 묵상하면서 신체의 고요함에 무관심하지 말기를 권장한다. 마치 여러분이 훨씬 고귀하고 강한 영적 실재들에게로 나아가고 있는 도상에 있다는 듯이 자기 신체의 고요함 옆을 아주 모른 척하고 지나가지 말라. 대신 온 마음을 다하여 고요히 앉아 있기를 배우라. 내면적으로 그렇게 할 수 있을 때까지 자기 신체의 고요함에 조용하게 집중하고 있으라. 자기 신체의 고요함에 완전히 신실하게 집중하라. 자기 신체의 고요함이 자신의 진심 어린 신실함을 구현하도록 말이다. 이런 방식으로 여러분이 직접 발견하기 시작하는 것은 조용히 앉아 있음이 하나님께로 통과해 들어가는 하나의 출입구라는 사실이다.

조용히 앉아 있기를 배움으로써 우리는 고요해지는 것을 배울 수 있다. 고요히 있는 것을 배워 가며, 현재 순간에로 주의 집중이 깊어지고, 그것이 육화된 신앙의 행동이 되며, 궁극적으로 가야 할 곳은 어디에도 없다는 사실을 우리와 전 세계에 증언해 준다. 우리는 무지하기 때문에 이것이 정말 그러한지 모른다. 우리의 무지로 인해 우리는 자아가 내리는 상대적 명령–가야 될 장소, 도달해야 할 목표, 충족되어야 할 욕구–을 우리가 자리하고 있는 거룩한 심연과 혼동하기 쉽다. 우리는 이 혼동 때문에 앉아 묵상하며 다음과 같이 가정한다. 심오하게 묵상하는 가운데, 곧 관상적 삶을 살아가는 가운데 겪게 되는 어려움들은 당황스러울 정도로 더딘 진전에서 기인한다고 가정한다. 이 더딘 진전은 어지러운 나선형의 행로를 따라서 황당할 정도로 먼 목적지로 향해 있다. 우리는 앉아 묵상하다 한숨을 쉬며 말한다. "내가 그 목적지에 도달할 수나 있을지 모르겠다."

그러나 앉아 묵상을 계속하면서 그 혼동의 본성을 천천히 이해하기 시작한다. 우리가 묵상하는 데 겪는 어려움들은 목적지인 '거기'에 도달하기에 우리의 성장이 느리기 때문이 아니라, 오히려 우리가 **여기**(here)에서 단순하게 직면하게 되는 도전적 과제, 곧 현재 순간에 충분히 현존하여 개방된 상태로 깨어 있는 것 때문이라는 것을 알기 시작한다. 신체에 토대를 둔 고요함 속에 앉아 묵상을 지속하면서 우리가 여기 고요히 있는 것이 왜 그렇게 힘든 것인지도 보기 시작한다. 우리는 우리가 어떻게 어린 시절부터 또는 일반적인 사회로부터 공포에 기초한 시나리오를 획득하는지를 안다. 이 시나리오들은 우리에게 단순하게 있는 그대로의 우리 자신이 **되는**(be) 것만으로는 충분하지 않다는 것을 믿게 한다. 우리는 자신의 눈에, 다른 사람들의 눈에, 우리가 상상하는 하나님의 눈에도 우리의 가치를 확고하게 해 주는 것들을 **행함**(doing)으로써 급격하게 상승할 필요가 있다고 믿는다.

공포로 인한 자기 의심과 관련해서 정말 당혹스러운 점은 어떤 점에서는 우리가 이를 더 잘 알고 있다는 사실이다. 우리는 복음을 믿는다. 이 복음은 우리가 지금 여기 현재 순간에 바로 있는 모습 그대로 온전히 사랑받은 자이며 하나님과 하나라고 말한다. 믿음으로 우리가 알고 있는 바는 우리를 지금까지 지탱해 주었던 은총을 통해 우리의 모든 흉함과 쇠함들이 말끔히 해소되었다는 사실이다. 우리의 차질과 상실의 순간들이 명백한 승리와 성취의 순간들보다 신의 은혜가 결코 덜하지 않았다는 것을 몇 번이고 계속해서 확인할 만큼 우리는 충분히 오래 살았다. 우리가 알고 신뢰하는 바는 우리를 지탱하는 하나님 사랑의 한결같은 흐름이 우리의 죽음의 시간에까지 본격적으로 흐를 것이라는 것이다. 우리가 아는 바에 의하면, 그 순간이 올 때에 우리는 우리 마음의 굴곡을 완성하게 되며, 두 팔을 활짝 벌리고 우리를 기다리고 계시는 하나님을 발견하기 위해 완전히 한 바퀴를 돌아 다시 제자리로 돌아올 것이다. 하나님은 우리가 나왔던 곳인 신성함의 심연 안으로 되돌아오는 우리를 환영하실 것이다.

우리는 지금 고요하게 앉아 있으면서 얻고 잃는 모든 것의 신성함을 아는데 실패하는 일에 염증을 느끼고 있다. 우리가 자기 몸의 고요함의 신비에 조용히 집중하며 쉬기를 배워 가면서, 우리의 묵상 수련은 현재 순간의 끝없이 거룩한 본성에 대해 깊고 신뢰할 만한 수용의 질을 얻기 시작한다. 우리는 조용히 고요하게 앉아 있으면서 자신의 신체적 존재의 본성이 지속적으로 변화하고 있음을 단순하게 관찰하고 수용하는 일을 천천히 배우게 된다. 우리는 조용하게 활성화된 존재가 어떻게 피곤해지다가 다시 예기치 못하게 재개된, 조용한 깨어 있음에 이르는지를 관찰하고 수용하는 일을 배운다. 우리는 단지 앉아서 우리의 통찰과 분심, 실제적이기도 하고 상상이기도 한 진전과 후퇴를 조용히 깨닫는 일을 배운다. 우리가 조금씩 조금씩 깨달아 가는 것은 분심과 졸림이 통찰과 획기적인 진전들(breakthroughs)과 섞여 있으며, 이런 분심과 졸림의 일어남은 하나님의 지속적인 섭리로 일어난다는 사실이다.

조용히 고요하게 앉아 묵상하고 있노라면, 다음의 질문들이 내면 깊은 곳에서 솟아오르게 된다—만약 내 모든 내적 평화와 충만감이 단지 있는 그대로의 것에 좌우된다면 어떻게 될까? 어떻게 단지 있는 그대로의 것보다 더한 것이 존재할 수 있을까? 어떻게 있는 그대로의 것보다 덜한 것이 존재할 수 있을까? 어떻게 하나님은 단지 있는 그대로의 것의 무한성일 수 있을까? 어떻게 있는 그대로의 현재 순간에서 내 현존이라는 순전한 기적이 하나님의 흘러넘치는 관대함 이외의 다른 것일 수 있을까? 고요하게 앉아 있는 가운데, 이런 질문들이 구현하는 안도감이 우리 주위를 에워싸고 이해를 뛰어넘는 평화를 허용한다.

실상은 때때로—실제로는 자주—이와 전혀 다르다. 가끔은 피곤과 분심이 우세하다. 그러나 아무리 피곤과 분심이 우세하다 할지라도, 우리가 이런 단순한 훈련에 맛을 들이게 되면 될수록—우리가 그 순간에 무엇을 경험하고 있는지에 관계없이—우리는 그 안에서 어떤 것도 놓치지 않고 있다는 사실을 인식하고 확신할 수 있음을 점점 더 많이 깨닫게 된다. 제대로 쉬지 못한 피곤한 시간들 그리고 절묘하게 휴식하며 민감하게 깨어 있는 시간들은 완전하고 동등한 가치를 지니고 있다. 이 자각은 이해를 뛰어넘는 평화를 부여한다. 이 평화는 있는 그대로의 현재 순간에서 일어나는 경험을 깨닫게 되는 일종의 조용한 경외감을 동반한다. 현재 순간의 이 경험은 있는 그대로의 우리와 하나이신 하나님의 충만함이다.

몸의 고요함이 주는 변형 능력의 또 다른 측면은 우리의 몸이 어떻게 존재하는가라는 존재 방식을 배우게 한다는 점이다. 우리는 묵상하면서 어떤 주어진 순간에 마음이 어디에 있을지를 말하기가 아주 힘들다는 것을 깨닫는다. 우리의 마음은 항상 미래에 대한 관심사로 급하게 앞서가거나 또는 과거의 사안으로 뒤처지기 쉽다. 그러나 현명하고 신비스러운 몸은 현재 순간 앞으로 급하게 나아가거나 뒤처지지 않는다. 이것이 우리가 우리의 몸이 어디 있는지를 항상 바로 알 수 있는 이유이다. 우리의 몸이 있는 곳은 항상 현재 순간의 바로 이곳이다. 이곳은 우리를 사랑하고 있는 그 사랑을 구체적으로 나타낸다. 죽음에서조차 내 몸의 존재는 죽음의 순간 바로 거기에 있을 것이며 동시에 현재 순간을 떠나는 것이 아니라 영원한 심연에로 떨어져 시야에서 사라질 것이다.

단순하게 고요히 앉아 있을 때의 차분한 단순함이 조용하게 나타나기 시작할 정도로 마음이 충분하게 안정되기 위해서는 시간이 걸린다. 바로 이것이 한 번의 묵상 시간을 20～30분 정도로 삼으라고 권장하는 이유이다. 마음이 생각과 기억을 따라 끊임없이 움직이다가 피곤해져서 종국에는 자기 몸 존재의 고요한 신비에 내려 앉아 안정되는 데는 그 정도의 시간이 걸린다. 우리 안에 지니고 다니기 쉬운 불안이 점차 사라지기 시작한다. 한 호흡 한 호흡씩 숨을 쉬어 가며 자기 몸의 고요함에 대한 조용한 알아차림이 현재 순간에 묵상의 토대를 두고 파악하고 인식하기 시작한다.

사랑은 연인들의 눈을 열리게 하여 몸의 신성함을 볼 수 있도록 허용한다. 사랑은 어머니의 눈을 열리게 하여, 그녀가 자신의 어린 아기를 돌보면서 아기 몸의 존재의 신비스러운 체중과 체온의 신성함을 본능적으로 느끼게 한다. 그리고 사랑은 묵상하는 우리 눈을 열리게 하여, 우리 몸의 존재의 신성함을 볼 수 있게 한다. 이렇게 자기 몸 존재의 신성함을 보는 것은 꿈에서 깨어나는 것과 같다. 이것은 자기 몸 존재의 빛나는 심연 속으로 천천히 뒤로 넘어져 떨어지는 것과 같다. 이렇게 뒤로 넘어져 떨어지면서 자신의 자아 의식은 떨어지는 몸의 무게 중심을 더 이상 조절하지 못한다. 자기 몸의 무게 중심은 우리 몸 존재의 무한한 근원이시며, 토대와 충만함이신 하나님 안에서 지탱된다.

우리 집 거실 벽에 커다란 괘종시계 하나가 걸려 있다. 아내와 내가 낮에 집에 있을 때, 시계의 조용하게 똑딱거리는 소리는 매일의 평범한 일상사에 묻혀 들리지 않을 때가 많다. 그러나 우리가 저녁 시간에 거실에 함께 앉아 조용하게 책을 읽을 때는, 가끔 이 시계의 똑딱거리는 소리를 듣는 일이 정말 즐겁고 위안이 된다는 말을 주고받는다. 우리는 이같은 태도로 현재 순간의 충분한 수준의 고요함이라고 부를 수 있는 것에 조용히 앉아 고요하게 집중한다. 자신의 온 마음을 다해 고요하게 앉아 있는 것이 이런 충분한 수준의 고요함을 깨닫게 하는 하나의 경로이다.

비록 처음 묵상한다고 할지라도 우리는 이미 이러한 충분한 수준의 고요함에 관해 뭔가 알고 있다. 자발적 묵상 경험의 순간들은 순식간에 이런 충분한 수준의 고요함에 관한 뭔가를 허용한다. 마치 처음인 것처럼 친구의 얼굴을 올려다보는 그 순간에, 숨이 막힐 듯한 해넘이 풍경에 넋이 빠져 꼼짝 않고 가만히 서 있는 그 순간에, 잠들어 있는 어린 아기를 안고 있는 그 순간에 우리는 만물의 찰나성에 영원히 배어 있는 충분한 수준의 고요함에 관한 뭔가를 잠깐 동안 힐끗 보게 된다.

이런 특별한 묵상적 각성이 소멸되기 시작하면서도 우리는 여전히 우리를 감싸고 있는 경외감이 감도는 현장에 말없이 머문다. 적막하고 어두운 지평선이나 친구의 현존, 잠자는 아기를 떠날 때 우리는 막연하게나마 경험하게 된 고요함 속에 푹 빠진 느낌으로 떠나지는 않는다. 그와 반대로 우리는 거의 그렇게 떠날 채비도 하지 못했다는 확신을 품고 이동한다. 다음과 같은 자각 속에서 더 깊은 고요함으로 이동한다. 곧 비록 우리가 이 해넘이 앞에, 친구와 함께, 잠자고 있는 어린아이와 함께 영원히 앉아 있을 수 있다고 느꼈을지라도, 우리는 잠깐 동안 접근이 허용되어 관상적으로 지각된 무진장함을 결코 다 고갈시킬 수 없을 것이라는 자각 말이다.

우리의 마음은 그런 순간에 고요해진다. 곧 지금까지 희망하고 열망할 수 있었던 모든 것은 우리가 경험할 특권이 있는 그 순간에 아직은 감추어져 있지만 적게나마 제시된다는 사실을 깨달으면서 더 깊게 이동하게 된다는 역설적 감각을 느끼면서 말이다.

앉아 묵상하고 있을 때, 우리는 자연발생적인 묵상 체험의 순간들이 지닌 계시적 특성에 대한 신앙이 잉태된 마음으로 앉아 있다. 이 자연발생적 묵상 체험은 지금 앉아 있는 이 순간의 진정한 본성을 우리에게 노출시키고 있다. 우리는 극심한 졸음 속에서나 하나님 임재에 관한 어떤 느낌조차도 없는 결핍 상태 속에 앉아 있을 수 있다. 그렇다고 해도 우리가 아는 바로는 자연발생적인 묵상 체험의 찰나적 순간들은 지금 앉아 있는 이 순간의 신성함을 우리에게 노출시켜 왔다. 우리가 우리 몸의 존재가 지닌 현재 순간의 기적에 대한 확신을 가지고 쉬기를 배울 때는 현재 순간의 거룩함에 대한 신앙의 감각을 통해 배우는 것이다.

내가 증명해 보일 수 있는 사실은 우리가 여러 해 동안 묵상을 해 왔다고 해도 우리가 영위하고 있는 삶의 내적 고요함에서 우리는 여전히 상당히 멀리 떨어져 있을 수 있다는 사실이다. 이런 사실이 우리를 놀라게 하거나 좌절시키진 않는다. 어쨌든 우리는 좀 더 관상적 방식의 삶을 살려는 갈망을 품은 축복받은 평범한 인간들이다. 그러나 하나님께 감사한 것은 우리가 자연발생적 관상 체험이 갖고 있는 계시적 본성에 대한 신앙이 잉태된 마음으로 앉아서 묵상하기를 배우고 있다는 것이다. 우리는 하나님께서 우리의 골수까지 철저하게 알고 있으시라는 신앙 안에서 앉아 묵상하고 있다. 그리고 만약 우리가 있는 그대로의 이 순간의 모든 것을 볼 수 있다면, 우리를 사랑하시는 하나님의 존재를 볼 수 있을 것이다. 이렇게 성장하는 데는 시간이 걸린다. 그러나 몸의 존재가 우리에게 하나님이라고 부르는 무한한 신비를 아주 신실하게 구체적으로 나타내는 방식에 대한 경건한 자각 속에서 우리는 조금씩 자라기 시작한다.

묵상 중에 생기는 몇 가지 문제를 다루려고 한다. 곧 코가 가렵거나 무릎이나 자신의 신체 중 다른 부위에 통증이 느껴지기 시작할 때 어떻게 할 것인가. 이 문제는 그저 잠깐이면 지나가 버릴 가려움이나 통증에 관련된 것이 아니다. 문제가 되는 것은 아주 심하게 큰 가려움이나 통증이 나타날 때는 몸을 움직인 후 머무르기로 결정하는 일이다. 그렇게 지속적인 신체의 불편함에 직면할 때 최선의 방책은 종종 코를 짧게 긁거나 발을 더 편안한 자세로 옮겨 놓는 것이다. 문제는 이렇게 단순한 것이다. 왜냐하면 이렇게 하는 것이 가장 자연스럽고 가장 인간적이기 때문이다.

그리스도께서는 우리와 같은 인간성을 갖게 되셨고, 이 공통적인 인간성 속에 우리의 평범한 인간적 경험에 담긴 거룩함을 나타내셨다. 코를 긁을 때, 자신의 온 정성을 다해 코를 긁으라. 이는 가려운 코를 긁는 일에 담긴 무한히 거룩한 본성을 더 깊게 아는 일이다. 발을 약간 편안한 자세로 조금 옮길 때 당신의 온 마음을 다하여 그렇게 하라. 이는 발의 움직임이 이 세상에서 완벽하게 드러나는 거룩함을 더 깊이 아는 일이기 때문이다. 묵상의 핵심은 묵상적 자각의 범위를 계속 확대하는 일에 있다. 그렇게 넓혀 가면, 우리는 우리 존재의 모든 측면에 내재한 무한한 가치를 묵상적으로 각성하게 된다. 이 무한한 가치는 하나님께서 부여해 주신 것이다. 이 하나님은 우리 존재의 모든 측면 안에서 또한 우리 존재의 모든 측면으로서 당신 자신의 무한성을 우리에게 온전하고 완전하게 주시는 분이시다.

그러나 또 어떤 때는 내면의 지혜를 따라 발을 움직이지 않거나 코를 긁지 않기로 자유롭게 선택하면서 깨닫게 되는 변형 능력을 감지할 수 있다. 정확하게 바로 이 지점에서 우리 몸의 고요함은 선택할 수 없는 신비스러운 영역으로 들어가기 위해 자유롭게 선택하는 하나의 방식이 된다.

우리들 각자는 인간에게 닥쳐오는 난관들을 제거하는 데 최선을 다하기로 선택할 수 있는 능력을 보유하고 있다. 우리는 실제로 하나님께서 주신 우리 자신과 타인들의 소중함을 위협하거나 침해하는 자리에서 소극적이어서는 안 된다는 도덕 명령을 받고 있다. 그러나 만약 우리가 상황에 항상 개입하거나 고치려고 한다면—즉각적으로 가려운 것을 긁거나 통증이 있는 곳의 자세를 곧바로 바꾸려 한다면—몸의 고요함의 수련은 결코 원숙해지지 않는다. 우리가 행하는 수련은 결코 우리를 본향으로 돌아가는 내내 거룩한 빈터로 안내하지 못한다. 이 거룩한 빈터에서 우리의 모든 삶은 변화에 무능력한 우리의 모든 것을 변화시키지 못하는 우리의 무능력함으로 수렴된다.

우리가 수렴하며 경험하는 수련의 고요함은 우리가 선택불능이라는 신비스러운 영역으로 들어가기를 자유롭게 선택하면서 성숙하기 시작한다. 우리가 그렇게 수련하면서, 경험하는 우리 몸의 고요함은 우리가 회복시킬 수 없는 관계를 상실하면서 경험한 고통을 드러내기 시작한다. 또한 우리 몸의 고요함은 우리가 돌아갈 수 없는 집을 떠나면서, 어떤 치료법도 찾을 수 없는 질병을 앓으면서, 늙어 가면서, 자신의 죽음이 다가오는 것을 깨달으면서 경험하는 고통을 나타내기 시작한다. 요컨대 고요하게 앉아 있음은 우리에게 닥친 고통으로부터 스스로를 해방시킬 힘이 없어 고통 받고 있는 그 어떤 상황에라도 자유롭게 들어가는 하나의 방식이 된다. 이런 태도로 고요하게 앉아 있음은 일종의 하나님 같은 존재 방식이 된다. 그리스도 안에서 이 하나님은 고통과 죽음에서 스스로를 해방시킬 수 없는 무능력한 우리와 당신 자신을 자유롭게 동일시하시는 분이시다.

나는 언젠가 네덜란드 예수회 신부인 한스 쾨넨(Rev. Hans Koenen)이 인도하는 일주일에 걸친 그리스도교 선 수련회에 참여한 적이 있었다. 하루에 대여섯 시간 혹은 일곱 시간 묵상하는 집중 수련회였다. 각 개인은 자신만의 속도를 유지하면서 자신의 체력의 한계를 초과하여 밀어붙이지 않도록 조심하도록 권장받았다. 동시에 개인이 원하면 묵상을 늦게까지 하거나 아침 일찍 일어나서 더 해도 좋다고 안내하였다. 식사는 침묵 가운데 했다. 가능하다면 매우 적게 독서하도록 안내하였다. 장소를 여기저기 옮길 때 천천히 마음을 다해 알아차리면서 걷도록 권장하였다.

장기간의 묵상이 내게는 힘들었다. 나는 육체적 · 정서적 고통 둘 다 아주 많이 경험했다. 쾨넨은 묵상방에서 매일 저녁 예배를 인도했다. 이곳에는 묵상할 때 앉는 방석들이 사방 벽을 따라 줄을 맞춰 놓여 있었다.

우리는 넷째 날인가 다섯째 날 수련회에 저녁 성찬식을 거행했다. 그동안의 육체적 · 정서적 고통이 특히 극심했다. 다리와 허리가 너무 아팠다. 나는 괴로운 정서들과 기억들의 물결 속에서 우울감과 상실감을 느꼈다. 그날을 마무리하면서 나는 이 고통 중에도 조용한 장소에 자리를 잡고 앉았다. 나는 고통에 저항하지 않고 그 속으로 더 깊게 들어갔으며, 강요하지 않은 채로 고통은 더 깊숙하게 내게로 들어왔다. 내가 예배 시간 동안 이 고통 속에 앉아 있을 때 쾨넨은 성배를 돌리면서 말했다. "전 세계의 고통이 들어 있는 이 잔을 마십시오." 우리 모두는 침묵 속에 앉아서 성배를 받아 마시고, 그러고는 옆 자리에 있는 사람에게 전달했다.

내가 성배에 입술을 댔을 때 눈에서 눈물이 흘러나왔다. 나는 그 순간 내 고통은 내게 속한 것이 아니라 내 고통의 경험 속에서 또한 그 고통의 경험으로서 그 자신을 나타내는 전 세계의 고통이 일종의 신비스러운 방식으로 드러나는 것이었음을 깨달았다. 나는 내 고통이 나 혼자에게만 속한 것이 아니라 일종의 신비스러운 방식으로 하나님께 속하였음을 깨달았다. 곧 그분은 그리스도 안에서 인간의 고통의 성배를 그 입술에 대신 분이며, 그리고 그분 안에는 전혀 존재하지 않는 인간의 모든 고통을 비워 버리는, 크고 긴 사랑을 마심으로 잔을 비우신 분이셨다.

묵상 수련의 고요함은 우리가 절망하게 될지, 더 깊이 나아가게 될지,

양자택일의 중대한 갈림길로 우리를 직접적으로 데려온다. 우리가 절망하게 되는 것은 원하는 대로 만들 수 없는 우리의 빈번한 무능력 속에 모든 희망을 둔 결과이다. 더 깊게 들어가기 위해서는 우리의 공통적인 운명의 잔을 마셔야 한다. 이 속에서 거룩함이 방해받지 않은 채로 우리의 공통적인 무능함을 통해 흐르고 있다.

우리는 죽음을 대하면서 누구에게나 있는 이 무능력함을 아주 분명하게 보게 된다. 이 무능력함 때문에 우리의 운명이 하나님의 심연 속으로 집중되게 된다. 바로 얼마 전에 나는 묵상 수련회를 인도하였다. 그 수련회에서 한 여인이 내게 와서 여러 해 동안 친밀하고 사랑하는 관계였던 친구에 대해 이야기했다. 그녀는 친구가 작년에 암으로 죽었다고 말했다. 암은 정말 오랫동안 끌고 가는 호된 시련이었다. 임종이 다가오자 많은 사람들이 음식과 어떤 것이든 그들이 도울 수 있는 것을 제공하려고 그 집을 방문하고 갔다.

그녀의 친구는 엄청나게 고통스러워했다. 그러다 마침내 혼수상태에 빠졌다. 나에게 이 이야기를 해준 그 여인은 어느 날 오후 죽어가는 친구 옆에 앉아 있었다. 집에는 아무도 없었다. 그녀는 단지 침묵 가운데 고요하게 앉아서 침묵 가운데 고요하게 죽어가는 친구 옆에 함께 있었다. 갑자기 그녀의 친구가 눈을 뜨고 친구를 바라보더니 천상의 미소를 지었다. 그러고는 눈을 감고 세상을 떠났다. 그 여자는 눈에 눈물을 글썽거리며 친구의 미소를 결코 잊을 수 없다고 말했다. 그녀는 그 순간에 친구가 이미 하나님께로 건너갔음이 분명했다고 말했다. 그녀는 그 순간에 친구가 천국으로 들어가는 열린 창문에서 미소 짓는 것처럼 느껴졌다고 말했다. 그녀 친구의 미소는 우리 인간의 공통적인 무능력함에 내재된 무한히 거룩한 본성을 드러내었다. 또한 그 안에서 불가항력적으로 빛나는 거룩함을 완전히 투명하게 드러내 주었다.

그렇기에 고요함의 묵상 수련은 일종의 자기를 변형해 가는(transforming)

수련이다. 이 수련에서 우리는 스스로를 지탱할 수 없는 무력함에도 불구하고 우리를 불가사의하게 지탱하고 계시는 하나님께 우리가 속해 있음을 근본적으로 깨닫게 된다. 이렇게 말하는 것은 우리가 적막함에서 자유로워졌다고 주장하는 것이 아니다. 오히려 우리의 적막함의 순간들이 우리를 능가하는 어떤 궁극적 힘을 가지고 있다는 망상에서 자유로워졌음을 증언하는 것이다. 이것은 적막함 속에서 변형됨의 가능성을 증언하는 것이다. 그렇기에 우리는 얻는 것과 잃는 모든 것들을 통해서 불가항력적으로 빛나는 득실을 초월하는 거룩함을 우리의 힘으로 직접적으로 발견하게 되는 것이다.

내가 참여했던 또 다른 그리스도교 선 수련회에서, 그 수련회를 인도했던 예수회 신부인 토마스 핸드(Thomas Hand)는 각 회기마다 "가만히 있어(Be still) 내가 하나님 됨을 알지어다"(시편 46:10)라는 시편 말씀을 반복하여 읽으면서 묵상으로 들어가게 했다. 그가 이 구절을 낭독하면, 우리는 그를 따라 그 구절을 낭독했다. 그러고 나서 그는 매번 끝에 있는 단어 하나를 빼면서 그 구절을 반복했고, 우리도 그의 뒤를 따라 짧아진 구절을 반복해서 낭독했다. "가만히 있어 내가 하나님 됨을 알지어다.... 가만히 있어 나를 알라.... 가만히 있어 알라.... 가만히 있으라.... 있으라." 수식어 없는 '있으라(be)'는 한 단어로 정제된 이 성서 본문이 벨 소리에 즉각적으로 메아리쳐 되돌아왔다. 이 소리의 공명을 통해 우리는 고요해지면서 다같이 묵상의 고요함에 머물게 되었다.

나는 그때 이후로 이와 같은 방식으로 집단 묵상을 인도하기 시작했다. 이것이 나에게는 하나님과의 신비스러운 만남의 장소를 드러내는 일종의 묵상적 언어의 예식으로 보인다. 우리 몸의 존재는 하나님과의 이런 신비스러운 만남의 장소를 구현한다.

우리는 앉아 묵상하면서 우리를 조용히 있으라고 부르시는 하나님께 순종하고 있는 것이다. 그리하여 우리는 순간순간마다 우리를 존재로 안내하시는 하나님께서 하시는 말씀인 '있으라'를 들을 수 있게 된다. 우리 몸의 존재가 구현되는 이 거룩한 '있으라'는 말을 들을 때 우리는 하나님께로 들어간다. 마침내 우리는 변화하는 세계의 고요한 지점에 도달하게 된다.

그리고 만약 매일 30분씩 묵상한다면, 매일 30분씩 온 마음을 다해 고요하게 앉아 있으라. 만약 매일 30분씩 죽는 그날까지 묵상한다면, 매일 30분씩 온 마음을 다해 죽는 그날까지 고요하게 앉아 있으라. 우리가 하는 수련의 고요함은 죽을 때까지 하나의 고요함이다. 사실상 우리가 하는 수련의 고요함은 죽음 그 자체의 고요함이다. 우리의 신앙이 확신시켜 주는 것은 이 고요함이라는 활짝 열린 문을 통해 우리가 하나님의 숨겨진, 생명을 주시는 심연에로 들어갈 수 있다는 것이다.

제10장

허리를 곧게 펴고 앉아 있기

다음으로 제안하는 묵상 지침은 허리를 곧게 펴고 앉기이다. 허리를 곧게 펴고 앉는 것은 묵상할 때 엄습할 수 있는 졸음이나 몽상을 피하게 해 줌으로써 현재 순간에로 집중을 높여 주는 데 유용하다. 침묵 수련회를 인도할 때 나는 가끔씩 앉아서 묵상하는 사람들을 둘러본다. 처음에는 한 사람의 머리가 흔들리고, 또 한 사람은 조금씩 몸을 앞으로 숙이고, 그러다가 또 다른 사람이 졸음에 빠지기 시작한다. 이런 일은 더운 날 오후 중반에 집단 묵상할 때 일어나는 현상과 비슷한 것이다. 가끔 어떤 사람은 묵상 중에 실제로 코를 골기도 한다! 묵상하는 동안에 나른해지면 때때로 내 머리도 수그러진다.

허리를 곧게 펴고 앉는 것은 졸음이 생기는 것을 방지하는 데 도움이 되는 일종의 예방 전략이다. 우리가 졸리기 시작했음을 깨닫게 될 때 신체 자세를 다시 새롭게 하는 것은 줄곧 해 온 묵상적 자각을 다시 새롭게 하는 하나의 교정 전략이다. 그러나 만약 주의하지 않으면, 몸 자세를 다시 조정하는 행위는 우리 안에서 천천히 깊어 가는 섬세한 묵상적 고요함을 훼방할 수도 있다. 그래서 우리가 졸음에 빠지기 시작하는 순간마다, 몸의 자세를 다시 새롭게 할 때는 매우 조심스럽게 행하여, 천천히 섬세하게 깊어 가는 묵상적 자각을 방해하지 않도록 해야 한다.

부모가 잠들어 있는 아이를 침대로 옮길 때는 매우 조심스럽게 내려놓는다. 부모는 아이를 밑에서 받치고 있던 팔을 천천히 그리고 부드럽게 빼내어 아이를 깨지 않게 한다. 허리를 똑바로 펴고 있는 묵상 자세를 새롭게 하는 일은 위의 부모같이 똑같은 사랑의 관심으로 해야 한다. 깊은 묵상의 특징인 신체적 고요함이라는 아주 미묘하여 감지하기 어려운 몸의 이완을 방해하지 않도록 아주 조심해야 한다. 이 과정이 셀 수 없이 많이 반복되고, 우리가 하나님께 대한 묵상적 개방에 토대를 두고 조용하게 머무르면, 우리 몸의 이완됨은 계속해서 깊어져 간다.

묵상을 통해 이완된 고요함은 우리를 갈림길로 이끈다. 아래로 내려가는 하나의 행로는 완만하게 내리막길로 졸음으로 이끈다. 우리는 이 완만한 경사로를 잘 알고 있다. 우리가 매일 밤 잠자러 갈 때 이 길을 다닌다. 아래로 내려가는 또 다른 행로는 묵상을 통해 이완된 매우 깊은 각성 상태로 가게 한다. 우리는 앉아 묵상하면서 이 갈림길에 몇 번이고 계속해서 접근한다. 묵상 상태의 이완된 깨어 있음이 깊어지는 것을 방해하지 않는 방식으로 신실하게 신체 자세를 다시 바로 함으로써 우리는 하나님의 심연으로 이어진 묵상적 행로를 따라 이 갈림길을 지나 우리 길을 찾는다.

현재 순간이 하나님의 심연 속으로 인도하는 활짝 열린 관문이다. 하나님, 천사, 스스로를 산 자라 부르는 우리와 죽은 자라 부르는 사람들, 모두 그 관문의 반대편에 존재한다. 이들 모두는 우리의 이목을 끌어서 우리가 그들과 함께 합류하도록 준비하고 있는 것이다. 자아의 중심이 묵상적 자각에서 멀어지게 되면, 우리는 이 문이 항상 활짝 열려 있음을 보지 못한다. 또한 우리를 환호하면서 우리의 거룩한 유산 안으로 우리들을 초대하는 천상의 환영 위원회를 보지 못한다. 우리가 고요히 앉아서 허리를 곧게 펼 때 이 문은 시야 속으로 들어오기 시작한다. 완전히 깨어 있고 동시에 완전히 이완되어 마치 거의 잠에 빠진 것처럼 될 때 우리는 이 문을 통과하기 시작한다. 이 통과 시점에 우리가 자아 중심적이어서 자각치 못함(unawareness)이 하나님과의 하나임에 대한 깊고 지속적인 깨달음 속으로 용해된다.

호흡도 여기에서 한 역할을 한다. 묵상적 자각이 깊어 가면서 여러분의 몸이 더욱더 고요해질수록 여러분의 호흡이 더욱 더 미묘해짐을 알아차리게 될 것이다. 잠자리에서 반쯤은 깨어 있고 반쯤은 잠자고 있는 선잠이 든 상태에서도 비슷한 현상이 일어난다. 평온하면서도 경이롭게 민감하게 깨어 있는 마음이 각성되어 있는 동안, 몸은 마치 점토로 만든 것처럼 고요하고 비활성화된다. 묵상 중에 들어가게 되는 것은 이같은 완전히 평온하고 명료한 상태이다. "내가 잘지라도 마음은 깨었는데"(아가서 5:2)라는 아가서의 메아리가 들리는 듯하다. 묵상하면서 허리의 자세를 곧게 펴고 앉아 있기를 새롭게 하는 매순간마다 우리는 더욱더 지속적으로 이완된다. 몸은 마치 잠든 것 같으나, 마음은 지금보다 더욱더 하나님께 깨어난다.

허리를 곧게 펴고 앉아 있으면서 일어나는 변형의 과정을 매우 주의 깊게 관찰하노라면, 여러분은 이 과정이 어떻게 다양한 국면들을 반복적으로 통과해 가는지를 보게 될 것이다. 각 국면은 자기 변형에 관한 그 자체의 교훈을 지니고 있다. 아주 잘 쉬면서도 민감하게 깨어 있는 존재의 국면이 있다. 우리는 이 국면에서 거의 노력하지 않는 방식으로 묵상적 각성에 자세를 갖추고 뿌리를 내릴 수 있다. 이 국면에서 우리는 침체와 졸음이 시작되는 아주 작은 움직임을 빠르게 포착하고 교정해야 한다.

여기에서 생각나는 이미지는 차를 운전하는 그런 이미지다. 말하자면 밤에 멀리 떨어진 목적지를 향해 사막에서 직선도로를 따라 운전하는 모습을 말한다. 이 길을 따라 운전하며, 여러분은 무의식적으로 끊임없이 운전대를 조금씩 바로잡는다. 도로를 벗어나기 시작하는 바로 그 시점에서 여러분은 깊이 생각지도 않고 차머리가 똑바로 향하도록 핸들을 약간 조정하는 행동을 하게 된다. 묵상에서도 가끔 이와 같은 경우가 있다. 물론 그 목적지가 우리 앞에 있지 않고, 오히려 우리를 무한히 초월하여 있고 우리 내면 깊은 곳에 있지만 말이다. 그러나 핵심 요점은 똑같다. 곧 묵상하며 자연스럽게 쉬고 있으면서도 의식은 민감히 깨어 있는 상태에 있으면서, 우리는 조용히 깨어 있어 계속 자세를 조금씩 수정한다.

여기에서의 교훈은 우리가 사소한 일들에 신실하게 대하는 법을 배움으로써 하나님과 하나 됨에 이른다는 사실이다. 이것은 반복해서 허리를 곧게 펴기를 바로잡는 것과 같이 아주 사소한 것이다. 그러나 그렇게 하면서 우리는 어느 누구도 보지 못한 일종의 진실함과 충실함을 드러낸다. 감지하기 힘들게 심화해 가는 묵상적 각성을 방해하지 않기 위해서 허리를 곧고 부드럽게 다시 펴는 것은 그 자체로 하나님의 온화함의 표현이다. 허리를 곧게 펴는 것을 하나님의 온화함의 현현으로 이해하는 일은 아주 짧은 순간일지라도 마음이 힐끗 보는 것을 노래하도록 만들기에 충분하다. 하나님은 이렇게 그분의 온화한 방식을 아주 친밀하게 우리 존재의 힘줄로 엮어 가신다.

물론 우리가 묵상할 때 항상 쉬면서 동시에 민감하게 깨어 있을 수 없다. 우리는 너무 졸려 눈을 뜨고 있기조차 힘들 정도의 단계를 필연적으로 반복하게 될 것이다. 그런 시간 동안의 묵상은 단 한 번의 30분 묵상 시간도 영원처럼 보일 정도로 고되다.

이런 시간 동안에 우리는 뭘 해야 하는가? 때때로 최선의 방책은 영적 독서를 하거나, 또는 각성한 상태에 쉽게 머물게 해주는 좀 더 능동적인 형태의 기도를 행한다. 또 다른 해결책은 단순하게 그날의 활동으로 복귀하고 좀 더 휴식을 취한 후 묵상한다. 혹은 후에 탐구할 걷기 묵상 수련을 시도해도 좋다. 어쩌면 최선의 방법은 단순하게 침대로 가서 정말 필요한 잠을 자도 좋다.

그러나 극심한 졸음이 오거나 피곤한 때에 묵상을 중단하는 것이 항상 유일한 선택이나 최선의 선택은 아니다. 만약 당신이 매우 오랫동안 묵상을 해 왔다면, 아주 중요한 몇몇 영적 각성의 순간들이 크나큰 갈등과 졸음 한복판 어딘지 모를 그곳에서 일어날 수 있음을 알게 된다. 졸음과 낮잠의 짙은 안개가 순간적으로 갑자기 커다란 내적 명료함을 제공할 수 있다. 그렇다면 우리는 이런 질문을 하게 된다. 몸이 비록 고되더라도 언제 묵상을 계속하는 것이 최선인가 또는 언제 묵상을 중단하고 휴식하고 난 후에 하는 것이 최선인지를 알 수 있는가?

묵상 수련의 성숙 과정의 일부는 주어진 순간에 어떻게 진행시켜 갈 것인가에 대해 감각을 지속적으로 신뢰하는 법을 배우는 것으로 이루어진다. 어제 묵상하다가 엄청난 졸음에 직면해서 묵상을 중단하고 신문을 읽었다. 오늘은 묵상하면서 엄청난 졸음이 밀려와도 묵상을 계속했다. 미래에는 묵상을 하며 엄청난 졸음에 직면한다면 서서 앞뒤로 천천히 걸으면서 혹은 바닥에 무릎을 꿇고서 묵상하는 것으로 해결할 수 있을 것이다.

아주 심하게 졸리는 시간에 대해 배워야 할 또 하나의 영적 교훈은 묵상하려는 욕구와 졸음과 마음을 산란하게 하는 다른 영향들 사이의 관계는 결코 적대적인 것이 아니라는 점이다. 묵상 중에 찾아오는 졸음은 정복해야 할 적이 아니다. 묵상 중에 찾아오는 방황하는 마음은 정복하거나 전멸시켜야 하는 외계인 군대가 아니다. 그와는 반대로 묵상 중에 일어나는 졸음과 우리 마음의 모든 측면은 주어진 그 순간의 존재의 여러 국면이다. 묵상 중에 일어나는 갈등들은 하나님께서 우리를 무한하게 자각하시고 수용하신다는 깨달음으로 가는 하나의 행로로서 우리 자신을 자각하고 수용하는 수준을 점점 더 높이는 방식들일 뿐이다.

건강한 관계를 맺던 두 사람의 친밀감이 소원해질 때, 각자는 상대방에게 친밀감의 유지에 충실하지 못했다는 점을 고백하는 데 정직해야 하고 상처도 달게 받겠다는 책임감을 가져야 한다. 그런 순간들에는 온갖 종류의 듣기 힘든 말들과 말하기 힘든 말들이 오가는 대화가 일어나기 쉽다. 이런 대화는 지저분한 대화가 될 수 있다. 그러나 만약 그들이 지저분한 대화들이 지나가는 과정에 머무른다면, 그들은 각기 친밀함을 유지하는 데 충실하지 못했음을 서로 나눔으로써 친밀해지는 것을 배운다.

비슷한 방식으로 묵상 수련에 평생 동안 헌신하게 되면, 졸음과 몽상과 그 밖의 수많은 어려움을 때로는 기꺼이 적대적이지 않은 방식으로 고군분투하려는 마음이 깊어진다. 때때로 이런 어려움들 때문에 우리는 묵상 수련에 항상 신실하게 임하지 못한다. 때로는 성의 없이 묵상에 임하기도 한다. 그러나 이렇게 흔들리는 자기 모습을 알아차리고 인정하게 되면, 우리는 이러한 부족한 모습을 수련 방식의 필수불가결한 한 부분으로서 포용할 수 있다. 우리는 이런 통합적 방식으로 친밀하게 깨닫게 된 하나님과의 하나임에 더 깊이 들어가게 된다. 졸음과 피곤이 아주 심하게 엄습하는 시간에 허리를 곧게 펴고 앉아 있는 것은 통합과 헌신이라는 우호적인 행위에 속한다. 졸음이 지속되더라도 우리의 마음은 이런 헌신을 통해 우리가 이제까지 결코 알 수 없었던 하나님과 하나인 우리 자신의 여러 차원을 깨달을 수 있다.

우리는 이제까지 거의 힘들이지 않는 각성의 시간들에 관해 성찰해 왔다. 우리는 이런 각성의 시간을 통해 사소한 것을 성실하게 대하기를 배운다. 그리고 극심한 졸음과 분심의 시간들에 대해 살펴보았다. 우리는 이런 시간들을 통해 마음을 변형시키고 각성시키는 적대적이지 않은 투쟁의 기술 형식을 배우게 된다. 이제는 우리가 변덕스럽고 역설적인 우리 마음의 본성을 직접 체험하는 시간들에 대해 성찰하려고 한다.

허리를 곧게 펴고 고요하게 앉아 있으면서 우리는 현재 순간이 드러내는 신성함의 심연으로 내려간다. 이렇게 하강할 때에 우리는 내부에 거주하는 해결되지 않은 모든 혼란스러움과 분출된 감정들을 우회하는 경치 좋은 경로를 따라 내려가는 것이 아니다. 오히려 우리는 곧장 우리 마음 내부에 존재하는 최악의 것들의 중심부를 관통해 내려간다. 만약 아주 조심스러워하지 않으면, 어둠의 세력이 우리를 공격해 올 수 있다. 곧 자기를 버리는 방식으로 스스로가 유기되었음을 발견할 수도 있다. 그러면 놀랍게도 우리는 열린 공간이자 위풍당당한 내부풍경에서 스스로를 발견할 수 있다.

공포나 고통의 감정들이 갑자기 밀려와서 내적 평화의 감정을 중단시킬 수 있다. 또 어떤 때에는 우리가 이해할 수도 없고 해명할 수도 없는, 위로의 평온함으로만 누그러뜨릴 수 있는 엄청난 외로움이 어딘지 모를 곳에서 난데없이 끓어오른다. 심연으로의 하강은 이런 경험들 중 어떤 것에 집착하거나 거부하는 만큼 방해받는다. 이러한 하강은 우리가 단순하게 앉아 있을 때 자연스럽게 떠오르는 모든 것들과 자연스럽게 지나가는 모든 것들에 대해 현재에 머물러 마음을 열고 깨어 있는 중에 지속되고 더욱 깊어지게 된다. 앉아 묵상하고 있으면서, 우리는 어느 누구도 흉내 낼 수 없는 자기 자신만의 모든 감정 기복이 출현하는 맨 앞자리에 앉아 있는 것이다. 우리는 우리가 거룩하게 되고, 인간이 되고, 천하무적이 되면서도 상처에 취약한 존재가 되는 것이 기분 좋다가도 불평을 입에 달고 사는 것이 얼마나 힘든 것인지를 직접 경험하게 된다.

엄청나게 놀라운 것은 하나님이 갑자기 나타나시는 방식이다. 하나님께서는 우리가 묵상할 때 우리를 통해 나타나는 끊임없이 변화하는 감정, 사고, 기억 한가운데에 나타나신다. 우리 자신이 구름과 지나가는 느낌, 의식되지 않은 소원들로 이루어진 누추한 판자촌이라는 것을 경험하면 할수록 하나님은 더욱 우리를 통해 활동하시며 있는 그대로의 우리와 그분이 하나임에 대한 자각으로 우리를 더욱더 자유롭게 축복해 주신다. 우리가 빈곤하고 역설적이고 놀라움으로 가득 찬 존재임을 깨달으면 깨달을수록 하나님은 우리 안에서 더욱더 자유롭게 하나님이 되신다. 우리는 고요히 허리를 펴고 단순하게 앉아서 내면에 존재하는 모든 것에 조용히 깨어 있는다. 이 내면에는 모든 것이 미리 예견할 수 없고 열려 있으며, 어떤 방향으로든 경계가 고정되지 않은 채로 존재한다.

그저 고요히 앉아 허리를 곧게 펴고 있으라. 여러분을 움직이게 만드는 것들 때문에 몸을 움직이지 마라. 하나님의 임재 안에서 침묵 가운데 고요히 개방된 상태로 머물러 있기를 진심으로 추구하는 마음을 잃어버리지 마라. 무엇이 나타나든 간에 말없이 자기 자신을 쉬게 하라. 몸의 자세가 흐트러지면 다시 곧게 펴기를 계속하라. 이때 깊어지는 몸의 이완을 방해하지 않도록 주의하라. 이같이 깊어지는 몸의 이완 상태에서 뭔가가 지속적으로 나타나고 사라진다.

허리를 곧게 펴고 고요하게 앉아 있음이 일으키는 변형의 본성이 우리를 곧바로 역설적 영역 속으로 안내한다. 곧 모든 한계들의 한계 없는 본성과 모든 경계들의 경계 없는 본성이라는 이해할 수 없는 영역으로 안내한다. 이것이 무엇을 의미하는지를 이해하기 위해서는 갓 태어난 신생아를 품에 안고 있는 자신을 상상해 볼 필요가 있다. 이 아기에게는 너무나 많은 한계들이 존재한다! 아기는 너무나 조그맣다! 단 하루라도 혼자의 힘으로 살기에는 너무나 연약하다! 그럼에도 우리는 이 아기가 지닌 한계들의 한계 없는 본성을, 이 아기가 지닌 경계들의 경계 없는 본성을 직관적으로 이해하게 된다. 또한 이 아기는 한없는 존중과 숭배까지도 받을 가치가 있음을 직관적으로 느끼게 된다.

마치 하나님께서 과자를 만드는 반죽에서 세심하게 떼어낸 것 같은 정확한 소량으로, 무게를 측량하기 어려운 거의 신비스러운 중량으로, 우리가 내민 새끼손가락을 붙잡는 지고한 힘으로, 이 아기는 우리 마음의 거의 전부를 쓸어가 버린다. 우리가 분명한 확신 가운데 알고 있는 바로는, 우리가 이 순간에 이 아기의 생명을 구하다가 죽게 된다면, 우리는 진리 가운데 죽게 될것이다.

그리스도는 한계가 있으신 하나님이시다. 곧 그리스도는 인간의 취약함을 지니고 계신 하나님이시며, 그렇게 하심으로써 인간의 취약함이 지닌 한계 없는 본성과 사방팔방으로 우리를 꼼짝 못하게 만드는 것처럼 보이는 모든 경계들의 경계 없는 본성을 우리에게 드러내 보이신 하나님이시다. 묵상 수련은 우리를 이 인간적 한계의 한계 없는 본성과 인간적 경계의 경계 없는 본성으로 곧바로 데리고 간다. 이 본성 안에서 하나님과 우리는 하나다.

이것이 최고의 비범하고 역설적인 발견이다. 만약 우리가 갖고 있는 바로 이러한 한계들 그 자체가 한계가 아니라면, 우리는 무엇을 두려워하겠는가? 상상의 산물이 우리를 무엇이든 제한할 수 있다는 사실로 인해, 이제 우리는 우리 자신의 한계, 다른 사람들의 한계, 그리고 모든 사물들의 한계가 한계 없음을 깨닫는가? 만약 우리가 갖고 있는 바로 이러한 경계들이 경계가 아니라면, 무엇이 우리를 어떤 방식으로든 제한할 수 있겠는가? 딜런 토마스(Dylan Thomas)의 시 중에 "그리고 나는 바다와 같은 나를 묶고 있는 사슬들을 노래했다"로 끝나는 구절이 있다.[1] 이 구절은 우리 안에서 생겨나는 하나님의 대양적 자유를 시사한다. 이것은 우리가 우

---

1) Dylan Thomas, *The Poems of Dylan Thomas* (New York: New Directions, 1989), 226.

리의 한계를 극복함으로써가 아니라 우리 한계들의 신성함, 우리 경계들의 경계 없음의 본성, 하나님과의 하나임을 우리가 직접적으로 깨달음으로써 가능함을 시사한다.

여기서 심리적 관찰 두 가지를 이야기해도 좋을 듯하다. 심리적 수준에서 보면 묵상은 우리 안에 있는 모든 영역의 정서와 기억을 조절하는 습관적인 방어 활동을 약화시킨다. 우리가 앉아 묵상하고 있노라면 수년간 생각하지 못했던 것들이 갑자기 마음에 들어온다. 슬픈 감정, 화난 감정, 성적 감정, 더없이 행복한 감정, 위로하는 감정, 외로운 감정과 같은 모든 종류의 감정이 갑자기 우리의 자각 안으로 범람해 들어온다.

우리는 우리의 고통스러운 정서와 기억들이 의식적 자각을 침해하지 못하게 하는 능력을 잃고 싶어 하지 않는다. 우리가 우리 자신의 고통과 우리 주변 가까운 사람들의 고통을 충분히 의식적으로 자각하고 살아간다면, 우리는 일상의 나날을 제대로 살아갈 수 없을 것이다. 문제는 우리가 쾌활한 얼굴 표정 뒤에 숨기를 성공적으로 매우 잘해서 어느 누구도 우리 자신을 발견할 수 없다는 데 있다. 사실 우리는 때때로 스스로를 너무 잘 숨기고 있어서 자기 자신을 발견할 수 없다. 우리는 자신의 슬프고 고통스러운 감정들을 억압하여, 우리가 실제로 느끼는 것이 무엇인지를 알지 못한다. 우리 내부에 도사리고 있는 고통스러운 것들을 자각하지 못하도록 학습하게 되면, 우리가 진실로 무엇을 알고 있는지를 알지 못한 채 생활하게 된다. 우리 자신을 포함해서 어느 누구도 자신이 가면을 쓰고 있는지 모를 정도로 잘 만들어진 가면을 쓰는 것은 자신을 매우 외롭게 만들 수 있다.

이런 맥락에서 허리를 펴고 앉아 있는 것은 기꺼이 이러한 가면을 벗으려는 자신의 자발적 의지를 구체적으로 구현하는 일이다. 이것은 동시에 이전에 깨닫지 못하거나 인정하지 못한 우리 자신의 측면들을 폭로하는 일이다. 대단히 자주 우리에게서 일어나고 우리를 통과하며 수반되는 감정들에 대해 단순히 자각을 허용하는 것만으로도 충분하다. 때때로 우리는 묵상을 하고 나서 묵상 중에 접촉한 것들을 성찰해 볼 수 있을 것이다. 우리는 가끔 이것을 일기로 적어 놓아도 좋다. 또는 누군가와 이에 대해 이야기해도 좋다. 우리가 행운아이고 꼭 한 사람과 대화하고 싶다면, 아마 영성 지도자와 대화하는 것이 좋을 것이다. 또한 때때로 묵상 중에 접촉하는 계시들은 그것들이 단순하게 통제될 수 없음을 깨닫게 하고, 오랜 기간이 지나 그것들이 이젠 변화가 필요한 것들임을 깨닫게 해 준다. 좀 더 심각한 상황에서는 묵상 중에 드러난 내용들과 관련해서 심리치료를 통한 훈습하는 작업이 필요할 수도 있다.

자아 의식의 경계들을 활짝 열어주는 묵상의 능력과 관련하여 주의 사항을 말하고자 한다. 자아의 경계들을 유지하려고 노력할 필요가 있는 사람은 묵상을 조심해서 수련해야 한다. 왜냐하면 묵상 수련이 심리적 방어들과 습관적인 자아 경계감을 낮추기 때문이다. 심리치료 중인 사람이나 심한 우울증이나 불안으로 약을 먹고 있는 사람들, 또는 고통스러운 감정을 대처하는 능력에 영향을 끼치는 어떤 심리적 어려움이 있는 사람들에게도 동일한 주의가 필요하다. 이런 주의사항은 또한 어떤 상실 경험이나 심한 상처를 경험하고서 아직 애도와 훈습의 작업을 거치지 않은 사람들에게도 적용될 수 있다.

그런 어려움들을 경험한 사람들은 묵상을 해서는 안 된다는 말이 아니다. 실은 정반대이다. 곧 그런 사람들에게 적절한 지침에 따라 신중하게 접근하는 묵상은 엄청난 치료의 자원이 될 수 있다. 요점은 언제나 안전을 제일로 고려해야 한다는 것이다. 우리가 아직 다룰 준비가 안 된 곳까지 너무 멀리 모험함으로써 엄청난 상처를 다시 받지 않겠다는 의지가 필요하다. 때때로 묵상의 경계 없는 측면들이 너무 과도할 때에 우리가 할 수 있는 가장 최고의 영적 조언은 뒤로 물러서서 무슨 일이 일어나고 있는지 파악하고 나서 그 전체 문제에 다시 부드럽게 접근하라는 것이다.

우리가 매일 행하는 묵상은 우리 삶을 안정시키는 힘이 되어야만 한다. 이 힘은 우리의 매일의 삶을 행복하게 하고 현실에 기반을 두게 하며 효과적인 방식으로 살아가도록 우리를 돕는다. 이와는 반대되는 표징이 나타나면 그것이 무엇이 되었든 간에 항상 잠시 멈춰서 분별해 봐야 한다. 곧 교정할 필요가 있는 모든 것을 교정하는 데 필요한 수정 단계들이 무엇인지를 분별해야 한다. 만약 상황이 그런 것 같다면 얼마간의 심리치료가 도움이 될 수 있다. 묵상의 전체 과정은 기꺼이 자신의 몸과 정서와 기억들의 본능적인 친밀감 속에서 진실한 자신이 되고자 하는 매일매일의 의지와 관련되어 있다. 우리는 기꺼이 있는 그대로의 우리 전부를 직시하고 받아들이고 친밀해지고자 하는 마음을 통해 우리 자신과 타인들에게 진정으로 좀 더 마음을 열게 되고 진실하게 된다. 우리는 삶 자체 속에서 우리와 하나님이 하나라는 피부에 와 닿는 깨달음에 더욱 안정되게 자리를 잡게 된다.

마지막으로 신체에 기반한 각성의 경험을 성찰할 수 있다. 이 경험은 아주 심오하여 이를 유지하기 위해서는 어떤 노력도 필요하지 않다. 이 경우에 허리를 펴고 앉아 있는 것은 하나님의 눈을 똑바로 쳐다보는 자세를 유지하고 있음을 의미한다. 관상 전통의 여러 고전 문헌들은 이런 상태를 다음과 같이 일컫는다. 곧 자신의 존재가 마치 미세한 바람도 없는 거울같은 호수의 수면같다고 일컫는다. 인위적 노력 없이 신체에 기반한 고요함의 상태에 들어가면서, 우리는 하나님을 향한 자기 변형이 가장 명백하고 결정적으로 발생하게 되는 일종의 쉼의 장소에 도달하게 된다.

이러한 놀라운 상태에 대한 어떤 감각에 도달하는 하나의 방법으로 여러분이 어마어마하게 넓은 수면을 가로지르는 한 척의 작은 배에 있다고 상상해 보라. 그 배에는 많은 사람들이 타고 있다. 음악이 연주되고 있다.

파티가 진행 중이다. 한 순간의 부주의로 여러분이 배 밖으로 떨어졌다. 배 안에 있는 모든 사람들은 흥에 취해서 여러분이 배 밖으로 떨어졌다는 것을 눈치채지 못했다. 발헤엄을 치면서 소리 지르고 손을 흔들었으나, 여러분은 배가 수평선 너머로 사라지는 것을 보고 있다. 여러분에게 갑자기 명백해진 사실은 발헤엄을 오랫동안 할 수는 없지만 그래도 오랫동안은 떠 있을 수 있다는 것이다. 그러므로 여러분이 희망하는 생존 전략은 배에 타고 있는 사람들이 여러분이 사라진 것을 알아채고 구조하러 되돌아올 때까지 바다에 떠 있는 것이다.

이제 몸이 떠 있기 위해서는 몸을 이완하고 있어야 한다. 만약 여러분이 긴장하면 가라앉게 된다. 그래서 어마어마하게 넓은 바다에서 홀홀 단신으로 떠 있기 위해 몸을 이완하고 있다. 어떻게 여러분은 바다 한가운데서 몸을 이완할 수 있는가? 자신의 생명이 떠 있음에 좌우된다는 것을 알고 있기에 여러분은 매우 진지하게 몸을 이완하려고 한다. 여러분은 온 마음을 다해 몸을 이완하고 있어야 한다. 두려움이 일어날 때마다 이것은 여러분 자신을 긴장시키는 원인이 되며, 이때 여러분은 자신의 생명을 구하는 몸의 이완을 다시 새롭게 시도한다. 여러분이 긴장을 하면 이완을 하고, 긴장을 하면 이완을 한다. 이처럼 바다 한가운데서 생명을 구하는 춤을 춘다.

그러면 아주 예외적인 일이 일어난다. 망망대해의 바다에 여러분 홀로 누워 떠 있으면서 끝없는 하늘을 올려다보고 있노라면, 내가 살든지 죽든지 간에 나는 나를 지지하는 엄청나게 넓은 현존 속에서 지지받고 있는 존재라는 사실을 깨닫게 된다. 어떤 수준에서 보면 수면 아래로 내려가서 가라앉게 되어 익사라는 무서운 결말을 직면해야 하는 일은 참으로 비극적인 일이 될 것이다. 또 다른 수준에서 보면 인간이 생각하기에는 너무나 큰 것이라 할 수 있는, 감정으로 표현할 수 있는 영역 너머의 지극한 기쁨(bliss)이 일어난 것이라 할 수 있다. 수면 아래로 가라앉으면서도 내가 여전히 지지되고 안전하게 존재할 수 있다는 신체에 기반한 깨달음이 그때 부여된다. 여러분 자신은 바다 한가운데에 홀홀 단신으로 떠 있으면서 삶과 죽음의 이원성을 초월하고 시간을 초월하는 영원한 순간 속에서 끝없는 하늘에 불가항력적으로 닻을 내리고 있다. 이 속에서 여러분이 깨닫는 것은 수면 아래로 가라앉는다 해도 여러분은 영원히 존재하는 그 무엇이 될 것이라는 사실이다. 여러분은 분명하게 드러나지 않는 현존의 원시적 바다와 하나가 될 것이다. 이러한 분명하게 드러나지 않는 현존은 현재 순간에서의 여러분의 진정한 현존을 분명하게 드러내고 있는 중이다.

만약에 여러분이 이런 놀라운 깨달음 속에 있으면서 떠 있는 동안에 갑자기 여러분을 구하러 되돌아오고 있는 작은 배를 보게 된다면, 여러분은 의심할 여지없이 엄청난 안도와 기쁨을 경험하게 될 것이다. 여러분은 배 위로 끌어올려질 때에 생명이 구출되었다는 사실에 감격해서 눈물을 흘리기 시작할 것이다. 그러나 자기 자신 안으로 더 깊게 내려가서 알게 된 사실은 여러분이 하나의 큰 각성으로 변형된 존재로서 배 위로 끌어올려졌다는 것이다. 여러분의 머리로 하는 사유는 이것을 이해할 수 없다. 이것에 대한 적절한 단어가 없다. 그렇기는 하지만 다음의 진실은 존재한다. 곧 여러분은 삶과 죽음의 바다 한가운데서 구출되었다는 것이다. 이 바다에서 여러분은 몸을 이완하고 모든 것이 흘러가도록 내버려 두기를 선택하는 죽음에 이르는 춤을 죽음의 순간까지 추면서, 여러분은 삶과 죽음의 이원성을 넘어선 하나의 삶을 발견하게 되었다.

이 짧은 이야기 속에서 묵상 수련의 본질을 이해할 수 있을 것 같다. 우리에게는 진실로 배에서 바다로 추락하는 순간들이 있어 왔다. 처음에 이 추락의 사건들은 자발적인 관상적 각성이라는 우리의 고립된 순간들로 한정된다. 이 순간에 우리는 삶 자체의 구체적 즉시성이라는 심연의 본성을 순간적으로 깨달은 우리 자신을 발견한다.

붉은 석양 풍경, 잠든 아기, 사랑받는 사람의 포옹과 같은 각성의 순간들은 우리를 배 위로 다시 끌어올리고 나서 끝이 났다. 말하자면 우리의 습관적 자기를 경험하는 우리가 또다시 회귀하는 것으로 끝났다. 그러나 이러한 배에서의 추락과 다시 끌어올려짐 그리고 배에서의 추락과 다시 끌어올려짐의 형태가 조금씩 우리의 성격을 변형시키기 시작했다. 우리는 매일의 삶에 고요한 내적 갈망이 스며든 사람으로 변형되기 시작했다. 이 갈망은 우리가 살아가고 있는 삶의 신성함에 내재된 자각을 더 일상적으로 자각하며 살고자 하는 갈망이다.

고요히 허리를 곧게 펴고 앉아 묵상하는 것은 우리의 자유로운 선택으로 바다에 뛰어드는 것이다. 또는 아마도 더 진실하게 고요히 있는 일이란, 현재 순간이 드러내는, 깊이를 알 수 없는 현존의 바다로 스스로를 반복적으로 낮추는 우리의 자유로운 선택이다. 또한 그것은 우리가 우리의 참된 현존이 드러내고 있는, 깊이를 알 수 없는 현존의 바다에서 지지받고 있다는 깨달음에 스스로를 개방하는 자유로운 선택이다.

제11장

천천히, 깊고, 자연스럽게 호흡하기

앉아서 묵상할 때 호흡은 자연스럽게 그 속도가 느려진다. 호흡에 조용히 주의를 집중하는 일은 하나님과 하나임에 대한 깊은 묵상적 자각을 향해 속도를 늦추고, 그 속에 안정되게 자리를 잡는 한 방식이다. 숨을 내쉬면서 조용히 그 숨을 의식하라. 숨을 들이쉬면서 조용히 그 숨을 의식하라. 생각, 기억, 그 밖에 자아를 기반으로 하는 존재 양태로 빠져들었다는 것을 알아차릴 때마다 단순하게 호흡으로 되돌아가라. 호흡은 현재 순간에 대한 주의 집중에 안정되게 자리를 잡게 해 주는 닻을 내리는 장소로 작용한다.

여러분은 현재 순간에 대한 묵상적 자각을 재개하고 그것을 유지하는 한 방식으로 단순하게 호흡 자각을 재개하기로 마음먹었을 수 있다. 그러나 이제는 하나님과 하나임에 대한 깊은 체험에 스스로를 개방하는 주된 방법으로 호흡의 흐름을 따라 가도록 내적으로 끌릴 수 있다. 실제로 그렇다면 묵상 수련은 모든 호흡에 조용히 전심을 다해 주의를 집중하는 일로 자연스럽게 이끌리게 된다. 들숨과 날숨에 전적으로 주의를 집중하며 앉아 있을 때 자각이 서서히 출현하게 되고 또한 매 호흡마다 단순하게 일어나는 기적과 하나가 될 것이다. 호흡 하나하나에 일어나는 즉시적 경험(immediacy)에 지속적으로 자신을 내어 맡길 때 여러분은 하나님께 대한 깊은 체험에 스스로를 개방하게 된다. 하나님은 생명을 유지시켜 주는 매 호흡 속에서 또한 그 호흡으로서 그분 자신을 여러분에게 온전하고 완전하게 내어 주신다.

여러분이 살펴볼 만한 호흡 자각 속에 뿌리를 내리는 몇 가지 방법이 있다. 숨을 들이쉬면서 공기가 배, 엉덩이, 다리를 거쳐 발바닥에 이를 때까지 계속 내려가고 있다고 상상해도 좋다. 그다음 숨을 내쉬면서 발바닥에서 다리, 엉덩이, 배, 가슴을 거쳐 입에까지 숨을 끌어올리고 있다고 상상해도 좋다. 위아래로 흐르는 공기가 그 배후에 놓인 모든 것을 자각하고 그것을 열린 마음으로 수용하는 행로를 만들게 하라.

호흡에 대한 자각을 뿌리 내리는 데 유용한 또 다른 두 가지 접근 방법이 있다. 숨을 들이쉬고 내쉴 때마다 움직이는 배에 주의를 집중한다. 그렇지 않으면, 호흡할 때 콧구멍에서 느껴지는 공기의 미묘한 감각에 주의를 집중할 수 있다.

호흡 자각을 따르는 노력은 매 호흡마다 한 단어나 구절을 반복함으로써 강화될 수 있다. 나는 앞 장에서 묵상 수련의 하나로 "나는 주님을 사랑합니다"라는 구절을 사용하라고 말했다. 이런 예를 따라서 숨을 들이쉴 때 들이쉬는 호흡 속에서 "나는 너를 사랑한다"고 말씀하시는 하나님의 조용한 음성을 들을 수 있을 정도로 주의를 집중하여 경청하라. "나는 너를 사랑한다"고 말씀하시는 하나님의 음성 속에서 하나님은 여러분 존재의 원천이자 실재로서 여러분에게 흘러넘치고 계신다. 숨을 내쉴 때는 "나는 주님을 사랑합니다"라고 하나님께 조용히 고백하며 숨을 내쉬어라. 숨을 들이쉴 때 공기를 나에게 흘러넘치는 하나님의 존재로서 나란 존재의 신성한 선물로서 의식하라. 숨을 내쉴 때 "나는 주님을 사랑합니다"라는 조용한 고백이 나의 참된 존재가 되게 하고, 그 고백이 하나님의 심연으로 흘러가게 하라. 단순하게 앉아서 내 존재의 심연으로 거룩한 사랑을 불어넣으시는 하나님께 마음을 열어라. 사랑의 선물로서 나의 전존재를 하나님께로 불어넣듯이 말이다. 진심 어린 성실함과 전념으로 참여하는 이런 수련을 통해서만 나는 나와 하나님의 전적이고 완전한 하나임을 깨달을 수 있다. 이 하나님은 (생명을!!) 주시는 분이시자 이것을 유지시키시는 분이시며, 내 참된 존재의 순수한 기적에 해당하는 실재이시다. 나와 하나님과 하나임에 대한 이런 깨달음이 자랄수록 나는 어떤 식으로든 하나님이 나와 거리를 두신다고 상상하는 일이 얼마나 어리석은 일인지를 깨닫기 시작한다. 어떤 식으로든 하나님에게서 숨을 수 있다고 상상하는 것이 얼마나 어리석은 일인지를 깨닫게 된다. 이 하나님은 나의 머리와 마음, 내 참된 존재 속에 존재하는 모든 것과 전적으로 하나이시다.

만약 이런 전략들이 유용하지 않으면, 단순하게 앉아서 조용히 호흡에 주의를 기울여라. 호흡의 조용한 흐름을 따라 고요히 앉아 호흡에 주의를 기울이며, 내 내면에 존재하는 모든 것에 대한 자각과 수용에 마음을 열라. 내면에 존재하는 모든 것 속으로 이렇게 들어가노라면 하나님과의 만남이 이루어진다. 이 하나님은 내면에 존재하는 모든 것과 하나이시다.

앉아서 묵상할 때 영적 행로와 관련해 세계적으로 유명한 영적 교사와 함께 앉아 있는 학생처럼 호흡에 주의를 기울이는 것이 현명할 것이다. 이런 학생은 영적 교사가 전하는 모든 이야기에 주의를 집중하여 경청한다. 영적 교사의 현존 가운데 단순하게 머물러 있는 일은 말로 표현할 수 없는 이 영적 행로에 대한 내적 인식을 가져다준다. 그와 마찬가지로 조용히 앉아 고요히 묵상하면서 호흡을 새롭게 각성된 가슴으로 안내하는 멘토로 삼는다. 앉아서 묵상하면서 호흡이 구현하는 자기 변형의 가르침에 주의를 집중하여 경청한다. 이런 가르침을 기꺼이 배우려고 하면서 우리는 변형되고 우리가 추구하는 하나님과의 합일이 내면에서 깨달아진다.

호흡이 우리에게 주는 첫 번째 가르침은 내주하시는 하나님의 성령께서 우리를 내면으로 초청하시고 내면에 있는 모든 것과 하나 되시는 하나님과 만나게 하신다는 사실이다. 하나님이 내면 안에 있는 모든 것과 하나라고 말하는 것은 하나님이 우리의 꿈, 희망, 두려움, 기억하고 있고 오랫동안 잊고 있던 모든 것과 하나라는 사실을 의미한다. 하나님은 아직 깨닫지 못한 것들에 대한 우리의 가장 내밀한 갈망과 하나이시다. 또한 도무지 알지 못하는 우리 내면의 모든 부분과 하나이시다. 우리가 내면에 있는 모든 것과 하나가 되라는 요청을 받아야 하는 이유는 우리가 우리 자신의 내면에 있는 것에 대한 묵상적 자각에서 소외되어 있었기 때문이다. 우리는 우리 가슴의 내밀한 쉼의 자리에 대해 낯선 사람들로 살아 왔다. 마음의 주님이시자 주인이신 분이 우리 마음의 심연 속에서 기다리고 계신다. 마음속으로 들어가 하나님께서 더 이상 기다리시지 않게 하는 일이 중요하다.

2년 동안 나는 콜로라도 주 볼더 시에 위치한 불교와 그리스도교 학술회의의 그리스도교 측 교수단의 일원으로 활동했다. 불교 측 교수였던 에이도 로쉬(Eido Roshi)라는 선 스승은 이 학회의 모임에서 문제는 바짝 죈 횡격막이라고 말했다. 그는 이 표현으로 허리를 단단히 둘러 묶고 있는 끈으로 삶을 연명하려는 인간의 성향을 가리키고자 했다. 호흡에 대한 자각은 내면에 있는 모든 것에 접근이 허용된 이 끈을 느슨하게 만드는 데 도움을 준다.

진실로 하나님은 우리를 알고 계신다. 매우 심오하게도 우리는 하나님께서 알고 있는 그대로의 존재일 뿐이다. 우리 내면에 있는 모든 것을 바라보고 수용하는 데 힘들어하는 이는 하나님이 아니라 우리 인간이다. 우리는 우리 자신이 다음과 같은 존재임을 그대로 보고 수용하기를 두려워하는 사람들이다. 곧 우리는 심하게 망가져 있기도 하고 아주 온전하기도 하며, 아주 쉽게 포기하기도 하고 아주 완강하기도 하며, 아주 찰나적인 존재이기도 하고 영원한 존재이기도 하며, 아주 인간적이기도 하고 또한 거룩한 존재이기도 하다. 우리는 앉아서 묵상하는 가운데 우리의 호흡이 내면에 있는 모든 것을 향해 사랑으로 마음을 여는 좁은 길을 창조하게 하면서, 하나님이 그리하시듯 내면에 있는 모든 것에 대한 열린 마음속에 머물러 쉬기를 배운다.

단순하게 숨을 들이쉬되 그 단순한 들이쉼에 전적으로 주의를 기울여라. 단순하게 숨을 내쉬되 그 단순한 내쉼에 전적으로 주의를 기울여라. 매 호흡에 주의를 너무 기울여 관찰하고 생각하는 머리의 자아가 단 한 번의 호흡의 심연 속에 발이 빠질 정도로 말이다. 매 호흡 속에 머물러 휴식하되 여러분 의식의 내밀한 결이 서서히 자유롭게 흐르는 호흡의 결이 될 때까지 그리하라. 지금 출현하는 이것 이상의 다른 무언가를 기다리지 말라. 어떻게 이곳에 생명을 유지시키는 매 호흡의 순전한 단순성 속에서 또한 그 단순성으로서 당신 자신을 온전하고 완벽하게 내어 주시는 하나님 이상의 것이 존재할 수 있겠는가?

호흡 자각이 내면에 있는 모든 것과 하나가 되면서 하나님과 하나 되는 방식이라면, 그것은 동시에 여러분 외부의 것과 하나가 되면서 하나님과 하나가 되도록 여러분을 일깨워 준다. 하나님이 여러분 외부에 존재하는 모든 것과 하나라고 말하는 것은 단순하게 하나님은 나무와 꽃과 길가에 자라는 잡초 모두와 하나라는 것을 의미한다. 하나님은 세상의 큰 산과 하나이시고 아주 작은 모래 알갱이 하나하나와도 하나이시다. 짧게 말하면 하나님은 세계와 하나이시고 그 세계 안의 사물 하나하나, 한 사람 한 사람과 하나이시다. 어떻게 다음의 일이 가능하지 않다고 말할 수 있는가? 곧 하나님은 전 세계와 그 세계가 포함하는 모든 것의 기원이시자 무한한 근거이시며 성취이시다.

호흡 자각으로 자신의 외부에 있는 모든 것과 하나가 되면서 하나님과 하나 되도록 돕는 방법을 이해하기 위해서는 다음과 같은 사실을 고려해 보라. 여러분이 지금 앉아 있는 자리에서 모든 공기가 순간적으로 10초 동안 사라진다면, 당연히 여러분은 갑자기 숨을 쉴 수 없게 될 것이다. 이것은 그만큼 여러분의 한 호흡 한 호흡이 여러분을 둘러싼 공기에 철저히 의존되어 있다는 것을 보여준다. 인간을 에워싸서 생명을 유지하게 하는 공기가 살아 있는 모든 것을 에워싸 그것들을 살아가게 하듯이 나 또한 공기에 에워싸여 삶을 살 수 있게 된다. 공기는 물론 식물과 하나이고, 이 식물은 햇빛과 하나이다. 햇빛은 식물이 광합성 작용을 통해 우리가 호흡하는 공기 중에 산소를 새로 배출하고 유지시켜 준다. 간단히 말하면 숨을 들이쉴 때마다 나는 내가 속해 있는 세계를 흡입하고 있는 것이다. 나는 이 세계 없이 살아갈 수 없다. 묵상을 계속하면서 여러분을 둘러싼 세계와 이런 하나 됨의 체험이 성장하고 깊어진다. 우리는 우리 주위를 둘러싼 모든 사람과 사물이 우리와 온전하게 하나임을 좀 더 습관적으로 깨닫는 법을 배운다.

온 마음을 다해 견고하게 앉아 있으라. 실제 일어나는 그대로 매 호흡마다 완전히 몰두함으로써 하나님을 찾는 일에 완전히 몰두하게 되는 이 순간 외에는 어느 곳에도 존재하지 않는 사람처럼 앉아 있으라. 들이쉬는 숨을 따라 조용히 앉아 있으면서 하나님과 하나가 되는 것을 배운다. 이 하나님은 내면에 있는 모든 것과 하나이시다. 내쉬는 숨을 따라 조용히 앉아 있으면서 하나님과 하나가 되는 것을 배운다. 이 하나님은 여러분 외부에 있는 모든 것과 하나이시다.

들이쉬는 숨 하나하나와 함께 밖에 있는 모든 것이 안으로 흘러 들어온다. 내쉬는 숨 하나하나와 함께 안에 있는 모든 것이 밖으로 흘러 나간다.

이런 들어옴과 나감에 대한 지속적인 묵상적 자각과 하나 됨 속에서, 숨이 들어오고 나가는 리듬 속에서 밖에 있는 모든 것과 안에 있는 모든 것이 하나라는 깊은 체험적 자각에 이르게 된다. 이런 깨달음이 깊어지면 더 이상 눈이라는 문을 통해 우리 자신과는 다른 세계를 바라보고 있는 것 같이 느끼지 않게 된다. 이와는 반대로 우리 아닌 모든 것과 우리를 분리시키는 경계선은 우리가 상상했던 것보다 훨씬 더 많은 구멍이 있다는 사실을 깨닫게 된다. 우리는 내부 세계와 외부 세계가 자유롭게 흐르는 상호침투를 각성하기 시작한다. 우리의 의식이 호흡과 함께 출현하고, 호흡과 하나가 되면서 우리는 우리의 호흡이 직관적으로 깨닫게 된 실제 세계라는 솔기 없는 의복을 엮어 짜는 방식을 깨닫게 된다.

호흡 자각에서 배우는 또 다른 가르침들 중 무시되어 왔지만 중요한 것이 있다. 누군가 나에게 보냈던 작은 우편엽서 한 장을 책상에 붙여 놓은 적이 있었다. 이렇게 기록되어 있었다. “오늘 해야 할 일들 : 숨을 들이쉬고 숨을 내쉬라. 숨을 들이쉬고 숨을 내쉬라.” 호흡은 오늘 해야 할 일 목록에서 끝내고 마무리 지을 그런 일이 아니다. 호흡은 우리가 해야 ‘하는’ 무엇인가가 아니기 때문이다. 곧 호흡은 우리가 뭔가를 행하기 위해 기억해야 하고 이에 따라 마쳐야 할 것이 아니다. 호흡은 저절로 행해진다. 그러나 할 일 목록의 ‘중요한’ 모든 내용들은 이렇게 의식하지 않고 되는 일이 결코 없다.

쿵쿵 뛰는 심장과 호흡이 계속해서 반복적으로 의식적 선택을 필요로 했다면 어찌 되었겠는가? 다시 말하면 매번 숨 쉬기 위해 의식적으로 숨을 쉬어야겠다는 의도를 품어야 한다면 어찌 되겠는가? 심장이 계속 작동되기 위해, 지속해서 의식적으로 심장에게 “뛰어라, 뛰어라, 뛰어”라고 말해야 한다면 어찌 되겠는가? 그리고 만약 당신이 딴 데 정신이 팔려 있었다면 어찌 되었겠는가? 아주 조금만 주의를 소홀히 해도 죽을 수 있음을 알기에, 여러분이 불안 속에 살고 있다고 상상해 보라. 다행스럽게도 우리에게 이와 같은 일은 해당되지 않는다. 도외시되고 있지만 생명 유지에 필수적인 것이 행해지면서 우리의 삶은 매일매일 이어진다.

하나님과의 완벽한 합일을 추구하면서 앉아 깊이 묵상하는 사람을 상상해 보라. 그리고 그가 그 자리에 앉아서 중증 심장마비로 죽는다고 상상해 보라. 우리는 그가 하나님을 찾다가 갑작스럽고 계획되지 않은 성과를 이루었다고 말할 것이다. 이와 같은 것이 바로 하나님, 곧 도외시되고 있지만 생명 그 자체에 필수적인 것의 거룩한 주관자로부터 흐르는 생명줄이다. 그럼에도 불구하고 우리는 일상의 비본질적인 것들에 너무 강하게 붙잡혀 있는 경향이 있다. 그래서 우리는 도외시하고 있지만 생명 유지에 필수적인 것에 기초를 두기 위해서 가까스로 드물게나마 비본질적인 것들을 멈춘다. 묵상하면서 단순하게 주어진 생명의 선물을 제멋대로 거칠게 다루는 우리의 오만과 어리석음은 서서히 치유된다. 우리는 조금씩 조금씩 현재 순간에 단순하게 살아 있다는 순수한 즉시적 경험 속에서 하나님이 근본적으로 가까이 계심을 깨닫는 법을 배우고 있다.

마지막으로 우리는 호흡 자각이 어떻게 삶 전체에 스며든 놓아 버림과 받아들임의 패턴 속에 임하신 하나님의 현존을 우리에게 각성시켜 주는지를 성찰할 수 있다. 숨을 들이쉴 때마다 우리는 공기를 우리 안으로 받아들인다. 숨을 내쉴 때마다 우리는 이미 받아들였던 공기를 놓아 버린다. 여러분도 이것을 알고 있다고 생각한다. 누가 그렇지 않겠는가? 그러나 묵상 중에 배우는 많은 것들은 우리가 별 의심 없이 무미건조한 방식으로 이미 알고 있는 것들에 기꺼이 주의를 기울이려는 의지 속에서 찾아온다. 묵상하면서 우리는 속도를 늦추고 느긋해진다. 그래서 스스로를 따라 잡기 시작하게 된다. 우리는 외견상 명백하게 보이는 모든 것에 서두르지 않고, 진심 어린 마음으로 안정되게 주의를 기울일 수 있게 된다. 그렇게 하는 가운데 하나의 호흡 만큼이나 단순한 무엇인가는 점점 흐릿해지고, 하나님의 현존으로 점점 더 가득하게 된다. 앉아서 묵상하면 할수록 우리는 점점 더 서둘러 지나쳐 버리기 쉬운 단순한 것들을 깊이 숙고하기 위해 멈출 수 있게 된다. 있는 그대로 단순하게 존재하는 것을 숙고하기 위해 속도를 늦출수록 우리가 좀 더 잘 이해하기 시작하는 것은 우리가 전혀 이해하지 못하는 것들을 이해하고 있다고 가정하는 일에서 많은 혼란이 일어난다는 사실이다. 만약 우리가 호흡의 본성과 일상적 삶에 속한 모든 단순한 실재들의 본성을 이해했다면, 하나님을 이해했을 것이다. 왜냐하면 하나님은 단 하나의 호흡과 있는 그대로 단순하게 존재하는 모든 것들의 이해할 수 없는 위상 속에서 또한 그 위상으로서 당신 자신을 온전하고 완벽하게 내어 주고 계시기 때문이다.

묵상할 때 호흡을 관찰하기 위해 숨 쉬는 속도를 천천히 하게 된다. 묵상 중에 조용히 더욱 깊게 주의를 기울일수록 우리는 숨을 들이쉬는 일 하나하나에 빠져든다. 우리는 들숨 하나하나가 구현하는 수용의 신비를 직접 발견한다. 우리는 날숨 하나하나에 매우 깊게 주의를 기울인다. 우리는 날숨 하나하나가 구현하는 놓아 버림의 신비에 빠져든다. 이런 식으로 앉아 들이쉬고 내쉬며, 내어 놓고 받아들이며, 우리는 주고받음의 상호관계에 대한 직접적 체험 속으로 들어간다.

숨을 들이쉬지 않고 연달아 백 번 내쉰다고 상상해 보라! 이건 권한다고 할 수 있는 일이 아니다. 가능하지도 않다. 왜냐하면 여러분은 이미 들이마셨던 숨을 내쉴 수밖에 없기 때문이다. 만약 숨을 들이쉬지 않았다면, 내쉴 숨도 없다. 삶 전체가 이와 같다. 여러분과 나 그리고 모든 인간은 누구에게나 다가오는 피할 수 없는 죽음에 직면하고 있다. 우리는 이미 지상에서의 삶을 상실하는 길에 들어서 있다. 그러나 이 지상에서의 삶이라는 선물을 우리가 수용하지 않았다면, 이런 불가피한 삶의 상실을 직면하지 않았을 것이다. 태어난 것만이 죽을 수 있기 때문이다. 이미 삶을 수용했어야만 이 삶을 상실할 수 있다. 지구에서의 삶을 선물로 이미 받아들였어야 확실하게 지구에서의 삶의 상실이 일어난다.

프랑스 화가 조르주 루오(Georges Rouault)는 출산을 한 달 앞둔 여인의 나체를 그렸다. 그녀는 침묵으로 수심에 잠긴 듯 시선을 아래로 향하고 있다. 그녀의 손은 생명으로 부풀어 오른 복부 위에 놓여 있었다. 그림 하단에는 다음의 글이 적혀 있다. "모든 사람은 반드시 죽는다. 태어나 본 적이 없는 사람조차도 반드시 죽는다." 숨을 들이쉬면 숨을 내쉴 수밖에 없는 것처럼 태어나는 순간부터 죽음이라는 순간을 향해 움직이게 된다. 우리의 자아는 이 사실을 받아들이기가 정말 너무 어렵다. 모든 탄생은 그 순간부터 죽음으로 향하게 된다. 모든 새로운 시작은 마무리하는 일의 시작이다. 모든 획득은 상실하게 될 것의 출현이다.

그러나 앉아 호흡을 주시하라. 그러면 위와는 정반대의 일 역시 또한 충분히 진실임을 알게 될 것이다. 여러분은 한 시간 동안 숨을 내쉬기만 한 채로 앉아 있을 수 없다. 날숨 하나하나는 다음 들숨이 흘러 들어오는 텅 빈 공간을 열어 주기 때문이다. 인간이 죽음보다 탄생을 선호하는 것은 이해할 만하다. 어느 누가 능력이 불가피하게 감소하는 것보다 능력이 강해지는 것을 선호하지 않겠는가? 인간의 자아는 자신의 약화와 죽음에 쩔쩔맨다. 어쨌든 우리의 자아는 어리석지 않다. 매 해마다 한 해 전보다 하나 더 많은 양초를 꽂은 생일 케이크의 촛불을 불어 끌 때마다 우리는 무슨 일이 일어나고 있는지를 말할 수 있다.

그러나 좀 더 가까이에서 바라보라. 그리고 당시에는 매우 견디기 힘들었던 상실이 이전에 알려지지 않은 생명의 충만함을 수용하기 위한 준비 단계라는 것이 얼마나 빈번하게 진실로 입증되었는지를 알아차리라. 상실을 경험하지 않았다면, 여러분의 마음은 상실이 남기고 간 텅 빈 공간에 흘러 들어왔던 예기치 않은 선물을 충분히 넓게 수용하지 못했을 것이라는 점이 얼마나 진실한 것인지를 바라보고 알아차리라. 이 모든 것을 더 크고 넓은 시각에서 보면, 인생을 살면서 다 허물어 버리기를 시작하기 전까지는 새로 세우는 일을 시작하지 못한다는 사실이 부당하게 보일 것이다. 그러나 삶이 분명하게 더 간결하고 취약해질 때 삶이 얼마나 소중한 것인지를 있는 그대로 인식하고 제대로 알아보는 능력, 즉 이전에는 알려지지 않았던 이 능력이 어떻게 발생하는지를 바라보고 알아차리라. 사실 여러분이 얼마나 지금까지 되고자 했던 그런 사람이 되었는지를 있는 그대로 보고자 잠깐 회상해 보면, 여러분은 수많은 죽음을 야기하는 수많은 생명의 탄생을 알아차리게 될 것이다. 수많은 죽음은 차례로 수많은 탄생을 가져온다.

호흡에 주의를 기울이고 앉아서 여러분은 결국 현재 순간 그 자체도 여러분의 호흡에 스며든 획득과 상실이라는 그 동일한 역동적 상호관계를 구현한다는 사실을 깨닫게 된다. 침묵으로 고요히 앉아 있을 때 여러분은 삶이 항상 조용히 현재 순간에 발생한다는 사실을 관찰할 수 있게 된다. 그러나 현재 순간에 일어나는 사태는 그다음 순간과는 결코 동일하지 않다. 왜냐하면 현존하는 현재 순간은 항상 있는 모습 그대로 우리가 미래라고 부르는 것으로 영속적으로 대체되고 있기 때문이다. 그러면서 우리가 과거라고 부르는 것이 되고 있기 때문이다. 만약 현재 순간에 일어나는 사태가 미래로 대체되기를 거부한다면, 현재 순간의 영속적인 새로움이 출현할 공간이 남아 있지 않을 것이다.

예수님은 "한 알의 밀이 땅에 떨어져 죽지 아니하면 한 알 그대로 있고 죽으면 많은 열매를 맺느니라"(요한복음 12:24)라고 말씀하셨다. 예수님은 그분 자신과 관련해서 동시에 우리와 관련해서 이 말씀을 하셨다. 우리는 예수님의 탄생, 삶, 죽음, 부활을 연속되는 시간을 따라 차례로 일어났던 사건들로 생각하기 쉽다. 사실 자아 의식의 입장에서 보자면, 우리에게도 예수님에게도 이것이 사실이다. 우리와 마찬가지로 그분은 태어나셔서 사셨고 죽으셨다. 그런 다음 아직 깨닫지 못한 우리의 충만함을 증언하시고자 죽음에서 부활하셨다.

그러나 묵상적 자각의 입장에서 보자면 예수님의 삶, 죽음, 부활은 영속적으로 또한 동시적으로 일어나고 있다. 예수님의 삶, 죽음, 부활은 현재 순간의 영원한 충만함을 계시하고 있기 때문이다. 현재 순간의 참된 본성이 곧 예수님의 삶, 죽음, 부활이 지닌 실재성이다.

삶의 이런 측면에 대한 우리의 자각은 점진적으로 조금씩 일상적 경험에 스며들기 시작한다. 우리는 현재 획득하고 있는 모든 것의 불가피한 상실을 준비하는 단계에서 우리가 희망했던 그대로 모든 것이 하나가 되는 그 순간들을 인식할 수 있게 된다. 그러나 그 반대로 고통스러운 내리막길 한가운데에 있을 때 우리는 이 고통스러운 상실이 아직 인식되지 못한 축복을 위한 준비 단계일 뿐이라는 사실을 인식할 수 있고 또한 신뢰할 수 있다. 시간이 지나면 우리는 이런 리듬감 있는 패턴을 신뢰하는 일을 배우게 된다. 이 패턴 속에서 우리 마음은 하나님의 신비스러운 방식들로 영속적으로 변형되고 깨어나게 된다. 더 깊은 고요함 속으로 들어가면서 하나님은 이런 삶에서의 죽음, 죽음에서의 삶, 삶 그 자체의 리듬의 무한대이심을 깨닫게 된다.

어깨 너머로 잠깐 뒤돌아보게 되면서 사실 그대로 알아차리게 된 것은 우리가 수많은 생명의 탄생이 수많은 생명의 사망으로 바뀌고 수많은 죽음들이 다시 차례로 수많은 생명의 탄생으로 바뀌는 이런 자기 변형의 방식을 따라 사람이 되었다는 것이다. 인식되지 못한 미래를 자세히 들여다보면서 우리는 실재 그 자체의 중심에서 작용하는 이런 동일한 형태가 계속될 것이란 사실을 신뢰할 수 있다. 우리는 우리에게 다가오는 죽음이 이런 동일한 형태의 최고조가 될 것을 인식하면서 자신 있게 그 죽음을 바라볼 수 있다. 이런 형태의 최고조의 상태에서 우리는 하나님에게로 숨을 내쉬게 된다. 성 메히틸드(St. Mechtilde)가 하나님께서 그녀에게 하셨던 말씀을 들었던 것처럼 말이다. "네 죽음을 두려워하지 말라. 죽음의 그 순간에, 내가 나의 숨을 쉴 것이고, 네 영혼은 바늘이 자석에 이끌리듯 내게로 다가올 것이기 때문이다."[1]

1) Sue Woodruff, *Meditations with Mechtild of Magdeburg* (Santa Fe, New Mexico: Bear and Company, 1982), 80.

제12장

눈을 감거나 지면을 향해 시선을 낮추기

이번에 제안할 묵상 안내 지침은 눈을 감거나 지면을 향해 시선을 낮추기다. 몇몇 사람들은 묵상하는 동안 눈을 감는 것이 가장 자신들에게 자연스러운 것임을 알게 된다. 또 다른 사람들은 눈을 뜬 채로 지면을 향해 시선을 45도 정도 아래로 내리는 것이 가장 자연스러운 것임을 발견하게 된다. 눈을 감거나 지면을 향해 시선을 낮추는 것은 현재 순간에 대한 주의 집중을 강화해 준다는 점에서 실용적이다. 묵상 중에 항상 여기저기 둘러보는 일은 더 내밀하고 묵상적인 자각 상태에 안정되게 자리 잡기 어려운 산란한 마음 상태를 유발한다. 수련이 깊어질수록 눈을 감거나 지면을 향해 시선을 낮추는 것은 하나님 인식에 대한 갈망을 구현하는 성육신된 신앙의 행위가 된다.

눈을 감거나 지면을 향해 시선을 낮추는 것 이 두 가지 모두는 하나님과 하나임이란 더 내밀하고 묵상 상태로 가는 경로의 가시적 차원을 구현한다. 중요한 것은 여러분의 눈이 "주님, 제가 보기를 원합니다"라는 하나님을 향해 열린 자세를 구현한다는 사실이다.

눈을 감고 묵상하는 것은 묵상 행로와 관련된 어떤 확실한 진리를 구현한다. 눈을 감고 앉아 있는 것은 보이지 않는 빛으로 가득 채워진 어둠을 구현한다. 앉아서 조용히 이 어둠을 응시할 때 보이지 않는 빛이 드러나기 시작할 수 있다. 눈을 감은 채로 앉아서 묵상하는 것은 영적 지혜를 드러내 준다. 이 영적 지혜를 통해 여러분은 눈으로 볼 수 없는 영적 실재들에 대한 지식을 배운다. 눈을 감기로 자유롭게 선택하고, 이런 선택에 머물러 쉬는 일은 눈으로 볼 수 없는 것들을 보는 사람이 되고자 하는 갈망을 구현한다. 묵상할 때 눈을 감는 것은 하나님을 보지 못하고 있다는 겸손한 인식을 구현한다. 이 하나님은 영원히 여러분을 바라보시며, 내주하시는 성령님을 통해 여러분의 마음이 그분을 직접적으로 볼 수 있도록 준비시켜 주신다. 눈을 감고 묵상하는 것은 인식되지 않은 심연으로 들어가는 일을 구체화한다. 이 심연 속에서 여러분은 하나님의 인도하심을 수용하기를 배우며, 여러분이 따라 갈 길을 틀림없이 느끼게 된다. 눈을 감고 묵상하는 일은 깨어 있는 상태와 꿈꾸는 상태 사이에 습관적으로 존재하는 벽을 허물어 준다. 이런 벽이 허물어지면서 무의식적인 것에 대한 신화적 이미지가 숨겨진 곳에서 밖으로 드러난다. 눈을 감고 묵상하는 일은 칠흑 같이 어두운 방에서 볼 수 없는 누군가와 함께 있는 일과 같다. 어둠 속에서 한 발 한 발 내딛으며, 인도받고자 손을 앞으로 내미는 일을 배워 가며 신뢰가 자라게 된다.

수도원에서 수도사로 지낼 때 나는 눈을 뜨고 묵상했다. 몇 가지 이유 때문에 계속 눈을 뜨고 지면을 향해 시선을 아래로 내리고 묵상했다. 사실 묵상을 시작할 때 시선을 낮춘 눈을 통해 보고 있는 것을 조용히 알아차리는 일이 내가 가장 자연스럽게 묵상 상태로 들어가는 습관적 방식이다. 때로는 묵상을 지속하다가 자연스럽게 눈을 감지만, 때로는 그렇지 않을 때도 있다. 어쨌든 나는 눈을 뜨고 묵상하는 일에 가장 경험이 많으며, 그래서 여기서는 이 방법에 초점을 맞추려고 한다.

여러분이 눈을 감고 묵상하는 사람들과 함께 있다면, 내가 여기에서 고찰하려고 하는 눈을 뜨고 묵상하는 일에 관련된 몇몇 측면을 탐구해 보고 싶을 것이다. 더 일반적으로 적용하자면 내가 여기에서 나누고자 하는 이야기는 자연 풍광 한가운데를 묵상적으로 응시하거나 여러분이 집 안에 있거나 그 어디에 있든 그 안에 있는 사물들을 묵상으로 응시하는 일이 지닌 변형 능력에 보다 더 직접적으로 적용될 수 있을 것이다. 우리 주변의 모든 사람과 사물에 내재된 신성함을 보기를 배우는 일이 관상적 삶의 핵심적 구성요소이다. 더 넓게 보자면 여기서 나누고 있는 이야기는 삶을 하나님의 지극한 복의 직관(beatific vision of God)에서 절정을 이루는 여정으로 이해하는 그리스도교 전통과 밀접한 관계가 있다. 이런 점에서 묵상은 우리의 일상적 삶에 임하시는 하나님의 임재를 '보는(seeing)' 내면의 방식들로 구성된 묵상 상태로 들어가는 하나의 길이다.

묵상을 시작하면서 지면을 향해 시선을 내려다보는 것은 현재 순간의 주의 집중을 촉진해 준다는 점에서 실용적이다. 묵상 수련에 안정되게 자리를 잡으면, 지면을 향해 시선을 낮추는 것은 여러분이 보고 있는 모든 것 속에서 하나님을 보고자 하는 갈망을 구현하는 육화된 신앙 행위가 된다. 이런 신앙의 자세를 통해 현재 순간의 신성함을 깊이 응시하는 변형 사건이 일어난다.

나는 "일어난다"라고 말하고 있다. 그 이유는 시선을 내려다보면서 아마도 여러분은 우선 조용히 무릎 위에 올려놓은 손, 양탄자 문양, 또는 마룻장의 갈라진 틈을 보게 될 것이기 때문이다. 여러분은 빛의 질감에 주목할 수도 있다. 이 빛의 질감을 통해 여러분은 한낮의 햇빛의 강렬함이나 구름 낀 오후의 분산된 햇빛, 또는 어둠 속에 앉아 묵상하며 켜 둔 흔들거리는 양초의 희미한 빛과 같은 것들을 보게 될 것이다. 침묵 속에서 어린 아이처럼 주의를 집중하는 묵상 수련에 안정되어 가면서, 묵상 처소의 마룻장의 갈라진 틈이나 양탄자의 문양, 무릎 위의 손이 지닌 무한한 거룩한 본성을 응시하는 관상 체험이 일어난다. 묵상의 눈을 통해 여러분이 보는 모든 것이 우리가 하나님이라 부르는 드러나지 않은 임재를 압도적으로 미묘한 방식으로 투명하게 드러내 보여준다는 사실을 알아차리기 시작한다. 우리는 현재 순간이 드러내 보이는 이러한 신성함의 깊이를 응시하면서 묵상 수련을 행한다. 매일매일 이런 방식으로 앉아 있는 것을 배워 가면서, 묵상적 바라봄의 방식이 서서히 사물을 바라보는 여러분의 습관적 방식이 되어 간다.

이런 시각적 차원의 묵상 수련을 더 잘 이해하고 그 진가를 제대로 파악하기 위해서, 여기서 제시되고 있는 묵상 안내 지침 모두가 자연발생적인 묵상적 자각의 순간들에 자연발생적으로 취하게 되는 내면적 자세를 자유롭게 취하는 한 방식이라는 사실을 유념하는 것이 도움이 될 것이다. 정말 그러한지에 대한 한 사례로 고요하게 앉으라는 묵상 지침을 들 수 있다. 예를 들어 만약 여러분이 밤중에 야외에서 밤하늘의 별을 올려다 보게 된다면, 여러분에게 느껴지는 고요가 놀랄 만한 것이기 때문에 여러분은 최선을 다해 그 순간에 현존하기 위해 정지 상태로 서 있게 될 수도 있다. 그럴 때 여러분은 깨달아지는 각성으로 인해 여러분이 매우 깊은 곳으로 침잠하면서 고요해지고 있다는 사실을 알아차리게 된다. 이 각성 속에서 여러분은 하나님과 엄청나게 가깝다는 어떤 감각을 느끼게 된다. 이런 자연발생적 체험의 순간에 발생하는 고요함이 지속되는 동안 여러분은 하나님께 대한 내면적 개방의 상태를 더욱 초청하고 불러일으키기 위한 방법으로 고요히 앉아 묵상하고 있다.

자연발생적 체험의 순간들에는 종종 시각적 차원이 포함된다. 그러나 이런 시각적 차원은 미묘하고 세심한 주의를 기울이기 전까지는 쉽게 인식되지 않는다. 그래서 나는 우선 이 시각적 차원에 주목하고, 우리가 어떻게 이런 시각적 차원을 묵상 수련에 포함시키는 일을 의식적으로 선택함으로써 묵상적 자각 상태를 초청하는지에 대해 계속 주의를 기울일 것이다.

자연발생적 체험의 순간에 속한 시각적 차원을 신중하게 고찰하면서 우리가 알게 되는 것이 있다. 곧 자연발생적 체험의 순간 우리 시야(vision)에는 이 체험이 전개되면서 서로 상호작용하는, 초점이 맞춰진 측면과 초점이 맞춰지지 않은 측면 모두가 포함된다. 어떻게 그런지 확인하기 위해 여러분이 해안가를 걷고 있다고 상상해 보라. 여러분은 땅과 바다가 만나는 이 태곳적 장소의 아름다움을 제대로 알아보며 주변을 둘러본다. 아래를 내려다보면 여러분 발 주변에서 조개껍데기가 이전에는 경험하지 못한 방식으로 갑자기 분명하게 눈에 띈다. 발걸음을 멈추고 허리를 굽혀 조개껍데기를 집어 손바닥에 올려 둔다. 그 순간 여러분은 조개껍데기의 오묘한 아름다움에 흠뻑 빠져들어 조개껍데기 외의 모든 것은 사라져 버린다. 그런 여러분 앞에 펼쳐진 무수히 많은 조개껍데기들을 보기 위해 고개를 들어 둘러본다. 여러분은 또다시 하늘, 해안가, 새들을 포함하는 넓은 풍광을 바라본다. 그러고 나서 여러분은 바로 이 순간에 맨발을 간지럽히는 작은 파도에 주목한다. 그 후 여러분은 눈을 들어 또다시 주변의 광활한 풍경에 마음을 연다. 다시 한 번 손에 들고 있는 조개껍데기에 순간적으로 몰입한다. 현재 순간에 이 조개껍데기만이 홀로 유일하게 존재한다.

여러분이 특정한 사물 하나하나에 시선을 집중하면서 그 사물 하나하나가 부분으로 작용하는 전체성을 보는 일로 균일하게 옮겨지게 된다. 이럴 때 꽤 비범한 뭔가가 스스로를 드러낸다. 이때 드러난 것은 모든 것의 큰 그림인 실재의 전체성이 어떤 식으로든 여러분이 보는 조개껍데기 하나하나에, 새 한 마리 한 마리에, 하나하나의 사물의 실재 속에 현존한다는 사실이다. 사물 각자의 실재가 어떤 식으로든 여러분이 보는 모든 것의 전체성 속에 현존한다. 각각의 사물에 담긴 전체성, 전체성이란 실재의 본성을 지닌 각각의 사물은 우리가 이것들에 대해 특별한 노력을 들이지 않고 자유롭게 앞뒤로 움직이며 바라보는 방식을 통해 드러난다. 곧 각 개체에 초점을 맞춰 바라보고 나서 눈에 보이는 모든 것의 큰 그림 안으로 가져오는 일을 통해서 말이다. 그러므로 여기에는 현재 주의를 집중하는 자각의 측면과 현재 주의를 집중하지 않는 자각의 측면들이 함께 작용한다. 마치 눈동자가 깨달음(enlightenment)의 불길을 거세게 불러일으키며 큰 풀무질을 하듯이 말이다.

지면을 향해 시선을 내려 보고 바르게 앉아 묵상하면서 우리는 바로 이 자연발생적 자각의 순간에 속한 시각적 차원을 불러일으키는 일을 자유롭게 선택한다. 시선을 바로 앞의 지면에 두고 허리를 곧게 펴고 앉아서 하는 묵상은 관상적으로 깨달은 실제 세계의 본성인 모든 것 속의 하나이자 하나 속의 모든 것(one-in-all, all-in-one)이라는 본성의 상호작용 속으로 들어가는 하나의 방법이다. 묵상의 다른 모든 측면과 함께 묵상의 의도적 측면도 내내 유지된다는 사실을 명심하라. 비록 묵상을 통해 불러일으키고자 의도한 묵상적 상태가 자연발생적으로 생겨 그 의도를 빠르게 초월하긴 하지만 말이다. 묵상의 시각적 차원과 관련해서 우리는 자연발생적으로 일어나는 묵상 체험의 순간에 우리가 무엇인가를 보는 방식 그 자체를 보는 일에 자신을 개방하기를 의도한다. 우리는 이런 의도를 이행하기 위해서 단순히 고요히 앉아 허리를 곧게 펴고 시선을 지면을 향해 바라보고 있다. 그러고 나서 눈을 존재하는 그대로 단순하게 내버려 둔다. 눈을 자유로이 존재하는 그대로 내버려 두고서, 자아가 시선을 이곳 저곳으로 바꾸려는 의도에 눈을 자유롭게 내버려 두고, 하나님께서 주신 눈의 본성을 따를 수 있도록 스스로를 단순하게 내어 맡긴다.

이제 허리를 곧게 펴고 앉아서 묵상하고 있다고 상상해 보라. 지면을 향해 바라보는 눈을 통해 마룻장의 갈라진 틈이나 양탄자의 문양을 바라본다. 눈은 자연스럽게 여러분이 바라보는 모든 것의 전체성 중에 단 하나의 측면에 초점을 맞추고 있다. 여러분의 눈은 아마 다른 것보다 약간 더 넓거나 좁은 마루 판자의 갈라진 틈 하나라는 특정한 부분에 고정될 것이다. 그렇지 않으면 아마 마루 판자가 햇빛을 받아 얼마나 빛나는지 또는 양탄자 테두리 한 부분이 얼마나 해어졌는지를 바라보게 될 것이다.

묵상 수련에 충실하노라면 이런 초점을 맞추고 깨닫게 되는 자각에 집착하지 않게 된다. 여러분의 눈이 보고 있는 모든 것의 전체성에 대한 더 포괄적인 감각을 인식하면서 여러분은 오히려 전체성에 대한 자각이 저절로 지나가도록 허용한다. 그러나 여러분 눈에 보이는 모든 것에 대한 더 포괄적인 자각을 다시 한 번 의식하게 되면서도 여러분은 더 포괄적인 이런 자각에 집착하지 않는다. 여러분은 응시하는 매 사물의 세부적인 것 하나하나에 담긴 구체적으로 나타나는 것을 주시하는 일 너머의 이런 더 포괄적인 자각을 선택하지 않는다.

이렇게 응시하는 일에 몰두하며 앉아 있노라면, 마룻장의 갈라진 틈에서나 양탄자의 문양에서 보이는 모든 것의 구체성, 곧 하나 속의 모든 것이자 모든 것 속의 하나라는 실재의 통합적 본성을 친밀하게 바라보는 데서 뭔가가 떠오를 수 있다. 이것은 현재 순간에 구체적이고 즉시적으로 현존하게 되기 시작함에 대한 시각적 차원이다. 다른 말로 하면 그곳에 줄곧 있었던 것들을 멈추고 주목할 만큼 충분히 조심하면서 보게 되는 시작점의 시각적 차원이다. 이것은 단순히 주목하는 일 이상으로 여러분 주변 모든 것에 대해 구체적이고 세부적인 것들의 무한히 신비한 본성을 제대로 알아보고 이에 빠져드는 시작점을 의미한다. 여러분이 보는 모든 것 안에 계신 하나님에게 속한 무엇인가를 인식하는 시작점을 의미한다.

예수께서는 "눈은 몸의 등불이니 그러므로 네 눈이 성하면 온몸이 밝을 것이요"(마태복음 6:22)라고 말씀하셨다. 눈에 관한 이런 오래된 지혜에 우리의 자아를 순복시키기를 배워 가면서 우리의 눈이 지혜의 창문에 열리게 된다. 이 지혜의 창문을 통해 거룩한 빛이 흘러 들어와 우리가 하나님의 현존 가운데 존재한다는 사실을 깨닫도록 우리를 온전하게 한다.

실재가 실제로 존재하는 방식에 초점을 두고 바라보는 측면과 초점을 맞추지 않고 바라보는 측면의 상호작용에서 발견되는 영적 지혜가 있다. 이 지혜는 우리를 둘러싼 세계의 구체적이고 세부적인 것들을 명료하게 바라보는 것이 아주 좋은 일이라는 것을 알게 되면서 발견된다. 이것은 단순하게 우리가 보는 모든 것의 세부적인 것들에 대한 빈틈없는 관찰자가 되는 일이 좋다는 것을 의미한다. 그러나 세부적인 것들이 드러내는 모든 것을 포괄하는 전체성을 보지 않고 세부적인 것들에 시선을 고정시키는 것은 우리가 보는 모든 세부적인 것들이 지닌 상호 연관적 참된 본성을 보지 않는 일이다.

마찬가지로 하나님을 찾는 일, 깨달음을 추구하는 일, 신성함을 추구하는 일, 신비적 성취를 추구하는 일 모두 좋은 일이다. 왜냐하면 이것들은 우리 신앙이 우리에게 밝혀 주는 실재에 대한 크고 궁극적인 그림을 보는 일을 배우면서 우리의 궁극적 성취를 추구하는 일이기 때문이다. 그러나 현재 순간의 구체적 즉시적 경험과는 전적으로 다른 것이자 이것을 넘어서는 어떤 거룩한 성취를 추구하는 일은 하나님의 초월성의 내재성에 눈이 멀게 되는 일이다. 다시 말하면 그것은 우리의 거룩한 성취가 우리 곁의 상황의 구체적 즉시적 경험 안에서 또한 그 즉시적 경험으로서 이미 우리 가까이에 있는 방식에 눈이 멀게 되는 일이다.

묵상적 응시는 자기 변형의 여정에 대한 시각적 표현이다. 이 자기 변형의 여정에서 우리는 이중적 무지에서 해방된다. 특별히 우리는 사물을 하나님과 분리된 것으로 보려는 자아의 성향에서 자유롭게 된다. 우리가 하나님을 사물의 구체적인 즉시적 경험과는 다르게 이원론적으로 존재하는 분으로 인식하려는 자연발생적 성향에서 자유롭게 되듯이 말이다. 관상적으로 응시하는 가운데, 현재 순간의 구체적인 즉시적 경험이야말로 드러나 보이지 않는 하나님의 신비의 현시라는 사실을 깨닫는다. 또한 하나님은 우리 눈에 보이는 모든 것에 대한 무한한 신비라는 사실을 깨닫게 된다.

물론 우리는 관상적으로 깨닫게 된 실재 세계의 본성, 곧 하나 속의 모든 것이자 모든 것 속의 하나인 본성에서 배제되어 있지 않다. 우리가 이런 하나 속의 모든 것이자 모든 것 속의 하나라는 실재의 본성이 실현된 존재와 하나인데, 어떻게 이 본성에서 배제될 수 있겠는가? 묵상은 우리가 매우 감탄하면서 뒤에 서서 객관적으로 관찰하는 인기 스포츠가 아니다. 곧 묵상은 우리 자신과 다르게 이원론적으로 존재하는 단일체(unity)가 아니다. 진실은 그 반대이다. 묵상 중에 우리는 우리가 추구하는 신비와의 하나임에 대한 변형시키는 깨달음에 우리 자신을 개방한다. 우리가 추구하는 신비는 이런 하나임에 대한 체험 속에서 또한 그 체험으로서 자신을 드러낸다. 특별히 시각적 용어로 말하면 우리는 보고 있는 우리 자신, 보는 행위, 보이는 사물, 그리고 하나님이 완벽하게 또한 설명이 불가능하게 하나라는 사실을 깨닫는다.

묵상의 시각적 차원을 더 탐구하기 위한 한 방법으로서 우리는 노려봄(staring)과 멍하니 바라봄(gawking)과는 다른 응시(gazing)의 특성들을 고찰해 볼 수 있다. 응시, 노려봄, 멍하니 바라봄은 확실히 다른 세 가지 양태의 바라봄이다. 노려봄에는 강한 날카로움이 담겨 있다. 적대적으로 노려보는 시선에 노출되어 있을 때 우리는 본능적으로 다소 방어적이게 된다. 멍하니 바라봄은 평소 익숙하게 바라보던 영역 바깥에 존재하는 어떤 사물 또는 사람에 대한 광경에 순간적으로 사로잡힌 사람들에게서 나타나는 깜짝 놀라 어리둥절한 바라봄이다. 응시는 노려봄이나 멍하니 바라봄보다는 훨씬 더 정제된 형태의 바라봄이다. 응시는 그 대상의 깊은 내면의 본질에 이르는 요란스럽지 않은 바라봄이다. 엄마가 간호사 품에 안긴 아기의 얼굴을 말없이 응시한다. 사랑하는 연인이 서로를 응시한다. 예술가들이 마음을 흔들고 영감을 주는 대상을 응시한다.

종교적 상상력을 발휘하여 만약 우리가 노려봄, 멍하니 바라봄, 응시, 이 셋 중 어느 것이 천국에 사는 성도들이 하나님을 바라보는 방식과 가장 가까운지 선택해야 한다면, 우리들 대다수는 응시를 선택했을 것이다. 노려봄이라는 단어에 함축된 의미대로 천국의 성도들이 눈에 거슬릴 정도로 불쾌하게 하나님을 노려본다고 생각하는 일은 직관적으로 볼 때 맞지 않는 것 같다. 마찬가지로 당신이 천국에 새로 들어온 사람들에게, 곧 천국에서 단 몇 세기밖에 살지 못했던 사람들에게, 그들이 여전히 입이 떡 벌어진 여행자들처럼 하나님을 멍하니 바라보고 있다는 이유로 말을 건다고 생각하는 것 역시 직관적으로 볼 때 맞지 않는 것 같다.

우리는 그리스도교 전통에 있는 지극한 복의 직관(beatification vision)에 대해 이야기하고자 한다. 이 지극한 복의 직관이라는 말로 우리는 우리의 신앙을 표현하고 영원히 얼굴과 얼굴을 대하여 하나님을 보고자 하는 우리의 희망을 표현한다. 우리는 이것이 의미하는 바를 모른다. 하지만 우리의 사랑의 응시가 죽은 후에 영원히 하나님을 응시하는 방식에 대한 일종의 전조를 구현한다고 할 수 있을까? 우리의 사랑의 응시는 어떤 식으로든 하나님께서 우리를 사랑스럽게 응시하는 방식과 같다고 할 수 있을까? 마이스터 엑카르트는 "내가 하나님을 보는 눈은 곧 하나님께서 나를 보시는 눈이다"라고[1] 말하면서 훨씬 더 대담한 것을 제안한다. 그렇다면 우리는 말을 이렇게 바꾸어

---

1) Thomas Merton, *Zen and Birds of Appetite* (New York: New Directions, 1968), 57. 이 책은『선과 맹금』, 장은명 옮김, (성바오로출판사, 1998)로 번역되었다.

대담한 방식으로 질문할 수 있다. 하나님, 하나님께서 우리를 사랑스럽게 바라봄, 있는 그대로의 우리 자신, 우리가 하나님을 바라봄, 이 모든 것들이 절대적으로 하나라고 하는 게 가능한가? 묵상 수련에서의 사랑의 응시는 곧 우리가 보는 모든 것의 구체적인 즉시적 경험 속에서 하나님을 보는 일이라 할 수 있는가? 하나님은 이 단 하나의 눈으로 우리를 보고 계신다. 이제 내가 생각하는 것을 여러분에게 말하고자 한다. 내 생각에 이런 질문에 대한 대답은 '그렇다'이다. 그런 일은 가능하다. 가능하다는 말로는 부족하다.

마지막으로 우리는 다함께 하나님과의 묵상적 하나 됨으로 가는 한 행로로서 겸손함이 지닌 시각적 차원을 고찰할 수 있다. 이를 위해 우리는 또다시 자연발생적 묵상 체험의 순간들로 되돌아가야 한다. 자연발생적 묵상 체험의 순간이 실제로 일어날 때 우리는 해가 떠오름, 뛰노는 아이들, 또는 우리가 보고 있는 것이 무엇이든 그 속에서 하나님에 관한 뭔가를 인식하면서 경외심을 갖고 감사하게 된다. 자연발생적인 관상적 각성의 순간이 지나갈 때, 우리는 삶의 신성함에 대해 우리가 얼마나 눈멀기 쉬운지를 고통스럽게 알아차리게 된다.

예수께서는 "너희가 눈이 있어도 보지 못하며"라고 말씀하셨다(마가복음 8:18). 우리는 자연발생적 묵상 체험의 순간들 덕분에 이 말씀이 얼마나 진실한 것인지를 안다. 우리에게는 우리 눈앞에 항상 존재하는 신비를 볼 수 있는 능력이 주어져 있다. 그럼에도 우리는 우리를 둘러싼 모든 것에 내재한 신성함을 보려 하지 않는다. 지면을 향해 시선을 낮추고 앉아 묵상하면서 여러분은 보통 눈앞에 단순하게 존재하는 무엇인가의 겉모습 외에는 아무것도 보지 못할 수 있다. 여러분은 세상에 임하시는 하나님의 완벽하고 완전한 현존의 겉모습일 뿐이라고 알고 있는 것을 이제야 보고 있다는 사실에 탄식할 수 있다. 그러나 여러분은 또한 보고 있는 모든 것의 신성함을 깊게 응시할 수 없는 자신의 무능력을 깊게 응시하기로 선택할 수 있다. 여기에 우리 모두에게 개방된 영적 행로가 있다. 이것은 눈으로 보는 것의 한계를 인정하는 일종의 눈의 겸손으로 표현되는 자기 변형의 행로이다. 이런 겸손을 통해 우리는 지금 보고 있는 모든 것 속에 임하시는 하나님의 임재를 보려 하지 않는 방식을 알아차리고 자유롭게 수용하기로 선택한다.

비극적 사고로 시력이 손상된 여인을 상상해 보라. 우선 그녀는 뒤섞인 감정들의 격동으로 몸서리친다. 그러나 그녀는 고통스럽고 험난한 과정을 거쳐 자신을 진정시키고 눈을 뜨고도 보지 못하는 눈으로 이미 자신의 처소가 되어 버린 어둠을 응시한다. 이성적으로 생각하면 그녀의 시력 상실은 엄청나게 비극적인 일이다. 그러나 내면적으로 생각해서 세계 내 그녀의 현존의 전체성을 밝히는 수준에서 보자면, 그녀는 위대한 진리이자 항상 접근하기 어려웠던 진리를 응시하고 있는 것이다. 그녀는 시력 상실이 텅 빈 공간을 남겼다는 사실을 알아차린다. 이 텅 빈 공간은 꼭 그래야 하고, 항상 그럴 것이라 생각하는 세계(should-be, always-thought-it-would-be world) 속에 발생한 거대한 균열이다. 자아는 이 세계 안에서 살려고 매우 힘겹게 노력한다. 그녀가 이제 응시하는 것은 시력 상실로 인해 열린 텅 빈 공간 속이다. 그렇게 하면서 그녀는 보고 있는 모든 것을 인식하고 수용하는 과정 속에서 변형된다.

양쪽 시력이 2.0으로 지극히 정상적인 우리들 중에는 가장 중요한 사안과 관련해선 잘 보지 못하는 사람들이 있다. 마찬가지로 시력을 잃은 사람들 중에는 가장 중요한 사안과 관련해선 2.0의 시력을 지닌 사람들이 있다. 후자의 사람들에게서 자주 입증되는 사례들에서 밝혀진 것은 시각장애인들이 시력 상실을 깊이 응시함으로써 이런 내면세계를 보는 시력을 갖게 되었고, 시력 상실을 통해 볼 수 있게 되었던 모든 것을 알아차리게 되었다는 사실이다.

우리 눈앞에 항상 존재하는 신성함을 보지 못하는 우리의 무능력을 깊이 응시하면서 앉아 묵상하기를 배워 가노라면 위와 매우 유사한 일이 우리에게 일어난다. 우리는 아래를 응시한다. 그리고 무릎 위에 가만히 놓아둔 손의 소박하고 평범함 외에는 어떤 것도 바라보지 않는다. 우리는 아래를 응시하면서 평범한 마루 외에는 어떤 것도 바라보지 않는다. 여기에는 그냥 존재하는 것으로 만족하는 수준 이상의 요소가 있다. 이런 진심 어린 응시를 통해 우리는 우리 마음을 구성하고 있는 요소를 직접적으로 스스로 발견하게 된다. 우리의 인식이 얼마나 빈약한지를 기꺼이 명확하게 보려고 하면서 우리는 시각적 겸손이라는 은총을 누리게 된다. 이 시각적 겸손을 통해 우리는 우리가 항상 보이지 않는 사물의 광활한 공간의 끝자락에 서 있다는 사실을 알게 된다.

이것은 마치 각각의 자연발생적인 관상적 체험의 새로운 순긴, 곧 묵상 중에 찾아오는 하나하나의 자각의 섬광이 현재 순간의 신성함을 순식간에 밝혀 주는 밤을 비추는 섬광처럼 다가오는 것과 같다. 재빠르게 되돌아오는 어둠은 텅 빈 공간, 곧 신성함의 세계 속에 크게 벌어진 구멍이다. 이 신성함의 세계 속에서 우리는 살아있음을 깨닫고자 노력하고 있다. 이런 눈 먼 상태를 깊게 응시하면서 앉아 묵상하는 일을 배우노라면, 지면을 향해 낮춘 우리의 시선은 더 깊은 곳으로 내려가기 위해 통과하는 좁은 문이 된다.

앉아 이 심연을 응시하노라면 우리 눈은 이제까지의 우리 삶의 이야기를 들려준다. 우리는 이 이야기를 말로 표현할 수 없다. 말로 표현하려 하면 우리의 마음은 아파온다. 말에는 직선적 한계가 있기 때문에 우리는 생각이 시작되기에 앞서 즉각적으로 한꺼번에 발생하는 것들을 수많은 개념들로 연속적으로 쏟아내지 못한다. 그러므로 앉아 있는 순간의 심연을 이렇게 말없이 응시하며 앉아 있는 가운데, 우리의 이야기가 들려오고 우리의 정체성이 드러난다. 이렇게 앉아 묵상하고 있으면서 우리는 복음서에서 눈 먼 사람이 "주님, 내가 보기를 원하나이다"라고 간청하던 소리를 듣는다.

우리는 이렇게 앉아서 하나님의 빛이 영속적으로 비추는 불확실한 세계를 직접적으로 응시한다.

우리는 손을 편안한 형태로 또는 의미 있는 형태로 무릎 위에 올려놓으라고 제안한 묵상 지침을 간단하게 살펴보면서 몸과 관련된 묵상 지침을 마무리 지을 수 있다. 손바닥을 펴서 위쪽으로든 아래쪽으로든 허벅지 위에 올려놓는 것이 가장 자연스럽게 느껴질 수 있다. 그렇지 않으면 한쪽 손을 다른 쪽 손 위에 부드럽게 올려놓고 두 손 모두 바닥을 위로 향하게 해도 좋다.

손을 특정한 형태로 단순하게 놓으려는 습관이 있을 수 있다. 왜냐하면 그것이 가장 자연스럽게 느껴지기 때문이다. 또는 손을 개인적으로 의미 있다고 여기는 형태로 놓으려 할 수도 있다. 예를 들면 여러분은 손등이 위로 향하게 하여 허벅지 위에 가만히 놓고 앉아 있는 일이 하나님께 수용적으로 열려 있는 태도를 상징한다는 점을 발견하기도 한다. 또는 손바닥을 뒤집어 한 손을 다른 손 위에 부드럽게 놓는 자세는 하나님께서 채워주시길 기다리는 빈 그릇을 상징할 수 있다. 또는 개인적으로 여러분에게 더 잘 맞는 또 다른 형태로 손을 놓아두려 할 수도 있다. 나는 수련회에서 기도하듯이 두 손을 모으고 앉아서 묵상하는 사람들을 보았다. 팔을 교차시켜 가슴 위에 두는 사람들도 보았다.

물론 중요한 것은 손을 놓아두는 특별한 자세나 모습이 아니라 그 손의 놓은 형태가 인간의 손으로 실현하지 못하는 일에 대한 전심을 다한 통합적 헌신의 한 부분을 나타내 준다는 사실에 있다. 묵상 중에 고요하게 놓아둔 손은 하나님께 수용적으로 개방하고 있음을 적극적으로 유지하는 일 외에는 모든 행위를 멈추고 머물러 쉬는 안식일을 상징한다.

제13장

걷기 묵상

이 지점에서 앉아서 하는 묵상 수련 방식 탐구에 대한 성찰을 멈추려고 한다. 앉아서 하는 묵상 수련은 걷기 묵상 수련으로 강화될 수 있다. 사실 많은 사람들에게 걷기 묵상 수련은 상당히 자연스러운 것이었으나, 지금까지 이를 진실되게 생각해 보지 않았다. 예를 들어 산책하는 것이 하나님의 세계 안에서 단순하게 보고 감사하고 회복되는 묵상적 자각의 순간들을 얼마나 자주 제공해 주는지를 살펴보라.

나는 그리스도교 신앙의 천주교 전통 속에서 성장하면서, 예전의 행렬과 십자가의 길이라는 헌신적 수련에 참여하는 것이 의미가 깊다는 사실을 발견했다. 수도원에 있을 때 나는 때때로 매 발걸음을 단순하게 알아차리려고 노력하면서 수도원 회랑을 홀로 걷곤 했다. 나에게는 숲 속에서 오랫동안 산책하는 것이 가장 자연스럽게 하나님의 임재를 더 묵상적으로 자각하는 방법의 하나였다.

1980년대 중반에 나로파 연구소(Naropa Institute)에서[1] 후원한, 콜로라도 주 볼더 시에서 있었던 불교-그리스도교 학술회의에 내가 그리스도교 교수진으로 참여한 적이 있었다. 그곳에서 걷기 묵상을 처음으로 소개받았다. 그전까지 나는 정규 묵상 수련을 하면서 걷기 묵상은 하지 않았다.

불교와 그리스도교 묵상 수련은 불교 교사들이 지도하는 수업에 내가 그리스도교 교수진의 한 사람으로서 참여하는 방식으로 진행되었다. 내가 참석한 수업은 에이도 로쉬(Eido Roshi)라는 이름의 선사가 지도하였다. 그는 앉음 묵상 수련의 기본적인 것들을 간단하게 제시하고서 묵상을 시작했다. 우리는 침묵 속에 앉아 약 20분 정도 묵상을 했다. 그 후 우리는 모두 함께 서서 방 주위를 오랫동안 천천히 침묵으로 걸은 후에, 그가 걷기 묵상의 중요 사항들을 소개했다. 불교도들과 동료 그리스도인들과 함께 천천히 침묵하면서 방 주위를 일렬로 걷는다는 것은 관상적 영성의 에큐메니칼 가능성을 보여주는 하나의 강렬한 경험이었다. 왜냐하면 우리는 함께 걸으면서 우리 사이에 있는 차이들을 인정하고 초월하는 방식으로 서로 하나임을 깨닫고 있었기 때문이다. 그리고 지금 우리가 이 장에서 하고 있는 성찰과 밀접하게 관계된 그리스도교 전통을 따르는 묵상 수련에 걷기 묵상을 통합하기 시작했다.

나는 앉음 묵상에 대한 지침을 제공한 것처럼, 다음과 같은 가정에서 걷기 묵상 지침을 제시하려 한다. 곧, 여러분이 걷기 묵상을 묵상 수련에 통합하는 일에 내적으로 끌리는 정도와 그 통합방법을 알아차릴 것이라는 가정에서 말이다.

대부분의 사람들이 발견한 바는 걷기 묵상은 맨발이거나 양말을 신고 할 때 가장 잘 행할 수 있다는 것이다. 그러나 신발 신기를 선호하면 신어

---

1) 역자 주 : 11세기 인도의 탄트라 행자 나로파에서 유래된 이름으로 티베트불교의 묵상센터이며 1974년 미국 콜로라도 주에 설립되었다.

도 괜찮다. 고요하게 똑바로 서서 시선을 바닥을 향해 낮추고 천천히 자연스럽게 호흡하기 시작하라. 손과 팔은 자연스럽고 편안하게 느껴지는 자세로 유지하라. 예를 들어 팔은 똑바로 늘어뜨리고 손바닥을 허벅지 쪽으로 향하거나 또는 손바닥을 앞쪽으로 향하게 펼 수 있다. 여러분에게 가장 자연스러운 자세로 팔을 아래로 늘어뜨리고 두 손은 뒤로 잡고 걷는 것이라면 그것도 좋다. 혹은 선 전통을 따라서 두 손바닥을 마주 대고 모아서 배 높이 정도나 심장 높이로 유지해도 좋다. 곧 두 손을 모아 기도하는 자세가 가장 자연스럽다고 여겨지기도 한다.

고요히 똑바로 서서 여러분의 시선은 바닥을 향하며 천천히 그리고 자연스럽게 호흡하면서 단순하게 서 있음을 전심을 다해 자각하면서 서 있으라. 깊이 헌신하는 마음으로 서 있는 것 그 자체가 심오한 수련이다. 곧 이것은 서 있음의 신성함에 대한 내밀한 깨달음을 각성하도록 권한을 부여하는 수련이다.

여러분의 내면에서 첫 발걸음을 떼어도 좋다고 느낄 때 오른쪽 발에 체중을 실어라. 천천히 그리고 마음 안팎의 움직임을 알아차리면서 왼발을 바닥에서 들어 올려 천천히 오른발 앞 반 걸음 정도 앞으로 바닥에 내딛고 이동하라. 그리고 천천히 계속 움직여서 왼발에 체중을 옮겨라. 멈추거나 빨리하지 말고 천천히 오른발을 바닥에서 들어올리기 시작하라. 천천히 앞으로 움직여서 왼발 앞쪽 반 걸음 정도 내려놓으라. 이렇게 천천히 움직이면서 계속 걸으라.

이 수련의 핵심은 한 발 한 발 걷되, 어린아이 같은 태도로 걸으면서 일어나는 마음 안팎의 움직임을 알아차리기(mindfullness)에 있다. 여러분이 발을 들면서, 발을 드는 데 여러분의 온 정성을 쏟아라. 천천히 발을 앞으로 내밀면서, 발을 앞쪽으로 내미는 데 온 정성을 집중하라. 발을 바닥에 내려놓으면서, 발을 바닥에 내려놓는 데 온 정성을 쏟아라. 발이 바닥에 닿게 될 때는 고요하게 발이 바닥과 접촉하도록 온 정성을 집중하라.

여러분이 만약 위의 지침이 도움이 된다고 생각한다면, 각 걸음마다 다음의 단어나 구절을 사용해도 된다. 여러분의 발이 바닥에 닿는 매 순간 조용하게 '예수님', '하나님', '생명' 또는 '사랑'이라고 말해도 좋다. 곧 각 걸음마다 어떤 구절을 암송해도 좋다. 내가 한 번 참석했던 그리스도인-선 수련회에서 지도자인 예수회 신부 한스 쾨넨(Hans Koenen)은 성서의 한 구절 사용을 제시했다. "주님의 길을 곧게 하라"(요한복음 1:23). 발을 들어올리고 앞 쪽으로 나아가기 시작할 때 조용히 "저는 당신을 사랑합니다"라고 말해도 좋다. 그러면 여러분이 한 발을 앞으로 내밀어 땅에 닿게 될 때 하나님께서 "내가 너를 사랑한다"라고 말씀하심을 듣게 된다. 만약 앉아서 묵상을 할 때 단어나 구절을 사용하는 데 익숙해지면, 마찬가지로 걷기 묵상을 할 때 가장 자연스러운 단어나 구절을 계속 사용할 수 있다.

자신이 가장 자연스럽게 느끼는 단어나 구절을 하나의 질문으로 표현해도 좋다. 예를 들면 발이 바닥에 닿는 매 순간마다 "이것이 무엇이지?"라고 조용히 물어보라. 발을 지면에서 들어올릴 때 "뒤에 남는 것이 무엇일까?"라고 물어볼 수 있다. 발을 앞쪽으로 움직여 바닥에 닿기 시작할 때 "움직이는 것이 무엇일까?"라고 물어보라. 물론 개념적으로 생각하는 마음은 이런 질문에 대한 답변을 제시하며 불쑥 끼어들 준비가 되어 있다. '하나님'이나 '내가 추구하고 있는 신비', 또는 '하나님께로 가는 인생경로'와 같은 것들이다. 그러나 이런 질문들은 우리의 개념적 마음에서 일어나는 것도 아니고 그 마음을 지시하는 것도 아니다. 오히려 이 질문들은 각각의 걸음에 전심으로 몰두함으로써 일어나는 구체적인 즉시적 경험을 우리에게 각성시켜 주는 데 공헌한다. 이때 매 발걸음은 한 걸음 한 걸음 속에서 또한 한 걸음 한 걸음으로서 스스로를 드러내는 모든 것을 포괄하는 신비, 우리가 추구하는 이 신비 그 이상도 그 이하도 아니다.

이렇게 하는 것이 유용함을 발견하게 되면, 발을 들고 앞쪽으로 움직이기 시작하며 숨을 천천히 깊게 들이마시고, 앞쪽으로 계속 움직여 바닥에 발을 내려놓음으로써 호흡을 걷기 묵상에 의식적으로 통합할 수 있다. 만약 여러분이 묵상 수련의 한 부분으로 단어나 구절을 말한다면, 여러분은 그것이 호흡과 자연스럽게 섞이기 쉽다는 사실을 발견하게 될 것이다. 이와 같은 다양한 가능성들을 한꺼번에 사용하기 위해 곡예하지 말고, 한 걸음 한 걸음을 어린아이와 같은 마음 챙김의 자세로 알아차리면서 단순하게 걷기 시작하라. 이를 통해 여러분은 자신만의 속도로 지속하는 독특한 걷기 묵상 방식을 탐구해 갈 수 있다.

걷기는 자연스럽고 물 흐르는 듯한 질적 요소를 갖고 있음에 틀림없다. 각 걸음 사이에 멈추지 말라. 발을 마치 진흙창에서 빼내는 것처럼 과장된 동작으로 들지 말라. 마치 눈신발을 신은 것처럼 과장된 동작으로 발을 공중에 높이 들지 말라. 성급하게 걷지 말라. 오히려 각 걸음을 천천히 자연스럽게 어린아이같이 알아차림을 구현하는 흐름으로 물 흐르듯 걸으라. 나이 든 거대한 물고기가 태곳적 물에서 천천히 움직이는 것처럼 움직이라. 빙하가 대지를 가로질러 움직이는 것처럼 움직이라. 영원한 고요가 깨지지 않고 중단됨 없이 흘러 넘침을 자각하는 이가 자신의 발을 들어 올려 앞쪽으로 내밀어 지면에 놓는 것처럼 움직이라.

만약 집에서 홀로 걷기 묵상을 수련한다면, 방 둘레를 천천히 걷는 것이 좋다. 원을 그리며 걷는 것은 하나님에게서 나와서 결코 하나님을 떠나지 않고 삶을 하나님께로 다시 되돌리는 길고도 완만한 곡선을 따라가는 인생 여정의 순환성을 구현한다.

방의 환경이나 묵상자의 개인적 선호에 따라 앞뒤 직선으로 걸을 수도 있다. 이 방식이 적절한지를 확인해 보려면 벽까지 직선으로 걸어가라. 벽에 도달하면 멈춰 서서 드러난 신성함(divinity)에 유념하고 집중하라. 마치 우리가 지나갈 수 없는 지점을 넘어선 지점에 이르렀다는 듯이 말이다. 온 마음을 다해 고요히 서 있으라. 여러분의 서 있음이 서 있음의 신성함에 대한 여러분의 신앙을 육화시키도록 허용하면서 말이다. 그러다 직관적으로 바로 이때라고 느껴지면 발을 들어 천천히 약 1/4 회전한 후 바닥에 내려놓으라. 방향 회전을 묵상적으로 자각하면서 계속 각 발을 들어서 내려놓으라. 회전이 완료되고 왔던 길을 다시 보게 될 때, 왔던 길로 다시 향하는 우리 자신을 발견하는 모든 순간에 드러나는 신성함을 알아차리려고 집중하면서 움직임 없이 서 있으라. 직관적으로 이제는 발을 떼는 것이 좋다고 느껴질 때 발을 천천히 들어, 왔던 공간을 가로질러 걷기 시작하라. 다시 말해 왕복으로 걷기 묵상을 할 때 걷다가 멈춰서고 회전하는 시간을 통합하여 묵상적 움직임의 흐름이 깨지지 않게 하라.

여기에서 기술한 방식을 따라 아주 천천히 걸을 때 한 발이 앞쪽으로 나아가는 동안 다른 발은 반복적으로 균형을 잡고 있어야 한다. 앞으로 나아가는 데 균형을 잃기 시작하면 때때로 몸이 약간 비틀거린다. 이렇게 가끔씩 몸이 비틀거리는 것은 걷기 묵상 자체의 한 부분에 속한다. 한 걸음 한 걸음에 우리의 진심 어린 알아차림이 깊어지면서, 그 비틀거리는 걸음에서 잘 비틀거리는 법을 배우는 하나의 과정인 관상적 삶의 예술적 형태를 짧게나마 보게 될 것이다. 잘 비틀거림을 배운다는 것은 모든 비틀거리는 모습들 안에 존재하는 형언할 수 없이 우아하고 귀한 것을 의식하며 우리 자신과 모든 사람들에 대해 긍휼히 여기는 마음으로 비틀거리는 것을 배우는 것이다.

걷기 묵상은 앉음 묵상과 자연스럽게 연결된다. 대부분의 사람들에게 앉음 묵상에서 묵상상태에 이르기까지 소요되는 시간이 20~25분이면 충분하다. 그러나 이 시간은 오랜 시간 움직이지 않고 앉아 있을 때의 고된 측면을 칭송하기에는 짧은 시간이다. 앉음 묵상에서 20~25분이라는 시간은 우리가 현재 순간의 신성함에 대한 신체 기반의 알아차림이라는 지속적인 상태로 더 깊이 들어간다고 느끼기 시작하는 순간에 그대로 중단되기도 한다. 이렇게 묵상을 끝내는 것은 연극을 관람하다가 2막 중간에 끝나고 밖에 나가는 것과 약간 비슷한 느낌이다. 이것은 적절하지 않은 듯이 보인다. 그리고 이보다 더 오래 지속한다는 것 역시 움직이지 않고 오래 앉아 있을 때의 고된 면과 관련해 우리 신체적 한계를 넘어 밀어붙이지 않음의 중요성을 봐서라도 전혀 적절하지 않은 듯이 보인다. 걷기 묵상은 묵상적 상태를 더 깊어지게 하고 더 확장시키기 위해 더 많은 시간을 허용하려는 욕구와 이를 위해 필요한 앉음 묵상의 고된 면들을 자비롭게 통합하는 하나의 방식이다. 꼬박 한 시간 동안 움직이지 않고 앉아 있는 것이 대부분의 사람들에게는 약간 긴 시간일 수 있다. 그러나 25분 동안 앉아 있다가 10분 동안 걷기 묵상을 하고, 그러고 나서 또 25분 동안 앉아 묵상하는 방식은 꼬박 한 시간 동안의 묵상 수련에 균형감과 자비로움을 제공한다.

앉음 묵상 시간이 끝날 때마다 관상적 삶에 대한 다음의 질문들이 떠오른다. 묵상을 마칠 시간에 앉아 있음의 신성함을 깨닫는 법을 배우면서 서 있음의 신성함을 서서 알아차리는 법을 배울 수 있는가? 방을 가로질러 걷기를 배우면서 방을 가로질러 걷는 걷기의 신성함을 알아차릴 수 있는가? 문을 열면서 문을 열 때마다 드러나는 신성함을 깨달을 수 있는가? 복도나 길거리에서 만난 사람을 지나치면서 다른 사람들과의 모든 만남 속에 나타나는 신성함을 알아차릴 수 있는가? 걷기 묵상은 관상적 삶과 관련된 위의 질문들에 대해 생생하게 '예'라고 대답할 수 있게 한다.

걷기 묵상 수련을 하며 우리는 현재 순간에 집중하는 흐름을 단절하지 않고 고요함에서 움직임으로 이행하는 과정을 통과하기를 배운다. 걷기 묵상의 물 흐르는 듯한 움직임으로 들어가면서, 단절되지 않고 지속되는 관상적 각성 상태의 흐름이 하나님을 친밀하게 인식하게 한다. 하나님은 우리가 발을 들어올리고 앞으로 뻗어 내려놓으면서 지상의 신비가 단순하게 부여된 바닥에 닿는 발에 그분 자신을 전적으로 부어주시고 제공하신다.

두 번의 앉음 묵상 사이에 행하는 걷기 묵상 수련은 기도자의 자각을 새롭게 활성화하도록 얼굴에 찬물을 끼얹는 일과 같은 효과가 있어 묵상을 활기 있게 만들 수 있다. 생기를 돋우는 걷기는 마당이나 정원 주위의 야외에서, 곧 실내나 집 주변과 같은 곳에서 가능하다. 대부분의 사람들은 그들의 자각을 재개하고 재활성화하기 위해서 10분이 아니어도 생기 있게 1분이나 2분 동안 걷는 것만으로도 충분함을 발견하게 된다. 중요한 것은 생기를 돋우는 걷기가 고요히 앉아 있음으로써 함양된 친밀한 자각 능력을 신체적 움직임 속에서 소멸시키는 것이 아니라 지속시킨다는 사실이다.

현재 순간에 집중하는 흐름을 단절하지 않고 앉음 묵상과 걷기 묵상 사이를 왕복하는 움직임을 배워 가면서, 우리의 일상의 모든 활동 한가운데서 현재 순간의 관상적 알아차림을 지속시킬 수 있는 가능성을 느끼기 시작한다. 수도원의 삶은 그 안의 사람들의 의식을 점진적으로 변형시키도록 초대하는 하나의 관상적인 문화이다. 그래서 기도와 노동으로 짜여진 수도원 일과표는 관상적 삶으로 단일하게 통합되어 가는 활동으로서 경험된다. 베네딕도 수도원 생활의 표어인 '기도와 노동'은 수사나 수녀가 기도와 노동을 서로 상반되는 두 가지 다른 활동으로 경험하지 않기를 요구한다. 오히려 기도와 노동을 매일의 삶에 내재한 신성함을 경험하는 단일한 통합적 경험의 두 가지 방식으로 경험하도록 주의를 환기시킨다. 우리는 오늘날 세계의 한복판에서 더욱 관상적 삶의 방식으로 사는 것을 추구하고 있기에, 우리가 살고 있는 삶의 내재적 신성함에 대한 관상적 자각을 습관화하기 위해 집이나 직장에서 관상적 문화를 창조적으로 발견하는 법을 함양해야만 한다.

다음의 연습은 앉음 묵상, 걷기 묵상, 매일의 과제들이 습관적으로 현재 순간에 주의 집중 상태로 점차적으로 함께 흘러갈 수 있는 방법에 대한 실례를 보여준다. 가장 먼저, 해야 할 필요가 있는 어떤 집안일을 선택한다. 예를 들어 싱크대에 가득 찬 더러운 접시들을 설거지하기로 선택한다. 약 20~25분 정도 먼저 앉아 묵상을 시작한다. 묵상을 마친 다음 천천히 일어나서 싱크대를 향해 마음 안팎의 움직임을 알아차리면서 서서히 걸어가라. 싱크대에 서서 잠시 동안 접시들을 응시하며 내면 안팎의 움직임을 유념하라. 천천히 그리고 마음 안팎의 움직임을 알아차리면서 싱크대 안에 세척 세제를 떨어뜨려라. 흐르는 물소리에 집중하면서 싱크대를 따뜻한 물로 가득 채우라. 마음 안팎의 움직임을 알아차리면서 접시들을 물에 씻고 헹구고 나서, 마음 안팎의 움직임을 알아차리면서 접시들을 건조대 안에 놓으라. 설거지가 끝나면 배수구 마개를 뽑고서, 물이 배수구 아래로 흘러들어가는 것을 보며 그 소리를 경청하라. 마음 안팎의 움직임을 알아차리면서 싱크대 내부를 깨끗이 닦으라. 그릇들을 말리고 마음 안팎의 움직임을 자연스럽고 신중히 알아차리면서 이것들을 적절히 찬장 선반에 놓으라. 마음 안팎의 움직임을 알아차리면서 조리대 위의 물기를 제거하라. 그런 다음 천천히 묵상하던 자리로 돌아와서 다시 20~25분간 앉아서 묵상하라. 묵상하고 나서 영성 일지를 펴고 이렇게 사는 것이 어떠한지에 대해 자발적이고 진정 어린 마음으로 써 보라. 곧 매일 해야 하는 일들에 이런 식으로 참여하는 것－문을 열고 닫기, 차고에서 상자들을 꺼내기, 종이를 쌓아놓기, 전화 받기－이 어떨 것 같은지 써보라. 이러한 것들은 신중히 은둔하는 관상적 삶을 무례하게 방해하는 것들이 아니라, 오히려 그 반대로 매일의 삶 속에서 몸소 실천해보는 신성함을 생생하게 구현하는 것들이다.

여기에 제시되는 자아를 변형시킬 잠재력이 있는 활동들에서 현재 순간에 대한 습관적인 관상적 자각의 상태를 심화시키는 일은 이를 위해 마련된 며칠 동안의 수련회에 참여함으로써 가능하다. 앉음 묵상과 걷기 묵상의 길이와 시간들이 어느 정도가 되어야 상대적으로 가장 자연스럽고 도움이 되는지에 대해서는 여러분 마음의 움직임을 따르라. 마음 안팎의 움직임을 알아차리면서 간단한 음식을 요리해서 먹으라. 다른 사람들과의 모든 대화를 최소화하라. 당신이 만약 일기를 쓰거나 어떤 것을 읽으려면, 현재 순간의 신성함에 대한 알아차림의 지속적 상태를 각성하고 심화시키고 마음 안팎의 움직임을 알아차리는 방식으로만 쓰고 읽으라. 당신의 기도가 진지하고 어린아이같이 되게 하라. 곧 각각의 지나가는 순간의 구체적인 즉시적 경험 안에서 또한 그 순간의 구체적인 즉시적 경험으로서 드러난 하나님을 친밀하게 깨닫도록 당신 자신을 개방하는 데 강조점을 두는 기도가 되게 하라. 그리고 진정으로 어린아이같이 기도하라. 수련회가 끝나면 일상적인 일과에 담긴 내재적 신성함을 더욱 더 관상적으로 각성하고 감사하며 일상적 일과로 되돌아가는 은총을 간구하라.

무엇보다 먼저 꽤 오랜 시간, 지나가는 매 순간의 신성함을 더욱 더 관상적으로 깨닫고자 한다면 지속적으로 갱신이 필요하다. 성급하게 행동하는 자기 자신을 알아차리면, 의식적으로 속도를 줄이기를 선택해야만 한다. 자신이 스트레스가 많은 상황에서 과민해지는 것을 알아차리면, 일어나고 있는 일의 흐름에 참여하되 더욱 진정으로 현존하고 자비롭게 참여하는 방식을 그 상황에 불어넣기를 선택해야만 한다. 그러나 이러한 의식적인 노력은 머지않아 일상의 자각을 변형시킨다. 머지않아 우리는 우리의 삶이 전개되는 자리인 매순간에 내재된 신성함을 더욱더 습관적으로 깨닫게 된다.

묵상 수련회에 참여하고 지역 묵상 집단의 정규모임에 참석하면서 다른 사람들과의 걷기 묵상 수련 기회를 가질 수 있다. 내가 인도하는 묵상 집중 수련회에서 참여자들은 방의 네 벽면에서 안쪽으로 얼굴을 향하고 의자나 기도 방석 또는 의자에 앉아서 한 시간 동안 묵상 수련에 참가한다. 첫 25분의 앉음 묵상이 끝나면 모두 침묵 속에서 일어나 10분 동안 방 둘레를 천천히 걷거나 방을 한 바퀴 돈다. 그런 다음 모두가 다시 25분간 앉음 묵상을 함으로써 한 시간의 묵상을 완료한다.

이런 방식으로 함께 걷는 일은 인생 여정의 공동체적 특성에 관한 근본적인 교훈들을 구체화해 준다. 한 줄로 방 주위를 천천히 걸으면서 앞에 있는 사람보다 빨리 걸을 수 없다는 것을 자각하게 된다. 마찬가지로 한 줄로 방 주위를 천천히 걸으면서 내 뒤에 있는 모든 사람들이 나보다 빨리 걸을 수 없다는 것도 자각하게 된다. 만약 내가 모든 사람들과 함께 걷고 있다는 것을 잊고서 나의 개인적인 걷는 세계에 몰두해서 더 천천히 걷는다면 문제가 생기기 시작한다. 곧 나와 함께 걷고 있는 내 뒤의 모든 사람들이 밀리기 시작한다. 또한 내 앞 사람과의 간격이 너무 넓어지지 않게 할 책임을 감당하면서, 한 걸음 한 걸음에 몰두해서 걷는 일은 공동체적 특성의 민감성을 깨닫게 해준다. 함께 걷는 일은 나 자신의 사적인 내면 세계 속에 온전히 빠지는 삶을 살 수 없다는 인식을 구현한다. 내가 매일 걷는 방식은 변함없이 나 자신과 밀접하게 연관되어 있는 삶을 사는 사람들에게 좋든 나쁘든 영향을 미친다.

집단 묵상 수련이 깊어지고 강해지게 될 때 침묵 속에서 함께 걸으면 심오한 깨달음을 얻을 수 있다. 이 깨달음은, 우리가 다가가고 있으나 예견할 수 없는 충만함이 항상 이 다가감의 여정 안에서 또한 그 여정 자체로서 완벽하게 스스로를 드러내고 있다는 깨달음이다. 내가 언젠가 지금 여기 기술한 방식으로 참가자들에게 앉음 묵상과 걷기 묵상 수련회를 인도한 적이 있었다. 내 옆자리에 앉았으며 바로 내 뒤에서 걸었던 분은 내 어머니를 고등학교 시절에 가르쳤던 줄리안 수녀였다. 그 당시 80세였던 줄리안 수녀는 보행기를 사용해야만 했다. 공동체적인 침묵 속에서 집단이 방 둘레를 천천히 함께 10분 동안 걸을 때, 그녀가 보행기를 움직일 때마다 그리고 다음 걸음을 걷기 위해 체중을 보행기에 지탱할 때마다 크게

'끼익'거리는 소리가 함께 리드미컬하게 엮였다. 나는 그녀의 '끼익' 소리를 내는 보행기 소리를 의식하게 되었다. 그러자 나는 짜증이 나는 것을 깨닫게 되었다. 그리고는 짜증내는 나 자신 때문에 짜증나게 되는 것을 알아차리게 되었다. 그리고 짜증나는 나 자신이 여전히 짜증에 영향을 받는다는 것 때문에 짜증이 나는 것을 자각하게 되었다. 그저 걷는 일에 대한 구체적 즉시적 경험 안으로 들어가면서, 이 자아 중심적인 소음은 서서히 사라졌다. 내게는 줄리안 수녀의 보행기에서 나는 끼익, 끼익, 끼익거리는 소리가 뒤섞인 침묵 속에 하나로서 함께 움직이는 공동체에 속해 있다는 어린아이 같은 깨달음이 깊어졌다.

죽음에 이르기까지 어린아이처럼 충실한다는 것은 바로 이같은 소리를 낸다—끼익, 끼익, 끼익! 미미한 한계 속에서 또한 그 한계를 넘어서 오래 걷는 것은 바로 이와 같은 소리를 낸다—끼익, 끼익, 끼익! 생명의 원초적 흐름에 담겨 있는 자기를 의식하지 않는 참여가 지닌 표현할 수 없는 아름다움은 바로 이와 같은 소리를 낸다—끼익, 끼익, 끼익! 인생의 모든 여정은 바로 이와 같은 소리를 낸다—끼익, 끼익, 끼익. 결국 인간은 죽음에 이른다. 종국에는 사망이 없는 신성함이 우리가 걷는 각각의 걸음 속에서 또한 그 각각의 걸음으로서 현시된다. 이는 심오한 걷기이다. 하나님께서는 이 걸음 속에서 또한 이 걸음 걸음으로서 그분 자신을 드러내신다.... 이 걸음.... 이 걸음.

조금씩 조금씩 이런 마음을 다하여 알아차리는 정성 어린 걷기는 서서히 오늘날의 세계에서 그리스도를 따라가는 우리의 방식이 되고 있다. 서서히 우리는 그리스도가 했던 것처럼 깨어 있고 자애로운 한 인간으로서 삶을 통해 걷기를 배워 간다. 우리는 이제 앉음 묵상과 걷기 묵상 둘 다에 스며들어야 할 태도로서 긍휼을 다룰 것이다. 그러면 머지않아 긍휼이 우리 삶의 모든 측면에 스며들게 된다.

제14장

긍휼

묵상할 때의 태도와 관련한 지침은 모든 것에 집착하기도 하고 모든 것을 거부하기도 하는 자신을 발견했을 때 무비판적 긍휼(nonjudgmental compassion)을 유지하라는 것이다. 또한 무기력함을 드러내는 다른 사람들에게 무비판적 긍휼의 태도를 유지하라는 것이다. 마찬가지로 자기 자신에게도 무비판적 긍휼을 보이라는 것이다.

묵상에서 작용하는 예기치 못한 전략이란 현재 순간에 그저 현존하여 마음을 열고, 깨어 있으라는 단순한 임무에 참여하도록 묵상이 우리를 초대한다는 데 있다. 이런 임무에 참여하고자 노력하는 가운데 우리는 졸음, 공상, 주의 집중을 방해하는 것들 때문에 단순하게 현재에 머무는 것이 매우 힘들다는 것을 예민하게 의식하게 된다. 게다가 몇 가지 생각과 기억, 감정이 우리를 이런 식으로 끌어당겨 때때로 우리가 얼마나 옹졸하고 반발적으로 반응할 수 있는지를 여실히 드러내기도 한다. 또한 영적으로 각성하는 은총의 순간에 우리가 얼마나 신비적으로 또한 영적으로 개선되었는지와 관련해서 스스로에게 몰래 열렬하게 박수를 치고 있음을 알아차리기도 한다. 또한 이런 어려움을 겪을 때 우리가 얼마나 스스로를 심하게 못 견뎌하고 스스로에게 크게 좌절하는지를 발견하기도 한다. 묵상에 큰 진전이 없는지 묵상을 잘못하는 것인지 등과 관련해서 우리가 얼마나 아주 혹독하게 우리 자신을 공격하는지도 인식하게 된다. 우리는 단순하게 묵상을 완전히 포기하고 싶어질 수 있다.

묵상하면서 우리 스스로에게 느끼는 조급함과 좌절감은 분명히 이해할 만하다. 특별히 우리가 이런 감정들을 극복하려고 최선을 다함에도 불구하고 지속되는 걸 보면 말이다. 그러나 앉아서 묵상할 때 우리는 스스로를 못 견뎌 하는 마음속에 내재된 미묘한 폭력성을 인지하기 시작할 수 있다. 묵상에 관련된 우리의 한계를 계속해서 더 깊이 자각하고 이해하면서, 우리는 지금 무슨 일이 일어나고 있는지에 대한 더 큰 통찰을 얻기 시작한다. 종잡을 수 없는 마음, 다루기 힘든 의지, 졸음, 짧게 말하면, 우리 자신에게 속해 있으면서 가장 사랑받아야 하는 바로 이런 측면에 대해 행사하던 빈번한 폭력을 우리가 멈추고 있다는 사실을 깨닫는다. 묵상을 능숙하게 잘하지 못한다고 생각해서 묵상을 그만두는 일은 인내심과 사랑의 격려가 필요한 바로 우리 자신의 이런 측면을 포기하는 것과 같다는 사실을 깨닫는다.

우리가 아는 대로 묵상이 전방위적으로 우리의 한계와 결점을 폭로하는 것에 대응하여 스스로를 공격하고 포기하는 일을 배우게 되면, 묵상에 전적인 모험을 감행하는 것은 매우 힘든 일이 될 것이다. 바로 이런 점에서 긍휼이 갖고 있는 해방의 힘을 제대로 인식하기 시작한다.

긍휼은 우리 자신과 타인에게서 상실되고 파괴된 것의 소중함을 인식하고, 그것과 동일시하기 위한 여정을 시작하게 하는 사랑이다. 우선 이런 자비로운 사랑은 우리가 앉아서 묵상할 때만큼이나 스스로에게 자비롭고자 하는 자유로운 선택에서 비롯된 듯하다. 묵상 수련이 깊어지면 우리는 자비로워지기를 선택하면서, 하나님의 자비로운 본성에 순종하고 있다는 사실을 깨닫게 된다. 하나님의 자비로운 본성은 나약하지만 소중한 우리 자신을 향한 긍휼 속에서 또한 그 긍휼로서 우리를 통해 흘러넘친다.

하나님은 그리스도 안에서 자비로운 사랑으로 계시된다. 자비로운 사랑은 우리 자신을 나약하지만 소중한 존재로 인식하고, 이런 소중한 존재와 우리 자신을 동일시하기 위한 여정을 시작하게 한다. 이것이 바로 예수께서 돌아온 탕자의 비유에서 계시하신 내용이다(누가복음 15:11-30). 우리는 아버지의 소망을 거슬러서 먼 길을 떠나 아버지께 물려받은 재산을 탕진한 아들의 이야기를 잘 알고 있다. 돈이 다 떨어졌을 때 그는 자신이 얼마나 어리석었는지를 깨닫고 다시 집으로 돌아간다. 그는 자신이 저지른 일 때문에 아버지의 은혜를 다시 받을 자격이 없다고 느낀다. 그래서 아버지 집의 종이 되게 해달라고 요청할 생각이었다. 그는 집에 오는 여정 내내 부끄럽고 후회하였기에 두 팔을 벌리고 달려오시는 아버지를 향해 머리를 들어 보게 될 순간을 준비하지 못했다.

아버지는 너무 소중해서 손댈 수 없을 만큼 그렇게 소중한 존재인 아들을 껴안는다. 아들은 돌풍처럼 달려와 껴안으시는 아버지의 포옹으로 인해 즉시 본래 모습으로 되돌아와 온전함을 회복한다. 아버지와 아들은 큰길에서 모든 사람이 보는데도 함께 웃기도 하고 울기도 한다. 둘은 각기 서로를 쓰러지지 않도록 떠받쳐 주느라 서로 균형을 잃게 되었다. 우리는 자비로운 사랑의 서투른 춤 속에서 우리 모두가 갈망하던 춤을 감지할 수 있다. 왜냐하면 우리 모두는 잃어 버렸던 사람을 집으로 환영하는 자비로운 포용 속에서 천국의 맛을 직감하기 때문이다.

돌아온 탕자의 이야기에 나오는 아버지는 자신이 무가치하다는 아들의 말을 듣는 일에는 관심조차 없다. 아들이 슬픔과 후회의 말을 꺼내 놓으려

할 때조차 아버지는 벌써 아들의 손가락에 반지를 끼워 주며 이미 큰 잔칫상을 차릴 준비가 되어 있다고 말해 준다. 아버지와 아들의 실제 만남의 순간에는 자비가 넘쳐흐르는 만남 이외의 다른 것은 그 어떤 것도 존재하지 않는다. 이 비유는 실재에 관한 하나님의 견해를 계시한다. 곧, 우리가 아무리 어리석고 상처가 많은지와는 상관없이 하나님은 항상 우리를 향하고 계신다는 사실을 알려주고 있다.

묵상 수련할 때 우리는 아버지의 집으로 되돌아오는 회개하는 탕자와 같다. 묵상을 시작할 때 우리는 과거에 우리가 얼마나 크게 어리석었는지를 깨닫게 된다. 우리의 어리석음 때문에 우리 자신과 다른 사람들에게 야기한 고통에 대해 미안해한다. 우리는 진심으로 미래에는 그렇게 어리석게 구는 일이 없기를 다짐한다. 그러나 아버지에게 용서를 구하고자 집으로 향하는 회개하는 아들처럼 우리는 막무가내인 우리의 태도 때문에 하나님의 눈으로 보기에도 우리가 무가치하다는 환상 속에서 여전히 괴로워하고 있다.

우리는 우리의 냐약함이 우리를 향한 하나님의 사랑을 가로막는 장애물이라는 환상을 포기하고 싶어 하지 않는다. 하나님의 눈으로 볼 때 우리가 정말로 나약하다는 인식은 스스로를 하나님의 떠받드는 사랑에서 벗어난 존재로 인식하는 자아 중심적 인식에 사로잡힌 것이다. 하나님께 낯선 타자일 뿐이라고 상상하는 우리의 무지에 단단히 붙잡힌 채로 우리는 잇따른 또 하나의 장애물을 극복하는 방법으로 묵상을 시작한다. 그러면 우리는 하나님께 다다르는 일에 성공할 수도 있다. 이런 무지에 종속되어 있으면, 우리는 대개 묵상과 영적 삶에 관련해서 진전이 더딘 현실과 정말로 그렇다는 생각에 의욕이 꺾이게 된다.

돌아온 탕자의 이야기 서두에서 아버지는 스스로를 비참하게 만들 아들의 어리석은 주장을 설득해서 그만두게 할 수 없다는 사실을 알았다. 그래서 사랑의 행위로 아들이 떠나가도록 내버려 두었다. 아들이 가진 돈을 다 탕진하고 나서야 떠나기로 굳게 결심했던 사랑의 집을 발견할 수 있기 때문이다. 이와 같은 일은 사실 우리에게도 해당된다. 우리의 무지한 행동을 설득해서 그만두게 할 수 없다는 사실을 알기에 사랑은 일종의 장애물 코스를 마련해 놓았다. 이 장애물 코스는 이루고자 도전해 볼 만한 영적 목표를 자아에게 제시한다. "자, 이거 한 번 해 봐라"라고 사랑은 말한다. "네 삶 속에 현존하는 나(사랑)에게 마음을 여는 한 가지 방법으로 네가 현존하여, 마음을 열고, 깨어 있는 채 앉아 있을 수 있는지 확인해 봐라." 이루거나 획득할 무언가가 있다고 상상하는 무지에 여전히 사로잡힌 신실한 자아는 이 도전을 받아들인다. 자아는 그렇게 갈망하던 하나님과 하나임을 깨닫지 못하는 자신의 무능력을 극복하기 위한 모든 방편이 고갈되기까지 고군분투한다. 모든 것이 상실돼 보이는 그때 우리는 팔을 벌리고 우리에게 달려오시는 하나님을 올려다보게 된다. 우리는 갑자기 깨닫게 된다. 그분과 만나지 못할 자리, 그분에게 받아들여지지 못하는 자리, 우리의 결점과 후회에 대한 장황한 사연까지도 신경 쓰지 않는 그 사랑으로 온전케 되지 못하는 자리란 우리 안에 없다는 사실을 말이다.

이런 사실을 표현하는 또 다른 방식이 있다. 우리의 나 중심적 자아는 영적 행로에 대한 자아 중심적 이해를 품고 출발한다. 영적 여정에 대한 이런 자아 중심적 이해는 너무 높게 위치하고 있어서 가장 잘 준비된 영적 선수만이 감히 뛰어넘어 볼 생각이라도 할 수 있는 그런 장애물 위로 뛰어올라야 하는 일에 관한 것이다. 산만함, 졸음, 무관심과의 분투는 우리를 거의 절망에 가까운 곳으로 데려간다. 우리가 두려워하기 시작하는 것은 겉보기에 대처 불가능한 이런 도전을 완수하지 못하는 우리의 무능력에 관한 의심이 사실이었다는 점이다.

우리가 자신의 한계를 넘어서고자 하는 헛된 노력으로 기진맥진해지고 시간을 허비하고 나서야 구원 사건이 일어난다. 긍휼이 출현하여 높게 잡았던 장애물을 바닥에 내려놓는다! 장애물에 접근하면서 이 과제가 지닌 상상할 수도 없는 단순함에 당혹한 우리는 이것에 걸려 넘어져 하나님께로 곤두박질친다. 하나님께서는 우리가 나약하지만 소중하며 파편화되는 가운데서도 이상하게 온전하다는 사실을 우리에게 계시해 주시길 기다리시고 계시다.

몇 명의 신비가들은 **눈물의 선물**이라 불리는 것에 대해 이야기한다. 때때로 눈물이 문자 그대로 얼굴 아래로 흐르기 시작할 수도 있다. 그러나 가장 흔하게 말하는 눈물은 하나님께서 우리를 매우 심오하게 사랑하신다는 사실을 깨달을 때 흐르는 내면의 눈물이다. 우리는 거룩한 사랑 그 자체 말고는 사랑받을 만한 어떤 근거도 없이 사랑받고 있다. 사랑받을 만한 자격이 없다는 근거가 될 수 있는 우리 안의 모든 것이 결과적으로 더 깊어지고 강화된 사랑 체험을 일으킬 뿐이라는 사실을 깨달을 때 더욱더 눈물이 흐른다.

이 모든 일은 여러분이 묵상 중에 하나님께 스스로를 단순하게 개방하는 방식을 통해 일어난다. "주님, 제가 여기 있습니다"라는 하나님을 향한 개방의 자세를 유지하면서 계속 앉아 있을 때 여러분의 귀중하지만 다루기 힘든 마음이 있는 그대로 드러난다. 주의가 산만해지고 마음이 분산될 때마다 계속 하나님의 사랑을 들이마시면, 산만하고 분산된 주의 집중에 속해 있다고 생각되는 나쁜 영향력과 관련 문제가 지금 여러분이 앉아 있는 고요한 사랑 속으로 녹아내린다.

물론 묵상 중에 그리고 일상의 삶에서 실제로 경험되듯이 이렇게 자비로운 사랑에 스스로를 자리매김하려는 과정은 자비로워지는 일에 실패하는 상황에서 발생한다. 그러나 이것은 우리가 자비로워지는 일에 실패하면서도 스스로를 계속 자비롭게 대하는 동안에는 이런 실패가 아무런 장애가 되지 못한다는 사실을 입증해 준다. 이렇게 긍휼을 따르는 과정이 일생 동안 전개되고 깊어지면서, 우리는 묵상 수련이 긍휼에 자리를 잡으면 잡을수록 진보할 만한 능력이 없는 와중에도 우리가 확실히 진보한다는 사실을 발견하고는 매우 놀라워하고 기쁨으로 가득 차게 된다.

높은 산을 오르고 있는 꿈을 꾼다고 상상해 보라. 여러분은 저 아래의 계곡이 여러분이 성장했던 장소이고 괴로운 일들을 겪었고 갖가지 실수들을 저질렀던 장소임을 알고 있다. 이런 고통스러운 기억과 자기 의심의 계곡은 곧 여러분이 지금 초월하고자 노력하는 곳이요, 정상에 도달하면서 두고 떠나는 곳이다. 여러분은 이 정상에서 숭고하게 거룩해지고 하나님과 하나가 된다.

갑자기 정상이 시야에 들어온다. 그 순간 동시에 저 아래 계곡에서 불어온 바람이 고통스러워 울부짖는 아이의 소리를 전달한다. 그 순간 갑자기 아파하는 아이를 찾아 도와주고자 산 아래로 내려가기 위해서는 바로 눈앞의 정상 도달을 위한 힘겨운 싸움을 포기하는 일 외에는 현실적인 선택이 없다는 사실을 여러분은 깨닫는다. 여러분은 등을 돌려 계곡 아래로 내려온다. 아이의 울음소리를 따라 내려오면서, 여러분은 신성함을 향한 등반을 시작하면서 남겨 두고 떠나고자 노력했던 그 집으로 꼭 이렇게 될 줄 알았다는 듯이 이끌려 왔다는 사실을 발견하고선 매우 놀라워한다.

집 출입구에 서서 그 순간에는 파악할 수 없지만 중대한 본성을 감지하면서, 여러분은 부드럽게 문을 열고 안을 들여다본다. 바닥 한쪽 모퉁이에 앉아 있는 것은 버려두고 잊으려고 그렇게 애를 썼던, 바로 무기력감과 수치심을 붙잡고 있는 여러분의 일부인, 상처 입은 아이 자아(child-self)가 있다. 이 아파하는 영혼에 공손하게 다가서서, 바닥에 앉아 있는 그 아이 앞에 여러분도 앉는다. 아마도 여러분은 오랫동안 아무 말도 하지 않을 수 있다. 그곳에 단순하게 앉아 여러분이 마침내 여러분의 상처 입은 아이 자아가 지닌 소중함으로 되돌아오려는 일상적 마음을 품게 되었다는 사실에 감사한다.

이제 가장 놀라운 일이 일어난다. 이 아이를 팔로 감싸 안은 그때 여러분은 갑자기 여러분이 하나님과의 합일이라는 우뚝 솟아 있는 정상 위에 있다는 사실을 깨닫게 된다! 여러분의 깨진 자아의 소중함과 스스로를 동일시하는 여정을 떠나면서, 나약하지만 소중한 여러분과 하나이신 하나님과 하나 됨이라는 우뚝 솟아 있는 정상에 도달하게 된다는 사실을 여러분은 갑자기 깨닫게 된다.

긍휼의 변형시키는 능력을 표현하는 또 하나의 방식이 아직 여기 남아 있다. 긍휼을 따를 때 우리는 우리를 하늘 높이 이끄는 은총의 상승 기류에 붙잡힌다. 그러면 단 하나의 지속적인 사랑의 운동 속에서 긍휼이 우리를 인도하여 우리 안에서 상실되고 부서진 모든 것의 소중함으로 내려가게 한다. 균열이 깊을수록 하강 속도도 증가한다. 하강 속도가 증가할수록 더 깊은 자비로운 사랑이 의심과 두려움이 있는 내면의 가장 깊은 후미진 곳으로 내려간다. 갑자기 이 사랑과 만나면서, 우리의 의심과 두려움은 우리를 해방시키는 이 사랑 속에 녹아 버린다.

자비로운 사랑 속에서 변형된다는 것이 우리가 우리의 결점들 그리고 어려움들과 계속 씨름하고 그것을 해결해야 한다는 것을 의미하는 것은 아니다. 그것은 우리의 결점과 어려움 한복판에서도 안심하는 일이고, 본질적으로 평온하게 있는 일이다. 왜냐하면 우리는 그리스도 사건을 경험하는 은총을 받았기 때문이다. 그리스도 사건에서 사랑은 완전히 제멋대로인 우리 자신의 내적 소중함과 동일시된다. 이런 사랑 속에 자리 잡을 때 우리는 우리의 결점과 어려움을 극복하고 넘어서려는 노력의 결과에 모든 것을 쏟아붓고 있는 속박의 상태에서 자유롭게 된다. 무엇이든 처리되어야 할 필요가 있는 것을 처리하기 위해 계속 최선을 다할 때 우리는 알게 된다. 바로 여기, 바로 지금, 존재하는 방식 그대로 우리는 이 사랑과 하나라는 사실을 말이다. 이 사랑은 비록 우리가 어떤 모습을 하고 있든 스스로를 우리와 동일시한다.

긍휼에 깊이 빠져 있을 때 우리는 우리가 살고 있는 세계를 보기 위해 긍휼의 눈을 통해 주의 깊게 바라본다. 여기에서 상처 입은 아이 자아로 회귀하는 우리의 꿈이 새로운 차원, 곧 사회적인 차원을 떠맡게 된다. 이렇게 확장된 유형의 꿈 속에서 여러분은 아이의 울음소리를 따라 여러분이 자라 왔던 집으로 돌아간다. 여러분은 여전히 내면에서 고통을 겪고 있는 상처 입은 아이의 소중함을 자비롭게 포용하기 위해 집 안으로 들어간다. 그러면 가장 놀라운 일이 일어난다. 두 팔로 이 아이를 감싸 안는 그때 아이는 여러분의 어머니가 된다. 여러분의 아버지가 되고 형제자매가 된다. 여러분을 계속 힘들게 하는 데 열심인 그런 사람이 된다. 여러분이 거리에서 보고 지나쳤던 모든 익명의 얼굴이 된다. "하나님이 세상을 이처럼 사랑하사.... 독생자를 주셨으니"라는 말씀 속에서 언급된 그 세상이 된다(요한복음 3:16).

하나님은 사랑하신다. 또한 하나님은 살아 있는 모든 이에게서 상실되고 깨진 모든 것의 공통의 소중함과 하나이시다. 그러므로 여러분도 세상에 사는 한 사람 한 사람과 그리고 모든 사람과 사랑에 빠지고 있다는 사실을 깨닫기 시작한다. 다른 사람들을 이렇게 사랑하려 할 때 여러분은 자꾸 실패한다. 다른 사람들에게 긍휼을 베푸는 일에 실패하는 것이 여러분 자신과 타인들을 향한 긍휼을 새롭게 할 최후의 기회라는 사실을 깨닫는 한 이 실패는 아무런 장애가 되지 못한다. 중요한 것은 여러분이 세상의 눈 속에서 어떤 고통의 눈빛을 보게 된다는 사실이다. 여러분은 그 눈빛을 잘 안다. 그 고통의 눈빛이 마찬가지로 여러분의 눈에도 있었기 때문이다. 그것은 어려움들과 결점들이 드러나는 와중에도 우리가 얼마나 사랑받고 있고 사랑할 수 있는지를 깨닫지 못하는 슬픔과 혼란의 눈빛이다. 나 외에 다른 사람과 자비로운 관계를 맺을 때마다 이 세상에 존재할 이유가 존중을 받으며 해명된다는 사실을 여러분은 인식하기 시작한다. 왜냐하면 세상은 사랑의 부재 속에서는 계속 고통이 발생하고, 사랑의 현존 속에서는 계속 행복이 발생한다는 사실을 보여주는 무대이기 때문이다.

묵상은 긍휼의 눈으로 세상을 보게 한다. 세상에 대한 이런 자비로운 시선은 다른 사람들을 향한 말과 행동으로 긍휼을 구현하며 살도록 우리를 압박한다. 긍휼은 묵상을 통해 하나님을 찾는 일과 모든 형태의 사회적 정의 사이에 본질적인 유대를 형성해 준다. 왜냐하면 우리가 긍휼 속에서 변형되면 될수록 다른 사람들에게 긍휼을 품고 행동하라는 압박을 더욱더 많이 받기 때문이다.

역자 후기

요즘 한국 사회의 관심을 나타내는 주요 표제어의 하나로 행복과 안녕감(well-being)이 빠지지 않고 등장한다. 후기 정보화시대로 말미암아 삶이 너무 빠르게 돌아가고 있어, '느림(slow)'의 미학이 이야기되고 있다. 이러한 현상을 위한 구체적 실천 방안으로 나를 돌아보고 내면을 들여다보는 침묵, 묵상, 명상, 관상에 대한 관심이 증가하고 있다.

이성의 합리성과 과학적 사고를 중시하는 이 시대에도 여전히 많은 사람들이 신비, 외경, 감성을 다루는 영성에 목말라 하고 있음이 자주 관찰되고 있다. 물론 현대인들의 주된 관심은 교리로 제도화된 종교보다는 내면의 평화와 자기 초월 같은 의식의 변화나 깨달음을 동반한 체험적 영성으로서의 종교이다. 현대인들은 종교의 가치나 효용성을 이성으로 입증하기보다는 이를 몸과 마음에서 전인적으로 체험하길 원한다. 이들은 종교를 하나의 신념체계로 여기기보다는 전향적인 삶의 방식으로 받아들이려고 한다. 현대인들의 이런 경향은 현대 그리스도인들에게도 그대로 나타난다. 그러므로 그리스도교는 이런 현대인들의 욕구와 바람을 간과해서는 안 될 것이다. 사실 그리스도교의 본질은 하나님이라고 일컫는 궁극적 실재와의 합일이라는 신비체험에 있는 것이 아닌가? 2,000여 년 교회 역사를 보면, 빼어난 영성가와 신비가들의 깊은 영적 체험이 하나의 상징체계로 표현되고 수용되어 오다가 점차 교리화되고 제도화되는 경향이 있어 왔다는 반성의 소리가 커지고 있다.

그렇다면 현대인들의 영적 욕구를 반영하고 수용하려는 그리스도교는 그러한 욕구를 지닌 이들에게 궁극적 실재와의 접촉으로 안내하는 경로를 제공해야 할 것이다. 또한 많은 그리스도인들이 그리스도교를 교리적으로 접근하기보다는 궁극적 실재의 신비를 가슴으로 경험하고자 하는 영성 수련의 방식으로 접근한다. 예를 들어 많은 그리스도인들은 성경 지식을 위해서보다는 자신의 믿음과 삶에 구체적 활력과 방향을 얻기 위한 목적으로 성경을 읽고 묵상한다.

기도도 마찬가지다. 많은 그리스도인들 중에는 더 이상 기도를 자기 욕망의 마술적 실현을 위해서 하기보다는 하나님과의 대화와 교제의 통로로 이해하고 이를 실천하려는 이들이 많아지고 있다. 그러나 이같은 신자들의 거룩한 갈망들을 채워줄 적절한 안내와 지침이 많지 않은 것이 현실이기도 하다. 물론 그리스도교 신비 전통에서 내려온 영성적 도서들이 적지 않게 존재한다. 그러나 대부분의 도서들이 용어나 내용이 현대인들의 감수성과 거리가 있어 이해하기가 쉽지 않다는 어려움이 있다. 또한 저술 당시와 현대의 문화적 환경 사이에 차이가 커서 그대로 실천하기 용이하지 않기도 하다. 한국의 그리스도교인 천주교와 개신교는 대체적으로 교리에 대한 지적 수용과 예배 중심적인 신앙생활을 하고 있다. 그래서 그리스도교의 진리 공부와 수련을 통해 하나님의 신비를 체험하며 의식의 변형과 삶의 변화에로까지 나아가도록 인도하는 데는 많은 부족함이 있음을 부인할 수 없다. 오늘날 한국의 그리스도교에 대한 사회적 시선과 평가가 다분히 부정적인 것도 신자들이 이런 하나님 체험이 지닌 역동적인 활력이 미흡해서 생기는 결과가 가장 큰 원인 중 하나일 것이다.

이런 맥락에서 보면, 『하나님 임재 체험 : 그리스도교 묵상기도』의 번역 출판은 한국 그리스도인들에게 전해진 또 하나의 기쁜 소식이라 할 수 있다. 저자인 제임스 핀리는 이 시대 그리스도인들에게 정말 유용한 영성 수련 이론과 안내를 겸한 좋은 책을 우리에게 선사했다. 그는 그리스도교 영성 전통에서 20세기 최고의 영성가라고 알려진 토마스 머튼 밑에서 직접 영성 훈련을 5년간 받은 제자이다. 그는 그리스도교 침묵 수도 전통의 수도원에서 침묵을 엄격하게 직접 실천하고 훈련 받은 수사였다. 그러나 그는 세속과 분리된 수도원에서만 머무르지 않고, 수도원에서나 가능할 법한 영성적 삶을 세속의 한복판에서 복잡한 삶을 살고 있는 평범한 사람들이 구현할 수 있도록 안내하는 이론과 실제를 겸비한 영성 지도자이며 저술가이다. 핀리는 그리스도교 묵상과 관상 수련을 30년 넘게 해 오고 있으며 다른 이들도 지속해서 지도해 오고 있다. 더욱이 그는 임상심리학 박사학위를 갖고 임상을 지속하고 있는 전문가다. 그래서 관상 수련이 심리적 문제나 마음의 상처를 회피하여 우회하는 도구로 전락하지 않도록 세심하게 주의를 기울여 안내하고 있다. 이를 통해 묵상 수련이 심리적 상처와 문제 치유로 이어지게 한다. 그 자세한 내용과 그의 역량이 이 책에 자세하게 기술되어 있다. 이 책은 누구나 그리스도교의 본질인 하나님 체험의 길을 걸을 수 있고 또 걸어야 한다는 사실을 일깨워준다. 그 길의 핵심은 묵상 수련에 있다. 이 책은 관상 수련의 현대적 가치와 의미를 설득력 있게 전달하면서 동시에 그 구체적 실천 방안과 지침을 세심하고도 친절하게 알려주고 있다.

제임스 핀리는 이 책에서 '관상(contemplation)'에 해당하는 말을 의도적으로 일반인들이 많이 사용하는 '묵상(meditation)'이라는 단어로 대체하여 대중과의 거리를 좁히려고 시도한다. 경우에 따라서는 묵상과 관상을 혼용하여 사용하기도 한다. 이 책도 저자의 의도를 따라 묵상과 관상을 혼용하여 번역하되 문맥상 꼭 필요한 경우는 '관상'이라는 말로 옮겼다. '관상'은 그리스도교 신비 전통에서는 핵심 용어지만 현대인에게는 낯선 용어이기도

하다. '묵상'이 현대인에게 좀 더 익숙하고 광범위하게 사용되는 용어이다. 그런데 한국의 그리스도인에게 이 용어는 익숙하고 광범위하게 사용되긴 하지만 그 의미가 중첩되기도 한다. 한국 그리스도인들에게 '묵상'은 이 책에서도 언급하고 있는 대로 추론적 묵상을 의미한다. 곧, 침묵 가운데서 성경 구절이 암시하는 진리나 하나님에 관한 어떤 형상이나 생각을 깊이 숙고하는 것을 말한다. 그러나 이 책에서 언급하는 '묵상'은 오히려 동양 종교 전통의 명상에서처럼 어떤 생각에 깊이 몰두하는 일이 아니라, 일체의 생각을 비우려고 침묵 속에 머물며 깨어 있어 주님의 임재를 좀 더 잘 인식하려고 하는 것이다. 그리고 이러한 수련은 그리스도교 신비 전통에서 말하는 '관상'에 더 가깝다.

제임스 핀리는 이 책에서 하나님 임재 체험의 핵심을 자신이 하나님과의 하나임(oneness with God)을 깨닫는 것으로 말한다. 여기에서 중요한 용어인 '하나임'은 그리스도교 신비 전통에서 '합일(union)'이나 '일치(unity)'로 일컫던 용어이다. 제임스 핀리는 이론적 적확성보다는 체험에 대한 보다 생생한 표현을 강조하기 위해 '합일'이나 '일치'라는 단어 대신에 '하나임'이란 용어를 사용한 듯하다. '하나임'이란 표현에는 우리 자아의 일상적 의식 상태에서 분리된 것으로 생각하던 하나님이 묵상적 자각이라는 변형된 의식 상태에서는 본래 우리와 하나이신 분으로 인식된다는 사실을 강조한다. 그러나 제임스 핀리는 묵상적 자각이라는 이런 변형된 의식 상태에서 깨친 '하나임'의 체험 그 자체를 강조하는 것만으로 머무르지 않는다. '하나님과 하나임'의 체험이 어떻게 우리 자아의 일상적 의식 상태와 일상적 삶의 매순간에 반영되고 유의미하게 작용하는지를 섬세하게 다루고 있다.

제임스 핀리는 묵상 기도 수련 과정에서 겪을 수 있는 어려움들에 대해서 심리학적 지식을 배경으로 자상하게 다루고 있다. 그동안 출간된 묵상

기도 수련서들이 그리스도교 신비 전통의 역사적 배경과 신학적 의미와 묵상 수련의 원리와 방법을 기본적 수준에서 소개하는 차원에 머물렀던 경향이 강한 것이 사실이었다. 그러나 제임스 핀리의 책은 실제로 묵상 기도 수련에 참여하는 사람들에게 묵상 기도의 의미와 방법을 자신의 실제 경험을 예로 들어 설명하고 있어 직접적인 도움을 받을 것이다. 핀리의 이 책이 하나님의 임재 체험을 갈망하여 영적 수원지를 찾아 헤매는 이 땅의 수많은 그리스도인들에게 자신만의 샘물을 발견하고 길어 목을 축이고 생명의 활력을 찾는 데 도움이 되길 기대한다.

이 책은 세 사람이 공동 번역을 했다. 각자 맡은 부분을 번역해 와서 함께 읽어 가는 시간을 가졌다. 그런 뒤 선임번역자가 최종적으로 전체적인 내용과 문체가 통일되도록 손을 보았다. 이 책이 평신도들이 쉽게 접근할 수 있게 하기 위해 쉬우면서도 정확한 용어를 찾기 위해 함께 오랜 시간 논의하기도 했다. 원고를 전체적으로 읽고 많은 조언을 해 준 김영아 박사에게 깊이 감사드린다. 그럼에도 불구하고 드러나는 번역상의 오류는 전적으로 선임번역자의 책임임을 밝힌다. 예상보다 기일이 많이 늦어져도 오랜 인내와 격려로 함께 해 주신 (주)시그마프레스의 강학경 사장님, 편집부 직원들에게 감사드린다.

2016년 역자 일동

찾아보기